Dieter Weber

Risikopublizität von Kreditinstituten

Dieter Weber

Risikopublizität von Kreditinstituten

Integrative Umsetzung der
Transparenzanforderungen

GABLER

Bibliografische Information der Deutschen Nationalbibliothek
Die Deutsche Nationalbibliothek verzeichnet diese Publikation in der
Deutschen Nationalbibliografie; detaillierte bibliografische Daten sind im Internet über
<http://dnb.d-nb.de> abrufbar.

1. Auflage 2009

Alle Rechte vorbehalten
© Gabler | GWV Fachverlage GmbH, Wiesbaden 2009

Lektorat: Guido Notthoff

Gabler ist Teil der Fachverlagsgruppe Springer Science+Business Media.
www.gabler.de

Umschlaggestaltung: KünkelLopka Medienentwicklung, Heidelberg
Druck und buchbinderische Verarbeitung: Krips b.v., Meppel
Gedruckt auf säurefreiem und chlorfrei gebleichtem Papier
Printed in the Netherlands

ISBN 978-3-8349-1613-6

Geleitwort

Mit *Basel II* ist über die *EU-Bankenrichtlinie* und deren Umsetzung in nationales Recht in *§ 26a KWG* sowie die *§§ 319ff. SolvV* dem deutschen Kreditgewerbe die Verpflichtung auferlegt worden, umfassende Informationen über die Eigenkapitalausstattung, die bankaufsichtlichen Eigenkapitalanforderungen und die eingegangenen Risiken offen zu legen *("Säule 3")*. Risikoinformationen waren von konzernrechnungslegungspflichtigen Instituten bereits bisher nach *DRS 5-10* offen zu legen. Diesem deutschen Rechnungslegungsstandard weitgehend entsprechende Anforderungen sind ab dem Jahr 2007 von allen kapitalmarktorientierten Unternehmen nach *IFRS 7* zu erfüllen. Damit hat das deutsche Kreditgewerbe ein Transparenzniveau einzuhalten, das im Vergleich zu den bisherigen Möglichkeiten zur Legung stiller Reserven nach *§ 340f HGB* einen Paradigmenwechsel darstellt.

Es ist müßig, darüber zu spekulieren, ob eine frühere Offenlegung nach Maßgabe der *Säule 3* die gegenwärtige Krise der Finanzmärkte hätte verhindern können. Sie macht aber beispielsweise die Verbriefungsaktivitäten, mit denen Kreditrisiken (leider nicht immer nachhaltig) aus den eigenen Büchern entfernt wurden, und die aktuell besonders im Mittelpunkt der Kritik stehen, mit ihrem Risikogehalt besser erkennbar.

Das Kreditgewerbe hat bei der Umsetzung der *Säule 3* im Rahmen des bankaufsichtlichen *Fachgremiums "Offenlegungsanforderungen"*, dem auch der Verfasser des vorliegenden Buches angehört, konstruktiv mitgewirkt, sodass im Ergebnis den Instituten jeder Größenordnung über Anwendungsbeispiele ein Weg aufgezeigt werden konnte, die vielfältigen Offenlegungsanforderungen vollständig und übersichtlich abzuarbeiten. Gleichwohl mussten angesichts der komplexen Materie viele Einzelfragen zunächst unerkannt und unberücksichtigt bleiben, die sich erst in der praktischen Anwendung und in der Wechselwirkung mit den anderen Offenlegungsanforderungen stellen und gelöst werden können.

Diese letzten Gesichtspunkte kommen in dem vorliegenden Werk zum Tragen. Ausgehend von einer Analyse der Offenlegungsanforderungen bietet es aus der Sicht der Praxis einen umfassenden Überblick über die Anforderungen der Offenlegung und ist von hoher Aktualität, berücksichtigt es doch sogar bereits die noch in der Konsultation befindlichen ergänzenden Offenlegungsvorschläge im Bereich der Verbriefungen. Es beleuchtet insbesondere die Verbindungen und Überschneidungen mit anderen Regelungsbereichen zur Offenlegung und geht auf die unternehmensinternen organisatorischen Gegebenheiten und Restriktionen bei der Gestaltung der Offenlegung ein. Dadurch bietet es eine wertvolle Hilfestellung für die Institute bei der Einhaltung der diversen Offenlegungsanforderungen innerhalb eines integrativen Ansatzes. Und es ist geeignet, die Rahmenbedingungen dafür zu verbessern, dass die offen gelegten Informationen vom Markt verstanden und richtig eingeordnet werden können. Schließlich kommt es auf die Adressaten der Offenlegung sowie deren Einschätzung und zutreffende Beurteilung der erhaltenen Informationen an, da sie es sind, die das Ziel der Marktdisziplin mit ihren Reaktionen wirksam machen müssen.

Hier kommt der Verfasser aber zu einem eher skeptischen Fazit. Ihm ist darin zuzustimmen, dass insbesondere die Komplexität der von den verschiedenen Regulierungen geforderten qualitativen Darstellungen zu den internen Risikomanagementverfahren eine wirksame Vermittlung entscheidungsnützlicher Informationen erschwert. Ob hieraus allerdings bereits die Notwendigkeit einer Readjustierung der Anforderungen abgeleitet werden muss, ist diskussionswürdig. Insbesondere qualitative Informationen bieten einen weiten Gestaltungsspielraum für die publizitätspflichtigen Unternehmen. Eine sachgerechte Auslegung und das richtige Verständnis, die Offenlegung auch als Chance für eine positive Selbstdarstellung im Markt zu begreifen, ermöglichen eine auf das wesentliche beschränkte und verständliche Hintergrundbeschreibung für die veröffentlichten quantitativen Informationen. Der Verfasser argumentiert hier in die gleiche Richtung und zeigt einen Lösungsweg auf, wie dies zu erreichen ist.

Hinsichtlich der quantitativen Informationen weist der Verfasser zutreffend auf die Unterschiede zwischen bankaufsichtlichen, handelsrechtlichen und bankinternen Verfahren hin, die eine konsistente Offenlegung von Daten erschweren. Er propagiert deshalb eine Identität der internen Steuerung des ökonomischen Kapitals mit der regulatorischen Kapitalunterlegung und der externen Offenlegung. Zugunsten der konkreteren bankaufsichtlichen Offenlegungsanforderungen sei hier angeführt, dass sie eine gewisse Vergleichbarkeit in der Darstellung erlauben. Zudem stellt *Basel II* bereits einen Schritt hin zu mehr Konvergenz mit der internen Risikokontrolle dar.

Angesichts der Aktualität und Komplexität des Themas, der noch überschaubaren Literatur hierzu und der offenen Fragen – etwa zur optimalen und verständlichen Darstellung der Verbriefungsaktivitäten im Handels- und Anlagebuch oder des *Backtesting* von Kreditrisikomodellen – ist dem Werk eine größere Verbreitung im Fachpublikum und in der interessierten Öffentlichkeit als eigentlichem Informationsadressaten zu wünschen.

Karl-Heinz Hillen   Frankfurt am Main, im Februar 2009

Vorwort

Gesetzgeber und Standardsetzer haben die risikoorientierten Transparenzregeln für Kreditinstitute in den letzten Jahren erheblich ausgeweitet. In vielen Fällen sind die Anforderungen unspezifisch, manchmal widersprüchlich und überwiegend komplex. Zudem existieren vielfältige Interdependenzen zwischen den Regelwerken. Der Auslegungsbedarf für die Umsetzung in den berichtspflichtigen Unternehmen ist oft erheblich. Viele der Transparenzregeln sind bereits seit dem Stichtag 31. Dezember 2007 in Kraft (*IAS/IFRS*) oder mussten spätestens zum 31. Dezember 2008 (*Basel II*) erstmals umgesetzt werden. Die Berichterstattung unterliegt einem hohen externen Qualitätsanspruch, dessen Nichteinhaltung durch die Instrumente des Enforcements und durch die Geschäftsleiterhaftung sanktioniert wird. In den berichtspflichtigen Unternehmen ist ein interdisziplinäres Vorgehen erforderlich, um den tatsächlichen Handlungsbedarf zu ermitteln und die Umsetzung effizient zu organisieren. Häufig sind dabei inadäquate Organisationsstrukturen zu überwinden. Vor diesem Hintergrund ist der Begriff des *„Disclosure Jungle"*[1] zum geflügelten Wort geworden.

Das vorliegende Buch richtet sich in erster Linie an Entscheidungsträger der Unternehmensfunktionen *Controlling*, *Rechnungswesen* und *Meldewesen*, die sich einen umfassenden Überblick über die Facetten der Risikopublizität verschaffen und Synergien realisieren wollen, aber auch an die für die Berichterstellung in den Kreditinstituten verantwortlichen Mitarbeiter, denen Werkzeuge und Checklisten für die Berichtsproduktion an die Hand gegeben werden. Genannt seien insbesondere die Muster-Risikoberichte sowie die Verzeichnisse der Offenlegungsformate, der Gestaltungsprinzipien und der Entscheidungstatbestände im Anhang dieses Buchs, die einen schnellen Einstieg in konkrete Problemstellungen ermöglichen sollen. Darüber hinaus können sich Wirtschaftsprüfer einen Überblick über die praktischen Problemfelder der Umsetzung der Risikopublizität in den Kreditinstituten verschaffen und für Ihre Prüfungshandlungen nutzbar machen. Schließlich hofft der Verfasser, dass der Gesetz- bzw. Verordnungsgeber und die Standardsetzer Anregungen aus dieser Publikation hinsichtlich möglicher Weiterentwicklungen der Offenlegungsanforderungen ziehen können, die den Praxisproblemen der berichtspflichtigen Kreditinstitute Rechnung tragen.

Die Ausführungen beziehen sich in erster Linie auf die externe Risikoberichterstattung von Bankkonzernen, die Zugang zu organisierten Kapitalmärkten haben und damit den risikoorientierten Transparenzregeln sämtlicher Anforderungsbereiche vollumfänglich un-

---

1 Vgl. *PricewaterhouseCoopers (2007)*, S. 4.

terliegen.[2] Ziel ist es, einen umfassenden Überblick über die Anforderungen an die externe Risikoberichterstattung zu geben. Im Vordergrund steht dabei die Übersetzung der Offenlegungsanforderungen in praxisorientierte Umsetzungsempfehlungen. Sofern dazu Erläuterungen und Interpretationen der Gesetze, Verlautbarungen und Standards[3] erforderlich sind, werden solche Auslegungen vorgenommen. Weiterführende Analysen der Gesetzeswortlaute können dem vorliegenden Schrifttum entnommen werden. [4]

Für alle Umsetzungsempfehlungen gilt der Leitgedanke der Ausrichtung am *Management Approach*, sofern der *Balance Sheet Approach* oder der *Regulatory Approach* gesetzlich nicht gefordert sind. Dies hat zur Konsequenz, dass in dieser Publikation Umsetzungsalternativen, die nicht am internen Zahlenwerk eines Kreditinstituts ausgerichtet sind, nicht behandelt werden, es sei denn, gesetzlich ist Anderes gefordert. Daher wird die Umsetzung der Anforderungen, die diese Kriterien nicht erfüllen, nicht vertieft dargestellt.

Des Weiteren wird davon ausgegangen, dass die berichtspflichtigen Kreditinstitute über ein konzernweites Risikomanagementsystem verfügen, das dem aktuellen Stand der betrieblichen Praxis entspricht. Aus diesem Grund wird bei Anforderungen, die bezüglich der Methodik der Informationsermittlung für Zwecke der Offenlegung ein Wahlrecht zwischen *Best practice* und weniger fortgeschrittenen Verfahren einräumen, nur die *Best practice*-Variante behandelt. Dies betrifft zum Beispiel die *IFRS*-Offenlegungsanforderungen an das Marktpreisrisiko, die entweder auf Basis von Sensitivitätsanalysen oder unter Verwendung von *Value-at-Risk*-Modellen erfüllt werden können. Da die *Value-at-Risk*-Steuerung in Kreditinstituten zurzeit beste Praxis ist, werden hier keine Umsetzungsvorschläge bezüglich einer Offenlegung von quantitativen Angaben, die mittels einer Sensitivitätsanalyse errechnet werden, unterbreitet.

Zentrales Anliegen dieser Publikation ist das Aufzeigen von Synergien zwischen den handelsrechtlichen und aufsichtsrechtlichen Risikoberichten[5] sowie den kapitalmarktrechtlichen Angabepflichten. Mit der Realisierung von Synergien kann einerseits eine Begrenzung des Aufwands für die Berichterstellung bei den Kreditinstituten erreicht werden, sie ist aber auch Voraussetzung für eine adressatenorientierte, qualitativ hochwertige und

---

2   Zur aufsichtsrechtlichen Offenlegung kleinerer Kreditinstitute des Genossenschafts- und des Sparkassensektors vgl. auch *Brinkmann (2008)*, S. 443ff , und *Kühn (2008)*, S. 467ff. Bezüglich der Offenlegung im Genossenschaftssektor vgl. *Weller, H. / Hoffmann, J.-A. (2008)*.

3   Im Folgenden werden auch privatrechtliche Standards (*DRS* und *IAS/IFRS*) als gesetzliche Anforderungen bezeichnet.

4   Eine branchenübergreifende Darstellung der Risikopublizität mit besonderer Berücksichtigung von theoretischen Aspekten enthält *Filipiuk, B. (2008)*. Die Regelungen von *IAS 1* und *IFRS 7* werden von *KPMG (Hrsg.) (2007)* und *Löw, E. (Hrsg.) (2005)* ausführlich erläutert. Detaillierte Darstellungen zur Risikopublizität von Kreditinstituten gemäß *DRS 5-10* finden sich zum Beispiel bei *Zepp, M. (2007)*. Ein Überblick zu den *Säule 3*-Offenlegungsanforderungen ist *Jerzembek, L. / Rosteck, M. (2007)*, S. 333ff. zu entnehmen. *Hillen, K. H. / Hartmann, U. / Hosemann, D. (Hrsg.) (2008)* geben einen umfassenden Einblick in die regulatorischen Offenlegungspflichten für Kreditinstitute. Zudem enthält *Hillen, K. H. (2008)* eine Kommentierung sämtlicher Anforderungen der *Solvabilitätsverordnung* an die Offenlegung.

5   Unter dem handelsrechtlichen Konzernrisikobericht wird hier der Risikolagebericht des Konzerns verstanden, in den die risikobezogenen Angaben gemäß *IAS 1* und *IFRS 7* integriert sind. Im Folgenden werden die Begriffe handelsrechtlicher Risikobericht und Risikolagebericht synonym verwendet.

damit aussagekräftige Berichterstattung.[6] Ausgangspunkt der Analyse des Synergiepotenzials ist dabei die These des *International Accounting Standards Board (IASB)*, dass, bei Beachtung der sogenannten *Basis for Conclusions* zu IFRS 7, aufgrund des Gleichlaufs des Standards mit den *Baseler* Offenlegungsanforderungen (*Säule 3*) ein zentraler, widerspruchsfreier Risikobericht erstellt werden kann.[7] Im Gegenzug zielt auch der *Baseler Ausschuss für Bankenaufsicht* erklärtermaßen auf ein komplementäres Verhältnis zwischen den regulatorischen Offenlegungsanforderungen und den Transparenzregeln des externen Rechnungswesens ab.[8] Ob und inwieweit diese Absichtserklärungen die angestrebten Wirkungen in der Berichtspraxis tatsächlich entfalten können, soll hier überprüft werden.

Darüber hinaus soll mit der vorliegenden Publikation ein Beitrag zur Diskussion um praxistaugliche Offenlegungsstandards, die eine Vergleichbarkeit zwischen den Instituten ermöglichen, geleistet werden. Die hier unterbreiteten Vorschläge zu einheitlichen Berichtsstrukturen und normierten quantitativen Offenlegungsformate können als Ausgangsbasis für eine formale Vergleichbarkeit der Risikoberichte dienen. Jedoch wird erst durch ein einheitliches Verständnis über die qualitativen und quantitativen Offenlegungsinhalte eine Annäherung der Risikoberichtspraxis der Kreditwirtschaft auch in materieller Hinsicht erzielt. Die im Verlauf der Untersuchung vorgestellten Interpretationshilfen zu den gesetzlichen Anforderungen und die Umsetzungsempfehlungen hinsichtlich der Berichtsinhalte sollen praktisch verwertbare Anregungen an die Hand geben, mit denen dieses Ziel erreicht werden kann.

Die hier vorgestellten Konzepte und Gestaltungsvorschläge basieren zu einem großen Teil auf den Ergebnissen eines Offenlegungsprojekts der *DZ BANK*, an dem sowohl Mitarbeiter der Bank als auch der Unternehmensberatungen *KPMG Deutsche Treuhand-Gesellschaft (KPMG)* und *BearingPoint GmbH (BearingPoint)* mitgewirkt haben. In diesem Zusammenhang geht der Dank des Autors zuvörderst an *Martin Schreiter* und *Dr. Peter Rost*, die im Unternehmensbereich *Controlling* der *DZ BANK* die Rahmenbedingungen für eine erfolgreiche Projektumsetzung geschaffen und eine Vielzahl wertvoller Anregungen gegeben haben. *Angela Fink* hat maßgeblich zur Gestaltung der externen Risikoberichterstattung beigetragen und insbesondere das Datenmanagement aufgebaut. Die Kolleginnen und Kollegen des Bereichs *Group Finance* konnten der externen Risikoberichterstattung der *DZ BANK* an der Schnittstelle zum *Financial Accounting* und zum *Meldewesen* wesentliche Impulse im Sinne einer interdisziplinären Umsetzung geben. Dank geht des Weiteren an die Kolleginnen und Kollegen aus den Unternehmensbereichen *Controlling*, *Kreditmanagement*, *Handel*, *Treasury*, *Stab* und *Kommunikation* für die mannigfaltigen fachlichen Anregungen aus der Praxis des Risikomanagements. So basieren die Ausführungen zur Offenlegung von Liquiditätsrisiken maßgeblich auf dem im *Controlling* der DZ BANK zu großen Teilen von *Gerd Oliver Golz* entwickelten Mess- und Steuerungskonzept. Die reibungslose Umsetzung der *IT*-Systeme der Offenlegung haben die Kolleginnen und Kollegen des Bereichs *Informatik / Organisation* sichergestellt. Dank gebührt

---

6   Vgl. auch *Buchheim, R. / Beiersdorf, K / Billinger, S. (2005)*, S. 235 und S. 246.
7   Vgl. *IFRS 7.BC41*.
8   Vgl. *Basel II (2004)*, *Textziffer 813*.

schließlich *Jürgen Hromadka*, der die Risikopublizität der *DZ BANK* auf den Weg gebracht hat, und *Dr. Jens Döhring* für seine konstruktiven Vorschläge zur Verbesserung des
Manuskripts. Nicht zuletzt war das umfangreiche Fachwissen der Spezialisten *Tilo Fink*,
Dominic Hepp und *Oliver E. Zoeger* von *KPMG* sowie *Ulrich Becht* von *BearingPoint* ein
zentraler Faktor für das Gelingen des Projekts.

Trotz der vielfältigen und wertvollen Impulse aus der bankbetrieblichen Praxis stellen die
Konzepte und Umsetzungsvorschläge in diesem Buch die Meinung des Verfassers dar und
geben nicht zwingend die Auffassung der *DZ BANK* wider.

Dieter Weber   Wettenberg, im Mai 2009

Inhaltsübersicht

Inhaltsverzeichnis

Gang der Untersuchung

Ausgangspunkt der Untersuchung ist die Einordnung der Risikopublizität in das System der Finanzpublizität und die Darstellung der wesentlichen Komponenten der externen Risikoberichterstattung. Darauf aufbauend werden Empfehlungen zur Gestaltung der Offenlegungsrichtlinie als Framework für die Umsetzung der Transparenzanforderungen gegeben. Die Offenlegungsrichtlinie wird bereits an dieser Stelle eingeführt, um dem Leser eine Navigationshilfe für die nachfolgenden Darstellungen zu geben. In der Praxis kann die Offenlegungsrichtlinie abschließend erst dann formuliert werden, wenn die Ausgestaltung der externen Risikoberichterstattung feststeht.

Die nachfolgende Analyse der Rahmenbedingungen der Risikopublizität umfasst neben den externen Anforderungen eine Diskussion der mit der externen Risikoberichterstattung verbundenen Zielsetzungen. Davon ausgehend werden Grundsätze formuliert und wichtige Gestaltungsprinzipien sowie die wesentlichen Gestaltungsspielräume, die Entscheidungen erfordern, im Überblick dargestellt. Einen Schwerpunkt der Arbeit bilden die praxisbezogenen Vorschläge zur Implementierung der in der Offenlegungsrichtlinie festgelegten Tatbestände in den Kreditinstituten. Dies betrifft, unter anderem, grundlegende Konzeptionen wie das unternehmensbezogene Materialitätskonzept und den *Management Approach*. Darüber hinaus wird das Instrument des Muster-Risikoberichts eingeführt.

Die sich anschließende Diskussion der Offenlegungsinhalte baut auf den analytischen Vorarbeiten auf und umfasst sowohl der Praxis entlehnte Vorschläge zur Darstellung des Risikomanagementsystems als auch quantitative Offenlegungsformate in Form von Tabellen und Diagrammen, die geeignet sind, die gesetzlichen Anforderungen umzusetzen. In diesem Zusammenhang wird auf Umsetzungsbeispiele aus Risikoberichten von Kreditinstituten hingewiesen. Eine Darstellung von Offenlegungsterminen und Vergleichsangaben, der für die externe Risikoberichterstattung anwendbaren *IT*-Infrastruktur sowie organisatorischer Fragestellungen schließen die Gestaltungsempfehlungen ab.

Im darauf folgenden Hauptkapitel werden die inhaltlichen, organisatorischen und technischen Synergiepotenziale bei der Umsetzung der Offenlegungsanforderungen erörtert. Des Weiteren werden Hinweise zum Design eines Offenlegungsprojekts gegeben, in dessen Rahmen die integrative Offenlegung von Kreditinstituten umgesetzt werden kann. Dem schließt sich die Darstellung des Entwicklungs- und Optimierungsbedarfs ausgewählter Themenstellungen der Risikopublizität an. In diesem Zusammenhang wird das im Mai 2009 in Kraft getretene *Bilanzrechtsmodernisierungsgesetz* behandelt, das hinsichtlich des Risikolageberichts erstmals zum 31. Dezember 2009 anzuwenden ist. Darüber hinaus werden die vor dem Hintergrund der aktuellen Finanzmarktkrise diskutierten *FSF*-Empfehlungen zur erweiterten Offenlegung von Verbriefungen diskutiert und Vorschläge für eine zielorientierte Weiterentwicklung der Offenlegungsanforderungen unterbreitet. Eine Zusammenfassung der wesentlichen Ergebnisse schließt die Untersuchung ab.

1.   Grundlagen

1.1   Risikopublizität im System der Finanzberichterstattung

Die Finanzberichterstattung ist Bestandteil der externen Unternehmenskommunikation eines Kreditinstituts; sie beruht auf den Anforderungen von vier Rechtsbereichen: Handelsrecht, Aufsichtsrecht, Kapitalmarktrecht und Gesellschaftsrecht.[9] Darüber hinaus umfasst die Finanzberichterstattung gesetzlich nicht vorgeschriebene Komponenten wie den fakultativen Teil des Geschäftsberichts – häufig auch als Imageteil bezeichnet – und die Pressekommunikation. *Abbildung 1* zeigt die wesentlichen Bestandteile der Finanzberichterstattung.[10]

Zentrales Kommunikationsinstrument eines Kreditinstituts ist der **Geschäftsbericht**, der sich in einen fakultativen Teil und einen Pflichtteil gliedert. Der freiwillige Abschnitt des Geschäftsberichts ist von den Kreditinstituten gestaltbar[11] und besteht üblicherweise aus einem Brief an die Aktionäre und in manchen Fällen aus themenbezogenen Sonderberichten. Der gesetzlich regulierte Teil setzt sich aus dem Lagebericht, dem Abschluss, dem Bestätigungsvermerk des Abschlussprüfers und dem Bericht des Aufsichtsrats zusammen. Für eine Darstellung der Inhalte dieser Komponenten des Finanzberichts wird auf die einschlägige Literatur verwiesen.[12]

Weitere gesetzlich geforderte Berichtsinstrumente sind das so genannte „Jährliche Dokument" und Angaben gemäß dem Pfandbriefgesetz. Das im Internetauftritt eines Kreditinstituts offen gelegte **jährliche Dokument** enthält eine Aufstellung der im laufenden Geschäftsjahr veröffentlichten Finanzinformationen. Die **Angaben zu Pfandbriefen** sind vierteljährlich offen zu legen und umfassen produktbezogene Angaben zu Volumen und Merkmalen der im Umlauf befindlichen Pfandbriefe und eine Aufgliederung der zur Deckung der Pfandbriefe verwendeten Forderungen.

---

9   Zur besseren Nachvollziehbarkeit werden im Folgenden die Regelungsbereiche der Risikopublizität farblich wie folgt gekennzeichnet: Handelsrecht = *blau*, Aufsichtsrecht = *orange*, Kapitalmarktrecht = *violett*, Gesellschaftsrecht = *grün*.

10 Die Inhalte des Finanzberichts werden in *Abbildung 1* am Beispiel der jährlichen Offenlegung kapitalmarktorientierter Konzerne dargestellt. Die Anforderungen an die jährliche Finanzberichterstattung nicht kapitalmarktorientierter Unternehmen und von Einzelunternehmen sowie die Anforderungen an die Halbjahresfinanzberichterstattung weichen davon ab.

11 Allerdings muss der fakultative Teil im Einklang mit dem Pflichtteil des Geschäftsberichts stehen.

12 Vgl. zum Beispiel *Pellens, B. / Fülbier, R. U. / Gassen, J. / Sellhorn, Th. (2008)*, S. 917ff.

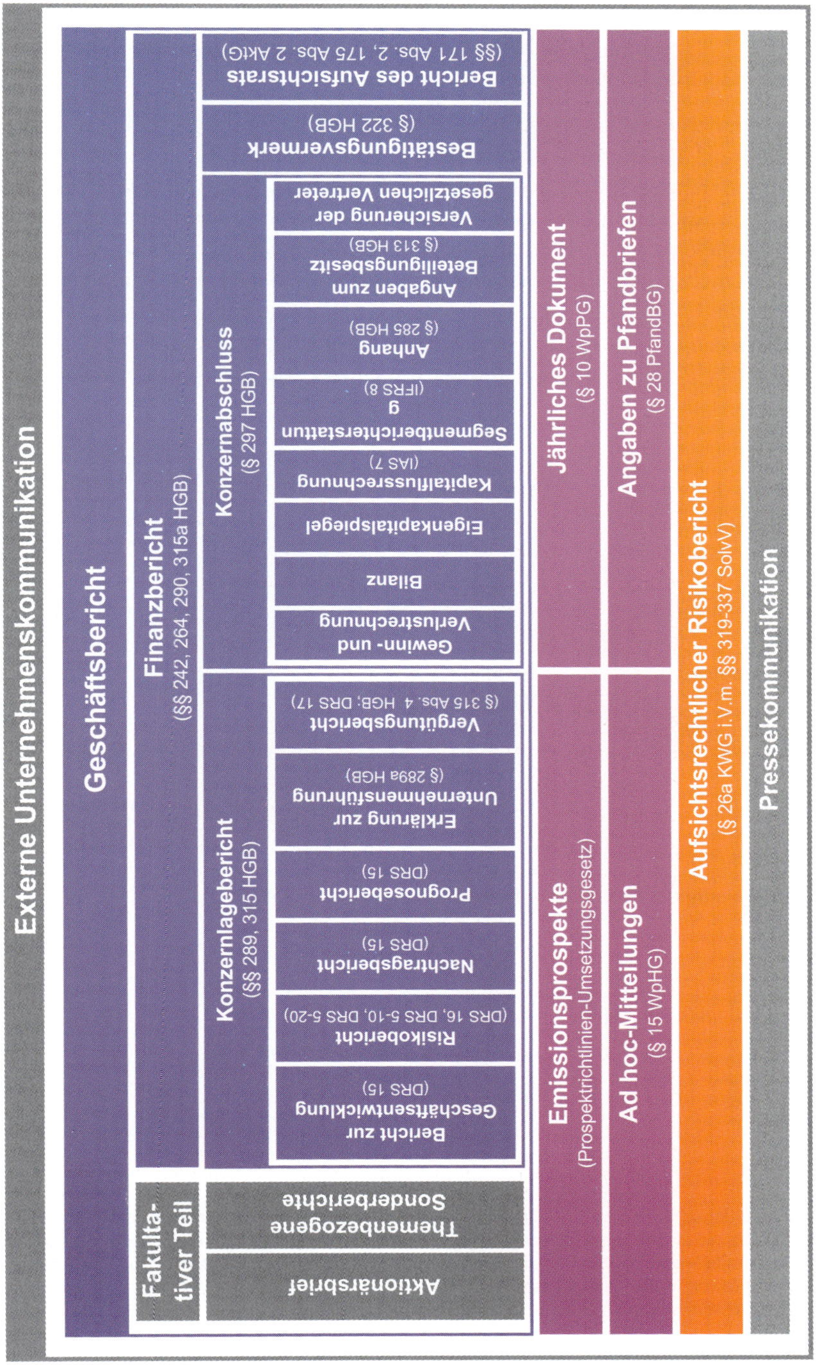

Abbildung 1: System der Finanzberichterstattung von Kreditinstituten

Die **Pressekommunikation** als weiteres Berichtsinstrument, das nicht originär Risikothemen zum Inhalt hat[13], kann in mündlicher (Pressekonferenzen) und in schriftlicher Form (Papierdokumente oder elektronische Dokumente) erfolgen.

Die externe Risikoberichterstattung eines Kreditinstituts ist integraler Bestandteil der Finanzberichterstattung.[14] Von besonderer Bedeutung sind dabei der Risikobericht im Lagebericht und der aufsichtsrechtliche Risikobericht. Risikobezogene Angaben beinhalten auch die Emissionsprospekte und *Ad hoc*-Mitteilungen. Darüber hinaus kann das Erfordernis bestehen, Angaben zum Risikomanagementsystem im Rahmen der so genannten „Erklärung zur Unternehmensführung" (auch *Corporate Governance*-Erklärung genannt) offen zu legen. Bei der Offenlegung von Risikoangaben ist zwischen der juristischen Einheit, auf die Offenlegung anzuwenden ist, und dem Turnus der Veröffentlichung zu unterscheiden. *Abbildung 2* zeigt die Erscheinungsformen der externen Risikoberichterstattung.

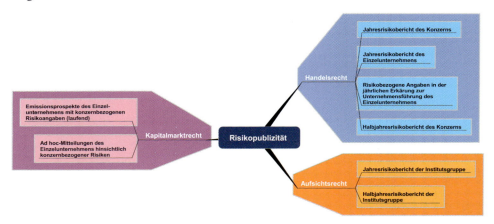

Abbildung 2: Erscheinungsformen der externen Risikoberichterstattung

---

13   Primäre Zielsetzung der aufgeführten Berichte ist nicht die risikobezogene Unternehmenskommunikation. Gleichwohl enthalten die Berichte häufig auch Angaben zu Risiken und zu Parametern, die der Risikoberichterstattung zugrunde liegen. Insofern ist die Abgrenzung zwischen Risikoberichterstattung und sonstiger Finanzberichterstattung nicht überschneidungsfrei.

14   Zur Bedeutung der externen Risikoberichterstattung für Kreditinstitute vgl. *Zepp, M. (2007)*, S. 87-113. Eine branchenübergreifende Darstellung mit besonderer Berücksichtigung von theoretischen Aspekten der Risikopublizität enthält *Filipiuk, B. (2008)*.

1.2   Berichtspflichtige Kreditinstitute

Handelsrechtliche Risikoberichterstattung

Die Pflicht zur handelsrechtlichen Risikoberichterstattung von Kreditinstituten[15] erwächst aus der allgemeinen Verpflichtung zur Aufstellung des Lageberichts.[16] Die maßgebliche Vorschrift ist *§ 340a Absatz 1 HGB*. Danach haben Kreditinstitute unabhängig von Rechtsform und Größe einen Lagebericht aufzustellen. Darüber hinaus unterliegen Banken der Aufstellungspflicht gemäß *§ 264 Absätze 1 und 2 HGB* in Verbindung mit *§ 267 HGB* aufgrund ihrer Eigenschaft als große und mittelgroße Kapitalgesellschaften. Eine Ausnahme bilden dabei Kapitalgesellschaften, die Tochterunternehmen eines nach *§ 290 HGB* zur Aufstellung eines Konzernabschlusses verpflichteten Mutterunternehmens sind, sofern die in *§ 264 Absatz 3 HGB* genannten Kriterien erfüllt sind. Ist ein Kreditinstitut eine Kapitalgesellschaften und Mutterunternehmen eines (Teil-)Konzerns entsteht gemäß *§ 290 Absätze 1 und 2 HGB* ebenfalls eine Pflicht zur Aufstellung eines Risikolageberichts.

Des Weiteren unterliegen Kreditinstitute aufgrund folgender handelsrechtlicher Vorschriften der Lageberichterstattungspflicht:

- Große und mittelgroße Personengesellschaften, in denen keine natürliche Person als Gesellschafter unmittelbar oder mittelbar voll haftet (*§ 264a Absatz 1 HGB* in Verbindung mit *§ 267 HGB*)

- Genossenschaften (*§ 336 HGB*)

- Nach *§ 5 Absatz 2 Publizitätsgesetz* rechnungslegungspflichtige Unternehmen

- Unternehmen, die Wertpapiere als Inlandsemittent[17] begeben (*§ 37v WpHG*)

Jährliche handelsrechtliche Risikoberichte sind sowohl auf Konzernebene als auch für das Einzelinstitut zum Geschäftsjahresende zu erstellen. Dabei sind die Anforderungen an die Konzernrisikoberichte umfangreicher als auf Einzelinstitutsebene. Die Unterschiede werden in den *Abschnitten 3.1 (Gesetzliche Anforderungen an die Offenlegungsinhalte)* und *4.2.3 (Gestaltung des jährlichen HGB-Risikolageberichts)* erläutert. Die Aufstellung eines Risikolageberichts zum Halbjahresultimo ist nur für Konzerne verpflichtend. Der handelsrechtliche Risikobericht ist Bestandteil des (Konzern-)Lageberichts.[18]

---

15 Finanzkonglomerate unterliegen keinen spezifischen risikobezogenen Offenlegungspflichten.
16 Vgl. auch die Darstellung von *Buchheim, R. / Knorr, L. (2006),* S. 415.
17 Inlandsemittenten sind Unternehmen, die einen organisierten Markt durch von ihnen oder einer ihrer Tochterunternehmen ausgegebene Wertpapiere im Sinne des *Wertpapierhandelsgesetzes* in Anspruch nehmen oder die Zulassung solcher Wertpapiere zum Handel an einem organisierten Markt beantragt haben.
18 Vgl. *Abschnitt 4.6.1.*

Aufsichtsrechtliche Risikoberichterstattung

Einen aufsichtsrechtlichen Risikobericht[19] haben folgende Unternehmen[20] zu erstellen[21]:

- Kreditinstitute (*§ 1 Absatz 1 KWG*)

- Finanzdienstleistungsunternehmen (*§ 1 Absatz 1a KWG*)

- Institutsgruppen (*§ 10a Absatz 1 Satz 1* und *Absatz 2 Satz 1 KWG*)

- Finanzholding-Gruppen (*§ 10a Absatz 3 Sätze 1 und 2 KWG*)

Die Offenlegungspflicht gilt unabhängig von der Größe des Unternehmens oder seiner Bedeutung für das Bankensystem insgesamt.[22]

KWG und *Teil 5 der Solvabilitätsverordnung* sehen lediglich eine jährliche Berichtspflicht für die regulatorischen Angaben vor. Gesetzlich gefordert ist die Offenlegung nur auf Ebene der Institutsgruppe, wobei die Berichtspflicht dem Mutterunternehmen obliegt. Die Veröffentlichung eines *Säule 3*-Berichts zum Halbjahresultimo ist nicht gesetzlich gefordert, wird jedoch für kapitalmarktorientierte Kreditinstitute auf freiwilliger Basis empfohlen. Vorschläge zu Struktur und Inhalten des halbjährlichen regulatorischen Risikoberichts der Institutsgruppe werden in den *Abschnitten 4.2.2 (Gestaltung der Halbjahresrisikoberichte)* und *4.4 (Offenlegungsinhalte)* erörtert. Die aufsichtsrechtlichen Risikoberichte werden in einem eigenen, von der handelsrechtlichen Finanzberichterstattung unabhängigen Medium offen gelegt.[23] Für die Tochtergesellschaften einer Institutsgruppe besteht keine gesetzliche Verpflichtung zur Offenlegung eigener aufsichtsrechtlicher Risikoberichte.

---

19 Das Dokument, mit dem Kreditinstitute die regulatorischen Offenlegungsanforderungen umsetzen, wird hier als „aufsichtsrechtlicher Risikobericht" bezeichnet. In der Praxis findet sich häufig die Bezeichnung „Offenlegungsbericht". Diese Wortwahl erscheint in sprachlicher Hinsicht ungünstig, denn bei dem Dokument handelt sich nicht um einen Bericht über die aufsichtsrechtliche Offenlegung, sondern um eben jene Offenlegung selbst. Darüber hinaus sind die Inhalte des aufsichtsrechtlichen Risikoberichts grundsätzlich mit denen des handelsrechtlichen Risikoberichts vergleichbar. Dieser inhaltliche Zusammenhang kann durch die Verwendung des Wortes „Risikobericht" zum Ausdruck gebracht werden, was den Zugang der Berichtsadressaten zu der Thematik erleichtert. Die Begriffe „aufsichtsrechtlicher Risikobericht", „regulatorischer Risikobericht" und „*Säule 3*-Bericht" werden im Folgenden synonym verwendet.

20 Im Folgenden werden unter dem Begriff „Kreditinstitut" alle Erscheinungsformen von bankaufsichtlich regulierten Unternehmen subsumiert. Zudem werden die Begriffe „Kreditinstitut", „Institut" und „Konzern" synonym für die Kennzeichnung von Bankkonzernen verwendet, sofern nicht ausdrücklich die Einzelinstitutsebene gemeint ist.

21 Vgl. *§ 319 SolvV* und *Hillen, K. H. / Neisen, M. (2008)* S. 13ff.

22 Vgl. *Fachgremium-Empfehlungen,* S. 5 *(Thema E. Materiality, Textziffer 817 Basel II).*

23 Vgl. *Abschnitt 4.6.2.*

Kapitalmarktrechtliche Risikoberichterstattung

Risikoangaben aufgrund kapitalmarktrechtlicher Vorschriften sind in Emissionsprospekten von kapitalmarktorientierten Unternehmen zu erbringen. Dies sind Unternehmen, die einen organisierten Markt im Sinne des *§ 2 Absatz 5 WpHG* durch von ihnen oder einer ihrer Tochterunternehmen ausgegebene Wertpapiere im Sinne des *§ 2 Absatz 1 Satz 1 WpHG* in Anspruch nehmen oder die Zulassung solcher Wertpapiere zum Handel an einem organisierten Markt beantragt haben. Der kapitalmarktrechtlichen *Ad hoc*-Publizitätspflicht gemäß *§ 15 Absatz 1 Satz 1 WpHG* unterliegen Inlandsemittenten von Finanzinstrumenten.

Berichtspflichtig ist das Einzelunternehmen. Sofern das Kreditinstitut als Mutterunternehmen eines Konzerns fungiert, beziehen sich die Risikoangaben nicht nur auf das Einzelunternehmen, sondern auch auf den Gesamtkonzern. Details zur kapitalmarktrechtlichen Risikoberichterstattung werden in den *Abschnitten 3.1.6 (Kapitalmarktrechtliche Anforderungen an die externe Risikoberichterstattung)*, *4.5 (Offenlegungstermine und Vergleichsangaben)* und *4.6.3 (Kapitalmarktrechtliche Risikoangaben)* dargestellt.

1.3 „Haus der Risikopublizität" als Modell der Offenlegung

Ein Modell zur Veranschaulichung der Zusammenhänge im System der Risikopublizität ist das „Haus der Risikopublizität" (siehe *Abbildung 3*). Ausgangspunkt für die Konzeption und die Umsetzung der externen Risikoberichtssysteme sind die von Kreditinstituten im Wesentlichen nicht beeinflussbaren externen Rahmenbedingungen. Ebenfalls zu beachten sind die internen Rahmenbedingungen, die teilweise für die Offenlegung gestaltbar, in vielen Fällen jedoch durch Grundsatzentscheidungen außerhalb der Risikopublizität determiniert sind. Dieser Rahmen wird in der Offenlegungsrichtlinie aufgegriffen und bildet die Grundlage für die nächsten Schritte der Konzeption einer externen Risikoberichterstattung. Mit der fachlichen, organisatorischen und technischen Umsetzung wird die nächste „Etage" dieses gedanklichen Hauses markiert. Die Erstellung der externen Risikoberichte schließlich stellt den Endpunkt im „Haus der Risikopublizität" dar.

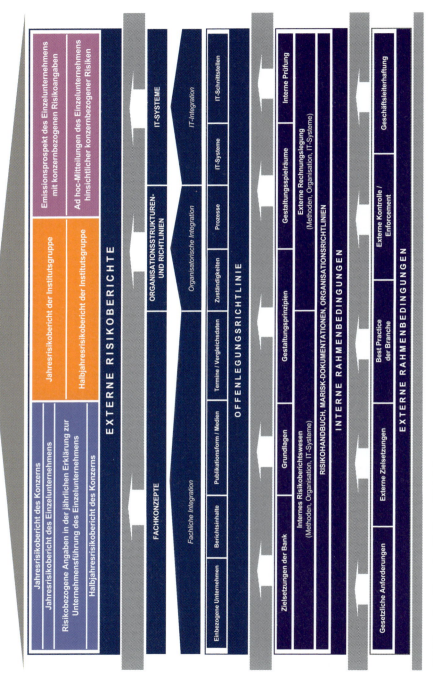

Abbildung 3: „Haus der Risikopublizität"

2.   Offenlegungsrichtlinie[24]

Gesetzliche Notwendigkeit

Für Banken, die Mutterunternehmen einer aufsichtsrechtlichen Institutsgruppe sind, besteht die gesetzliche Notwendigkeit der Implementierung einer institutsgruppenweiten Offenlegungsrichtlinie. Eine derartige Regelung existiert in vielen Kreditinstituten zurzeit nicht.

Das Erfordernis für eine Offenlegungsrichtlinie leitet sich aus folgenden Anforderungen ab:

■ *Basel II, Textziffer 821*

„Banks should have a formal disclosure policy approved by the board of directors that addresses the bank's approach for determining what disclosures it will make and the internal controls over the disclosure process. In addition, banks should implement a process for assessing the appropriateness of their disclosures, including validation and frequency of them".

■ *§ 26a Absatz 1 KWG*

„Ein Institut muss (...) über förmliche Verfahren und Regelungen zur Erfüllung (der) Offenlegungspflichten verfügen. Die Regelungen müssen auch die regelmäßige Überprüfung der Angemessenheit und Zweckmäßigkeit der Offenlegungspraxis vorsehen (...)".

■ *Fachgremium „Offenlegungsanforderungen"[25] der Bundesanstalt für Finanzdienstleistungsaufsicht (BaFin)*

„Davon ausgehend, dass jedes Kreditinstitut bereits über sachgerechte Offenlegungsstrategien verfügt, geht es in diesem Zusammenhang lediglich um eine Einbeziehung der Säule 3 in diese Strukturen in geeigneter Weise."[26]

Des Weiteren sind folgende allgemeine Organisationspflichten der Geschäftsleitung auch für die Offenlegungsrichtlinie einschlägig:

■ Organisationsverantwortung im Rahmen der Konzernleitungspflicht (*§ 76 AktG*) sowie Sorgfaltspflicht eines *„ordentlichen und gewissenhaften Geschäftsleiters"* (*§ 93 Absatz 1 AktG*): Die Organisationsverantwortung wird durch *§ 91 Absatz 2 AktG* konkretisiert. Hier wird die allgemeine Leitungsaufgabe des Unternehmensführers, zu der

---

24 Zur Offenlegungsrichtlinie vgl. auch *Hecker, E. (2008c)* S. 377ff.
25 Das *Fachgremium „Offenlegungsanforderungen"* – im Folgenden vereinfachend als *Fachgremium* bezeichnet – wurde im Jahr 2004 auf Initiative der *BaFin* und der *Deutschen Bundesbank* eingesetzt, um Umsetzungsfragen der Offenlegung zu erörtern. Es setzt sich aus Vertretern der Bankenaufsicht und der Kreditwirtschaft zusammen.
26 Vgl. die *Fachgremium-Empfehlungen*.

auch die Organisation gehört, hervorgehoben. Der Umfang der Pflicht richtet sich nach der Größe, Branche und Struktur des jeweiligen Unternehmens. Das Überwachungssystem muss geeignet sein, insbesondere risikobehaftete Geschäfte, Unrichtigkeiten der Rechnungslegung und Verstöße gegen gesetzliche Vorschriften zu erkennen, die sich auf die Vermögens-, Finanz- und Ertragslage des Konzernmutterunternehmens oder des Konzerns wesentlich auswirken können.[27]

■ Organisatorische Pflichten gemäß *§ 25a Absatz 1 KWG*: *„Kreditinstitute müssen über eine ordnungsgemäße Geschäftsorganisation verfügen. Dabei umfasst das interne Kontrollsystem aufbau- und ablauforganisatorische Regelungen und Prozesse zur Identifizierung, Beurteilung, Steuerung sowie Überwachung und Kommunikation der Risiken."*

■ Compliance gemäß *Kapitel 4.1.3* des *Deutschen Corporate Governance Kodex (DCGK)*[28]: *„Der Vorstand hat für die Einhaltung der gesetzlichen Bestimmungen zu sorgen und wirkt auf deren Beachtung durch die Konzernunternehmen hin."*

Wesen, Aufbau und betriebswirtschaftlicher Nutzen

In den Rahmenbedingungen und Richtlinien zur Risikopublizität – im Folgenden als Offenlegungsrichtlinie bezeichnet – fasst ein Kreditinstitut die wesentlichen Grundtatbestände der risikobezogenen Offenlegung zusammen. Das Regelwerk ist in zwei Hauptteile gegliedert: Die (externen und internen) Rahmenbedingungen und die Richtlinie selbst. Sämtliche mit der externen Risikoberichterstattung verbundenen Fragestellungen werden in der Offenlegungsrichtlinie behandelt. Die Richtlinie umfasst insbesondere die wesentlichen Umsetzungskonzeptionen bezüglich der Berichtsinhalte, der zu verwendenden Medien, zeitbezogener Festlegungen, der einzusetzenden *IT*-Systeme sowie organisatorischer Regelungen. Der Aufbau des Regelwerks ist *Abbildung 4* in schematisch dargestellt.

---

27 Von Bedeutung ist in diesem Zusammenhang ein Urteil des *Landgerichts München* vom 5. April 2007 *(Aktenzeichen 5 HK O 15964/06)*, mit dem ein Hauptversammlungsbeschluss zur Entlastung des Vorstands für nichtig erklärt wurde, da die durch *§ 91 Absatz 2 AktG* vom Vorstand geforderte Dokumentation des Risikoüberwachungssystems unterblieben ist. Vgl. dazu ausführlich *Huth*, M.-A. (2007). Des Weiteren ist ein Urteil des *Verwaltungsgerichts Frankfurt am Main* vom 8. Juli 2004 *(Aktenzeichen 1 E 7363/03[1])* beachtenswert. Demnach ist die aufgrund des Versäumnisses der Einrichtung eines Risikoüberwachungssystems gemäß *§ 91 Absatz 2 AktG* von der *BaFin* verlangte und vom Aufsichtsrat vorgenommene Abberufung eines Vorstandsmitglieds einer Versicherungsgesellschaft rechtmäßig.

28 In Verbindung mit *§ 289a Absatz 2 Satz 1 HGB* und *§ 161 AktG*.

Abbildung 4: Komponenten der Rahmenbedingungen und der Offenlegungsrichtlinie

Die Offenlegungsrichtlinie stellt die Grundlage für die Umsetzung einer konzernweit integrierten Risikoberichterstattung in Bezug auf die fachliche, organisatorische und *IT*-Integration dar. Die Richtlinie ist zudem ein Beitrag zum Schutz der Geschäftsleitung vor persönlichen Haftungsrisiken, die aus der Nichteinhaltung gesetzlicher Anforderungen resultieren können. In formaler Hinsicht ist eine Offenlegungsrichtlinie lediglich für den Bereich der aufsichtsrechtlichen Risikoberichterstattung erforderlich. Eine Ausweitung dieser Pflichtanforderung auf sämtliche Bereiche der Risikopublizität erscheint jedoch geboten, um eine verbindliche Grundlage zur Erreichung der mit der Offenlegung verbundenen bankinternen Zielsetzungen zu schaffen.

Offenlegungsstrategie

Mit der Offenlegungsrichtlinie legt die Geschäftsleitung die risikobezogene Offenlegungsstrategie fest und kommuniziert diese in allen Konzernunternehmen. Dies gilt insbesondere für die Nutzung von Gestaltungsspielräumen der Risikopublizität. Dagegen stellt die Erfüllung jener gesetzlichen Regelungen, die keine Auslegung erlauben, eine unbedingte Anforderung an die Kreditinstitute dar und steht daher im Rahmen der Offenlegungsstrategie nicht zur Disposition. Der strategischen Entscheidung über die Ausgestaltung der Offenlegung liegen auch anwendbare Branchen-*Benchmarks* zugrunde, die im Rahmen von Branchenvergleichen (sogenannte *Peer Reviews*) ermittelt werden. Die Ausrichtung an der Branchenpraxis findet ihre Grenzen bei der Erfüllung gesetzlicher Anforderungen. Die Verabschiedung der Offenlegungsstrategie ist originäre Aufgabe der Geschäftsleitung und daher nicht delegierbar.

Organisation

Das Regelwerk bezieht sich grundsätzlich auf die Offenlegung des Gesamtkonzerns. Das Mutterunternehmen als Einzelgesellschaft wird in diesem Zusammenhang als eine Steuerungseinheit des Konzerns betrachtet. Die Rahmenbedingungen und Richtlinien sind bezüglich der Risikoberichterstattung auf Konzernebene verbindlich für die einbezogenen Konzernunternehmen. Die einbezogenen Unternehmen (mit Ausnahme des Mutterunternehmens als Einzelunternehmen) haben zur Sicherstellung einer geordneten Offenlegung konzernweiter Risikoinformationen eigene Richtlinien zu verabschieden, die auf der Offenlegungsrichtlinie des Konzerns aufbauen und konsistent mit diesem Regelwerk sind. Die Offenlegungsrichtlinie wird durch die Geschäftsleitung verabschiedet und in Kraft gesetzt; sie wird jährlich aktualisiert. Alle Mitarbeiter des Konzerns werden über die erstmalige Verabschiedung und über weitere Änderungen der Offenlegungsrichtlinie per *E-Mail* informiert. Die Offenlegungsrichtlinie wird in den Organisationshandbüchern und im Intranet der Konzernunternehmen veröffentlicht sowie in den Risikohandbüchern des Gesamtkonzerns und der Konzernunternehmen erwähnt.

Einbindung in die Offenlegungsrichtlinie für die gesamte externe Unternehmenskommunikation

Eine gesetzliche Verpflichtung zur Implementierung einer Offenlegungsrichtlinie besteht nur für den Bereich der aufsichtsrechtlichen Risikoberichterstattung. Die betriebswirtschaftliche Notwendigkeit der Ausdehnung auf die gesamte Risikopublizität wurde dargelegt. Tatsächlich ist die externe Risikoberichterstattung jedoch bezüglich wesentlicher Grundtatbestände auch abhängig von den Gestaltungsentscheidungen der allgemeinen Finanzpublizität. Vor diesem Hintergrund ist die Einbindung der Offenlegungsrichtlinie der Risikopublizität in das für die gesamte externe Unternehmenskommunikation bestehende Regelwerk geboten. Ein derartiges Framework, das sich auf die in *Abschnitt 1.1* dargestellten Komponenten bezieht, enthält konzernweit abgestimmte Offenlegungsinhalte, definierte Zuständigkeiten und Prozesse sowie einen übergreifenden *IT*-Bebauungsplan. Darüber hinaus beinhaltet die Richtlinie die generelle Kommunikationsstrategie des Kreditinstituts.

3. Rahmenbedingungen der Risikopublizität

3.1 Gesetzliche Anforderungen an die Offenlegungsinhalte

3.1.1 Gesetzliche Anforderungen im Überblick

Die gesetzlichen Anforderungen an die Inhalte der Risikopublizität aus den drei Regelungsbereichen Handelsrecht, Aufsichtsrecht und Kapitalmarktrecht sind in *Abbildung 5* dargestellt.

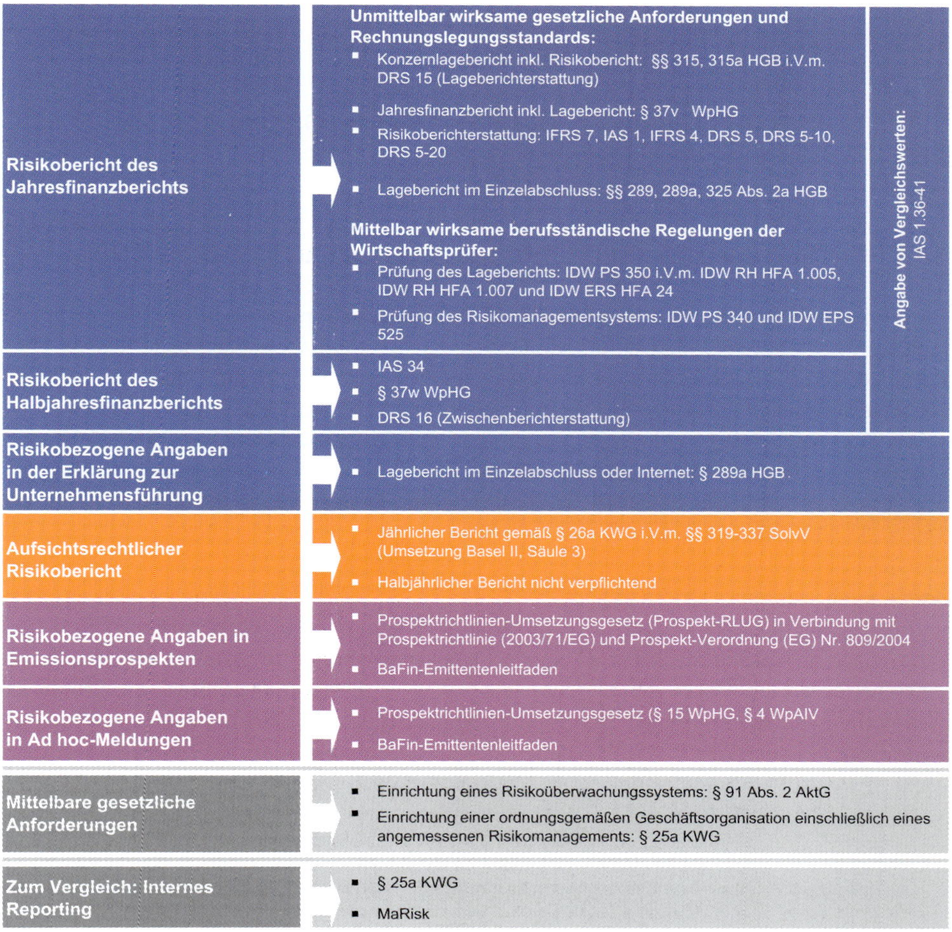

Abbildung 5: Gesetzliche Anforderungen an risikoorientierte Offenlegungsinhalte

Mit den Sammelbegriffen *IFRS 7*, *IFRS 4* und *IAS 1* sind die risikoorientierten Offenlegungsanforderungen gemeint. Diese umfassen Risiken aus Finanzinstrumenten, aus Versicherungsverträgen sowie Angaben zum wirtschaftlichen und aufsichtsrechtlichen Eigenkapital. Nicht Bestandteil der handelsrechtlichen Risikopublizität sind die Angabepflichten des *IFRS 7* zur Bilanz sowie zur Gewinn- und Verlustrechnung. *IFRS 4* und *DRS 5-20 (Risikoberichterstattung von Versicherungsunternehmen)* werden in dem vorliegenden Buch nicht behandelt, da diese Anforderungen für Kreditinstitute in erster Linie nur dann relevant sind, wenn sie als Muttergesellschaft eines Finanzkonglomerats fungieren, dem mindestens ein Versicherungsunternehmen angehört.[29] *DRS 5* als allgemeiner Risikoberichtsstandard beinhaltet keine Anforderungen, die über den entsprechenden Branchenstandard für Kreditinstitute (*DRS 5-10*) hinausgehen und wird daher im Folgenden nicht weiter berücksichtigt. Die Segmentberichterstattung ist ebenfalls nicht Gegenstand dieser Untersuchung, da *IFRS 8* keine dezidierten risikobezogenen Transparenzregeln enthält.[30]

3.1.2 Handelsrechtliche Anforderungen an die Offenlegungsinhalte

3.1.2.1 Rechtssystematik der handelsrechtlichen Risikopublizität

Die Entwicklungsstufen und die formalen Zusammenhänge der Anforderungen an die handelsrechtliche Risikoberichterstattung werden in *Abbildung 6* dargestellt. Das Handelsgesetzbuch, und hier insbesondere *§ 289 HGB* und *§ 315 HGB*, stellt die zentrale, rechtsverbindliche Vorschrift für die handelsrechtliche Offenlegung dar. Die vom *Deutschen Standardisierungsrat (DSR)* formulierten Standards konkretisieren die relativ abstrakten *HGB*-Vorschriften und geben Auslegungshilfen. Die Verlautbarungen des *Instituts der Wirtschaftsprüfer e.V. (IDW)* wiederum stellen Interpretationshilfen sowohl für die *Deutschen Rechnungslegungs Standards* als auch für die *HGB*-Vorschriften dar. Im Zuge der Internationalisierung des deutschen Handelsrechts werden die internationalen Standards, nach erfolgtem Endorsement durch die *EU-Kommission*[31], gemäß *§ 315a HGB* in nationales Recht übernommen. So besteht nach *§ 315a Absatz 1 HGB* bzw. *§ 315a Absatz 2 HGB* für Mutterunternehmen, die einen Konzernabschluss aufzustellen haben oder die einen organisierten Markt gemäß *§ 2 Absatz 5 WpHG* in Anspruch nehmen, die Pflicht zur Anwendung der internationalen Rechnungslegungsstandards. Darüber hinaus ist eine freiwillige Anwendung der *IFRS* für solche Mutterunternehmen eines Konzerns zulässig, die nicht *Absatz 1* oder *Absatz 2* des *§ 315a HGB* unterliegen. Aber auch eigene Initiativen der

---

29 Allerdings definiert *IFRS 4.A* Versicherungsrisiko sehr weit gefasst als jedes auf eine andere Partei übertragene Risiko, das nicht Finanzrisiko ist. Damit ist der Anwendungsbereich des *IFRS 4* nicht auf Versicherungsunternehmen beschränkt. Sofern Kreditinstitute Finanzinstrumente im Bestand haben, die den Kriterien des *IFRS 4* entsprechen, unterliegen sie den entsprechenden Offenlegungspflichten.

30 Zur Segmentberichterstattung vgl. beispielsweise *Pellens, B. / Fülbier, R. U. / Gassen, J. / Sellhorn, Th. (2008)*, S. 875ff.

31 Sämtliche bis Oktober 2008 von der *EU-Kommission* übernommenen internationalen Rechnungslegungsstandards sind in der *EU-Verordnung Nummer 1126/2008* vom 3. November 2008 enthalten.

EU-Kommission wie die *EU-Transparenz-Richtlinie*, die *EU-Modernisierungs-Richtlinie* und die *EU-Fair value-Richtlinie* schlagen sich in der deutschen Rechtsetzung nieder. Die Übernahme von *EU*-Recht in nationales Recht erfolgt über Umsetzungsgesetze wie das *Bilanzrechtsreformgesetz (BilReG)*, das *Bilanzrechtsmodernisierungsgesetz (BilMoG)* und das *Transparenzrichtlinie-Umsetzungsgesetz (TUG)*, in der die Änderungen der anzupassenden Gesetzeswerke zusammengefasst werden.

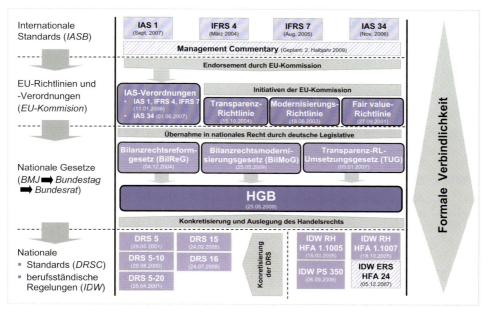

Abbildung 6: Rechtssystematik der handelsrechtlichen Risikopublizität [32]

3.1.2.2 HGB-Anforderungen

Die gesetzlichen Regelungen zur allgemeinen Risikoberichterstattung im Lagebericht sind im *Handelsgesetzbuch* relativ kurz gehalten. Daher ist eine teleologische Analyse der Gesetzesnormen zur Lageberichterstattung zielführend, mit der konkrete Anforderungen an die Risikoberichterstattung herausgearbeitet werden, die Basis für die Umsetzung sein können:

▪ **§ 289 Absatz 1 Satz 4 HGB bzw. § 315 Absatz 1 Satz 5 HGB**

Die Umsetzung der Anforderung, dass im (Konzern-)Lagebericht die wesentlichen Chancen zu erläutern sowie die Annahmen, die der Chancenermittlung zugrunde liegen, anzugeben sind, erfordert die verbale Erläuterung des erwarteten Geschäftsergebnisses und die Darstellung der getroffenen Annahmen über die erwarteten Markt- und

---

32 Die Aufzählung der *EU*-Initiativen hat keine abschließenden Charakter.

Umfeldentwicklungen. Die Anforderung bezüglich der Erläuterung und Beurteilung von wesentlichen Risiken sowie der Angabe der zugrunde liegenden Annahmen bedeutet eine quantitative Darstellung der Risikolage einschließlich verbaler Erläuterungen zum Abschlussstichtag bezüglich der wesentlichen Risiken, die Darstellung der Annahmen, die der Risikoermittlung zugrunde liegen und die Bewertung der Risiken im Bezug auf die Risikotragfähigkeit. Die Regelung hinsichtlich der Beurteilung der wesentlichen Chancen und Risiken schließlich erfordert eine gesamthafte Abwägung von Chancen und Risiken auf hohem Aggregationsniveau.

§ 289 Absatz 2 Nummer 2a HGB bzw. § 315 Absatz 2 Nummer 2a HGB

Das Eingehen auf die Risikomanagementziele und -methoden erfordert die Erläuterung von Risikopolitik und Risikostrategie, der Organisation des Risikomanagements, der Risikomessverfahren und des internen Risikoberichtswesens. Gemäß *IDW RH HFA 1.005, Textziffer 33,* sind grundsätzliche Aussagen zur Risikobereitschaft des Unternehmens zu erbringen; damit sind Angaben zur Risikopolitik und zur Risikostrategie gemeint. Der Rechnungslegungshinweis fordert darüber hinaus die Darstellung der Sicherungsziele und eine Darstellung sonstiger wesentlicher Elemente des Risikomanagementsystems. Die letztgenannte Anforderung zielt auf die qualitative Darstellung des Limitmanagements für das Kreditrisiko ab. Schließlich ist im Falle der Anwendung von antizipativem Hedging (beispielsweise zur Absicherung von geplanten Emissionen) die Nennung der Tatsache als solche erforderlich. Die Umsetzung des vom Gesetz geforderten Eingehens auf die Methoden zur Absicherung aller wichtigen Arten von Transaktionen, die im Rahmen der Bilanzierung von Sicherungsgeschäften erfasst werden, macht die Erläuterung der zur Absicherung wesentlicher Risiken eingesetzten Finanzinstrumente notwendig. Derartige Sicherungsgeschäfte sind insbesondere derivative Hedge-Kontrakte.

§ 289 Absatz 2 Nummer 2b HGB bzw. § 315 Absatz 2 Nummer 2b HGB

In *Absatz 2 Nummer 2b* der beiden *HGB*-Gesetzesnormen werden die allgemeinen quantitativen Offenlegungsanforderungen von *§ 289 Absatz 1 Satz 4 HGB* (für das Einzelinstitut) und von *§ 315 Satz 5 HGB* (für den Konzern) für ausgewählte Risikoarten konkretisiert. Das Eingehen auf Preisänderungsrisiken von Finanzinstrumenten bedeutet gemäß *IDW RH HFA 1.005, Textziffer 36,* die Quantifizierung von Marktpreisrisiken, beispielsweise durch Darstellung des Umfangs von Währungsrisiken. Darüber hinaus interpretiert der Rechnungslegungshinweis die gesetzliche Anforderung des Eingehens auf Ausfallrisiken von Finanzinstrumenten als Notwendigkeit zur Quantifizierung von Kreditrisiken und insbesondere der Messung von Kreditrisikokonzentrationen. Zudem konkretisiert *IDW RH HFA 1.005, Textziffer 36,* die *HGB*-Anforderung, auf Liquiditätsrisiken von Finanzinstrumenten einzugehen, als Verpflichtung zur Quantifizierung von Liquiditätsrisiken und hier insbesondere von Refinanzierungsrisiken. Die Berichterstattung über Zahlungsstromschwankungen bei Finanzinstrumenten wird bereits über die Darstellung von Liquiditätsrisiken abgedeckt, daher ist diesbezüglich keine separate Offenlegung erforderlich. Der Passus im Gesetz, dass die genannten Angaben Belang für die Beurteilung der Lage oder der voraussichtlichen Entwicklung haben sollen, kann als eine Ausprägung des Materialitätsgrundsatzes interpretiert werden.

Kreditrisiken, Marktpreisrisiken und Liquiditätsrisiken werden über *§ 289 Absatz 2 Nummer 2b HGB* bzw. *§ 315 Absatz 2 Nummer 2b HGB* unter Hinweis auf die Relevanz für Finanzinstrumente explizit in die Offenlegung einbezogen. Eine derartige eindeutige Regelung existiert nicht für weitere Kategorien, die üblicherweise nicht mit Finanzinstrumenten in Verbindung gebracht werden, wie operationelle und strategische Risiken. Allerdings bezieht sich *§ 289 Absatz 1 Satz 4 HGB* bzw. *§ 315 Absatz 1 HGB* auf die wesentlichen Risiken, wobei nicht erkennbar ist, dass der Gesetzgeber eine Einschränkung auf Finanzinstrumente beabsichtigt. Daher ist davon ausgehen, dass die handelsrechtlichen Vorschriften sämtliche relevante Risiken in die gesetzlichen Vorschriften zur externen Risikoberichterstattung einbeziehen.

3.1.2.3   Anforderungen des DRS 5-10

Formale Stellung[33]

Der *Deutsche Rechnungslegungsstandard (DRS) 5-10 (Risikoberichterstattung von Kreditinstituten)* ergänzt die allgemeinen Anforderungen an die Risikoberichterstattung nach dem *DRS 5* um die branchenspezifischen Regeln für Kredit- und Finanzdienstleistungsinstitute[34] und konkretisiert die risikobezogenen Offenlegungsanforderungen des *§ 315 HGB*. Der *DRS 5* – und damit auch der *DRS 5-10* – ist seit dem Inkrafttreten des *DRS 15 (Lageberichterstattung)* über den Verweis in *DRS 15.83* auf den *DRS 5* Bestandteil des *DRS 15*.

Die *DRS* insgesamt haben aus formaler Sicht lediglich die Vermutung für sich, Grundsätze ordnungsmäßiger Buchführung der Konzernrechnungslegung zu sein und können insofern widerlegt werden (*§ 342 Absatz 2 HGB*)[35]. Die Anwendung des *DRS 5-10* wird jedoch aufgrund der berufsständischen Vorschriften der Wirtschaftsprüfer – mittelbar über den *DRS 15* und den *DRS 5* – faktisch verbindlich für die Risikoberichterstattung: Gemäß *IDW PS 350, Textziffer 2 Satz 3,* und *IDW RH HFA 1.007, Textziffer 2 Satz 3,* erlangt der *DRS 5-10* Bedeutung für die Jahresabschlussprüfung, soweit es sich um Auslegungen der allgemeinen gesetzlichen Grundsätze zur Lageberichterstattung handelt. Sofern die Anforderungen des *DRS 5-10* über die gesetzlichen Anforderungen hinausgehen, ist ihre Anwendung nicht verpflichtend.

---

33 Zur Bedeutung und zum Verpflichtungsgrad der *Deutschen Rechnungslegungs Standards* vgl. auch *Zepp, M. (2007)*, S. 228ff.
34 Vgl. *„Zusammenfassung"* des *DRS 5-10.*
35 Vgl. auch *Deutsches Rechnungslegungs Standards Committee e.V. (2000)*.

Der *DRS 5-10* konkretisiert *§ 315 HGB* und ist damit unmittelbar zunächst nur für die Risikoberichterstattung des Konzerns relevant. Der *DRS 5-10* ist jedoch faktisch auch auf die Risikoberichterstattung des Einzelinstituts anzuwenden, da der Standard über die berufsständischen Vorschriften der Wirtschaftsprüfer Bedeutung für die Jahresabschlussprüfung auch des Einzelunternehmens erlangt. Zudem wird in *DRS 5-10.8* die Anwendung des Standards auf den Lagebericht nach *§ 289 HGB* empfohlen. Schließlich können durch die Anwendung des *DRS 5-10* auch für das Einzelunternehmen Konsistenz und Vergleichbarkeit mit dem Risikobericht im Konzernlagebericht sichergestellt werden. Gestaltungsspielraum besteht bezüglich des Umfangs der Berichterstattung des Einzelinstituts. Hier ist eine enge Ausrichtung an den originär gesetzlichen Anforderungen geboten.

Wesentliche Anforderungen

Die Anforderungen des *DRS 5-10* können wie folgt dargestellt systematisiert werden.[36]

Anforderungen	Wesentliche Inhalte
Gegenstand, Geltungsbereich und Definitionen (DRS 5-10.1-10)	■ Geschlossene Darstellung von Risikolage (quantitative Angaben) und Risikomanagementsystem (qualitative Angaben) ■ Grundsätze der Stetigkeit und Vollständigkeit ■ Definition der Risikoarten ■ Darstellung der Steuerungsmaßnahmen
Inhalt und Aufbau der Risikobericht-erstattung (DRS 5-10.11-16)	■ Gliederung in Gesamtrisikomanagement und Risikoarten ■ Geschlossene Darstellung im Konzernlagebericht ■ Stetige Darstellung zur Ermöglichung von Vorjahresvergleichen ■ Gliederung gemäß DRS 5-10
Gesamtrisiko-management (DRS 5-10.17-22)	■ Risikostrategie ■ Organisation und Funktionsweise des Risikomanagementsystems ■ Risikokapitalmanagement ■ Geplante Änderungen ■ Adäquater Prognosezeitraum je Risikoart
Berichterstattung über die Risikoarten (DRS 5-10.23-42)	■ Grundsätze ■ Kreditrisiken (inkl. Beteiligungsrisiken) ■ Liquiditätsrisiken ■ Marktpreisrisiken ■ Operationelle Risiken ■ Sonstige Risiken (z.B. versicherungstechnische Risiken, strategische Risiken)
Zusammenfassende Darstellung (DRS 5-10.43)	■ Kapitaladäquanz über alle Risikoarten ■ Höhe der bilanziellen Risikovorsorge

Abbildung 7: Anforderungen des DRS 5-10

---

36 Im Folgenden werden grundsätzlich nur die im *DRS 5-10* so genannten „Grundsätze" (im Standard, durch Fettdruck hervorgehoben) behandelt, da sie die maßgeblichen Offenlegungsanforderungen enthalten.

Der *DRS 5-10* beinhaltet explizite Regelungen zur Offenlegung von Kreditrisiken, Beteiligungsrisiken, Marktpreisrisiken, Liquiditätsrisiken und operationellen Risiken. Darüber hinaus wird eine Kategorie *„sonstige Risiken"* (*DRS 5-10.41*) eingeführt. Demnach ist die Offenlegung sonstiger Risiken im Rahmen der Risikoberichterstattung geboten, sofern sie eine wesentliche Bedeutung für den Konzern haben. In der Bankpraxis sind hierunter insbesondere strategische Risiken zu verstehen. Da strategische Risiken grundsätzlich mit jeder Geschäftstätigkeit verbunden sind, dürfte das Materialitätskriterium regelmäßig erfüllt sein. Sofern eine Institutsgruppe als Finanzkonglomerat eingestuft ist, dem ein Versicherungsunternehmen angehört, fallen auch versicherungstechnische Risiken in die Kategorie der sonstigen Risiken. Spezifische Regelungen zur Offenlegung versicherungstechnischer Risiken ergeben sich aus dem *DRS 5-20*. Finanzkonglomerate haben diese Anforderungen unter besonderer Berücksichtigung des Materialitätsprinzips zu beachten.

Offenlegungsgrundsätze

Für alle Risikoarten gelten die folgenden Offenlegungsgrundsätze des *DRS 5-10.23-26*:

- Die Abgrenzung der Risikoarten untereinander ist darzulegen.

- Das Managementsystem ist für jede Risikoart zu beschreiben.

- Für jede Risikoart sind quantitative Angaben zu machen. Sofern der Konzern hinreichend valide Risikomodelle zur Quantifizierung einsetzt, ist das daraus resultierende Zahlenwerk in der Offenlegung zu verwenden. Die quantitative Berichterstattung beinhaltet auch eine Darstellung der Risikotragfähigkeit je Risikoart.

- Die Ergebnisse der im Rahmen der internen Steuerung durchgeführten Stresstests sind ebenso wie die zugrunde liegenden Annahmen offen zu legen.

- Die zur Quantifizierung verwendeten Verfahren und die zugrunde liegenden Annahmen sind darzustellen.

Bündelung von Angaben

Der *DRS 5-10* stellt nur wenige dezidierte Anforderungen zur Offenlegung des Managementsystems je Risikoart. Dagegen sind umfangreiche Angaben zu den grundlegenden Charakteristika des generellen Risikomanagementsystems erforderlich[37], die inhaltlich weitgehend den Angabepflichten für einzelne Risiken von *IFRS 7.33* in Verbindung mit *IFRS 7.IG15* und von *§ 322 SolvV* entsprechen. Hierbei handelt es sich um die Darstellung des Aufbaus und der Prozesse des Risikomanagementsystems, der Verfahren der Risikoquantifizierung, der korrespondierenden Modellannahmen und Verfahrensprämissen

---

37 Vgl. *Abschnitt 4.4.2.*

sowie des Limitsystems. Daher erscheint es – auch im Sinne einer gestrafften und redundanzfreien Berichterstattung – geboten, gemeinsame Merkmale des Risikomanagementsystems aller Risikoarten möglichst umfassend im Rahmen der Beschreibung des generellen Risikomanagementsystems darzustellen und nur spezifische, risikoartenbezogene Angaben in den entsprechenden Spezialkapiteln des handelsrechtlichen Risikoberichts offen zu legen.

Formale und materielle Vergleichbarkeit

DRS 5-10.14 empfiehlt, bei der Gestaltung der externen Risikoberichte die Vergleichbarkeit mit anderen Instituten als Nebenbedingung zu beachten. Die Umsetzung dieser Empfehlung ist aufgrund abweichender Geschäftsmodelle, Risikoprofile und Unternehmensstrukturen sowie fehlender eindeutiger Berichtsstandards in vielen Fällen nicht sinnvoll umsetzbar. Allerdings können mit den in diesem Buch unterbreiteten Vorschlägen für einheitliche Berichtsstrukturen und normierte quantitative Offenlegungsformate[38] die formalen Voraussetzungen für die geforderte Vergleichbarkeit geschaffen werden. Durch ein einheitliches Verständnis der qualitativen und quantitativen Offenlegungsinhalte[39] kann eine Annäherung der Risikoberichte auch in materieller Hinsicht erreicht werden.

---

38 Vgl. *Abschnitt 4.2.4.3.2.*
39 Vgl. *Abschnitt 4.4.*

3.1.2.4 Anforderungen der IAS und IFRS

Struktur und Inhalte der risikobezogenen Offenlegungsanforderungen von *IAS 1* und *IFRS 7* werden in *Abbildung 8* dargestellt.[40]

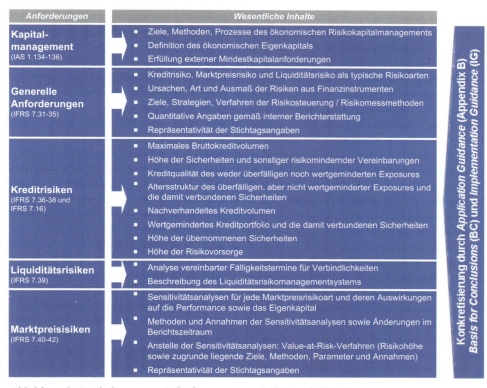

Anforderungen	Wesentliche Inhalte
Kapital-management (IAS 1.134-136)	■ Ziele, Methoden, Prozesse des ökonomischen Risikokapitalmanagements ■ Definition des ökonomischen Eigenkapitals ■ Erfüllung externer Mindestkapitalanforderungen
Generelle Anforderungen (IFRS 7.31-35)	■ Kreditrisiko, Marktpreisrisiko und Liquiditätsrisiko als typische Risikoarten ■ Ursachen, Art und Ausmaß der Risiken aus Finanzinstrumenten ■ Ziele, Strategien, Verfahren der Risikosteuerung / Risikomessmethoden ■ Quantitative Angaben gemäß interner Berichterstattung ■ Repräsentativität der Stichtagsangaben
Kreditrisiken (IFRS 7.36-38 und IFRS 7.16)	■ Maximales Bruttokreditvolumen ■ Höhe der Sicherheiten und sonstiger risikomindernder Vereinbarungen ■ Kreditqualität des weder überfälligen noch wertgeminderten Exposures ■ Altersstruktur des überfälligen, aber nicht wertgeminderter Exposures und die damit verbundenen Sicherheiten ■ Nachverhandeltes Kreditvolumen ■ Wertgemindertes Kreditportfolio und die damit verbundenen Sicherheiten ■ Höhe der übernommenen Sicherheiten ■ Höhe der Risikovorsorge
Liquiditätsrisiken (IFRS 7.39)	■ Analyse vereinbarter Fälligkeitstermine für Verbindlichkeiten ■ Beschreibung des Liquiditätsrisikomanagementsystems
Marktpreisisiken (IFRS 7.40-42)	■ Sensitivitätsanalysen für jede Marktpreisrisikoart und deren Auswirkungen auf die Performance sowie das Eigenkapital ■ Methoden und Annahmen der Sensitivitätsanalysen sowie Änderungen im Berichtszeitraum ■ Anstelle der Sensitivitätsanalysen: Value-at-Risk-Verfahren (Risikohöhe sowie zugrunde liegende Ziele, Methoden, Parameter und Annahmen) ■ Repräsentativität der Stichtagsangaben

Konkretisierung durch Application Guidance (Appendix B) und Implementation Guidance (IG)
Basis for Conclusions (BC)

Abbildung 8: Risikobezogene Anforderungen von IAS 1 und IFRS 7

Die *Application Guidance* ist integraler Teil des Standards und daher zwingend zu beachten. Dagegen sind die *Implementation Guidance*, die *Basis for Conclusions* und die Appendizes zu *IFRS 7* formal nicht Bestandteil des Standards, jedoch bei Auslegungsfragen heranzuziehen.[41]

IFRS 7 beinhaltet ausdrückliche Anforderungen an die Offenlegung von Kreditrisiken, Marktpreisrisiken und Liquiditätsrisiken. Für weitere Risikoarten wie Beteiligungsrisiken, operationelle Risiken und strategische Risiken existieren keine dezidierten Regelungen.

---

40 Einen Überblick zu dem Thema geben *Löw (2005b), Loewenich, B. (2008)* und *Kuhn/Paa (2005)*. Für eine umfassende Darstellung der Offenlegungsanforderungen des *IFRS 7* vgl. *Löw, E. (Hrsg.) (2005)*.

41 Die *Application Guidance* konkretisiert die Anwendung des *IFRS 7;* die *Implementation Guidance* gibt praktische Umsetzungsempfehlungen; die *Basis for Conclusions* erläutert die Gründe des *IASB* für die Ausgestaltung einzelner Normen des *IFRS 7*.

Gleichwohl unterliegen diese Risikoarten über *IFRS 7.32*[42] der übergreifenden Generalnorm (*IFRS 7.31*) sowie den Generalnormen für die qualitative Offenlegung (*IFRS 7.33*) und die quantitative Berichterstattung (*IFRS 7.34* und *IFRS 7.35*), soweit die Risiken aus Finanzinstrumenten erwachsen.

Die für alle Risikoarten geltenden **qualitativen Offenlegungsanforderungen** des *IFRS 7.33* werden in *IFRS 7.IG15* konkretisiert. Demnach sind folgende Angaben zu machen:

- Erläuterung von Ursache und Materialität der Risiken

- Beschreibung der Organisationsstrukturen des Risikomanagementsystems und dessen Unabhängigkeit und Verantwortungsbereich

- Darstellung des internen Risikoberichtswesens

- Erläuterung der Sicherheitenstrategie und der Strategien und Prozesse der Sicherheitenhereinnahme sowie eine Beschreibung des Prozesses zur fortlaufenden Überwachung der Effektivität von Risikohedges und Minderungstechniken

IFRS 7.34 und *IFRS 7.35* beinhalten die für alle Risikoarten geltenden Grundsätze für die **quantitative Offenlegung**:

- Offenlegung von internen Managementinformationen (*IFRS 7.34a*)

- Darstellung von Risikokonzentrationen (*IFRS 7.34a*)

- Bereitstellung ergänzender Informationen – beispielsweise die in der Berichtsperiode gemessenen Höchst-, Mindest- und Durchschnittswerte –, sofern die stichtagsbezogenen Angaben nicht repräsentativ für die gesamte Berichtsperiode sind (*IFRS 7.IG20*)

IFRS 7 folgt dem übergreifenden Prinzip, dass der Umfang der Risikoberichterstattung abhängig von der Risikoexponiertheit des berichtspflichtigen Kreditinstituts ist. Die im Standard konkret geregelten Angabepflichten stellen vor diesem Hintergrund Mindestanforderungen dar.[43]

---

42 „*Die in den Paragraphen 33-42 geforderten Angaben sind auf Risiken aus Finanzinstrumenten gerichtet und darauf, wie diese gesteuert werden. Zu diesen Risiken gehören u. a. Ausfallrisiken, Liquiditätsrisiken und Marktrisiken.*"
43 Vgl. *IFRS 7.BC41 und IFRS 7.BC42*.

3.1.2.5 Anforderungen an die halbjährliche handelsrechtliche Risikoberichterstattung[44]

Der Zwischenlagebericht des Konzerns umfasst gemäß *§ 37w Absatz 4 WpHG* zumindest wichtige Ereignisse während der ersten sechs Monate und ihre Auswirkungen auf den verkürzten Abschluss sowie eine Beschreibung der wesentlichen Chancen und Risiken für die restlichen sechs Monaten des Geschäftsjahres. Nach *§ 315 HGB* ist darüber hinaus die voraussichtliche Entwicklung mit ihren wesentlichen Chancen und Risiken zu beurteilen und zu erläutern; zugrunde liegende Annahmen sind anzugeben.

Gemäß *DRS 16.43* sind nur bedeutende Änderungen der im letzten Konzernlagebericht dargestellten wesentlichen Chancen und Risiken im Zwischenlagebericht offen zu legen. In *DRS 16.48* werden die bestandsgefährdenden Risiken hervorgehoben, da diese Informationen für die Investoren von besonderer Bedeutung sind. Da nach *DRS 16.1* der Zwischenlagebericht eng mit dem letzten Konzernlagebericht verbunden ist, sollten wesentliche quantitative Informationen, die im letzten Risikobericht gemäß des *DRS 5-10* dargestellt wurden, auch Bestandteil des Zwischenrisikoberichts sein.

Bei der Erstellung eines Halbjahresfinanzberichts, der auch einen Lagebericht beinhaltet, sind gemäß *§ 37y Nummer 2 WpHG* die *IAS* und *IFRS* zu beachten, sofern das Konzernmutterunternehmen nach *§ 315a HGB* den internationalen Rechnungslegungsstandards unterliegt oder diese Vorschriften freiwillig anwendet. Bezüglich der Halbjahresfinanzberichterstattung ist dabei insbesondere *IAS 34* (*Interim Financial Reporting*) relevant. Allerdings schreibt dieser Standard weder vor, welche Unternehmen Zwischenberichte zu veröffentlichen haben, noch wie häufig oder innerhalb welchen Zeitraums nach dem Ablauf einer Zwischenberichtsperiode dies zu erfolgen hat. Außerdem trifft *IAS 34* keine inhaltlichen Regelungen zu einer Berichterstattung über Risiken. Hinsichtlich der konkreten Modalitäten der Zwischenlageberichterstattung ist daher auf die Regelungen des *§ 37 Absatz 4 WpHG* in Verbindung mit *§ 315 HGB* und *DRS 16* zurückzugreifen.

3.1.2.6 Verlautbarungen des IDW[45]

Die Standards und Hinweise des *IDW* entfalten aufgrund ihrer Bindungswirkung für die Prüfung des Risikoüberwachungssystems und der Lageberichte des Konzerns und des Einzelinstituts im Rahmen der Jahresabschlussprüfung mittelbare Wirkung für die Offenlegungspraxis von Kreditinstituten. Im Folgenden werden die einschlägigen Verlautbarungen kurz erläutert.

---

44 Die Anforderungen an die Zwischenberichterstattung kapitalmarktorientierter Unternehmen werden ausführlich von *Henkel, K. / Schmidt, K., Ott, D. (2008)* und von *Kajüter, P. / Barth, D. / Meyer, J. (2009)* dargestellt.

45 Zur Bedeutung und zum Verpflichtungsgrad der Verlautbarungen des *IDW* vgl. auch *Zepp, M. (2007)*, S. 231 ff.

IDW PS 350: Prüfung des Lageberichts

Dieser *IDW*-Standard, der die Prüfungspflichten des *§ 317 HGB* in Verbindung mit *§§ 321 und 322 HGB* konkretisiert, gilt sowohl für die Prüfung des Lageberichts als auch für die Prüfung des Konzernlageberichts. Durch den Verweis in *Textziffer 2* des *IDW*-Prüfungsstandards werden die *Deutschen Rechnungslegungs Standards* zur Lageberichterstattung und zur Risikoberichterstattung Grundlage der Prüfungshandlungen der Abschlussprüfer hinsichtlich des (Konzern-)Lageberichts. Von besonderer Bedeutung für die Gestaltung der externen Risikoberichterstattung sind die Regelungen zur Erläuterung der Chancen und Risiken der zukünftigen Entwicklung unter besonderer Berücksichtigung von Fortbestandsrisiken (*Textziffern 8 und 9*) sowie die Darstellung der Risikomanagementziele und -methoden wie auch der Risiken in den *Textziffern 29 bis 31*.

IDW RH HFA 1.005: Lageberichterstattung nach dem Bilanzrechtsreformgesetz

Aufgrund des *Bilanzrechtsreformgesetzes* wurden *§ 289 HGB* und *§ 315 HGB* neu gefasst. Der Rechnungslegungshinweis *IDW RH HFA 1.005* erläutert unter anderem inhaltliche Aspekte der Risikoberichterstattung, die durch die Neufassung aufgeworfen wurden. In den *Textziffern 30 bis 38* werden aus Sicht der Wirtschaftsprüfer die Anforderungen zum Anwendungsbereich der externen Risikoberichterstattung, zum Materialitätsgrundsatz, zur Berichterstattung über das Risikomanagementsystem und zur Offenlegung einzelner Risikokategorien erläutert. Die Hinweise gelten sowohl für das Einzelinstituts als auch für den Konzern.[46] Hinsichtlich des Anwendungsbereichs wird eine Einschränkung auf Finanzinstrumente vorgenommen.[47] Im Fokus der qualitativen Berichterstattung über das Risikomanagement stehen gemäß *Textziffer 33 „grundsätzliche Aussagen zur Risikobereitschaft des Unternehmens"* (gemeint sind Angaben zur Risikopolitik und zur Risikostrategie), *„die Darstellung der Sicherungsziele", „die Beschreibung der gesicherten Grundgeschäfte", „die Vorgabe von Kontrahentenlimiten"* und *„bei antizipativem Hedging (zum Beispiel Absicherung von geplanten aber noch nicht kontrahierten Bestellungen) die Nennung der Tatsache als solche"*.

Die quantitative Offenlegung einzelner Risikoarten (Kreditrisiko, Marktpreisrisiko und Liquiditätsrisiko) wird in den *Textziffern 36 und 37* gefordert, ohne dass die Angabepflichten spezifiziert werden.[48] Bemerkenswert ist das in *Textziffer 37* verankerte Nettoausweisprinzip, nach dem in die Berichterstattung *„nur offene, nicht durch konkrete Sicherungsgeschäfte gedeckte Risiken"* einzubeziehen sind. Dieser Grundsatz steht im Widerspruch zu der Bruttoausweispflicht für Kreditrisiken gemäß *IFRS 7.36a*[49].

---

46 Vgl. *IDW RH HFA 1.1005, Textziffer 38.*
47 Zur Diskussion der in die Berichterstattung einzubeziehenden Risiken vgl. *Abschnitt 4.2.1.*
48 Die quantitative Natur der von *IDW RH HFA 1.1005* geforderten Angaben ist aus *Textziffer 37* abzuleiten. Demnach sind Ausführungen zum Umfang der Risiken erforderlich. Diese Vorschrift ergänzt *Textziffer 36*, die lediglich eine Erläuterung der Risikoarten fordert, was auch durch eine verbale Darstellung ohne Zahlenangaben erfüllt werden kann.
49 Vgl. *Abschnitt 4.4.4.2.3.*

IDW RH HFA 1.007: Lageberichterstattung nach dem Bilanzrechtsreformgesetz

Auch der *IDW RH HFA 1.007* greift Aspekte der Lageberichterstattung auf, die von der Neufassung von *§ 289 HGB* und *§ 315 HGB* betroffen sind. Der Rechnungslegungshinweis bezieht sich jedoch nicht auf inhaltliche Fragen der Risikolageberichterstattung, sondern auf formale Aspekte. So wird durch *Textziffer 13* klargestellt, dass auch bei pflichtgemäßer oder freiwilliger Aufstellung eines IAS-/IFRS-Konzernabschlusses weiterhin die Verpflichtung der Aufstellung eines Konzernlageberichts gilt. Eine Darstellung im Konzernanhang ist nicht ausreichend.

IDW ERS HFA 24: Einzelfragen zu den Angabepflichten des IFRS 7 zu Finanzinstrumenten

Gegenstand dieser *IDW*-Stellungnahme zur Rechnungslegung, die bisher nur im Entwurf vorliegt[50], ist die Konkretisierung einzelner Angabepflichten des *IFRS 7*. Für die externe Risikoberichterstattung sind insbesondere folgende Ausführungen relevant:

- Klassenbildung (*Textziffern 7 bis 10*)

- Platzierung der Angaben im Jahresfinanzbericht (*Textziffer 41*)

- Anwendungsbereich bezüglich der Risikoarten (*Textziffern 42 und 43*)

- *Management Approach* (*Textziffern 44 und 45*)

- Repräsentativität der Angaben zum Abschlussstichtag (*Textziffer 46*)

- Maximales Kreditrisiko (*Textziffer 47*)

- Leistungsgestörtes Kreditvolumen (*Textziffern 48 bis 51*)

- Sicherheiten (*Textziffer 52*)

- Kreditzusagen und Finanzgarantien (*Textziffern 55 und 56*)

- Liquiditätsrisiko (*Textziffern 53, 54 und 57 bis 63*)

- Marktpreisrisiko (*Textziffern 64 und 65*)

---

50 Dessen ungeachtet erscheinen die Hinweise in *IDW ERS HFA 24* hinreichend verbindlich, um sie zur Auslegung der risikobezogenen Offenlegungsanforderungen des *IFRS 7* heranzuziehen.

IDW PS 340: Prüfung des Risikofrüherkennungssystems nach § 317 Absatz 4 HGB

Nach *§ 91 Absatz 2 AktG* hat *„der Vorstand (...) geeignete Maßnahmen zu treffen, insbesondere ein Überwachungssystem einzurichten, damit den Fortbestand der Gesellschaft gefährdende Entwicklungen früh erkannt werden."*[51] Der *IDW*-Standard zur Prüfung des Risikofrüherkennungssystems[52] setzt den Rahmen für die Prüfungshandlungen zur Kontrolle der Einhaltung von *§ 91 Absatz 2 AktG*. Der Abschlussprüfer hat im Rahmen der Abschlussprüfung zu beurteilen, ob die Geschäftsleitung die erforderlichen Maßnahmen in einer geeigneten Form getroffen hat und ob das einzurichtende Überwachungssystem seine Aufgaben erfüllen kann. Das Ergebnis seiner Prüfung dokumentiert der Abschlussprüfer im Prüfungsbericht. Neben einer Darstellung der wesentlichen Elemente des Risikofrüherkennungssystems muss der Prüfungsbericht auch darauf eingehen, ob Maßnahmen zur Verbesserung des Risikomanagementsystems erforderlich sind.[53] Als Hilfestellung für die Durchführung der Prüfung verwenden die Wirtschaftsprüfungsgesellschaften üblicherweise detaillierte Checklisten, deren Inhalt auf den gesetzlichen Anforderungen an die externe Risikoberichterstattung aufbaut.

IDW EPS 525: Beurteilung des Risikomanagements von Kreditinstituten

Der im Entwurf vorliegende Standard zur Beurteilung des Risikomanagements von Kreditinstituten im Rahmen der Abschlussprüfung *„betont die zentrale Stellung eines angemessenen und funktionsfähigen Risikomanagementsystems im Rahmen der Steuerung der Geschäftstätigkeit von Kreditinstituten und stellt die hieraus abzuleitenden grundsätzlichen Systemanforderungen."*[54] Der Standard greift wesentliche Aspekte der *Mindestanforderungen an das Risikomanagement* wie Organisation des Risikomanagements, Risikostrategie, Risikotragfähigkeit, Risikoanalyse, Risikokommunikation und Risikoüberwachung auf und macht sie zum Bestandteil der Abschlussprüfung.

Das Papier stellt zudem eine Verbindung zwischen der Ausgestaltung des Risikomanagementsystems und den Offenlegungspflichten her. In diesem Zusammenhang verweist *IDW EPS 525* in *Textziffer 4* auf folgende Aspekte:

---

51   Durch diese Vorschrift soll nach der Regierungsbegründung zum *Gesetz zur Kontrolle und Transparenz im Unternehmensbereich (KonTraG)* die Verpflichtung des Vorstands, für ein angemessenes Risikomanagement und eine angemessene interne Revision zu sorgen, verdeutlicht werden.

52   Risikofrüherkennung wird häufig als die in besonderer Weise zukunftsgerichtete Komponente des Risikomanagements verstanden. Jedoch erscheint – nicht zuletzt aus Vereinfachungsgründen – die gleichwertige Verwendung der Begriffe Risikofrüherkennungssystem und Risikomanagementsystem angebracht, da das Risikomanagement insgesamt die gedankliche Vorwegnahme künftiger negativer Entwicklungen und die Einleitung angemessener Maßnahmen zu deren Vermeidung zum Gegenstand hat.

53   Vgl. *IDW PS 340, Textziffer 2*.

54   Vgl. *IDW EPS 525 (2009)*.

- Die Prüfung des Lageberichts nach *§ 317 HGB* hinsichtlich der zutreffenden Darstellung von Chancen und Risiken.

- Die Prüfung der Anforderungen an die Risikoberichterstattung im Konzernlagebericht nach *§ 315 Absatz 1 HGB* in Verbindung mit *DRS 5–10*.

- Eine Beurteilung, ob zusätzliche Informationen außerhalb der Rechnungslegung, die einem unbestimmten Personenkreis zur Verfügung gestellt werden, von Informationen abweichen, die in den Jahresabschluss oder Lagebericht eingegangen sind; in diesem Zusammenhang wird auch auf den aufsichtsrechtlichen Risikobericht Bezug genommen.

Da *IDW EPS 525* die Prüfungspflichten zur Umsetzung der *Mindestanforderungen an das Risikomanagement* konkretisiert, und aufgrund der Maßgeblichkeit der *MaRisk* für die Möglichkeiten einer regelkonformen Gestaltung der externen Risikoberichte, erhält der Prüfungsstandard auch Bedeutung für die Risikopublizität.

3.1.3 Aufsichtsrechtliche Anforderungen an die Offenlegungsinhalte

Rechtssystematik der aufsichtsrechtlichen Risikopublizität

Die Entwicklungsstufen und die formalen Zusammenhänge der Anforderungen an die regulatorische Risikoberichterstattung werden in *Abbildung 9* dargestellt. Es wird deutlich, dass *§ 26a KWG* – ergänzt durch *Teil 5 der Solvabilitätsverordnung* sowie deren Begründung – die zentrale, rechtsverbindliche Vorschrift für die aufsichtsrechtliche Offenlegung darstellt. Die Anwendungsbeispiele und Empfehlungen des *Fachgremiums* geben unverbindliche Auslegungshilfen. Das deutsche Aufsichtsrecht basiert auf Europarecht (*Capital Requirement Directive – CRD*), das wiederum auf den *Baseler* Anforderungen der *Säule 3* aufbaut. Vor diesem Hintergrund ist es zielführend, die Regelungen sowohl der *Säule 3* als auch der *Capital Requirement Directive* bei Auslegungsfragen des *Kreditwesengesetzes* und der *Solvabilitätsverordnung* heranzuziehen.

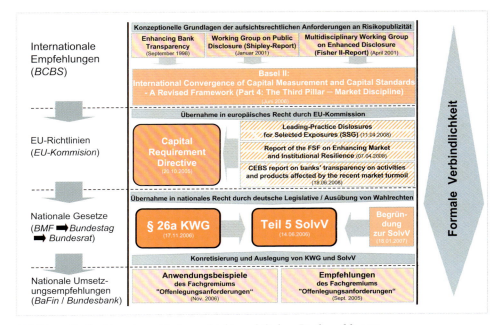

Abbildung 9: Rechtssystematik der aufsichtsrechtlichen Risikopublizität

Kreditwesengesetz und Teil 5 der Solvabilitätsverordnung

Gemäß *§ 26a Absatz 1 KWG* muss ein Institut regelmäßig qualitative und quantitative Informationen über sein Eigenkapital, die eingegangenen Risiken und seine Risikomanagementverfahren einschließlich der nach *§ 10 Absatz 1 Satz 2 KWG* verwandten internen Modelle, der Kreditrisikominderungstechniken und der Verbriefungstransaktionen veröffentlichen.

Aufgrund dieser Regelungen ist eine Darstellung der Risikomanagementverfahren der Institutsgruppe unter besonderer Berücksichtigung von aufsichtsrechtlich zugelassenen internen Modellen, Kreditrisikominderungstechniken und Verbriefungstransaktionen erforderlich. In quantitativer Hinsicht sind das Eigenkapital und die Risikoexposures offen zu legen.

Teil 5 der Solvabilitätsverordnung konkretisiert in den *§§ 319* bis *337* den *§ 26a Absatz 1 KWG* bezüglich allgemeiner Vorschriften zum Anwendungsbereich, zum Offenlegungsmedium und zum Offenlegungsintervall (Kapitel 1 von *Teil 5*), bezüglich allgemeiner inhaltliche Anforderungen der Offenlegung (Kapitel 2) und hinsichtlich qualifizierender Anforderungen bei der Nutzung besonderer Instrumente oder Methoden (Kapitel 3).

Die Offenlegungsanforderungen der *Solvabilitätsverordnung* sind wie folgt aufgebaut.

§§ 319 bis 337 SolvV	
Kapitel 1	§ 319: Anwendungsbereich
	§ 320: Offenlegungsmedium und Offenlegungsintervall
Kapitel 2	§ 322: Risikomanagementbeschreibung in Bezug auf einzelne Risiken
	§ 323: Angaben zum Anwendungsbereich
	§ 324: Eigenmittelstruktur
	§ 325: Angemessenheit der Eigenmittelausstattung
	§ 326: Offenlegungsanforderungen zu derivativen Adressenausfallrisikopositionen und Aufrechnungspositionen
	§ 327: Adressenausfallrisiko: Allgemeine Ausweispflichten für alle Institute
	§ 328: Adressenausfallrisiko: Offenlegung bei KSA-Forderungsklassen
	§ 329: Adressenausfallrisiko: Weitere Offenlegungsanforderungen
	§ 330: Offenlegungsanforderungen zum Marktrisiko
	§ 331: Offenlegungsanforderungen zum operationellen Risiko
	§ 332: Offenlegungsanforderungen für Beteiligungen im Anlagebuch
	§ 333: Offenlegung des Zinsänderungsrisikos im Anlagebuch
	§ 334: Offenlegungsanforderungen bei Verbriefungen
Kapitel 3	§ 335: Adressenausfallrisiko: Offenlegung bei Forderungsklassen, für die der IRBA
	§ 336: Kreditrisikominderungstechniken: Offenlegungen für KSA und IRBA
	§ 337: Instrumente zur Verlagerung operationeller Risiken

Abbildung 10: Offenlegungsanforderungen der Solvabilitätsverordnung

Von den Anforderungen zur Erfüllung der Marktdisziplin sind die Meldeerfordernisse der Kreditinstitute an die Bankenaufsicht zu unterscheiden. Bei der Meldung handelt es sich nicht um eine Offenlegungspflicht, da Offenlegung immer durch einen Bezug zur allgemeinen Öffentlichkeit charakterisiert ist. Die Meldung erfolgt jedoch ausschließlich gegenüber der Aufsicht. Die regulatorische Meldung basiert auf den Formaten des sogenannten *Common Reporting (COREP)*. Das quantitative *Säule 3*-Reporting setzt sich aus Teilen

---

55 Der *Kreditrisiko-Standardansatz (KSA, Standardized Approach)* ist ein aufsichtsrechtliches Verfahren zur Berechnung der risikogewichteten Positionswerte im Rahmen der Ermittlung der Eigenkapitalunterlegung für das Adressenausfallrisiko. Das Verfahren basiert auf der Zuordnung aufsichtsrechtlich vorgegebener Risikogewichte, die zum Teil von externen Ratings abhängen, zu den Risikopositionen.
Mit dem aufsichtsrechtlichen *IRB-Ansatz (IRBA, Internal Ratings-Based Approach)* werden die risikogewichteten Positionswerte im Rahmen der Ermittlung der Eigenkapitalunterlegung für das Kreditrisiko kalkuliert. Das Verfahren basiert auf der Verfügbarkeit von Risikoparametern, die mithilfe aufsichtsrechtlich anerkannter Ratingsysteme ermittelt werden. Ausprägungen sind der *Basis-IRB-Ansatz* (Nutzung intern geschätzter Ausfallwahrscheinlichkeiten), der *fortgeschrittene IRB-Ansatz* (Nutzung intern geschätzter Ausfallwahrscheinlichkeiten, Konversionsfaktoren und Verlustquoten) und der *IRB-Ansatz für das Mengengeschäft* (auch *Retail-IRBA* genannt).

der *COREP*-Inhalte zusammen. Die auf nationaler Ebene aggregierten Instituts(gruppen) meldungen, aus dem institutsbezogene Meldungen nicht ersichtlich sind, werden auf den Internetseiten des *Committee of European Banking Supervisors (CEBS)* offen gelegt.

3.1.4 Exkurs: Mindestanforderungen an das Risikomanagement[57]

Mit den *Mindestanforderungen an das Risikomanagement, die im Kern auf die Anforderungen des KonTraG*[58] zurückgehen, werden die in *§ 25a Absatz 1 KWG* kodifizierten Anforderungen an eine angemessene Geschäftsorganisation hinsichtlich des Risikomanagements konkretisiert. Damit zielen die *MaRisk* auf die Umsetzung wesentlicher qualitativer Elemente der *Säule 2* von *Basel II* in deutsches Recht ab. Dies betrifft insbesondere die Einführung eines *Internal Capital Adequacy Assessment Process (ICAAP)* und angemessener Steuerungs- und Überwachungsprozesse.

Zwar entfalten die *MaRisk* in formaler Hinsicht keine unmittelbare Verbindlichkeit für die Gestaltung der externen Risikoberichterstattung, jedoch können aufgrund ihrer mannigfaltigen thematischen Überschneidungen mit den Offenlegungsanforderungen die aufgrund der Umsetzung der *MaRisk* vorliegenden Informationen aus der internen Risikosteuerung auch für die Risikopublizität nutzbar gemacht werden. Dabei handelt es sich in erster Linie um Informationen zum Risikomanagementsystem, aber auch – mittelbar über die Anwendung der Verfahren und Methoden des Risikomanagements für die Risikoquantifizierung – um das Zahlenwerk des internen Risiko-Reportings. Die Bedeutung der *MaRisk* für die Offenlegung kann auch daran erkennbar sein, dass das System der Bankenaufsicht Wechselwirkungen zwischen den drei *Baseler Säulen* vorsieht. So sind regulatorisch geprägte Informationen der *Säule 1* ebenso Bestandteil der Offenlegung wie interne Managementinformationen, die Kreditinstitute im Rahmen der *Säule 2* ihrer Steuerung zugrunde zu legen haben. Umgekehrt ist die Offenlegung in manchen Fällen eine notwendige Bedingung für die Anwendung von Kalkulationsansätzen zur Berechnung der regulatorischen Eigenkapitalanforderungen.[59]

Jene *MaRisk*-Anforderungen, die eine Entsprechung bei den risikoorientierten Offenlegungsanforderungen finden, werden im Folgenden aufgelistet.

---

56 Bei der Umsetzung der von auf EU-Ebene vom CEBS entwickelten Formate können die Staaten Wahlrechte wahrnehmen und damit den Umfang der durch die Kreditinstitute an die Aufsicht zu übermittelnden Informationen festlegen.

57 Der am 16. Februar 2009 zur Konsultation gestellte überarbeitete Entwurf der MaRisk (vgl. *MaRisk-Entwurf* 2009) wird in der folgenden Analyse aufgrund seines noch vorläufigen Charakters nicht berücksichtigt.

58 Der durch das *KonTraG* eingeführte *§ 91 Absatz 2 AktG* verpflichtet Aktiengesellschaften zur Einrichtung eines Risikoüberwachungssystems. Gemäß der Gesetzesbegründung zum *KonTraG* entfaltet *§ 91 Absatz 2 AktG* Ausstrahlungswirkungen für alle großen Kapitalgesellschaften, unabhängig von ihrer Rechtsform.

59 Vgl. Gestaltungsprinzip 6 *(Offenlegung als Bedingung für die Anwendung von IRB-Ansätzen zur Eigenkapitalunterlegung von Kreditrisiken)* und Gestaltungsprinzip 7 *(Offenlegung als Bedingung für die Anwendung von Kreditrisikominderungstechniken).*

▓ *Grundlagen des Risikomanagementsystems*: Kreditinstitute haben über eine geeignete Aufbau- und Ablauforganisation zu verfügen (*AT 4.3.1*) und die Entscheidungsträger über ein angemessenes internes Risikoberichtswesen zu informieren (*AT 4.3.2 und BTR 1*). Zudem bestehen umfassende Dokumentationsanforderungen (*AT 5* und *AT 6*).

▓ *Risikopolitik und Risikostrategie*: Gemäß *§ 25a Absatz 1 Satz 3 Nummer 1 KWG* in Verbindung mit *AT 4.2* der *MaRisk* hat die Geschäftsleitung eine Geschäftsstrategie und eine dazu konsistente Risikostrategie festzulegen. Die Risikostrategie soll die Ziele der Risikosteuerung der wesentlichen Geschäftsaktivitäten und Vorgaben zur Begrenzung von Risikokonzentrationen umfassen.

▓ *Risikotragfähigkeit*: Gemäß *AT 4.1* ist sicherzustellen, dass die wesentlichen Risiken des Instituts durch das Risikodeckungspotenzial laufend abgedeckt sind.

▓ *Kreditrisiko*: Die *MaRisk* regeln organisatorische Fragen der Kreditgewährung (*BTO 1.2.1*) und der Kreditweiterbearbeitung (*BTO 1.2.2*). Weiter wird festgelegt, dass ein Kreditinstitut über Verfahren zur Früherkennung von Risiken verfügen muss, die auf quantitativen und quantitativen Indikatoren basieren (*BTO 1.3*). Darüber hinaus sind aussagekräftige Risikoklassifizierungsverfahren für die erstmalige und regelmäßige Beurteilung von Kreditrisiken erforderlich (*BTO 1.4*). Des Weiteren haben Kreditinstitute die Intensivbetreuung (*BTO 1.2.4*) und die Behandlung von Problemkrediten (*BTO 1.2.5*) zu regeln. Dazu sind Kriterien festzulegen, wann ein Engagement einer besonderen Beobachtung zu unterziehen ist. Die Unabhängigkeit der sogenannten *Workout*-Einheiten[60] ist sicherzustellen. Schließlich sind die Prozessschritte bei der Intensivbetreuung, Sanierung und Abwicklung festzulegen. Bezüglich der Risikovorsorge (*BTO 1.2.6*) haben Kreditinstitute Kriterien zur Bildung von Wertberichtigungen, Abschreibungen und Rückstellungen festzulegen. Der Risikovorsorgebedarf ist zeitnah zu ermitteln und bei hinreichender Materialität unverzüglich der Geschäftsleitung mitzuteilen.

▓ *Marktpreisrisiko*: *BTR 2.1* der *MaRisk* legt in allgemeiner Hinsicht fest, dass Kreditinstitute ein Limitsystem zur Begrenzung von Marktpreisrisiken einzurichten und die zur Messung von Marktpreisrisiken verwendeten Methoden regelmäßig zu überprüfen haben. Darüber hinaus ist ein *Backtesting* des gemessenen Risikos vorzunehmen. Schließlich ist eine interne Risikoberichterstattung zu implementieren, die in mindestens vierteljährlichem Turnus erfolgt. Des Weiteren existieren mit den bisher genannten Anforderungen vergleichbare, spezifische Anforderungen an das Management von Marktpreisrisiken des Handelsbuches (*BTR 2.2*) und des Anlagebuches, einschließlich der Zinsänderungsrisiken (*BTR 2.3*).

▓ *Liquiditätsrisiko*: *BTR 3* stellt an das interne Risikomanagement von Liquiditätsrisiken in qualitativer und quantitativer Hinsicht den diesbezüglichen Offenlegungsregelungen vergleichbare Anforderungen.

---

60 Zur Funktion von *Workout*-Einheiten vgl. *Abschnitt 4.4.4.2.8.*

▪ *Operationelles Risiko*: *BTR 4* legt die Grundzüge für die Ausgestaltung des Managementsystems für operationelle Risiken fest, die sich auch in den Offenlegungsanforderungen widerspiegeln.

▪ *Strategische Risiken* sind nicht ausdrücklich in den Anwendungsbereich der aufsichtsrechtlichen *Mindestanforderungen an das Risikomanagement* einbezogen. Gleichwohl beziehen sich die Anforderungen „*auf das Management der für das Institut wesentlichen Risiken sowie damit verbundener Risikokonzentrationen*"[61]. Zudem beinhaltet die Auflistung der den *MaRisk* unterliegenden Risikoarten mit dem Ausdruck „*in der Regel*" eine Klausel, nach der die Einbeziehung weiterer materieller Risiken geboten ist. Strategische Risiken erfüllen für Kreditinstitute regelmäßig das Wesentlichkeitskriterium.

Die Bedeutung der *Mindestanforderungen an das Risikomanagement* wird durch den Entwurf der *Prüfungsberichtsverordnung* und den ebenfalls im Entwurf vorliegenden Prüfungsstandard zur Beurteilung des Risikomanagements von Kreditinstituten im Rahmen der Abschlussprüfung *(IDW EPS 525)* weiter erhöht.[62] Eine Aufwertung erhalten die *MaRisk* für kapitalmarktorientierte Kreditinstitute in der Rechtsform der Aktiengesellschaft zudem durch das *Bilanzrechtsmodernisierungsgesetz* mit der in *§ 289a HGB* kodifizierten Erklärung zur Unternehmensführung. Demnach hat der Vorstand gemäß *Kapitel 4.1.4* des *Deutschen Corporate Governance Kodex* ein angemessenes Risikomanagement und Risikocontrolling einzurichten. Des Weiteren regelt *Kapitel 3.4* des Kodex die Berichtspflichten des Vorstands an den Aufsichtsrat: „*Der Vorstand informiert den Aufsichtsrat regelmäßig, zeitnah und umfassend über alle für das Unternehmen relevanten Fragen (...) der Risikolage und des Risikomanagements.*"

3.1.5   Vergleich der handelsrechtlichen und aufsichtsrechtlichen Offenlegungsanforderungen

3.1.5.1   Inhaltlicher Vergleich der quantitativen Konzepte

Die aufsichtsrechtlichen Eigenkapitalanforderungen nach der *Solvabilitätsverordnung* beziehen sich auf die Risikoarten Kreditrisiko (einschließlich des Beteiligungsrisikos), Marktpreisrisiko und operationelles Risiko. Im Rahmen des internen ökonomischen Kapitaladäquanzprozesses gemäß *Säule 2* von *Basel II* werden neben diesen Risikoarten zusätzlich die strategischen Risiken und die Marktpreisrisiken im Anlagebuch mit ökonomischem Risikokapital unterlegt. Für Liquiditätsrisiken wird weder aufsichtsrechtlich noch ökonomisch ein Risikokapitalbedarf ermittelt.

Der aufsichtsrechtliche Risikobericht umfasst die Tochtergesellschaften, die nach dem *Kreditwesengesetz* in den Konsolidierungskreis der Institutsgruppe einzubeziehen sind. Weitere Risiken, die bei nicht aufsichtsrechtlich konsolidierten Tochtergesellschaften entstehen, werden im Rahmen des handelsrechtlichen Risikolageberichts offen gelegt. Dies

---

61 *AT 2.2 der MaRisk.*
62 Vgl. *Abschnitt 3.1.2.6.*

kann bei Finanzkonglomeraten die Risiken von Versicherungstöchtern betreffen.[63] Die im *Säule 3*-Bericht in den Tabellengruppen *AR-KR-5*, *AR-KR-6*, *AR-KR-7*, *AR-KR-8* und *AR-KR-9*[64] dargestellten Kreditrisikopositionen basieren auf Bewertungsmethoden und Wertansätzen des *Handelsgesetzbuches*. Im handelsrechtlichen Risikobericht hingegen erfolgt die Darstellung des Kreditvolumens auf Basis des Zahlenwerks der internen Steuerung.

Bei der Ermittlung der aufsichtsrechtlichen Eigenkapitalanforderungen und der darauf aufbauenden Offenlegung werden risikotragende Positionen, die dem Handelsbuch bzw. dem Anlagebuch zugeordnet sind, bezüglich der Risikoquantifizierung unterschiedlich behandelt. So fallen die bilanziellen und außerbilanziellen Positionen des Anlagebuchs sowie die Kontrahentenrisiken aus derivativen Positionen des Anlagebuchs und des Handelsbuchs unter die Kreditrisiken. Die bilanziellen Positionen des Handelsbuchs werden als Marktpreisrisikopositionen mit Eigenkapital unterlegt, während sie in der internen Steuerung als Emittentenrisiken den Kreditrisiken zugeordnet sind. Die unterschiedliche Behandlung von Handelsbuch und Anlagebuch gilt auch für die Offenlegung der Verbriefungen als Teil des gesamten Kreditportfolios.

3.1.5.2   Formaler Vergleich der Offenlegungsanforderungen

Verbindlichkeit

Der *DRS 5-10* und der *IFRS 7* sind durch unterschiedliche formale Verbindlichkeit gekennzeichnet. Während die *IAS-/IFRS*-Standards aufgrund von *§ 315a HGB* Gesetzescharakter erlangen, stellen die *Deutschen Rechnungslegungsstandards* Umsetzungsempfehlungen dar, deren Nichteinhaltung nicht unmittelbar sanktioniert wird.

Qualitative Offenlegung

Der deutsche Rechnungslegungsstandard *DRS 5-10* weist von allen relevanten Offenlegungsanforderungen den höchsten Systematisierungs- und Vollständigkeitsgrad auf.[65] Dies gilt insbesondere für die Abdeckung der gesteuerten Risikoarten und die Struktur des Risikomanagementsystems. Die Regeln sind in hohem Maße prinzipienorientiert und bieten damit ausreichend Flexibilität, um die externe Risikoberichterstattung an die unternehmensspezifischen Gegebenheiten anzupassen. Aus diesem Grund bietet es sich an, den *DRS 5-10* als Ausgangsbasis für die integrative Umsetzung sämtlicher risikobezogener Offenlegungsanforderungen zu verwenden.

---

63 Das versicherungstechnische Risiko von Finanzkonglomeraten wird im ökonomischen Risikokapitalbedarf berücksichtigt, jedoch aufsichtsrechtlich nicht mit Eigenkapital unterlegt.

64 Zur Einführung in die genannten aufsichtsrechtlichen Tabellen vgl. *Abschnitt 4.2.4.3.2.*

65 Allerdings stellt *DRS 5-10* keine Offenlegungsanforderungen zum Sicherheitenmanagement. Derartige Angabepflichten sind jedoch Bestandteil von *IFRS 7* und der *Solvabilitätsverordnung*.

Die risikobezogenen Offenlegungsanforderungen von *IAS 1* und *IFRS 7* sind bezüglich ihrer Struktur mit denen des *DRS 5-10* vergleichbar.[66] Jedoch ist der Anwendungsbereich aufgrund der Fokussierung auf Finanzinstrumente im Vergleich zum *DRS 5-10* eingeschränkt. Darüber hinaus existieren nur für Kreditrisiken, Marktpreisrisiken und Liquiditätsrisiken konkrete Regelungen. Die in *IFRS 7.32* vorgesehene Offenlegung weiterer Risikoarten wird sowohl hinsichtlich qualitativer Angaben (*IFRS 7.33*) als auch bezüglich quantitativer Daten (*IFRS 7.34*) nur sehr allgemein geregelt. Bei einer integrativen Betrachtung aller Regelungsbereiche zur Risikopublizität wird die Lücke, die aus der Einschränkung der *International Financial Reporting Standards* auf Finanzinstrumente und die unspezifischen Regelungen für Beteiligungsrisiken sowie operationelle und strategische Risiken entsteht, durch die Anforderungen des *DRS 5-10* und von *Teil 5 der Solvabilitätsverordnung* geschlossen.

Die Offenlegungsanforderungen der *Solvabilitätsverordnung* sind differenziert zu bewerten: Bezüglich des allgemeinen Risikomanagementsystems stellt *Teil 5 der Solvabilitätsverordnung* umfassende, prinzipienorientierte Anforderungen, die ein hohes Maß an Konsistenz mit den Anforderungen des *DRS 5-10* aufweisen. Dies gilt sowohl für die einbezogenen Risikoarten als auch für die Struktur der qualitativen Offenlegung.[67] Dadurch eröffnen sich den Kreditinstituten erhebliche Gestaltungsmöglichkeiten im Hinblick auf einen effizienten, redundanzfreien Produktionsprozess und eine hochwertige Kapitalmarktkommunikation, wobei auf das gemäß *Säule 2* bzw. den *Mindestanforderungen an das Risikomanagement* implementierte und im Risikohandbuch dokumentierte Risikomanagementsystem umfänglich zurückgegriffen werden kann.[68] Dagegen handelt es sich bei den qualitativen Offenlegungsanforderungen, die sich auf methodische und organisatorische Fragestellungen des Meldewesens beziehen, um spezifische Angaben, die in vielen Fällen keine Entsprechung in den handelsrechtlichen Offenlegungsanforderungen und im internen Risikomanagementsystem von Kreditinstituten finden.

---

66 Allerdings sieht *IFRS 7* keine Angabepflichten zur Limitierung von Risiken vor. Für die handelsrechtliche Risikoberichterstattung greift hier zunächst *DRS 5-10.18*, jedoch nur bezüglich des generellen Risikomanagementsystems. Auf Ebene der Risikoarten existieren weder im Handelsrecht noch im Aufsichtsrecht dezidierte Regelungen zur Offenlegung der Limitierungsmethoden und -prozesse.

67 Aufgrund der Formulierung von *§ 322 SolvV*, nach der Institute zu jedem einzelnen Risikobereich Ziele und Grundsätze des Risikomanagements zu beschreiben haben, sind — neben den in *§ 322 SolvV* namentlich genannten Risikokategorien — auch Risiken mit eingeschlossen, die nicht unter den eigentlichen Anwendungsbereich der aufsichtsrechtlichen Eigenkapitalunterlegung fallen. Damit unterliegen auch Liquiditätsrisiken, strategische Risiken und – bei Finanzkonglomeraten – versicherungstechnische Risiken den Anforderungen von *§ 322 SolvV*.

68 Neben dem Risikohandbuch können weitere Organisationsrichtlinien und Dokumentationen, über die ein Kreditinstitut gemäß *AT 5* und *AT 6* der *MaRisk* zu verfügen hat, eine Informationsgrundlage für die Beschreibung des Risikomanagementsystems in den externen Risikoberichten darstellen.

Quantitative Offenlegung

Die quantitativen Offenlegungsanforderungen des *DRS 5-10* sind bezüglich des Abdekkungsgrads der Risikoarten vollständig, jedoch inhaltlich relativ unspezifisch. *IAS 1* und *IFRS 7* enthalten dagegen umfangreiche und detaillierte Vorschriften für die Offenlegung quantitativer Angaben zu Kreditrisiken. Die quantitativen Offenlegungsanforderungen der *Solvabilitätsverordnung* können wiederum überwiegend als eine Teilmenge der *IAS-/IFRS*-Anforderungen – und damit auch des *DRS 5-10* – betrachtet werden. Bezüglich der quantitativen Angaben zum Risikokapitalmanagement und des Marktpreisrisikos entsprechen *IAS 1* bzw. *IFRS 7* weitgehend den einschlägigen *DRS*-Anforderungen. Die von der *Solvabilitätsverordnung* gestellten Angabepflichten für das Marktpreisrisiko sind wiederum eine Teilmenge der entsprechenden *IFRS*- und *DRS*-Regelungen. Hinsichtlich des ökonomischen Risikokapitalmanagements beinhaltet die *Solvabilitätsverordnung* keine quantitativen Offenlegungsanforderungen, während die Publizierung der regulatorischen Kapitalangaben in dem von der *Solvabilitätsverordnung* geforderten Umfang keine Entsprechung in den handelsrechtlichen Risikoberichten findet. Bezüglich des Zahlenwerks zum Liquiditätsrisiko durchbricht *IFRS 7* den sonst geltenden *Management Approach* und bezieht sich auf bilanzorientierte Angabekategorien. Die so entstehende Lücke wird allerdings durch die an der Bankpraxis ausgerichteten und flexibel anwendbaren Anforderungen des *DRS 5-10* geschlossen.

Ergebnis

Trotz der Unterschiede bei Anwendungsbereich (der *DRS 5-10* ist umfangreicher als der *IAS 1* und der *IFRS 7*) und Berichtstiefe (der *DRS 5-10* ist weniger spezifisch als der *IAS 1* und der *IFRS 7*) sind die qualitativen und quantitativen Anforderungen konsistent. Durch das Zusammenspiel der risikobezogenen Offenlegungsanforderungen von *IAS 1*, *IFRS 7* und *DRS 5-10* werden umfassende und detaillierte Vorgaben zur Ausgestaltung der externen Risikoberichte in qualitativer und quantitativer Hinsicht gestellt, die alle Risikoarten abdecken. Bei Nutzung der bestehenden Gestaltungsspielräume eröffnet sich Kreditinstituten die Chance einer hochwertigen Konzernrisikoberichterstattung unter Realisierung von Synergien bei der Berichterstellung. Entscheidender Faktor ist dabei die möglichst redundanzfreie Offenlegung in wenigen zentralen Risikoberichten. Diese Einschätzung gilt grundsätzlich auch für den handelsrechtlichen Risikobericht des Einzelinstituts, wobei die Anforderungen von *Teil 5* der *Solvabilitätsverordnung* auf Einzelinstitutsebene nur dann unmittelbar relevant sind, wenn das Einzelinstitut nicht Muttergesellschaft einer aufsichtsrechtlichen Institutsgruppe ist.

Die beiden Regelwerke sind durch unterschiedliche formale Verbindlichkeit gekennzeichnet: Während die *IAS-/IFRS*-Standards aufgrund *§ 315a HGB* Gesetzescharakter erlangen, stellen die *Deutschen Rechnungslegungs Standards* Umsetzungsempfehlungen dar, deren Nichteinhaltung nicht unmittelbar sanktioniert wird.

3.1.5.3 Synopse der Offenlegungsanforderungen

Die formale und der inhaltliche Vergleichsanalyse der risikobezogenen Offenlegungsanforderungen des *IAS 1* und des *IFRS* 7 sowie des *DRS 5-10* wird durch die in *den Abbildungen 11* und *12* dargestellte Synopse ergänzt. Die Struktur der Synopse bildet die Ausgangsbasis für die Erstellung des Muster-Risikoberichts. Der Muster-Risikobericht wird in *Abschnitt 4.3* behandelt.

Aufgrund der vergleichenden Analyse wird deutlich, dass die notwendige konzeptionelle Ausgangsbasis für die Hebung von Synergien durch eine integrative Umsetzung der externen Risikoberichterstattung unter Wahrung der Regelungskonformität vorhanden ist.

Komponenten	Jährlicher handelsrechtlicher Risikobericht		Jährlicher aufsichtsrechtlicher Risikobericht		Zum Vergleich: MaRisk
	Qualitative Angaben	Quantitative Angaben	Qualitative Angaben	Quantitative Angaben	
Generelles Risikomanagementsystem	HGB / DRS / IDW: ■ § 315 HGB Abs. 2 Nr. 2a ■ DRS 5-10.2; 4; 5; 9; 10; 11; 13; 17; 18; 19; 24a; 24c; 25; 26; 40; 42 ■ IDW RH HFA 1.005.33	Nicht relevant	■ § 323 SolvV	Nicht relevant	■ AT 2.1 ■ AT 3 ■ AT 4.2 ■ AT 4.3.1 ■ AT 4.3.2 ■ AT 4.4 ■ AT 5 ■ AT 6 ■ BT 2.1 ■ BT 2.2 ■ BT 2.3 ■ BT 2.4 ■ BT 2.5
Risikokapitalmanagement	HGB / DRS / IDW: ■ § 315 HGB Abs. 2 Nr. 2a ■ DRS 5-10.2; 4; 5; 11; 13; 17; 18; 20; 25; IAS / IFRS: ■ IAS 1.134; 135a-e ■ IFRS 7.33 ■ IFRS 7.IG15-17	HGB / DRS / IDW: ■ **§ 315 HGB Abs. 1 Satz 5** ■ DRS 5-10.2; 4; 5; 11; 13; 24b; 25; 26; 43 IAS / IFRS: ■ IAS 1.134 ■ IAS 1.135b-c ■ IFRS 7.34-35 ■ IFRS 7.BC48	■ § 323 SolvV ■ § 324 SolvV ■ § 325 SolvV	■ § 324 SolvV ■ § 324 SolvV ■ § 325 SolvV	■ AT 4.1 ■ AT 5 ■ AT 6
Kreditrisiko	HGB / DRS / IDW: ■ § 315 HGB Abs. 2 Nr. 2a ■ DRS 5-10.2; 4; 5; 9; 10; 11; 13; 20; 24a; 24b; 25; 26;28b; 28c IAS / IFRS: ■ IFRS 7.31-33 ■ IFRS 7.B8 ■ IFRS 7.IG15-17 ■ IFRS 7.IG22-25 ■ IFRS 7.IG24b-c ■ IFRS 7.IG25a	HGB / DRS / IDW: ■ § 315 HGB Abs. 1 Satz 5 ■ DRS 5-10.2; 4; 5; 11; 13; 24b; 25; 26; 28a; 29; 43 ■ IDW RH HFA 1.005.36-37 IAS / IFRS: ■ IFRS 7.31-32 ■ IFRS 7.34-35 ■ IFRS 7.36a-c; 37a; 37c; 38 ■ IFRS 7.B7; 9-10 ■ IFRS 7.BC26-27; 47-55 ■ IFRS 7.IG5; 6; 15a; 18; 19; 21; 23-29	■ § 322 SolvV ■ § 326 SolvV ■ § 327 SolvV ■ § 328 SolvV ■ § 334 SolvV ■ § 335 SolvV	■ § 325 SolvV ■ § 326 SolvV ■ § 327 SolvV ■ § 328 SolvV ■ § 329 SolvV ■ § 334 SolvV ■ § 335 SolvV ■ § 336 SolvV	■ AT 4.1 ■ AT 4.2 ■ AT 4.3.1 ■ AT 4.3.2 ■ AT 5 ■ AT 6 ■ BTO 1.1 ■ BTO 1.2.1 ■ BTO 1.2.2 ■ BTO 1.2.3 ■ BTO 1.2.4 ■ BTO 1.2.5 ■ BTO 1.2.6 ■ BTO 1.3 ■ BTO 1.4 ■ BTO 2.1 ■ BTO 2.2.2 ■ BTO 2.2.3 ■ BTR 1
Beteiligungsrisiko	HGB / DRS / IDW: ■ § 315 HGB Abs. 2 Nr. 2a ■ DRS 5-10.2; 4; 5; 9; 10; 11; 13; 20; 24a; 24b; 25; 28b; 28 IAS / IFRS: ■ IFRS 7.31-33 ■ IFRS 7.B8 ■ IFRS 7.IG15-17	HGB / DRS / IDW: ■ § 315 HGB Abs. 1 Satz 5 ■ DRS 5-10.2; 4; 5; 11; 13; 24b; 25; 26; 28a; 29 IAS / IFRS: ■ IFRS 7.31-32 ■ IFRS 7.34-35 ■ IFRS 7.B7	■ § 322 SolvV	■ § 325 SolvV ■ § 332 SolvV	■ AT 4.1 ■ AT 4.2 ■ AT 4.3.1 ■ AT 4.3.2 ■ AT 5 ■ AT 6 ■ BTO 1.1 ■ BTO 1.2.1 ■ BTO 1.2.2 ■ BTO 1.2.3 ■ BTO 1.2.4 ■ BTO 1.2.5 ■ BTR 1

Abbildung 11: Synopse der handelsrechtlichen und aufsichtsrechtlichen Anforderungen an die Inhalte der externen Risikoberichte (Teil 1)

Komponenten	Jährlicher handelsrechtlicher Risikobericht		Jährlicher aufsichtsrechtlicher Risikobericht		Zum Vergleich: MaRisk
	Qualitative Angaben	Quantitative Angaben	Qualitative Angaben	Quantitative Angaben	
Marktpreisrisiko	**HGB / DRS / IDW:** § 315 HGB Abs. 2 Nr. 2a DRS 5-10.2; 4; 5; 9; 10; 11; 13; 20; 24a; 24b; 25; 26; 33; 34; 37 **IAS / IFRS:** IFRS 7.31-33 IFRS 7.40b; 40c; 41 IFRS 7 B8; 17; 20 IFRS 7 BC63 IFRS 7 IG15-17	**HGB / DRS / IDW:** § 315 HGB Abs. 1 Satz 5 DRS 5-10.2; 4; 5; 11; 13; 24b; 25; 26; 33; 34; 35; 36; 37 IDW RH HFA 1.005.36-37 **IAS / IFRS:** IFRS 7.31-32 IFRS 7.34-35 IFRS 7.40a; 41; 42 IFRS 7.B7; 17-28 IFRS 7.BC59-62; 64 IFRS 7.IG32-40	§ 322 SolvV § 330 SolvV § 333 SolvV	§ 325 SolvV § 330 SolvV § 333 SolvV	AT 4.1 AT 4.2 AT 4.3.1 AT 4.3.2 AT 5 AT 6 BTO 2.1 BTO 2.2.2 BTO 2.2.3 BTR 2.3
Liquiditätsrisiko	**HGB / DRS / IDW:** § 315 HGB Abs. 2 Nr. 2a DRS 5-10.2; 4; 5; 9; 10; 11; 13; 20; 24a; 24b; 25; 26 **IAS / IFRS:** IFRS 7.31-33 IFRS 7.39b IFRS 7 B8 IFRS 7 IG15-17 IFRS 7 IG31	**HGB / DRS / IDW:** § 315 HGB Abs. 1 Satz 5 DRS 5-10.2; 4; 5; 11; 13; 24b; 25; 26; 31 IDW RH HFA 1.005.36-37 **IAS / IFRS:** IFRS 7.31-33 IFRS 7.34-35 IFRS 7.39a IFRS 7 B11-16 IFRS 7 BC57-58	§ 323 SolvV	Nicht relevant,	AT 4.2 AT 4.3.1 AT 4.3.2 AT 5 AT 6 BTR 3
Operationelles Risiko	**HGB / DRS / IDW:** § 315 HGB Abs. 2 Nr. 2a DRS 5-10.2; 4; 5; 9; 10; 11; 13; 20; 24a; 24b; 25; 26; 38; 39; 40	Nicht relevant	§ 322 SolvV § 337 SolvV	§ 325 SolvV	AT 4.1 AT 4.2 AT 4.3.1 AT 4.3.2 AT 5 AT 6 AT 7.1 AT 7.2 AT 7.3 AT 8 AT 9 BTR 4
Strategisches Risiko	**HGB / DRS / IDW:** § 315 HGB Abs. 2 Nr. 2a DRS 5-10.2; 4; 5; 9; 10; 11; 13; 20; 24a; 24b; 25; 26; 41; 42	Nicht relevant	§ 322 SolvV	Nicht relevant	AT 4.1

Abbildung 12: Synopse der handelsrechtlichen und aufsichtsrechtlichen Anforderungen an die Inhalte der externen Risikoberichte (Teil 2)

3.1.6 Kapitalmarktrechtliche Anforderungen an die externe Risikoberichterstattung

Risikobezogene Angaben in Emissionsprospekten

Gemäß *den Artikeln 7, 10, 12, 13 und 14 der EU-Prospektverordnung* sind unter Berücksichtigung der in diversen Anhängen der Verordnung dargestellten Berichtsschemata[69] sind jene Risikofaktoren offen zu legen, die die Fähigkeit des Emittenten beeinträchtigen können, seinen Verpflichtungen, die aus den von ihm begebenen Wertpapiere resultieren, gegenüber den Anlegern nachzukommen. Diese emittentenbezogene Offenlegungspflicht beinhaltet nicht die produktspezifischen Risikofaktoren des Finanzinstruments, das Gegenstand des Prospekts ist.

Zur Umsetzung der Anforderungen ist die Einhaltung der Risikodeckungsmasse und der Liquiditätsrisikolimite seit dem letzten handelsrechtlichen Risikobericht auf Basis des internen Risikoberichtswesens zu prüfen. Im Emissionsprospekt wird bezüglich der qualitativen Angaben ein Verweis auf den letzten handelsrechtlichen Jahresrisikobericht des Konzerns und der Einzelgesellschaft und bezüglich der quantitativen Angaben ein Verweis auf den letzten handelsrechtlichen Jahres- oder Halbjahresrisikobericht des Konzerns bzw. der Einzelgesellschaft angebracht. Die Publizierung der Risikoangaben im Emissionsprospekt erfolgt im Rahmen des etablierten Emissionsprozesses.

Risikobezogene Angaben in Ad hoc-Meldungen

Gemäß *§ 15 WpHG* besteht die Pflicht zur *Ad hoc*-Publizität, sofern bestandsgefährdende Risiken im Sinne von Insiderinformationen mit erheblichem Einfluss auf Börsen- oder Marktpreise von Insiderpapieren erkennbar sind.

Zur Erfüllung dieser Anforderungen ist im Rahmen des *ICAAP*-Regelprozesses – analog dem Vorgehen bei Emissionsprospekten – laufend zu prüfen, ob der gemessene Risikokapitalbedarf die verfügbare Risikodeckungsmasse überschreitet und ob die Liquiditätsrisikolimite eingehalten werden. Die *Ad hoc*-Offenlegung erfolgt über die von der Bank genutzten Informationsverbreitungsmedien und auf der Internetseite des Instituts im Bereich *Investor Relations*, sobald einer dieser Tatbestände nicht erfüllt ist. Wenn aufgrund der Risikolage eine *Ad hoc*-Veröffentlichung erforderlich wird, ist das Institut akut bestandsgefährdet.

---

69 Hierbei handelt es sich um folgende Dokumente: *Anhang I (Mindestangaben für das Registrierungsformular für Aktien), Anhang IV (Mindestangaben für das Registrierungsformular für Schuldtitel und derivative Wertpapiere), Anahng VII (Mindestangaben für das Registrierungsformular für durch Vermögenswerte unterlegte Wertpapiere („asset backed securities"/ABS)), Anhang IX (Mindestangaben für das Registrierungsformular für Schuldtitel und derivative Wertpapiere), Anhang X (Mindestangaben für Zertifikate, die Aktien vertreten)* und *Anhang XI (Mindestangaben für das Registrierungsformular für Banken).*

Angesichts der Verwendung von internen Risikozahlen für die *Ad hoc*-Publizität werden hohe Anforderungen an die Leistungsfähigkeit des internen Risikoberichtswesen und des *ICAAP*-Prozesses gestellt.

Vorteile des Konzepts der integrierten Risikopublizität aus Sicht der kapitalmarktrechtlichen Risikoberichterstattung

Aufgrund der Deckungsgleichheit der kapitalmarktrechtlichen Anforderungen an die Risikopublizität mit den entsprechenden handelsrechtlichen Anforderungen entfällt die Notwendigkeit für einen separaten kapitalmarktrechtlichen Risikobericht. Vielmehr werden die handelsrechtlichen Risikoberichte durch Anwendung der Verweistechnik zum Bestandteil der Emissionsprospekte. Dies hat zur Konsequenz, dass die Risikolageberichte dem Prospektrecht und der Prospekthaftung unterliegen. Wenn Finanzinformationen, die außerhalb der gesetzlichen und testierten Finanzberichterstattung offen gelegt werden (beispielsweise Pressemitteilungen oder der *Säule 3*-Bericht), wesentlich von vergleichbaren Prospektinformationen (inklusive der verwiesenen Finanzberichte) abweichen, wird eine Prospektnachtragspflicht ausgelöst. Um dies zu vermeiden, ist die Konsistenz von handelsrechtlichen und aufsichtsrechtlichen Risikoberichten von zentraler Bedeutung. Ein vollständig integriertes externes Risikoberichtswesen schafft die strukturellen Voraussetzungen für die erforderliche Konsistenz und trägt damit zur Minimierung von Prospekthaftungsrisiken bei.

3.2   Beste Branchenpraxis

Neben den gesetzlichen Anforderungen, deren Erfüllung eine Mindestanforderung für die Risikopublizität darstellt, sollten Kreditinstitute die Offenlegungspraxis der Wettbewerber bei der Gestaltung der eigenen Offenlegung hinsichtlich der Inhalte, des Mediums und des Offenlegungsturnus berücksichtigen.[70] Dazu ist zunächst die relevante *Benchmark* zu identifizieren, wobei Faktoren wie Geschäftsmodell, regionale Ausrichtung, Kapitalmarktorientierung, Risikoexponiertheit und Eigentümerstruktur eine Rolle spielen.

Die *Benchmark* sollte im Zuge des regelmäßigen Offenlegungsprozesses zur Jahresmitte und zum Jahresende im Rahmen der Festlegung der Grundkonzeption des Risikoberichts über einen *Peer Review* identifiziert und analysiert werden.[71] Das Instrument des Muster-Risikoberichts[72] bietet einen konzeptionellen Rahmen für die Analyse der Risikoberichte der Wettbewerber.

---

70 Eine umfassende empirische Analyse der Risikoberichterstattung deutscher Konzerne gemäß *DRS 5-10* wird von. *Kajüter, P. / Winkler, C. (2004)* vorgenommen. *Ernst & Young (2008)*, *KPMG International (2008)* und *PricewaterhouseCoopers / connectedthinking (2008)* analysieren die Erstumsetzung der risikobezogenen Anforderungen von *IAS 1* und *IFRS 7* bei internationalen Banken.

71 Vgl. *Abschnitt 4.8.*

72 Vgl. *Abschnitt 4.3.*

3.3 Kontrolle, Enforcement und Haftung der Geschäftsleiter

Abbildung 13 zeigt die gesetzlichen Bestimmungen zu Kontrolle und Enforcement in den drei Regelungsbereichen der Risikopublizität.

	Gesetzliche Regelungen:	
Risikobericht des Jahresfinanzberichts	■ Prüfung durch den Abschlussprüfer, ob (Konzern-) Lagebericht im Einklang mit Konzern- bzw. Jahresabschluss steht und ob zutreffende Vorstellung von der Lage vermittelt wird (§ 316 ff. HGB) sowie Prüfung des Risikomanagementsystems (§ 317 Abs. 4. HGB i.V.m. § 91 Abs. 2 AktG) ■ Jahresfinanzbericht inkl. Lagebericht: § 37v WpHG ■ Prüfung, ob die Chancen und Risiken der zukünftigen Entwicklung im Lagebericht zutreffend dargestellt sind (§ 317 Abs. 2 Satz 2 HGB) **Berufsständische Regelungen der Wirtschaftsprüfer:** ■ Prüfung des Lageberichts: IDW PS 350 i.V.m. IDW RH HFA 1.005, IDW RH HFA 1.007 und IDW ERS HFA 24 ■ Prüfung des Risikomanagementsystems: IDW PS 340 und IDW EPS 525	■ Prüfung von Verstössen gegen Rechnungslegungsvorschriften durch DPR bzw. BaFin (§ 342b HGB, § 37o WpHG) ■ Prüfung auf Einhaltung gesetzlicher Vorschriften einschließlich GoB und DRS durch BaFin (§ 37n WpHG)
Risikobericht des Halbjahresfinanzberichts	■ **Wahlrecht** zur prüferischen Durchsicht der Zwischenberichterstattung; Alternativ Prüfung durch den Abschlussprüfer nach § 317 HGB oder explizite Offenlegung, dass beides nicht erfolgt ist (§§ 320, 323 HGB) ■ **Pflicht** zur prüferischen Durchsicht gemäß § 10 Abs. 3 KWG, wenn Daten des Zwischenabschlusses in die Ermittlung der regulatorischen Eigenkapitalunterlegung einbezogen werden ■ **„Bilanzeid"** nach § 37y Nr. 1 WpHG i.V.m. § 297 Abs. 2 Satz 3 HGB, § 289 Abs. 1 Satz 5 HGB, § 315 Abs. 1 Satz 6 HGB sowie DRS 16 Tz. 56	■ Halbjahresfinanzberichte nur anlassbezogen, bei Jahresfinanzberichten auch stichprobenartige Prüfung
Risikobezogene Angaben in der Erklärung zur Unternehmensführung	■ Prüfung durch den Abschlussprüfer, ob (Konzern-) Lagebericht im Einklang mit Konzern- bzw. Jahresabschluss steht und ob zutreffende Vorstellung von der Lage vermittelt wird (§ 316 ff. HGB) sowie Prüfung des Risikomanagementsystems (§ 317 Abs. 4 HGB i.V.m. § 91 Abs. 2 AktG) ■ Ggf. formale Prüfung durch den Abschlussprüfer, ob Internet-Erklärung erstellt wurde	
Aufsichtsrechtlicher Risikobericht	■ Gegenstand der Prüfung durch den **Abschlussprüfer**: Umsetzung der Anforderungen an die Offenlegung (§ 29 Abs. 1 Satz 2 KWG) und Einhaltung der organisatorischen Pflichten nach § 25a KWG: Vorgaben der Aufsicht zu Prüfungsschwerpunkten möglich (§ 30 KWG) ■ § 26a Abs. 3 KWG: Kommt ein Institut seinen Offenlegungspflichten nicht, nicht richtig, nicht vollständig oder nicht rechtzeitig nach, kann die **BaFin** im Einzelfall Anordnungen treffen, die geeignet und erforderlich sind, die ordnungsgemäße Offenlegung der Informationen zu veranlassen	
Risikobezogene Angaben in Emissionsprospekten	■ Mittelbar über die handelsrechtlichen Risikoberichte	
Risikobezogene Angaben in Ad hoc-Mitteilungen	■ Nicht relevant	

Abbildung 13: Gesetzliche Anforderungen zu Kontrolle und Enforcement

Die möglichen Sanktionen bei Nichteinhaltung der gesetzlichen Anforderungen sind *Abbildung 14* zu entnehmen.

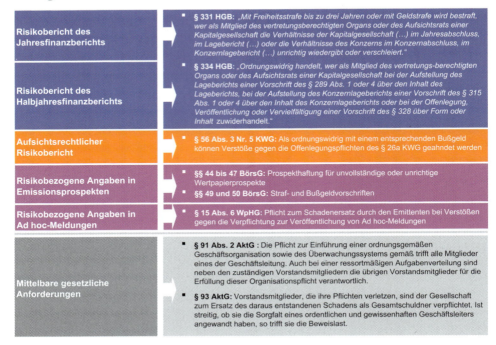

Abbildung 14: Geschäftsleiterhaftung

Enforcement und Haftung im Handelsrecht

Da der jährliche und der halbjährliche handelsrechtliche Risikobericht Bestandteil des Lageberichts sind, unterliegen sie einer umfangreichen Überprüfung durch den Abschlussprüfer, *die Bundesanstalt für Finanzdienstleistungsaufsicht*[73] und die *Deutsche Prüfstelle für Rechnungslegung (DPR)*[74] auf formaler und inhaltlicher Ebene. Verstöße gegen Bilanzierungsvorschriften können rechtliche Konsequenzen für die Mitglieder der Geschäftsleitung nach sich ziehen. Angesichts der Öffentlichkeitswirksamkeit eines *DPR*-Verfahrens droht den betroffenen Kreditinstituten zudem ein Reputationsschaden. Aufgrund der in den Emissionsprospekten praktizierten Verweistechnik gilt darüber hinaus

---

73 Gemäß *§ 30 KWG* kann die *BaFin* inhaltliche Schwerpunkte für die Jahresabschlussprüfung vorgeben.
74 Zu dem Ablauf des Prüfverfahrens und dem Selbstaufgriffsrecht der *BaFin* vgl. *Deutsche Prüfstelle für Rechnungslegung (2005a)*, S. 9-10. Zum Vorgehen der *DPR* bei der stichprobenartigen Prüfung vgl. *Deutsche Prüfstelle für Rechnungslegung (2005b)*.

die Prospekthaftung mit den einschlägigen Straf- und Bußgeldvorschriften auch für die handelsrechtliche Risikoberichterstattung. Aufgrund dieser Zusammenhänge kommt der Erfüllung der handelsrechtlichen Offenlegungsanforderungen besondere Bedeutung zu.

Enforcement und Haftung im Aufsichtsrecht

Die Prüfung der aufsichtsrechtlichen Risikoberichterstattung[75] ist gemäß *§ 29 Absatz 1 Satz 2 KWG* Bestandteil der Jahresabschlussprüfung und erstreckt sich primär auf die förmlichen Verfahren und Regelungen der Offenlegung und die Einhaltung der Offenlegungspflichten. Die Anforderungen des Kreditwesengesetzes spiegeln sich auch in der *Prüfungsberichtsverordnung* wider.[76] Demnach ist eine inhaltliche Prüfung der Offenlegungsinhalte nicht zwingend erforderlich.[77] Allerdings hat Abschlussprüfer gemäß *IDW EPS 525 (Textziffer 4)* zu beurteilen, ob die Inhalte des aufsichtsrechtlichen Risikoberichts von Informationen abweichen, die in den Jahresabschluss oder Lagebericht eingegangen sind. Denn nach dem ebenfalls einschlägigen *IDW PS 202 (Textziffer 7)* können *„Unstimmigkeiten zwischen diesen Informationen und dem geprüften Jahresabschluss oder Lagebericht (...) die Glaubhaftigkeit von Jahresabschluss oder Lagebericht in Frage stellen."* Diese Prüfungspflicht erfordert faktisch die eingehende Auseinandersetzung des Abschlussprüfers mit dem *Säule 3*-Bericht und den Abgleich der Inhalte mit dem Risikolagebericht.

Kommt ein Institut seinen Offenlegungspflichten nicht, nicht richtig, nicht vollständig oder nicht rechtzeitig nach, kann die *BaFin* gemäß *§ 26a Absatz 3 KWG* im Einzelfall Anordnungen treffen, die geeignet und erforderlich sind, die ordnungsgemäße Offenlegung der Informationen zu veranlassen. Ein Verstoß gegen die aufsichtsrechtlichen Offenlegungspflichten kann gemäß *§ 56 Absatz 3 Nummer 5 KWG* als Ordnungswidrigkeit mit Bußgeldern geahndet werden.

---

75 Zur Prüfung der regulatorischen Offenlegungsanforderungen durch externe Prüfer und die interne Revision vgl. auch *Hartmann, U. (2008)* und *Weller, H. / Hoffmann, J.-A. (2008)*, S. 440.
76 Vgl. *§ 18 PrüfbV-Entwurf.*
77 Vgl. *Basel II (2004), Textziffer 816.* In der *EU-Bankenrichtlinie* und der *EU-Kapitaladäquanzrichtlinie* sowie *im Kreditwesengesetz* bzw. in der *Solvabilitätsverordnung* finden sich keine anders lautenden Regelungen.

3.4   Mit der Risikopublizität verbundene Zielsetzungen[78]

3.4.1   Zielsetzungen von Gesetzgeber und Ratingagenturen

Die vom Gesetzgeber – einschließlich der Standardsetzer und den Ratingagenturen – mit der Vorgabe risikobezogener Offenlegungsanforderungen verfolgten Zielsetzungen können wie folgt systematisiert werden:[79]

		Entscheidungsnützlichkeit	Marktdisziplin
Träger der Anforderungen	**Handelsrecht:** Gesetzgeber und Standardsetzer	Risikoprofil und Eignung des Risikomanagementsystems als Bestimmungsgründe für Entscheidungen von Investoren und Kontrahenten	Keine explizite Zielsetzung, jedoch konsistent mit dem Ziel der Entscheidungsnützlichkeit
	Aufsichtsrecht: Gesetzgeber und Bankenaufsicht	Keine explizite Zielsetzung, jedoch konsistent mit dem Ziel der Marktdisziplin	Sicherung der Stabilität des Finanzsystems durch ▪ Direkte Marktdisziplin ▪ Indirekte Marktdisziplin ▪ Strukturelle Marktdisziplin
	Ratingagenturen	Detaillierte Risikoanalyse und Eignung des Risikomanagementsystems als Bestimmungsgründe für Ratingentscheidungen	Keine explizite Zielsetzung, jedoch konsistent mit dem Ziel der Entscheidungsnützlichkeit

Abbildung 15: Zielsetzungen von Gesetzgeber und Ratingagenturen

Zielsetzung der Standardsetzer: Entscheidungsnützlichkeit

Die Konzeption der *International Financial Reporting Standards* stellt die Interessen der Eigentümer eines Unternehmens in den Mittelpunkt. So soll die externe Rechnungslegung ein den tatsächlichen Verhältnissen entsprechendes Bild des bilanzierenden Unternehmens geben – Stichworte sind hierbei Zeitwertorientierung, *True and fair view* und *Fair presentation* – und damit entscheidungsnützliche Informationen für Investoren bereitstellen. Im *Handelsgesetzbuch* und in den *Deutschen Rechnungslegungs Standards* haben dagegen Gläubigerschutz und Kapitalerhalt oberste Priorität. Dies kommt durch das Realisations- und das Imparitätsprinzip, der Anschaffungskostenorientierung und der Möglichkeit zur Bildung stiller Reserven für Banken nach *§ 340f HGB* zum Ausdruck. Diese unterschiedlichen Zielsetzungen von *IAS/IFRS* und *HGB/DRS* können zu abweichenden Wertansätzen in der Bilanz und der Gewinn- und Verlustrechnung des Konzerns und des Einzelunternehmens sowohl bezüglich der Eigenmittel als auch der Risikoaktiva führen.

---

78 Zur Diskussion des Zielsystems der Risikopublizität vgl. *Zepp, M. (2007)*, S. 124-144.
79 Die mit der kapitalmarktrechtlichen Risikopublizität verbundenen Zielsetzungen des Gesetzgebers sind mit denen der Standardsetzer im Bereich des Handelsrechts vergleichbar.

Zwar ist die handelsrechtliche Risikoberichterstattung rechtssystematisch in die Regelwerke der allgemeinen Finanzpublizität eingebettet, eine Unterscheidung von Zielsetzungen zwischen *IAS/IFRS* und *HGB/DRS* ist hier jedoch aufgrund der weitgehenden Anwendung des *Management Approach* grundsätzlich irrelevant. Vielmehr sind die externen Risikoberichte überwiegend ein Abbild des internen Zahlenwerks. Dadurch sollen den Berichtsadressaten Informationen zur Verfügung gestellt werden, die ein tatsächliches Bild der Risikosituation geben. Insofern steht allein die Entscheidungsnützlichkeit für Investoren und Kontrahenten im Vordergrund der externen Risikoberichterstattung, während Gläubigerschutz und Kapitalerhalt in den Hintergrund treten.

Zielsetzungen der Bankenaufsicht: Marktdisziplin[80]

Direkte Marktdisziplin

Das Konzept der direkten Marktdisziplin unterstellt bei Vorliegen einer unzureichenden regulatorischen Risikotragfähigkeit folgende Wirkungsmechanismen: Die Kosten der Beschaffung neuen Eigen- oder Fremdkapitals an den Primärmärkten erhöht sich aufgrund steigender Renditeforderungen der Aktionäre und Gläubiger. Dies führt zu negativen Ergebniswirkungen. Bei einem an den finanziellen Unternehmenserfolg gekoppelten Anreizsystem erhöht sich dadurch der Handlungsdruck auf das Management, regulatorisches Risikokapital und Risikokapitalbedarf in ein optimales Verhältnis zu bringen. Zudem wird die Geschäftsausweitung durch eine restriktive Bereitstellung von Eigen- oder Fremdkapital seitens Aktionären und Gläubigern eingeschränkt.

Indirekte Marktdisziplin

Nach dem Konzept der indirekten Marktdisziplin dienen die Preise umlaufender Bankschuldverschreibungen, die sich aufgrund der Wirkungsmechanismen der direkten Marktdisziplin auf den Sekundärmärkten bilden, als Indikator für die Vermögens-, Finanz- und Ertragslage der Bank. Darüber hinaus werden die Bondpreise als Eingangsparameter für Frühwarnmodelle verwendet, mit deren Hilfe jene Banken von der Aufsicht identifiziert werden, die einer genaueren Überprüfung bedürfen. Auf dieser Basis ergreift die Bankenaufsicht Maßnahmen zur intensivierten Regulierung einzelner Institute, die sich in einer Krisensituation befinden. Die Summe dieser Maßnahmen soll im Ergebnis zur Stabilisierung des gesamten Finanzsystems beitragen.

---

80 Vgl. auch *Europäische Zentralbank (2005)*, S. 57ff.

Strukturelle Marktdisziplin

Kreditinstitute sind gezwungen, einen Mindeststandard des Risikomanagementsystems sicherzustellen, um die gesetzlichen Offenlegungsanforderungen erfüllen zu können. Damit flankiert die aufsichtsrechtliche Offenlegung die qualitativen Anforderungen der *zweiten Baseler Säule* bzw. der *MaRisk* und führt zu einer weiteren Harmonisierung und Stärkung des Risikomanagementsystems der Institutsgruppe[81]. Die strukturelle Marktdisziplin entfaltet aufgrund der faktischen Notwendigkeiten zur Optimierung des Risikomanagementsystems die größte Wirkung. Dagegen ist die Funktionsfähigkeit der direkten und damit auch der indirekten Marktdisziplin aufgrund divergierender Zielsetzungen der Stakeholder und ihrer beschränkten faktischen Einflussmöglichkeiten auf die Bankpolitik umstritten[82].

Zielsetzungen der Ratingagenturen als sekundäre Berichtsadressaten[83]

Ratingagenturen fungieren als Informationsintermediäre zwischen Kreditinstituten und Kapitalmarkt. Sie sind sekundäre Berichtsadressaten und haben eine Servicefunktion für die primären Adressaten (Eigen- und Fremdkapitalgeber), indem sie komplexe Risikoinformationen analysieren, validieren, aufbereiten und zu einem Ratingurteil verdichten. In dieser Funktion haben Ratingagenturen ein Interesse an der Offenlegung entscheidungsnützlicher Informationen mit hohem Detaillierungsgrad. Aufgrund der vielfach gleichartigen Inhalte der handelsrechtlichen und der aufsichtsrechtlichen Risikoberichte steht für die Ratingagenturen die Konsistenz von Inhalten und der Präsentation der externen Risikoberichte im Vordergrund.

Mit der Forderung nach detaillierten Zahlenangaben stehen die Ratingagenturen im Konflikt mit den primären Berichtsadressaten, die möglichst übersichtlich aufbereitete und auf einem aggregierten Zahlenwerk basierende Risikoberichte nachfragen. Vor diesem Hintergrund würde ein zu hoher Detaillierungsgrad den Primäradressaten einen Informationsmissnutzen stiften. Die zusätzlichen Informationsanforderungen der Ratingagenturen, die über den Bedarf der primären Berichtsadressaten hinausgehen, sollten daher nicht über die externen Risikoberichte, sondern im Rahmen von Ratinggesprächen unter Verwendung des detaillierten Zahlenwerks der internen Risikoberichterstattung, das gemäß dem *Management Approach* auch der Risikopublizität zugrunde liegt, offen gelegt werden.

---

81 Der aktuelle *MaRisk-Entwurf* betont stärker als die jetzt noch gültigen Regelungen die gruppenweite Bedeutung der *Mindestanforderungen an das Risikomanagement*.

82 Die britische Bankenaufsicht konstatiert gar ein Versagen der Marktdisziplin in der seit dem Jahr 2007 andauernden Finanzmarktkrise (vgl. *Turner Review (2009)*, S. 45ff.).

83 Zu den Erwartungen der Ratingagenturen hinsichtlich an die Praxis der *Säule 3*-Offenlegung vgl. beispielhaft *Standard & Poor's (2007)* und *Standard & Poor's (2008)*.

3.4.2 Zielsetzungen der berichterstattenden Kreditinstitute

Effizienter Kapitalmarktzugang und Reporting Excellence

Kreditinstitute verfolgen mit der risikobezogenen Offenlegung das Ziel, den Markt für Eigenkapital und Fremdkapital zu möglichst günstigen Konditionen in Anspruch nehmen zu können. Das den Offenlegungsanforderungen zugrunde liegende Konzept der Entscheidungsnützlichkeit stützt sich auf die Annahme, dass eine hochwertige Offenlegung rationale Investitionsentscheidungen der Marktteilnehmer fördert. So tragen adäquate Angaben über das Risikomanagementsystem eines Kreditinstituts und dessen Risikoprofil dazu bei, dass Investoren die Risikotragfähigkeit des Kreditinstituts besser einschätzen können. Da Unsicherheit ein wesentlicher Bestimmungsfaktor für die Höhe von Risikoprämien ist, werden durch die Reduktion von Unsicherheit die Kosten der Kapitalbeschaffung gesenkt. Der *Baseler Ausschuss für Bankenaufsicht* hat diesen Sachverhalt in folgender These zusammengefasst:

"A sound and well-managed bank should, in theory, benefit when it provides comprehensive, accurate, relevant and timely information on its financial condition and performance, and ability to manage and control risks. Such a bank should be able to access capital markets more efficiently than similar institutions that do not provide adequate disclosures."[84]

Empirische Analysen unterstützen die These und zeigen, dass die Höhe der Eigenkapitalkosten negativ mit dem Niveau der Offenlegung korreliert ist.[85] Die inhaltliche und die formale Qualität der Risikoberichterstattung schlagen sich zudem in der Ratingeinstufung eines Kreditinstituts nieder, die einen weiteren Bestimmungsfaktor für Investitionsentscheidungen darstellt.

Voraussetzung für einen effizienten Kapitalmarktzugang ist das Erreichen von *Reporting Excellence*[86], also einer hochwertigen, adressatenbezogenen und wirtschaftlich durchführbaren Risikoberichterstattung. Alle weiteren Ziele leiten sich aus diesem Oberziel ab. Das Zielsystem von Kreditinstituten wird in *Abbildung 16* dargestellt:

---

84 *Basel Committee on Banking Supervision (1998)*, S. 4.

85 Vgl. *Diamond, D. W. / Verrecchia, R. E. (1991), Froidevaux, E.A. (2004), S. 73ff., Leuz, Ch. / Verrecchia, R. E. (2000), S. 34f. und Rikanovic, M. (2005)*, S. 185.

86 Vgl. *Accenture (Hrsg.) (2001)*.

Abbildung 16: Zielsetzungen der berichterstattenden Kreditinstitute

Folgende Teilziele sind bei dem Streben nach *Reporting Excellence* zu erfüllen:

Compliance

Die Erfüllung der externen Offenlegungsanforderungen ist eine gesetzliche Notwendigkeit und hat daher den Charakter einer strengen Nebenbedingung. Auch Umsetzungsrichtlinien wie Rechnungslegungsstandards, Empfehlungen der Bankenaufsicht und *IDW*-Verlautbarungen sollten beachtet werden.

Good Governance

Die Einhaltung der externen Offenlegungsanforderungen ist ein Grundsatz guter Unternehmensführung, dessen Beachtung im Eigeninteresse der Bank liegt. Risikopublizität ist also nicht nur die Pflicht zur Compliance, sondern vielmehr eine Chance[87], sich als kapitalstarkes und liquides Unternehmen mit einem modernen und effizienten konzernweiten Risikomanagement zu präsentieren. Dies trägt zur Positionierung als solider und verlässlicher Geschäftspartner bei, der auch in Krisensituationen handlungsfähig bleibt.

Hochwertige Kapitalmarktkommunikation

Zur Optimierung des Informationsnutzens der externen Risikoberichte sollte eine aussagefähige Offenlegung angestrebt werden. Um dies zu erreichen, kann das externe Reporting in Einzelfällen auch über die gesetzlichen Anforderungen hinausgehen. Des Weiteren sollte die Konsistenz der zu einem Stichtag veröffentlichten externen Risikoberichte sichergestellt sein. Dazu sind die inhaltliche Abstimmung der Risikoberichte und die Erläuterung von Abweichungen zwischen den Berichtsinhalten erforderlich. Schließlich zeichnet sich eine hochwertige Kapitalmarktkommunikation durch die Vermeidung redundanter und verstreuter Offenlegung aus: Risikobezogene Angaben sollten in wenigen, zentralen Risikoberichten gebündelt werden.

Integrierte externe und interne Kommunikation[88]

Die externe Risikoberichterstattung sollte mit dem internen Management-Reporting inhaltlich abgestimmt sein. Um dies zu erreichen ist es erforderlich, die umfangreichen Gestaltungsmöglichkeiten der externen Risikoberichterstattung, insbesondere die konsequente Nutzung des *Management Approach*, wahrzunehmen. Trotz der Anwendung des *Management Approach* machen externe Pflichtanforderungen in einigen Fällen die Anpassung des internen Risikoberichtswesens erforderlich. Am Markt beobachtbare Reportingstandards, die als *Best practice* gelten, können zur weiteren Optimierung des internen Management-Reporting genutzt werden. Aufgrund der sich verkürzenden Berichtszyklen bei gleichzeitig erhöhter Komplexität der Berichtsinhalte sollten schließlich geeignete aufbau- und der ablauforganisatorische Regelungen implementiert sowie eine adäquate technische Infrastruktur installiert werden, um die termin- und qualitätsgerechte Berichterstattung auf Basis der internen Risikoberichte sicherzustellen.

---

87 Vgl. *PricewaterhouseCoopers (2008)*, S. 2.
88 Zum Aufbau eines integrierten internen und externen Reporting vgl. *Euler, S. / Fink, T. (2009) und Herrmann, M. / Gabriel, J. (2006)*.

Wirtschaftlichkeit und „Fast close"

Kostenvorteile bei der Risikoberichterstellung können durch die Hebung von Synergien in fachlicher, organisatorischer und technischer Hinsicht realisiert werden. Dazu sollte eine zentrale Zuständigkeit für die Umsetzung von Offenlegungsanforderungen unterschiedlicher Regelungsbereiche mit gleichem oder vergleichbarem Inhalt geschaffen werden.[89] Doppelte Implementierungsarbeiten können durch eine umfassende Projektausrichtung vermieden werden.[90] Ein abgestimmter *IT*-Bebauungsplan und ein konzernweit redundanzfreier Datenhaushalt ermöglichen die Realisierung von Kostenvorteilen.[91] Schließlich kann ein effizienter *Workflow*, der sich durch Bündelung und Abstimmung von Prozessen und Verantwortlichkeiten auszeichnet, zur Beschleunigung der Berichterstellung beitragen.

Risikokultur im Unternehmen

Die externe Risikoberichterstattung kann dazu beitragen, alle Mitarbeiter – und nicht nur einen ausgewählten Empfängerkreis interner Risikoberichte – für die mit dem Geschäftsmodell verbundenen Risiken zu sensibilisieren. Aufgrund der Kenntnis der Mitarbeiter über die für das Risikomanagementsystem eingesetzten Instrumente kann der sachgerechte Umgang mit Risiken in der Organisation auf breiter Basis verankert und ein Beitrag zur Risikovermeidung geleistet werden.

3.4.3   Ergebnis: Weitgehende Zielkonformität

Übergreifendes Ziel aller hier betrachteten externen Offenlegungsanforderungen ist die Beseitigung von Informationsasymmetrien zwischen Management und Berichtsadressaten.[92] Gesetzgeber, Standardsetzer und Bankenaufsicht verfolgen mit den Anforderungen an die Risikopublizität formal unterschiedliche Zielsetzungen: Während in der handelsrechtlichen Risikoberichterstattung die Entscheidungsnützlichkeit der präsentierten Informationen im Vordergrund steht, soll die aufsichtsrechtliche Risikoberichterstattung über die disziplinierenden Kräfte des Marktes zur Stabilität der Finanzmärkte in gesamtwirtschaftlicher Hinsicht beitragen. Aufgrund des generellen Erfordernisses der Verwendung bankinterner Risikoinformationen für die Offenlegung erfahren die unterschiedlichen Zielvorstellungen jedoch in der Praxisumsetzung eine Nivellierung auf Ebene der konkreten Offenlegungsanforderungen. Zudem stehen die mit der Risikopublizität verfolgten internen Zielsetzungen im Einklang mit den externen Zielen.

---

89   Vgl. *Abschnitt 4.8.1.*
90   Vgl. *Abschnitt 6.*
91   Vgl. *Abschnitt 4.7.*
92   Vgl. *Buchheim, R. / Beiersdorf, K / Billinger, S. (2005), S. 240 und Leuz, Ch. / Verrecchia, R. E. (2000), S. 34ff.*

Lediglich hinsichtlich der Kapitaldefinition existiert ein Zielkonflikt zwischen Aufsicht und der Kreditwirtschaft. Während die Kreditinstitute ein realistisches Bild des zur Risikodeckung zur Verfügung stehenden Eigenkapitals zeichnen wollen, um eine adäquate Basis für unternehmerische Entscheidungen herzustellen, hat die Aufsicht Interesse an einer möglichst konservativen Auswahl der zur Risikodeckung verwendeten Eigenkapitalkomponenten und einer Bewertung dieser Kapitalbestandteile, die auch bei ökonomischen Grenzszenarien die Stabilität des Bankensystems insgesamt sicherstellt. Hier ist die *HGB*-Rechnungslegung, die als oberstes Ziel den Gläubigerschutz verfolgt und daher nur vorsichtige Wertansätze erlaubt, für das Konzept der Bankenaufsicht die geeignete Basis. Vor diesem Hintergrund stellt die Internationalisierung der Rechnungslegung die Aufsichtsbehörden vor die Herausforderung, das bilanzielle Eigenkapital um unerwünschte Effekte der *IFRS*-Bilanzierung zu korrigieren. Zu diesem Zweck wurden von den europäischen Aufsichtsbehörden – dem *Committee of European Banking Supervisors* (*CEBS*) – sogenannte *Prudential Filters* entwickelt, die in den *EU*-Mitgliedstaaten in unterschiedlicher Weise umgesetzt worden sind.[93]

3.5 Zwischenfazit und Ausgangshypothese für die Umsetzung

Die bisherigen Ergebnisse der Untersuchung haben gezeigt, dass die Gesamtheit der risikobezogenen Offenlegungsanforderungen ein dem Grunde nach überwiegend geordnetes, jedoch hoch komplexes und in Teilen redundantes System der Risikopublizität darstellt, dessen zielgerichtete Umsetzung umfangreiche Auslegungen erfordert. Neben einem eingehenden Verständnis der gesetzlichen Anforderungen und der Berücksichtigung von *Enforcement*-Regelungen und Haftungsfragen ist die detaillierte Kenntnis der externen und internen Zielsetzungen von grundlegender Bedeutung für eine erfolgreiche Umsetzung einer integrierten externen Risikoberichterstattung.

Als nächste Umsetzungsschritte sind Grundsätze der Risikopublizität zu formulieren, gegebene Gestaltungsprinzipien anzuwenden sowie Gestaltungsspielräume zu nutzen.

---

93 Vgl. *Meister, E. (2005)*, S. 27.

3.6   Grundsätze, Gestaltungsprinzipien und Entscheidungstatbestände der Risikopublizität

Grundsätze

Die folgenden Grundsätze der Risikopublizität, die an die vom *Deutschen Standardisierungsrat* veröffentlichten Grundsätze der Lageberichterstattung (*DRS 15.9-35*) und der Risikoberichterstattung (*DRS 5-10.12-13*) angelehnt sind, dienen als übergeordnete Leitlinien für die Gestaltung der externen Risikoberichte.[94]

Vollständigkeit

Die Risikoberichte vermitteln sämtliche Informationen, die ein verständiger Adressat benötigt, um die Risiken der künftigen Entwicklung beurteilen zu können. Die Darstellung und die Analyse der Risiken müssen ohne Rückgriff auf die Angaben im Konzernabschluss verständlich sein.

Verlässlichkeit

Die Informationen müssen zutreffend und nachvollziehbar sein. Über Chancen und Risiken ist ausgewogen zu berichten. Die Angaben müssen plausibel, konsistent sowie frei von Widersprüchen gegenüber den übrigen veröffentlichten Informationen, insbesondere dem (Konzern-)Lagebericht und dem (Konzern-)Abschluss sein. Die wesentlichen Prämissen zukunftsbezogener Aussagen sind offen zu legen. Sie müssen plausibel, widerspruchsfrei und vollständig sein. Das angewandte Prognoseverfahren muss für die jeweilige Problemstellung sachgerecht sein.

Sicht der Geschäftsleitung

Die Risikoberichterstattung soll den Adressaten die Sicht der Geschäftsleitung vermitteln *(Management Approach)*. Dazu bestehen die Risikoberichte aus einer ausgewogenen und umfassenden Analyse der Risikolage.

Relevanz und Wesentlichkeit

Die offen gelegten Informationen sollen aus Sicht des Berichtsadressaten wesentlich sein (Materialitätsprinzip). Die Offenlegung von nicht entscheidungsrelevanten Detailinformationen sollte unterbleiben.

Klarheit und Übersichtlichkeit

Die Risikoberichte sind eindeutig von den übrigen veröffentlichten Informationen zu trennen. Sie sind als geschlossene Darstellung aufzustellen und offen zu legen. Chancen und Risiken dürfen nicht gegeneinander aufgerechnet werden. Die Gliederung der Risikobe-

---

94   Vgl. dazu auch die von *Zepp, M. (2007)*, S. 148-173, aufgestellten Grundsätze für einen ordnungsgemäßen Risikobericht. Die Grundsätze der Risikopublizität sind konsistent mit den von *Huth, M.-A. (2007)* formulierten Grundsätzen ordnungsgemäßer Risikoüberwachung, denen bei Anwendung des *Management Approach* mittelbar Bedeutung auch für die Offenlegung zukommt.

richte muss durch Überschriften deutlich werden. Die Gliederung der verschiedenen, zu einem Stichtag aufgestellten Risikoberichte sollte einheitlich sein, um die Vergleichbarkeit zwischen den Risikoberichten eines Instituts und zu den Berichten anderer Institute zu erleichtern. Zukunftsbezogene Aussagen sind von stichtags- und vergangenheitsbezogenen Informationen klar zu unterscheiden.

<u>Stetigkeit</u>

Die Risikoberichterstattung ist in Systematik und Darstellungsform im Zeitablauf stetig fortzuführen. Die in den Risikoberichten gegebenen Informationen müssen sachlich, zeitlich und formal vergleichbar sein. Änderungen, die die Vergleichbarkeit beeinträchtigen, sind zu erläutern und zu begründen. Soweit ohne unvertretbar hohen Aufwand möglich, sind Angaben zu Vorperioden entsprechend rückwirkend anzupassen. Der Grundsatz der Stetigkeit findet seine Grenzen bei strukturellen Veränderungen des Risikoprofils eines Kreditinstituts im Zeitablauf und bei akuten, für die Risikolage besonders relevanten Ereignissen, die eine – möglicherweise nur temporäre – Schwerpunktdarstellung erfordern.[95]

<u>Wirtschaftlichkeit</u>

Der mit der Offenlegung erzielbare Informationsnutzen soll in einem sinnvollen Verhältnis zu dem Aufwand stehen, mit dem die offen gelegten Informationen durch das berichtspflichtige Kreditinstitut ermittelt oder erhoben werden.

Gestaltungsprinzipien

Die Prinzipien zur Gestaltung der Risikoberichte leiten sich aus den gesetzlichen Anforderungen ab. Sie stellen die Eckpunkte der externen Risikoberichterstattung dar. Ihre Beachtung ist die Voraussetzung für eine regelungskonforme Offenlegung. Die Grundsätze werden gemäß dem Aufbau der vorliegenden Untersuchung in Gruppen klassifiziert (übergeordnete Prinzipien, Prinzipien hinsichtlich Berichtsstrukturen, Offenlegungsinhalten und zeitbezogener Angaben sowie organisatorische Prinzipien) und entlang dieser Systematik in *Hauptkapitel 4* ausführlich diskutiert. *Abbildung 17* zeigt die Gestaltungsprinzipien im Überblick.

---

95 So mag es hinsichtlich der aktuellen Finanzmarktkrise angebracht sein, den Fokus der qualitativen und quantitativen Berichterstattung zur Risikolage und zu den ergriffenen Gegensteuerungsmaßnahmen auf die besonders betroffenen Risikobereiche zu richten und im Gegenzug die Berichterstattung über weniger problematische Themengebiete zu reduzieren. Dies kann auch eine Abweichung von der üblichen Struktur der Risikoberichte beinhalten – beispielsweise durch Bündelung der relevanten Informationen in einem eigenen Berichtsteil –, wenn dies zur entscheidungsnützlichen Aufbereitung der Angaben geboten ist.

Übergeordnete Prinzipien			
1 Management Approach		**2** Definition der Risikoarten	
3 Risikobegriff und Verlustbegriff	**4** Offenlegung von durchschnittlichen Risikoexposures	**5** SolvV-Umsetzungsstrategie	
6 Offenlegung als Bedingung für die Anwendung fortgeschrittener Ansätze zur Ermittlung der Eigenkapitalanforderungen für Kreditrisiken		**7** Offenlegung als Bedingung für die Anwendung von Kreditrisikominderungstechniken	
8 Erhebung und Dokumentation interner Ratinginformationen		**9** Materialität von Angaben	
10 Geschützte und vertrauliche Informationen		**11** Undurchführbarkeit der Offenlegung	
Prinzipien hinsichtlich Berichtsstrukturen			
12 Datenkategorien in der Offenlegung		**13** Offenlegungsformate für quantitative handelsrechtliche Angaben	
14 Klassenbildung in der externen Risikoberichterstattung		**15** Muster-Risikobericht	
Prinzipien hinsichtlich Offenlegungsinhalten			
16 Kapitalquoten von Tochterunternehmen		**17** Kreditbegriff in der Risikopublizität	
18 Überleitung des Kreditvolumens		**19** Offenlegung des durchschnittlichen Bruttokreditvolumens	
20 Offenlegung von Problemkrediten	**21** Offenlegung der Risikovorsorge	**22** Offenlegung von Verlusten	
Prinzipien hinsichtlich zeitbezogener Angaben			
23 Vergleichsangaben	**24** Neuberechnung von Vergleichsangaben	**25** Prognosezeitraum	
Organisatorische Prinzipien			
26 Risikoberichtsdatenbank			

Abbildung 17: Gestaltungsprinzipien der Risikopublizität

Entscheidungstatbestände

Regelungslücken bei den gesetzlichen Anforderungen und unklare oder widersprüchliche Regelungen eröffnen den Kreditinstituten Spielräume bei der Umsetzung der Risikoberichterstattung. Die unternehmensindividuelle Nutzung von Gestaltungsspielräumen ist Ausdruck der Offenlegungsstrategie und ein Schlüsselfaktor für die Erfüllung der mit der Risikopublizität verfolgten Ziele. Sie erfordert eine intensive Auseinandersetzung mit den gesetzlichen Möglichkeiten und den betrieblichen Rahmenbedingungen. Die Entscheidungstatbestände werden, wie die Gestaltungsprinzipien auch, thematisch gruppiert. Zu unterscheiden sind dabei übergeordnete Entscheidungen, Entscheidungen zu Berichtsstrukturen, zu Offenlegungsinhalten, zu Offenlegungsterminen, zu Berichtsmedien sowie Entscheidungen zur technischen Infrastruktur und Organisation (siehe *Abbildung 18*). Die Entscheidungstatbestände werden im weiteren Fortgang der Untersuchung erläutert.

	Übergeordnete Entscheidungen
1	Datengrundlage der externen Risikoberichterstattung

			Entscheidungen zu Berichtsstrukturen		
2	Aufbau der Risikoberichte	**3**	Darstellung der Konzernunternehmen	**4**	Risikoabdeckung in den handelsrechtlichen Risikoberichten
5	Gestaltung des handelsrechtlichen Halbjahresrisikoberichts	**6**	Gestaltung des aufsichtsrechtlichen Halbjahresrisikoberichts	**7**	Gestaltung des jährlichen HGB-Risikoberichts
8	Bündelung qualitativer Angaben	**9**	Platzierung der Angaben zum Risikomanagementsystem gemäß SolvV	**10**	Offenlegungsformate für quantitative aufsichtsrechtliche Angaben

			Entscheidungen zu Offenlegungsinhalten		
11	Datenbasis für das Bruttokreditvolumen	**12**	Bemessungsgrundlagen in Tabellen AR-KR-9d und AR-KR-9f	**13**	Ratingstufen in den Tabellen AR-KR-6d(I) und AR-KR-6d(II)
14	EL-Klassen in Tabelle AR-KR-6d(IV)	**15**	Risikogewichtsbänder in Tabelle AR-KR-9gi(I)	**16**	Verlusthistorie in den Tabellen AR-KR-6e und AR-KR-6f
17	Interne Backtesting-Verfahren für Tabelle AR-KR-6f	**18**	Klassenbildung von Beteiligungen	**19**	Offenlegung des Liquiditätsrisikos

		Entscheidungen zu Offenlegungsterminen	
20	Publikationszeitpunkt	**21**	Offenlegungsturnus

			Entscheidungen zu Berichtsmedien		
22	Offenlegung von Risikoberichten im Lagebericht und im Konzernlagebericht	**23**	Platzierung der risikobezogenen IFRS-Angaben innerhalb des Finanzberichts	**24**	Publikationsform und Medium der aufsichtsrechtlichen Offenlegung

			Entscheidungen zu technischer Infrastruktur und Organisation		
25	Technische Integration von Säule 3 und Säule 1	**26**	Gremienstruktur für Entscheidungen zur Risikopublizität	**27**	Zentrale Zuständigkeit des Risikocontrollings

Abbildung 18: Entscheidungstatbestände der Risikopublizität

4.   Gestaltung der externen Risikoberichterstattung

4.1   Umsetzung übergeordneter Grundtatbestände

4.1.1   Datengrundlage der externen Risikoberichterstattung

[➜ Entscheidungstatbestand 1]

Mögliche Ansätze zur Gestaltung der externen Risikoberichterstattung sind in Abhängigkeit der Datengrundlage der *Management Approach* (MA), *Balance Sheet Approach* (BSA) und der *Regulatory Approach* (RA).[96]

Im *Management Approach* stützen sich die offen gelegten Angaben auf die Informationen, die intern an Mitglieder der Geschäftsleitung eines Unternehmens weiter geleitet werden. Dem Berichtsadressaten soll dadurch eine Einschätzung des unternehmensindividuellen Risikomanagementsystems auf dem Niveau ermöglicht werden, das für ihn von besonderer Entscheidungsrelevanz ist. Bei der Anwendung des *Balance Sheet Approach* wird das Zahlenwerk des handelsrechtlichen Konzern- oder Einzelabschlusses in der externen Berichterstattung verwendet. Im *Regulatory Approach* wird für die externe Berichterstattung auf das aufsichtsrechtliche Meldewesen zurückgegriffen.

4.1.2   Management Approach[97]

[➜ Gestaltungsprinzip 1]

Die Umsetzung des *Management Approach* ist eine Pflichtanforderung für den überwiegenden Teil der handelsrechtlichen Risikopublizität und eine Option für Teile der aufsichtsrechtlichen Risikoberichterstattung. Aufgrund der signifikanten Vorteile für Berichterstellung und Berichtqualität sollte der *Management Approach* nicht nur bei ausdrücklicher gesetzlicher Verpflichtung, sondern auch den Fällen angewendet werden, in denen ein Wahlrecht zwischen den Ansätzen besteht. Dagegen sollten der *Balance Sheet Approach* und der *Regulatory Approach* nur bei gesetzlicher Verpflichtung maßgeblich für die Datengrundlage der Berichterstattung sein. Die Anwendung des *Management Approach* für die externe Risikoberichterstattung setzt ein funktionsfähiges internes Risikomanagement- und -berichtssystem voraus.[98]

Wirkungsmechanismus und Nutzen des *Management Approach* werden anhand des in *Abbildung 19* darstellten Schemas veranschaulicht.

---

96 Vgl. auch *Loewenich, B. (2008), Textziffer 1042*, S. 406f., und *Kochems, M. / Müller, J. (2007a).*
97 Zur kritischen Analyse des *Management Approach,* insbesondere der Darstellung des Zirkularitätseffekts, vgl. *Weißenberger, B. E. (2007),* S. 12ff. Einen Überblick zum Einsatz des Konzept des *Management Approach* in der *IFRS*-Rechnungslegung geben *Weißenberger, B. E. / Maier, M. (2006).*
98 Vgl. *Lück, W. / Bungartz, O. (2004).*

Abbildung 19: Konzept des Management Approach

Vorteile der Anwendung des Management Approach

Dem bilanzierenden Unternehmen erlaubt der *Management Approach*, die intern bereits vorhandenen Daten für die Offenlegung zu nutzen. Damit wird der Implementierungs- und Wartungsaufwand für die externen Risikoberichterstattungssysteme verringert. Bei Anwendung des *Management Approach* besteht die Möglichkeit, flexibel auf erweiterte Offenlegungsanforderungen zu reagieren. Dies gilt sowohl für den Umfang und den Inhalt der Berichterstattung als auch für den Offenlegungszyklus.

Darüber hinaus vereinfacht die Verwendung der internen Datenbasis für die externen Risikoberichte die Erstellung von Sonderauswertungen innerhalb der Offenlegungsformate. Derartige Sonderberichte können beispielsweise von der Geschäftsleitung und von Ratingagenturen angefordert werden. Bei der Verwendung regulatorischer statt interner Daten – sofern ein diesbezügliches Wahlrecht besteht – sind derartige Sonderberichte mit erheblichem *IT*-Zusatzaufwand verbunden oder praktisch nicht möglich, da die Erstellung der *Säule 3*-Berichte erhebliche Datenlieferungs- und -verarbeitungsprozesse voraussetzt, die außerhalb der vorgesehenen Offenlegungszyklen kaum durchführbar sind.

Der *Management Approach* ermöglicht schließlich eine konsistente und widerspruchsfreie Ausrichtung der externen Berichterstattung auf das Zahlenwerk, das auch im internen Berichtswesen Verwendung findet. Dies verbessert die Qualität und den Entscheidungsnutzen der Kapitalmarktkommunikation.

Management Approach der handelsrechtlichen Risikoberichterstattung

Gesetzliche Grundlagen[99]

Der *Management Approach* ist in den internationalen Rechungslegungsstandards als unmittelbar geltendes Recht in *IFRS 7.34* verankert; dort heißt es:

„Für jede Risikoart in Verbindung mit Finanzinstrumenten hat ein Unternehmen folgende Angaben zu machen:
(a) zusammengefasste quantitative Daten bezüglich der Risiken, denen es am Berichtsstichtag ausgesetzt ist. Diese Angaben beruhen auf den intern an die Personen in Schlüsselpositionen erteilten Informationen (wie in IAS 24 Angaben über Beziehungen zu nahe stehenden Unternehmen und Personen beschrieben), wie zum Beispiel dem Geschäftsführungs- und/oder Aufsichtsorgan des Unternehmens oder dessen Vorsitzenden. (...)"

Die Regelungen des *IFRS 7.34* werden untermauert und weiter ausgeführt in *B7* (*„Application guidance"* zum Standard), *IN2* (*Introduction* zum *IFRS 7*) und *BC47* (*Basis for Conclusions* des *IFRS 7*).[100]

Im Bereich der nationalen Rechungslegungsstandards (*DRS 15* und *DRS 5-10*), die als Grundsätze ordnungsgemäßer Buchführung mittelbar geltendes Recht darstellen, fordern *DRS 15.28 und 29* für den Lagebericht insgesamt die *„Vermittlung der Sicht der Unternehmensleitung"*. In dem für Kreditinstitute einschlägigen Risikoberichtsstandard wird der *Management Approach* für quantitative Angaben über *DRS 5-10.25* wie folgt vorgeschrieben[101]: *„Sofern der Konzern Risiken mit Hilfe ausrechend getesteter, valider Modelle (zum Beispiel wahrscheinlichkeitstheoretische Verfahren) quantifiziert, steuert und überwacht, sind diese der Berichterstattung zugrunde zu legen."*

---

99 Auch wenn die in *IFRS 8* reglementierte Segmentberichterstattung aufgrund fehlender Anforderungen hinsichtlich risikoorientierter Angaben keine unmittelbare Bedeutung für die Risikopublizität hat, so ist doch bemerkenswert, dass *IFRS 8* ebenfalls dem Grundsatz folgt, nach dem sich die Offenlegung an der internen Organisations- und Berichtsstruktur zu orientieren hat und an den internen Steuerungsgrößen anknüpfen muss. Vgl. dazu *Pellens, B. / Fülbier, R. U. / Gassen, J. / Sellhorn, Th. (2008)*, S. 878ff.

100 *IFRS 7* und seine Begleitdokumente (*Application Guidance, Basis for Conclusions, Implementation Guidance*) sind hinsichtlich des *Management Approach* widersprüchlich. Während *IFRS 7.34* als Generalnorm zur Anwendung des *Management Approach* grundsätzlich für alle risikobezogenen Angaben anzuwenden ist, werden in den Begleitdokumenten teilweise Festlegungen getroffen, die nicht kompatibel mit dieser Leitlinie sind. Angesichts der höheren Verbindlichkeit des eigentlichen Standards und der vom *IASB* offenbar beabsichtigten Grundausrichtung an der internen Steuerung, wird im Folgenden dem in *IFRS 7.34* kodifizierten Offenlegungsgrundsatz gefolgt.

101 Vgl. *Kochems, M. / Müller, J. (2007a)*.

Darüber hinaus verwendet der *DRS 5-10* durchgängig Begriffskategorien aus der internen Steuerung wie Risikomanagement, Risikomodelle und Risikomessmethoden.[102] Eine regelungskonforme Umsetzung setzt die Anwendung des *Management Approach* für die Offenlegung daher zwingend voraus.

Anwendung des handelsrechtlichen *Management Approach*

Der handelsrechtliche *Management Approach* ist in den folgenden Bereichen anzuwenden:

- Der **Konsolidierungskreis** für die Offenlegung bezieht sich grundsätzlich auf den Kreis der aus Risikosicht materiellen Unternehmen, die Bestandteil des Risikomanagements sind.

- Jene **Risiken**, die intern gesteuert werden, sind auch in die externe Berichterstattung einzubeziehen.

- Gemäß *IFRS 7.6* muss die Bildung von **Klassen für Finanzinstrumente** die Offenlegung der Natur der offen gelegten Angaben zu entsprechen. Im Rahmen der Offenlegung des Kreditrisikos hat die Klassenbildung daher auf Basis der für das interne Risikomanagement verwendeten Strukturmerkmale („Klassen") zu erfolgen. Dies sind beispielsweise Produkte, Portfolios, Ratingklassen, Branchen, geografische Regionen und (Rest-)Laufzeitbänder. Gemäß *IDW ERS HFA 24 (Textziffer 8)* hat die Bildung der Klassen unternehmensspezifisch zu erfolgen. Vor diesem Hintergrund ist eine unterschiedliche Klassenbildung für die einzelnen Angabepflichten von *IFRS 7* (Angaben zu Bilanz und Gewinn- und Verlustrechnung einerseits, Risikoangaben andererseits) zulässig.[103]

- Die für die Offenlegung herangezogenen **Methoden und Bewertungsansätze** basieren grundsätzlich auf den in der internen Steuerung verwendeten Größen, es sei denn, die Informationen der internen Steuerung decken die Anforderungen des *IFRS 7* nicht oder nur teilweise ab. So wird beispielsweise der in der internen Steuerung verwendete Kreditbegriff auch für die externe Berichterstattung über das Kreditrisiko verwendet.

Eine Überleitung der Risikoangaben zum Konzernabschluss ist gemäß *IFRS 7.6* und *DRS 15.18* dann erforderlich, wenn ein unmittelbarer Bezug zur Gewinn- und Verlustrechnung oder zur Bilanz besteht. Dies gilt auf Gesamtportfolioebene für das Bruttokreditvolumen und die Risikovorsorge, nicht aber für Ausschnitte des Kreditportfolios, Marktpreisrisiken und Liquiditätsrisiken.

Mit der Verwendung interner Risikozahlen für die Offenlegung gemäß *IFRS 7* werden die internen Risikoberichte Bestandteil des Konzernabschlusses. Damit unterliegen sie den Grundsätzen ordnungsgemäßer Buchführung und sind unmittelbar testatsrelevant. Daher hat sich die Gestaltung des internen Risikoberichtswesens, das der Offenlegung zugrunde liegt, am handelsrechtlichen Kriterium der Stetigkeit zu orientieren. Das bedeutet, dass

---

102 Vgl. beispielhaft: *DRS 5-10.10, 17, 18, 20, 24.*

103 Zu einer ausführlichen Diskussion der Klassenbildung für Kreditrisiken gemäß *IFRS 7* vgl. *Beiersdorf, K. / Billinger, S. / Schmidt, M. (2006).*

grundlegende Änderungen bezüglich Berichtsstruktur und Berichtsinhalt nur bei begründeter Notwendigkeit und nach sorgfältiger Prüfung vorgenommen werden sollen. Darüber hinaus gelten erhöhte Anforderungen an die Datenvalidität.

Die Darstellungsform der Angaben im Risikobericht hat nicht zwingend der Aufbereitung für das Top-Management zu entsprechen, soweit die Grundsätze der Anwendung des *Management Approach* eingehalten werden. So wird der Portfolioaufriss des internen Berichtswesens innerhalb der für die Offenlegung verwendeten Kategorien regelmäßig detaillierter sein als in der externen Risikoberichterstattung. Eine gröbere Darstellung in der Offenlegung kann auch aus Vertraulichkeits- oder Wettbewerbsgründen geboten sein.

Grenzen der Anwendung des handelsrechtlichen *Management Approach*

Der *Management Approach* des *IFRS 7* ist nicht für die Regelungen zur allgemeinen Finanzpublizität (*IFRS 7.1-33*) – also Gewinn- und Verlustrechnung und Bilanz – anwendbar; dort gilt der *Balance Sheet Approach*. Dies schließt die Anforderungen an die Offenlegung der Risikovorsorge (*IFRS 7.16*) bezüglich der Methoden und Bemessungsgrundlagen ein. Das Zahlenwerk des internen Risikomanagements kann außerdem nur dann Anwendung finden, wenn damit die Offenlegungsanforderungen des *IFRS 7.35-42* dezidiert abgedeckt werden. Offenlegungsanforderungen, für die das nicht der Fall ist, sind entweder über die Verwendung geeigneter Abschlussdaten oder durch eine Erweiterung der internen Steuerungssysteme zu erfüllen. Ein (selektives) Weglassen von Angabepflichten, die für interne Managementzwecke nicht erhoben werden, ist nicht zulässig. Folgt die Darstellung dem *Management Approach*, sind dennoch die Mindestanforderungen des *IFRS 7* zu beachten. So sind beispielsweise auch bei Anwendung des *Management Approach* die Anforderungen zur Darstellung der Finanzinstrumente nach Klassen zu erfüllen.

Management Approach der aufsichtsrechtlichen Risikoberichterstattung

Gesetzliche Grundlagen und Anwendung des aufsichtsrechtlichen *ManagementApproach*

Die allgemeine gesetzliche Grundlage für den *Management Approach* in den aufsichtsrechtlichen Risikoberichten ist *Textziffer 810* der *Baseler Säule 3*: *„In principle, banks' disclosures should be consistent with how senior management and the board of directors assess and manage the risks of the bank."*

Folgende Anwendungsfälle sind zu unterscheiden:

- Der **Konsolidierungskreis** für die Offenlegung bezieht sich grundsätzlich auf den Kreis der aus Risikosicht materiellen Unternehmen, die auch Bestandteil des Risikomanagements sind. (*§ 26a Absatz 1 KWG, § 322 SolvV*)

- Das offen gelegte **Bruttokreditvolumen** stützt sich bezüglich Konsolidierungskreis, Tabellenstruktur sowie Methode und Bemessungsgrundlage auf das interne Berichtswesen. Dadurch wird eine konsistente Offenlegung dieser zentralen und über alle Risikoberichte hinweg vergleichbaren Größe gewährleistet. (Begründung zu *§ 327 SolvV*)

- Die Angaben zur **Risikovorsorge** beziehen sich hinsichtlich Konsolidierungskreis und Tabellenstruktur auf das interne Berichtswesen, um die notwendige Vergleichbarkeit zum Bruttokreditvolumen sicherzustellen.

- Die quantitative Darstellung des **Zinsänderungsrisikos im Anlagebuch** basiert hinsichtlich Konsolidierungskreis, Tabellenstruktur sowie Methode und Bemessungsgrundlage auf dem internen Berichtswesen. (*§ 333 Absatz 2 SolvV*)

- Des Weiteren sind allgemeine qualitative Angaben zum internen **Risikomanagementsystem** hinsichtlich Strategien und Prozesse, Struktur und Organisation der Risikosteuerung, Art und Umfang der Risikoberichte sowie Risikominderungstechniken und –verfahren zu erbringen. (*§ 322 SolvV*)

Grenzen der Anwendung des aufsichtsrechtlichen *Management Approach*

Die Anwendung des *Management Approach* wird hinsichtlich des **Konsolidierungskreises** beschränkt durch die Nebenbedingung, dass die Identität dieser zentralen regulatorischen Werte mit dem Meldewesen sichergestellt werden sollte: Daher gilt für die Angaben zur Eigenkapitalstruktur (*AR-RKM-2be*), zu den Kapitalanforderungen (*AR-RKM-3be* einschließlich *AR-MR-10b* – Eigenkapitalanforderungen für Marktpreisrisiken nach der *Standardmethode*) und die Kapitalquoten (*AR-RKM-3f*) der *Regulatory Approach*.

Bei folgenden Angaben werden Tabellenstruktur sowie **Methoden und Bemessungsgrundlagen** nach dem *Regulatory Approach* offen gelegt, da hier der unmittelbarer Bezug zu den Meldedaten gesetzlich gefordert ist: *KSA*-Positionswerte (Tabellengruppe *AR-KR-5*), *IRBA*-Positionswerte (Tabellengruppe *AR-KR-6*), Kreditrisikominderung (Tabellengruppe *AR-KR-7*), derivative Adressenausfallrisikopositionen (Tabellengruppe *AR-KR-8*) sowie Teile der Angaben zu Verbriefungen (Tabellengruppe *AR-KR-9*). Die Inhalte von *AR-KR-4h* (Entwicklung der Risikovorsorge) und Teile der Angaben zu Beteiligungsinstrumenten (Tabellengruppe *AR-BR-13*) werden nach den Methoden und Bemessungsgrundlagen des *Balance Sheet Approach* offen gelegt.[104]

---

104 Eine Einführung in die genannten Offenlegungsformate erfolgt in *Abschnitt 4.2.4.3.2.*

4.1.3   Definition der Risikoarten

[➜ Gestaltungsprinzip 2]

Die handelsrechtlichen und aufsichtsrechtlichen Risikodefinitionen für Kreditrisiko, Beteiligungsrisiko, Marktpreisrisiko,[105] Liquiditätsrisiko, operationelles Risiko und strategisches Risiko sind hinreichend konsistent mit den im Risikomanagement verwendeten Definitionen. Unterschiede existieren auf Detailebene.

Folgende Sonderfälle sind zu beachten: *IFRS 7.32* beschränkt die expliziten Offenlegungsregeln auf das Kreditrisiko, das Marktpreisrisiko und das Liquiditätsrisiko. Die Ausdehnung der Berichterstattung auf weitere relevante Risikoarten ist jedoch zulässig. Dies gilt insbesondere für das ebenfalls aus Finanzinstrumenten resultierende Beteiligungsrisiko[106], aber auch weitere gesteuerte Risikoarten wie operationelles Risiko und strategisches Risiko.[107] Der *DRS 5-10* und die *Solvabilitätsverordnung* fassen Anteilseignerrisiko bzw. Risiken aus Beteiligungsinstrumenten als Ausprägungen des Kreditrisikos auf. Im Risikomanagement werden diese Risiken häufig aber als Beteiligungsrisiken separat gesteuert. Schließlich ordnet *DRS 5-10.9* das Marktliquiditätsrisiko dem Liquiditätsrisiko zu, während es im Risikomanagement als Ausprägung des Marktpreisrisikos eingestuft wird.

Reputationsrisiken werden hier nicht als eigenständige Risikoart betrachtet, da maßgebliches Kriterium für die Behandlung als separate Risikoart die vollständige Einbindung in das Risikomanagementsystem eines Kreditinstituts ist. Dies ist in vielen Fällen jedoch (noch) nicht gewährleistet. Vielmehr werden Reputationsrisiken in der Bankpraxis unterschiedlich kategorisiert. So werden sie entweder als Bestandteil der operationellen Risiken oder der strategischen Risiken betrachtet eingeordnet. Manche Institute stellen sie als eigenständige Risikoart dar.[108]

Fazit: Die im internen Risikomanagement verwendeten und im Risikohandbuch dokumentieren Definitionen sind aufgrund des handelsrechtlichen *Management Approach* für die Offenlegung zu verwenden. Dies geht konform mit *DRS 5-10.10*, wonach von dem Standard abweichende Risikodefinitionen zugelassen sind, bei Anwendung jedoch erläutert werden müssen.

---

105 „Marktpreisrisiko" wird in den Gesetzestexten und in der Literatur häufig auch als „Marktrisiko" bezeichnet. Diese Nomenklatur ist jedoch nicht korrekt, da Marktrisiken im eigentlichen Sinn Risiken auf Beschaffungs- oder Absatzmärkten darstellen, die wiederum Bestandteil des strategischen Risikos sind.

106 Die Relevanz des Beteiligungsrisikos im Kontext von *IFRS 7* ist nicht zuletzt daraus ableitbar, dass das *IASB* in *IFRS 7.BC42* den Gleichlauf des Standards mit den aufsichtsrechtlichen Offenlegungsanforderungen hervorhebt.

107 Vgl. auch *Entscheidungstatbestand 4 (Risikoabdeckung in den handelsrechtlichen Konzernrisikoberichten)* in *Abschnitt 4.2.1*.

108 Vgl. zum Beispiel *Deutsche Bank Risikolagebericht (2007)*, S. 59ff., und *Dresdner Bank Risikolagebericht (2007)*, S. 98f.

Die *Abbildungen 20* und *21* stellen die Risikodefinitionen des Handelsrechts des Aufsichtsrechts und des internen Risikomanagements im Detail gegenüber.[109] [110]

	Kreditrisiko	Beteiligungsrisiko
DRS 5-10	Risiko eines Verlustes oder entgangenen Gewinnes aufgrund des Ausfalls eines Geschäftspartners. Das Kreditrisiko umfasst nach DRS 5-10.27 insbesondere: ▪ **Kreditrisiko:** Risiko, dass ein Vertragspartner seinen Verpflichtungen nicht nachkommen kann, wenn auch bereits Leistungen erbracht wurden in Form von liquiden Mitteln, Wertpapieren oder Dienstleistungen ▪ **Kontrahentenrisiko:** Risiko, dass durch den Ausfall eines Vertragspartners ein unrealisierter Gewinn aus schwebenden Geschäften nicht mehr vereinnahmt werden kann ▪ **Länderrisiko:** Kreditrisiko oder Kontrahentenrisiko, welches nicht durch den Vertragspartner selbst, sondern aufgrund seines Sitzes im Ausland besteht; infolgedessen kann es aufgrund krisenhafter politischer oder ökonomischer Entwicklungen in diesem Land zu Transferproblemen und somit zusätzlichen Adressenausfallrisiken kommen ■ **Anteilseignerrisiko:** Risiko, dass aus der zur Verfügungstellung von Eigenkapital an Dritte Verluste entstehen	
IFRS 7	Risiko, dass eine Partei eines Finanzinstruments der anderen Partei einen finanziellen Verlust verursacht, indem sie einer (Zahlungs-) Verpflichtung nicht nachkommt	
SolvV	**Anlagebuch:** Alle Adressenausfallrisiken (inkl. Risiken aus Beteiligungsinstrumenten), die nicht im Marktpreisrisiko erfasst werden **Handelsbuch:** Derivative Adressenausfallrisiken, Adressenausfallrisiken aus nicht-derivativen Geschäften, Abwicklungsrisiken	
Internes Risiko-manage-ment	**Klassisches Kreditgeschäft** und **Handelsgeschäft:** Gefahr eines Verlusts, der dadurch entsteht, dass ein Geschäftspartner seinen vertraglichen Verpflichtungen nicht nachkommt Unterrisikoarten im Handelsgeschäft: ■ **Kontrahentenrisiko:** 　▪ eines Handelsgeschäfts mit positivem Marktwert der Kontrahent ausfällt 　▪ *Erfüllungsrisiko*: Gefahr bei Geschäften, die nicht Zug um Zug abgewickelt werden, dass der Kontrahent seine Leistung nicht erbringt ■ **Emittentenrisiko:** Gefahr, dass ein Emittent eines Wertpapiers seinen vertraglichen Verpflichtungen nicht nachkommt	Gefahr von unerwarteten Verlusten, die sich aus einer Senkung des Marktwertes der Beteiligungen unter ihren Buchwert ergeben.

Abbildung 20: Risikoartenkonzepte im Vergleich (Kreditrisiko und Beteiligungsrisiko)

---

109 Vgl. ähnlich *Buchheim, R. / Beiersdorf, K / Billinger, S. (2005),* S. 241.
110 Die hier aufgeführten internen Definitionen haben Beispielcharakter und können in der Steuerungspraxis unterschiedliche Ausprägungen annehmen..

	Marktpreisrisiko	Liquiditätsrisiko
DRS 5-10	Potentieller Verlust aufgrund von nachteiligen Veränderungen von Marktpreisen oder preisbeeinflussenden Parametern. Das Marktrisiko wird nach Einflussfaktoren untergliedert in folgende Risikoarten: ■ Zinsänderungsrisiken ■ Währungsrisiken ■ Risiken aus Aktien und sonstigen Eigenkapitalpositionen ■ Rohwarenrisiken und sonstige Preisrisiken	■ Risiko, Zahlungsverpflichtungen im Zeitpunkt der Fälligkeit nicht nachkommen zu können (Liquiditätsrisiko im engeren Sinne) ■ Risiko, bei Bedarf nicht ausreichend Liquidität zu den erwarteten Konditionen beschaffen zu können (Refinanzierungsrisiko) ■ Risiko, aufgrund unzulänglicher Markttiefe oder Marktstörungen Geschäfte nicht oder nur mit Verlusten auflösen bzw. glattstellen zu können (Marktliquiditätsrisiko)
IFRS 7	Risiko, dass der Fair value oder zukünftige Zahlungsströme aus einem Finanzinstrument aufgrund von Marktpreisänderungen schwanken	Risiko, dass ein Unternehmen nicht in der Lage ist, die finanziellen Mittel zu beschaffen, die zur Begleichung der im Zusammenhang mit Finanzinstrumenten eingegangenen Verpflichtungen notwendig sind bzw. dass ein Unternehmen Schwierigkeiten bei der Erfüllung seiner sich aus den finanziellen Verbindlichkeiten ergebenden Verpflichtungen hat
SolvV	Zinsrisiken, Aktienkursrisiken Währungsrisiken, Risiken aus Rohwarenpositionen, sonstige Marktpreisrisiken	Keine Definition vorhanden, da nicht im unmittelbaren Anwendungsbereich der SolvV
Internes Risikomanagement	**Marktpreisrisiko im engeren Sinne:** Gefahr eines Verlusts, der aufgrund nachteiliger Veränderungen von Marktpreisen oder preisbeeinflussenden Parametern eintreten kann. Das Marktpreisrisiko untergliedert sich gemäß den zugrunde liegenden Einflussfaktoren in Zinsrisiko, Bonitäts-Spread-Risiko, Aktienrisiko, Währungsrisiko und Rohwarenpreisrisiko. **Marktliquiditätsrisiko:** Gefahr eines Verlusts, der aufgrund nachteiliger Veränderungen der Marktliquidität – zum Beispiel durch Verschlechterung der Markttiefe oder durch Marktstörungen – eintreten kann.	Gefahr, dass Geldmittel zur Erfüllung von Zahlungsverpflichtungen nicht in ausreichendem Maße zur Verfügung stehen. Dabei wird in operative Liquidität (Zahlungsflüsse) und strukturelle Liquidität (Fälligkeitsstruktur und Collateral Pool) unterschieden.

	Operationelles Risiko	Strategisches Risiko
DRS 5-10	Risiken in betrieblichen Systemen oder Prozessen, die wie folgt gekennzeichnet sind: ■ Resultieren aus menschlichem oder technischem Versagen oder aus externen Einflussfaktoren ■ Umfassen rechtliche Risiken, die aus vertraglichen Vereinbarungen oder rechtlichen	Definition nicht vorhanden, jedoch grundsätzlich über „Sonstige Risiken" abgedeckt
IFRS 7	Keine Definition vorhanden, da nicht im unmittelbaren Anwendungsbereich von IFRS 7	Keine Definition vorhanden, da nicht im unmittelbaren Anwendungsbereich von IFRS 7
SolvV	Gefahr von Verlusten, die infolge der Unangemessenheit oder des Versagens von internen Verfahren und Systemen, Menschen oder infolge externer Ereignisse eintreten. Diese Definition schließt Rechtsrisiken ein.	Keine Definition vorhanden, da nicht im unmittelbaren Anwendungsbereich der SolvV
Internes Risikomanagement	Gefahr eines unerwarteten Verlusts, der durch menschliches Verhalten, technologisches Versagen, Prozess- oder Projektmanagementschwächen oder externe Ereignisse hervorgerufen wird. Das Rechtsrisiko ist in dieser Definition eingeschlossen.	Gefahr von Verlusten, die aus Managemententscheidungen zur geschäftspolitischen Positionierung oder aus unerwarteten Veränderungen der Markt- und Umfeldbedingungen mit negativen Auswirkungen auf die Ertragslage resultieren.

Abbildung 21: Risikoartenkonzepte im Vergleich (Marktpreisrisiko, Liquiditätsrisiko, operationelles Risiko und strategisches Risiko)

4.1.4 Risikobegriff und Verlustbegriff

[➜ Gestaltungsprinzip 3]

Risiko

Risiko ist die negative Abweichung von einem Erwartungswert.[111] Risken stellen unerwartete Verluste dar, zu deren Deckung Eigenkapital herangezogen werden muss. Zur Risikoermittlung wird das Konzept des ökonomischen Kapitals[112] verwendet. Die Messung des ökonomischen Kapitals wird ergänzt durch die Analyse der Auswirkungen extremer, aber plausibler Ereignisse. Derartige Stresstests dienen insbesondere dazu, die Risikotragfähigkeit auch unter schwierigen ökonomischen Rahmenbedingungen zu überprüfen.

Verlust

Erwartete Verluste dienen der Einschätzung der Profitabilität von Geschäften und sind konzeptionell nicht dem Risikobegriff zuzuordnen. Vielmehr sind sie Kostenbestandteile, die im Rahmen der Deckungsbeitragsrechnung ermittelt und über die Preisstellung im Kundengeschäft vergütet werden. **Tatsächliche Verluste** können durch bestimmte Komponenten der für das Kreditgeschäft gebildeten Einzelrisikovorsorge abgebildet werden.[113]

Drei Stufen zum Risiko

Die Ermittlung von Risikowerten basiert auf einem definierten Wertgerüst, den Risikofaktoren und einem definierten Mengengerüst, der Bemessungsgrundlage. Der Umfang der Offenlegung dieser Komponenten unterscheidet sich zwischen den Risikoarten. Kerngrößen der Risikoberichterstattung sind die Risikowerte, also der ökonomische und der regulatorische Risikokapitalbedarf. Diese Größen, die anhand von Risikomodellen berechnet werden, spiegeln alle vorgelagerten Einfluss- und Bewertungsparameter der Risikoermittlung wider. Damit sind sie – unter Einbeziehung der Risikodeckungsmasse und der Verlustobergrenzen – grundsätzlich geeignet, den Berichtsadressaten ein vollständiges Bild der Risikolage zu geben. Aufgrund des hohen Aggregationsniveaus der Betrachtung werden die Risikokapitalgrößen zudem in besonderer Weise dem Materialitätsgedanken der externen Risikoberichterstattung gerecht. Mit der Offenlegung von unerwarteten Verlusten wird der handelsrechtlichen Anforderung nach Darstellung der *„Risiken der künftigen Entwicklung"* in quantitativer Hinsicht entsprochen. Mit der zusätzlichen Offenlegung der Inputfaktoren, die der Ermittlung des Risikokapitalbedarfs zugrunde liegen, soll den Berichtsadressaten ermöglicht werden, die Validität der eingesetzten Risikomodelle und des Prozesses der Risikoermittlung zu beurteilen.

---

111 Dies entspricht der Definition von *DRS 5.9*, wonach Risiko die Möglichkeit von negativen künftigen Entwicklungen darstellt. Eine umfassende Analyse möglicher Ausprägungen des Risikobegriffs nimmt *Jonen, A. (2006)* vor.

112 Ökonomisches Kapital wird auch als Risikokapitalbedarf bezeichnet.

113 Die Komponenten werden in *Abschnitt 4.4.4.3.7* erläutert.

Das Liquiditätsrisiko nimmt in diesem Zusammenhang eine Sonderrolle ein, da es nicht den Verlustcharakter der kapitalunterlegten Risiken aufweist, sondern die potenzielle Zahlungsunfähigkeit eines Unternehmens reflektiert. Das Liquiditätsrisiko wird also nicht von dem Konzept des unerwarteten Verlusts abgedeckt.

Abbildung 22 zeigt die Stufen der Risikoermittlung und ihre Behandlung in der Offenlegung. Weiße Matrixfelder kennzeichnen jene Inputfaktoren, die im Prozess der Risikoermittlung verwendet, jedoch nicht offen gelegt werden, während die blau hinterlegten Felder die publizierten Informationen markieren.

	1. Stufe: Risikofaktoren	2. Stufe: Bemessungsgrundlagen	3. Stufe: Risikowerte
Kreditrisiko	▪ Bonitätseinstufungen ▪ Konzentrationsmerkmale ▪ Korrelationen ▪ Laufzeit	▪ Bruttokreditvolumen ▪ Positionswert ▪ Risikominderung (Sicherheiten, Collaterals, Netting)	▪ Risikokapitalbedarf
	Tatsächlicher Verlust	▪ Risikovorsorge	
Beteiligungs-risiko	▪ Bonitätseinstufungen ▪ Konzentrationsmerkmale ▪ Korrelationen	▪ Beteiligungsvolumen	▪ Risikokapitalbedarf
Marktpreis-risiko	▪ Zinssätze ▪ Bonitäts-Spreads ▪ Aktienpreise ▪ Wechselkurse ▪ Rohstoffpreise ▪ Korrelationen	▪ Positionen	▪ Risikokapitalbedarf
Liquiditäts-risiko	▪ Fälligkeits- und Gläubigerstruktur der Refinanzierungen ▪ Beleihungsfähigkeit von Wertpapierbeständen	▪ Cashflows ▪ Nostrokontosalden ▪ Einlagen ▪ Geldmarktaufnahme ▪ Wertpapiere	▪ Liquiditätsüberschuss ▪ Strukturelle Liquidität
Operationelles Risiko	▪ Menschliches Fehlverhalten ▪ Technologisches Versagen ▪ Prozess- oder Projektmanagementschwächen ▪ externe Ereignisse	▪ **Basisindikatoransatz:** Bilanzielle Ergebnisgrößen ▪ **Standardansatz:** Bruttoerträge ▪ **AMA (VaR-Verfahren):** Schadenshöhe	▪ Risikokapitalbedarf
Strategisches Risiko	▪ Entscheidungen der Geschäftsleitung ▪ Veränderungen der Markt- und Umfeldbedingungen	Approximation durch Multiplikation der Summe des undiversifizierten Risikokapitalbedarfs aus Kreditrisiken, Marktpreisrisiken und operationellen Risiken mit einem Benchmarkfaktor	▪ Risikokapitalbedarf

Legende: ■ Angabe im Risikobericht   □ keine Angabe im Risikobericht

Abbildung 22: Stufen der Risikoermittlung

Aus der Abbildung wird deutlich, dass der geforderte Offenlegungsumfang häufig negativ mit der Qualität des etablierten Branchenstandards zur Ermittlung des Risikos korreliert ist. Dies wird besonders im Marktpreisrisiko deutlich, das schon seit vielen Jahren sowohl in der internen Steuerung als auch bei der regulatorischen Behandlung einen hohen Ausbaustand aufweist. Aufgrund dieser Konstellation wird es möglich, die intern verwendeten Verfahren mit nur wenigen Modifikationen für die aufsichtsrechtliche Meldung zu verwenden. Damit ist für diese Risikoart der angestrebte Zustand einer Identität der internen und der regulatorischen Steuerung weitgehend erreicht, was sich auch in einer überwiegend redundanzfreien Offenlegung niederschlägt. Dagegen muss insbesondere für das Kreditrisiko, aber auch das Beteiligungsrisiko konstatiert werden, dass die intern angewandten Steuerungsverfahren zwischen den Instituten noch erhebliche Unterschiede aufweisen und zudem von den aufsichtsrechtlich vorgegebenen Methoden zur Ermittlung des unerwarteten Verlusts abweichen. Diese Divergenzen erfordern das Eingehen auf die Teilschritte im Prozess der Kreditrisikosteuerung und erhöhen damit den Berichtsumfang.

Relevanz von Risiken für die Vermögens-, Ertrags- und Finanzlage

Gemäß *§ 322 HGB* in Verbindung mit *IDW PS 400* hat der Abschlussprüfer im Bestätigungsvermerk eine Aussage zu treffen, inwieweit der Jahresabschluss bzw. Konzernabschluss ein den tatsächlichen Verhältnissen entsprechendes Bild der Vermögens-, Finanz- und Ertragslage des Unternehmens vermittelt, und ob der Fortbestand der Gesellschaft durch bestehende Risiken gefährdet ist. Dabei wird auf das Kriterium der Bestandsgefährdung gemäß *§ 91 Absatz 2 AktG* Bezug genommen. Im handelsrechtlichen Kontext manifestiert sich eine Bestandsgefährdung durch die Realisierung von Risiken für die Vermögens-, Finanz- oder Ertragslage. Auf bestandsgefährdende Risiken ist gemäß *DRS 16.49* in der Risikoberichterstattung besonders einzugehen. Daher ist es erforderlich, die betriebswirtschaftliche Risikosicht in handelsrechtliche Kategorien zu überführen. *Abbildung 23* zeigt die Zusammenhänge zwischen der betriebswirtschaftlichen Risikobetrachtung, der handelsrechtlichen Darstellung schlagend gewordener Risiken und deren Wirkung auf die Ertrags- und Finanzlage.

Abbildung 23: Einfluss realisierter Risiken auf die Ertrags- und Finanzlage

Bestandsgefährdung aufgrund einer Verschlechterung der Ertrags- und der Finanzlage

Der Bestand eines Kreditinstituts kann unmittelbar aufgrund einer prekären Ertrags- oder Finanzlage gefährdet werden. So sind die Tatbestände der drohenden Zahlungsunfähigkeit und der Überschuldung Insolvenzgründe. Zahlungsunfähigkeit wird handelsrechtlich mit dem Verhältnis aus Zahlungsmitteln und Zahlungsverpflichtungen abgebildet, wobei der Quotient mindestens Eins betragen muss. Die ökonomische Messung von Risiken für die Finanzlage stützt sich auf Kennzahlen wie Liquiditätsüberschuss und Liquiditätsgesamtabläufe, die für das Liquiditätsrisikomanagement herangezogen werden. Eine problematische Ertragslage kann zu einem Bilanzverlust führen, der möglicherweise mit einem Verzehr des Eigenkapitals verbunden ist und in einen negativen Eigenkapitalwert mündet. Derartige Verluste, die handelsrechtlich in der Gewinn- und Verlustrechnung abgebildet werden, resultieren aus den kapitalunterlegten Risiken.

Bestandsgefährdung aufgrund einer kritischen Vermögenslage

Realisierte Verluste führen über die Verschlechterung der Ertragslage einer Erosion von Eigenkapital. Aufgrund dieser Entwicklung verringern sich die ökonomische und die aufsichtsrechtliche Kapitaladäquanz; im Grenzfall wird das Kriterium der Kapitaladäquanz nicht mehr erfüllt. Zur Verbesserung oder Wiederherstellung der Kapitaladäquanz können die folgenden aktivischen und passivischen Maßnahmen ergriffen werden:

- Rückführung bestehender risikobehafteter Positionen[114]

- Kein Aufbau neuer risikobehafteter Positionen

- Kapitalerhöhung

Mögliche Konsequenzen dieser Schritte sind geringere Ertragschancen infolge der Geschäftsbeschränkung bei einem aufgrund der kurz- bis mittelfristigen Fixkostenremanenz konstanten Produktionskostenblock sowie die Erhöhung der Eigenkapitalkosten. Diese Effekte führen zu einem Rückgang der Rentabilität und können im Ergebnis in einer „schleichenden" Bestandsgefährdung münden, da ein Aufrechterhalten des Bankgeschäfts aus betriebswirtschaftlichen Gründen nicht mehr sinnvoll ist.

4.1.5 Übergeordnete Gestaltungsprinzipien

Durchschnittsbildung von Risikoexposures

[➜ Gestaltungsprinzip 4]

In der handelsrechtlichen Risikoberichterstattung auf Konzernebene sind für Risikoexposures (Volumengrößen, Risikogrößen, Kennziffern) dann Durchschnittswerte für die Berichtsperiode offen zu legen, wenn die quantitative Angabe zum Berichtsstichtag nicht repräsentativ für das Exposure während der Berichtsperiode ist. Ergänzend zu den Durchschnitten können auch in der Berichtsperiode beobachtete Mindest- und Höchstwerte gezeigt werden.

Da es sich hierbei um eine spezifische *IFRS 7*-Anforderung handelt[115], gilt die Offenlegung von Durchschnitten bei enger Auslegung nur für den unmittelbaren Anwendungsbereich von *IFRS 7*, also die jährliche Berichterstattung über Finanzinstrumente und primär für das Kreditrisiko, das Marktpreisrisiko und das Liquiditätsrisiko. Eine Übertragung dieses Prinzips auch auf den Anwendungsbereich des *DRS 5-10* erscheint jedoch angebracht, um eine durchgängig konsistente Offenlegung sicherzustellen.[116] Eine Ausdehnung auf die handelsrechtliche Halbjahresrisikoberichterstattung ist angesichts der vergleichsweise kurzen Berichtsperiode dagegen entbehrlich. Im Aufsichtsrecht existiert eine ähnliche Anforderung für die Durchschnittsbildung des Bruttokreditvolumens.[117]

---

114 Hierbei handelt es sich im Wesentlichen um die folgenden Aktivposten: Forderungen an Kreditinstitute, Forderungen an Kunden, Positive Marktwerte aus derivativen Sicherungsinstrumente, Handelsaktiva, Finanzanlagen.

115 Vgl. *IFRS 7.35*, *IFRS 7.BC48* und *IFRS 7.IG20*.

116 Vgl. *Entscheidungstatbestand 4 (Risikoabdeckung in den handelsrechtlichen Konzernrisikoberichten)*.

117 Vgl. *Gestaltungsprinzip 19 (Offenlegung des durchschnittlichen Bruttokreditvolumens)*.

SolvV-Umsetzungsstrategie

[➔ Gestaltungsprinzip 5]

Die *Säule 3*-Berichterstattung folgt der *SolvV*-Umsetzungsstrategie, die Struktur, Inhalt und Erstanwendung der aufsichtsrechtlichen Risikoberichterstattung bestimmt. Je nach gewähltem Ansatz zur Ermittlung der Eigenkapitalanforderungen für das Kreditrisiko und für das operationelle Risiko sind unterschiedliche Angaben offen zu legen.[118] Die wesentlichen Merkmale der im Rahmen von *Basel II* neu eingeführten Ansätze zur Berechnung der Eigenmittelunterlegungsbeträge sind in der *Abbildung 24* zusammengefasst.

Kalkulationsansätze		Kurzbeschreibung
KREDITRISIKO	Kreditrisiko-Standardansatz	▪ Erweiterung des Basel I-Ansatzes ▪ Für kleinere Institute vorgesehen ▪ Risikogewichte werden aus den externen Ratings eines Kunden und von der Aufsicht vorgegebenen Tabellen abgeleitet ▪ Berechnung der Risikoaktiva berücksichtigt Garantien, Kreditderivate und finanzielle Sicherheiten
	Einfacher IRB-Ansatz	▪ Risikogewichte werden auf Basis bankinterner Ratingsysteme und vorgegebener Risikogewichtsfaktoren berechnet ▪ Erweiterter Katalog an risikomindernden Kreditsicherheiten ▪ Verlustquoten von Aufsicht vorgegeben ▪ Hohe Anforderungen an Qualität der Prozesse und des Datenhaushalts
	Fort-geschrittener IRB-Ansatz	▪ Risikogewichte wie im einfachen IRB-Ansatz ▪ Erweiterter Katalog an risikomindernden Kreditsicherheiten ▪ In Risikogewichtsfunktionen gehen bankinterne Schätzungen der Verlustquoten ein ▪ Berücksichtigung von weiteren Parametern (z.B. Restlaufzeiten)
OPERATIONELLES RISIKO	Basisindikator-ansatz	▪ Risikofaktor ist eine einheitliche, gesamtbankbezogene Kennziffer, die nach aufsichtlich vorgegebener Methodik ermittelt wird
	Standardansatz	▪ Risikofaktoren werden nach Geschäftsbereichen differenziert. ▪ Geschäftsbereiche und Risikofaktoren sind aufsichtlich vorgegeben
	Basisindikator-ansatz	▪ Auf Value-at-Risk-Ansätzen aufbauende Verlustverteilungsansätze

Abbildung 24: Basel II-Ansätze zur Ermittlung der Eigenkapitalanforderungen

---

118 Die Ermittlung der Eigenkapitalunterlegung für Marktpreisrisiken ist unter *Basel II* bzw. *KWG mit Solvabilitätsverordnung* im Vergleich zu *Basel I* bzw. *KWG mit Grundsatz I* im Wesentlichen unverändert geblieben.

Offenlegung als Bedingung für die Anwendung fortgeschrittener Ansätze zur Ermittlung der Eigenkapitalanforderungen für Kreditrisiken[119]

[➜ Gestaltungsprinzip 6]

§ 56 Absatz 1 SolvV regelt die Nutzungsvoraussetzungen für den *IRBA*. Demnach setzt die Berücksichtigung von Adressrisikopositionen nach dem *IRBA* für die Ermittlung des Gesamtanrechnungsbetrags für Adressrisiken nach *§ 8 SolvV* und der erwarteten Verlustbeträge für *IRBA*-Positionen gemäß *§ 104 SolvV* voraus, dass das Institut die Offenlegungsanforderungen gemäß *§ 26a KWG* in Verbindung mit den *§§ 319 bis 337 SolvV* einhält.

Offenlegung als Bedingung für die Anwendung von Kreditrisikominderungstechniken

[➜ Gestaltungsprinzip 7]

§ 154 Absatz 1 SolvV definiert die Bedingungen, unter denen Sicherungsinstrumente bei der Ermittlung der risikogewichteten Positionswerte risikomindernd berücksichtigt werden können. Eine der Bedingungen ist die Einhaltung der qualitativen und quantitativen Offenlegungsanforderungen des *§ 336 SolvV* (*„Kreditrisikominderungstechniken: Offenlegungen für KSA und IRBA"*).[120]

Erhebung und Dokumentation interner Ratinginformationen

[➜ Gestaltungsprinzip 8]

Zur Erfüllung von *§ 120 SolvV* (*„Anforderungen für alle IRBA-Positionen"*) muss ein Institut die für die Offenlegung nach den *§§ 319 bis 337 SolvV* erforderlichen Daten über Aspekte seiner internen Risikoeinstufungen erheben und speichern.

4.1.6 Grenzen der Offenlegung

4.1.6.1 Materialität von Angaben[121]

[➜ Gestaltungsprinzip 9]

Die Offenlegung von unwesentlichen[122] Informationen kann unterbleiben. Im **handelsrechtlichen Kontext** ist gemäß *IAS 1.11* die Erfüllung des Informationsbedürfnisses des potenziellen Nutzers im Hinblick auf dessen wirtschaftliche Entscheidungen maßgeblich für die Offenlegung von risikobezogenen Angaben. Im Rahmen der externen Berichterstattung ist eine publizierte Information dann materiell, wenn ein Investor diese Informa-

---

119 Vgl. auch *Hillen, K. H. / Neisen, M. (2008)*, S. 18f.
120 Vgl. auch *Hosemann, D. / Neisen, M. / Tijok, C. (2008)*, S. 294f.
121 Zur Diskussion des aufsichtsrechtlichen Materialitätskonzepts vgl. auch *Hillen, K. H. / Neisen, M. (2008)*, S. 17f.
122 Die Begriffe „Materialität" und „Wesentlichkeit" werden hier synonym verwendet.

tion benötigt, um unter wirtschaftlichen Gesichtspunkten optimale Entscheidungen über sein Engagement an dem berichterstattenden Unternehmen treffen zu können (sogenannter *Use-Test*). Das Wesentlichkeitskriterium ist auch eine Grundlage der Risikopublizität gemäß dem *DRS 5-10*[123]. Darüber hinaus ist der Materialitätsgrundsatz in *IDW RH HFA 1.005 (Textziffern 34 und 37)* verankert.

In der **aufsichtsrechtlichen Risikoberichterstattung** ist der *Use-Test* in *§ 26a Absatz 2 KWG* und in *§ 320 Absatz 1 SolvV* Informationen kodifiziert. Aufgrund des Verzichts auf Vorgaben zur Operationalisierung der Materialitätsermittlung seitens des Verordnungsgebers sind die Kreditinstitute gefordert, die Ausgestaltung des anzuwendenden Materialitätskonzepts selbst vorzunehmen.

Betriebswirtschaftliche Anforderungen an ein Materialitätskonzept

Zur Sicherstellung der Konsistenz und Vergleichbarkeit von handelsrechtlichen und aufsichtsrechtlichen Risikoberichten sollte ein einheitliches Materialitätskonzept für die Offenlegung verwendet werden. Diese Auffassung wird durch *Textziffer 817* der *Baseler Säule 3* gestützt, in der die Identität der aufsichtsrechtlichen mit der handelsrechtlichen Materialitätsdefinition hervorgehoben wird. Das Materialitätskonzept sollte auf dem Vorgehen aufbauen, mit dem Wesentlichkeit für das interne Risikomanagement bestimmt wird. Damit wird dem *Management Approach* der handelsrechtlichen und der aufsichtsrechtlichen Offenlegung entsprochen.

Umsetzungskonzept zur Ermittlung der Materialität

Grundsätzlich können zwei Materialitätskonzepte unterschieden werden: die Materialitätsprüfung auf Ebene der Tochterunternehmen (*unternehmensbezogenes Materialitätskonzept*) und die Materialitätsprüfung sämtlicher Exposures auf Ebene des Gesamtkonzerns. Während sich die erste Variante auf den Einbezug nur ausgewählter Unternehmen stützt, erfordert das zweite Konzept die Prüfung aller Unternehmen des Konsolidierungskreises.

Gesetzliche Grundlagen des unternehmensbezogenen Materialitätskonzepts

Die Einschränkung des gesamten handelsrechtlichen Konsolidierungskreises auf die materiellen Gesellschaften stützt sich, neben der übergeordneten Verpflichtung zur Anwendung des *Management Approach*, auf die Konsolidierungswahlrechte gemäß *§ 296 HGB*. Dabei fokussiert *§ 296 Absatz 1 Nummer 2 HGB* auf den im Folgenden näher erläuterten

---

[123] Der Grundsatz der Wesentlichkeit wird in der Einleitung des Standards genannt, jedoch nicht näher ausgeführt.

Kosten-Nutzen-Aspekt, während *§ 296 Absatz 2 HGB* das Wesentlichkeitskriterium als möglichen Grund für die Nichteinbeziehung einzelner Gesellschaften in die Offenlegung in den Vordergrund stellt.

Das unternehmensbezogene Materialitätskonzept wird auch vom *Fachgremium* als eine mögliche Ausgestaltung der Materialitätsprüfung in der regulatorischen Risikoberichterstattung betrachtet.[124]

Nutzen des unternehmensbezogenen Materialitätskonzepts

Die Materialitätsprüfung auf Ebene der Tochterunternehmen ist vorteilhaft, da die ausgewählten Konzernunternehmen aufgrund der Verwendung einheitlicher, risikoorientierter Maßgrößen (Risikokapital) in der internen Wesentlichkeitsbetrachtung betriebswirtschaftlich relevant sind. Des Weiteren liegt den externen und internen Risikoberichten die gleiche Grundgesamtheit zugrunde. Dadurch werden die Voraussetzungen für eine konsistente Berichterstattung geschaffen. Darüber hinaus sind zusätzliche fachliche, prozessuale und *IT*-Schnittstellen nur bei solchen Unternehmen erforderlich, die aufgrund ihrer Wesentlichkeit und Einbindung in die Konzernsteuerung bereits über ein ausgebautes Risikomanagementsystem verfügen. Der Aufwand in den Konzernunternehmen zur Umsetzung zusätzlicher Anforderungen aufgrund von externen Berichtserfordernissen ist in diesen Fällen überschaubar. Schließlich ist ein eigener *Review* der materiellen Unternehmen für die Offenlegung nur in eingeschränktem Umfang erforderlich, da auf die im Rahmen des Risikomanagements jährlich durchgeführte Angemessenheitsprüfung des Materialitätskonzepts zurückgegriffen werden kann.

Merkmale des unternehmensbezogenen Materialitätskonzepts

Die Prüfung der Materialität erfolgt unter Anwendung des *Management Approach* durch Vorauswahl der relevanten Unternehmen anhand des für das interne Risikomanagement bestehenden Materialitätskonzepts. Konzerninterne Geschäfte innerhalb und außerhalb des Kreises der wesentlichen Konzernunternehmen werden nicht berücksichtigt, da wirtschaftlich kein Risiko zwischen den Unternehmen des handelsrechtlichen oder aufsichtsrechtlichen Konzerns besteht. Das Konzept setzt ein voll entwickeltes und konsequent angewendetes Materialitätskonzept für das interne Risikomanagement voraus.

---

124 Vgl. *Fachgremium-Empfehlungen, S. 5 (Thema E. Materiality, Textziffer 817 Basel II): „Die Risikoinformationen müssen sich grundsätzlich auf die bankaufsichtlich materiellen Säule-3-Gesellschaften beziehen."*

Ausprägungen des unternehmensbezogenen Materialitätskonzepts

Basis des **Materialitätskonzept der quantitativen Risikopublizität** sind die Unternehmen des internen Steuerungskreises. Daher ist grundsätzlich keine eigene Materialitätsprüfung erforderlich. Gleichwohl kann eine Einzelfallprüfung quantitativer Angaben bezüglich ihres Informationsnutzens für die Berichtsadressaten *(Use-Test)* zur weiteren Feinjustierung der Materialität angebracht sein. Konzerninterne Geschäfte innerhalb des handelsrechtlichen oder aufsichtsrechtlichen Konzerns werden nicht berücksichtigt, da wirtschaftlich kein Risiko zwischen den Konzernunternehmen besteht.

Im Rahmen des **Materialitätskonzepts der qualitativen Risikopublizität** wird zur Auswahl der tatsächlich entscheidungsnützlichen qualitativen Angaben über das Risikomanagementsystem eine ergänzende Wesentlichkeitsprüfung pro Risikoart für die Unternehmen des internen Steuerungskreises vorgenommen. Im Unterschied zur quantitativen Offenlegung, die auf dem internen Berichtswesen basiert und bei der die Risikozahlen zur Wahrung der Identität zwischen internem und externem Reporting grundsätzlich unverändert in die Offenlegung übernommen werden, ist in der qualitativen Offenlegung in stärkerem Maße nach der Relevanz einzelner Konzernunternehmen zu differenzieren. Dies hat folgende Gründe: Verbale Ausführungen nehmen im Risikobericht einen erheblich breiteren Raum ein als die quantitativen Darstellungen. Während es bei letzteren für den Darstellungsumfang im Wesentlichen unerheblich ist, welche Anzahl von Konzernunternehmen zu einem Risikowert beiträgt, haben qualitative Ausführungen den Besonderheiten einzelner Konzernunternehmen Rechnung zu tragen *(Grundsatz der Klarheit)*. Eine umfassende qualitative Offenlegung kann insbesondere bei heterogener Ausgestaltung des Risikomanagementsystems zwischen den Konzerngesellschaften umfangreiche Darstellungen im Risikobericht erfordern. Die Erhebung und Darstellung von Detailinformationen pro Konzernunternehmen steht dann in einem ungünstigen Verhältnis zum erzielbaren Informationsnutzen *(Grundsatz der Wirtschaftlichkeit)*.

Bei der Beurteilung, ob eine Angabe wesentlich ist, muss die Auswirkung auf die gesamte Darstellung der Risikolage und der Vermögens-, Finanz- und Ertragslage beurteilt werden. In der Praxis wird häufig in einem heuristischen Verfahren als Grenze für die Materialität quantitativer Angaben ein Wert von fünf Prozent der Bemessungsgrundlage herangezogen. Das heißt, eine Information ist dann nicht mehr materiell, wenn ohne ihre Angabe bereits 95 Prozent der Bemessungsgrundlage abgedeckt sind. Zur Festlegung der Wesentlichkeit für die qualitative Risikoberichterstattung ist eine höhere Grenze, beispielsweise zehn Prozent, zweckmäßig, um die oben dargestellten Grundsätze der Klarheit und der Wirtschaftlichkeit einzuhalten. Darüber hinaus sind qualitative Aspekte in die Gesamtwürdigung der Wesentlichkeit einzubeziehen.

Die Funktionsweise des unternehmensbezogenen Materialitätskonzepts der qualitativen Offenlegung wird anhand der *Abbildung 25* erläutert.

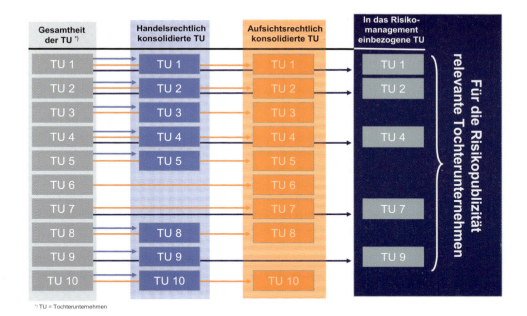

Abbildung 25: Funktionsweise des unternehmensbezogenen Materialitätskonzepts der qualitativen Offenlegung

Zur Auswahl der aus dem Kreis der materiellen Konzernunternehmen in die qualitative Risikoberichterstattung tatsächlich einzubeziehenden Gesellschaften wird für jede mit **Kapital unterlegte Risikoart**, wie folgt vorgegangen:

- *Schritt 1*: Grenzwert für die Materialität festlegen, beispielsweise 90 Prozent der Verlustobergrenze je Risikoart

- *Schritt 2*: Verlustobergrenze für jede Risikoart anhand der Risikotragfähigkeitsanalyse ermitteln

- *Schritt 3*: Konzernunternehmen absteigend nach Höhe der Verlustobergrenze sortieren

- *Schritt 4*: Unternehmensbezogene Verlustobergrenzen kumulieren und Anteil der kumulierten Verlustobergrenzen an der gesamten Verlustobergrenze ermitteln

- *Schritt 5*: Materielle Konzernunternehmen durch Abzählen identifizieren, wobei das letzte materielle Unternehmen dasjenige ist, bei dem durch Addition der unternehmensbezogenen Verlustobergrenze zur kumulierten Verlustobergrenze der Schwellenwert überschritten wird

- *Schritt 6*: Als nicht materiell eingestufte Unternehmen daraufhin überprüfen, ob die Einbeziehung in die qualitative Risikoberichterstattung aus anderen Gründen zwingend notwendig ist

Die Auswahl der Unternehmen mit materiellem **Liquiditätsrisiko** erfolgt anhand ihrer Bilanzsumme. Dabei werden grundsätzlich dieselben Iterationen vorgenommen wie bei den kapitalunterlegten Risikoarten.

Um eine für die gesamte Berichtsperiode repräsentative Auswahl relevanter Konzernunternehmen zu erhalten, sollte die durchschnittliche Materialität für mehrere Berichtsstichtage – beispielsweise auf Basis von Monats- oder Quartalsultimozahlen – ermittelt werden.

4.1.6.2   Geschützte und vertrauliche Informationen[125]

[➜ Gestaltungsprinzip 10]

Gemäß *§ 26a Absatz 2 KWG* in Verbindung mit *§ 320 Absatz 1 SolvV* sind Informationen rechtlich geschützt, wenn ihre öffentliche Bekanntgabe die Wettbewerbsposition des Instituts schwächen würde. Informationen sind vertraulich, wenn sie auf vertraglicher Basis zur Verfügung gestellt wurden oder aus einer Geschäftsverbindung resultieren. Die Offenlegung von rechtlich geschützten und vertraulichen Informationen kann grundsätzlich unterbleiben. In diesen Fällen ist jedoch der Grund für die Nichtoffenlegung darzulegen. Darüber hinaus sind allgemeine Angaben zu veröffentlichen, es sei denn diese Informationen wären wiederum als rechtlich geschützt oder vertraulich einzustufen.

Die Inanspruchnahme der Befreiungstatbestände sollte für jeden Einzelfall sorgfältig abgewogen werden, da durch den Hinweis auf die Nichtoffenlegung möglicherweise eine negative öffentliche Wirkung erzielt wird. Zuvor sollte jedenfalls geprüft werden, ob durch den geeigneten Zuschnitt von Klassen eine Granularität erreicht werden kann, die keine Rückschlüsse auf einzelne Geschäftspartner zulässt.[126]

4.1.6.3   Undurchführbarkeit der Offenlegung

[➜ Gestaltungsprinzip 11]

Gemäß *IAS 1.11* ist allgemein die Anwendung einer Vorschrift undurchführbar, wenn sie *„trotz aller angemessenen Anstrengungen des Unternehmens nicht angewendet werden kann"*. Für rückwirkende Anpassungen von quantitativen Angaben ist *IAS 8.5* einschlägig. Demnach ist für eine bestimmte frühere Periode die rückwirkende Anwendung einer Änderung einer Rechnungslegungsmethode bzw. eine rückwirkende Anpassung zur Fehlerkorrektur insbesondere dann undurchführbar, wenn die Auswirkungen der rückwirkenden Anwendung bzw. rückwirkenden Anpassung nicht zu ermitteln sind.[127]

---

125 Vgl. auch *Hillen, K. H. / Neisen, M. (2008)*, S. 18.
126 Vgl. *Abschnitt 4.2.5.*
127 *IAS 8.5* nennt weitere Kriterien für die Undurchführbarkeit rückwirkender Anpassungen, die jedoch im Kontext der Risikoberichterstattung von untergeordneter Bedeutung sind.

Damit wird das Offenlegungskriterium der Entscheidungsnützlichkeit durch Wirtschaftlichkeitsüberlegungen bezüglich des berichtspflichtigen Kreditinstituts relativiert. Diese Einschränkung gilt zunächst nur für die risikobezogenen *IAS-/IFRS*-Angaben, sollte jedoch zweckmäßigerweise auf die aus dem *DRS 5-10* resultierenden, originären handelsrechtlichen Berichtsinhalte ausgedehnt werden, da bei der Umsetzung des Standards aufgrund seines fehlenden Gesetzescharakters grundsätzlich Ermessensspielräume genutzt werden können. In der regulatorischen Offenlegung ist das Gestaltungsprinzip der Undurchführbarkeit nicht bekannt.

4.2 Berichtsstrukturen

4.2.1 Übergeordnete Entscheidungen zu den Berichtsstrukturen

Eigenständiger Konzernlagebericht

IDW RH HFA 1.007 stellt in *Textziffer 13* klar, dass auch bei pflichtgemäßer oder freiwilliger Aufstellung eines *IAS-/IFRS*-Konzernabschlusses weiterhin die Verpflichtung zur Aufstellung eines Konzernlageberichts gilt; eine Darstellung im Konzernanhang ist nicht ausreichend.

Grundsätzlicher Aufbau der Risikoberichte

[➜ Entscheidungstatbestand 2]

Aufgrund der gesetzlichen Vorgaben (*§ 315 HGB* in Verbindung mit dem *DRS 5-10* und dem *IFRS 7*) sind die handelsrechtlichen Risikoberichte grundsätzlich nach Risikoarten zu gliedern. Dies schließt eine übergeordnete Gliederung nach Segmenten oder Geschäftsfeldern nicht aus, sofern innerhalb der Segmente bzw. Geschäftsfelder wiederum eine Gliederung nach Risikoarten vorgenommen wird. Zu beachten ist jedoch *DRS 5-10.43*, wonach in jedem Fall die gesamthafte Risikolage je Risikoart segmentübergreifend darzustellen ist. Dies kann im Rahmen der übergeordneten Angaben zum Risikokapitalmanagement erfolgen. Aufgrund der Struktur der aufsichtsrechtlichen Anforderungen der *Solvabilitätsverordnung* ist ebenfalls eine Offenlegung nach Risikoarten angezeigt. Auch hier wird eine übergeordnete Segmentorientierung nicht ausgeschlossen.

Da die Offenlegung grundsätzlich dem *Management Approach* folgt, ist der Aufbau der Risikoberichte am internen Risiko-Reporting auszurichten. Zur Sicherstellung der Konsistenz der Risikopublizität sollte die Struktur im handelsrechtlichen und im aufsichtsrechtlichen Risikoberichte grundsätzlich identisch sein. Bei segmentorientierter Offenlegung sollten dieselben Segmentabgrenzungen verwendet werden wie in der allgemeinen Finanzberichterstattung.

Bezüglich der Abfolge der Risikoarten in den Risikoberichten sollten zunächst die finanz-wirtschaftlichen Kernrisiken[128], die in erster Linie mit dem Bankgeschäft verbunden sind, genannt werden[129]: Das Kreditrisiko und das Marktpreisrisiko sind für viele Institute die zentralen Risikoarten – sowohl hinsichtlich der Materialität als auch bezüglich des Ent-wicklungsstands der Steuerungssysteme. Beteiligungsrisiken sind – nach dem Grad der Fungibilität der Beteiligungen – konzeptionell zwischen Kreditrisiken und Marktpreisri-siken einzuordnen und sollten daher nach dem Kreditrisiko und vor dem Marktpreisrisi-ko genannt werden. Eine zweite Gruppe stellen die allgemeinen Unternehmensrisiken dar. Hierbei handelt es sich um das Liquiditätsrisiko, das operationelle Risiko und das strate-gische Risiko. Die Reihenfolge der Nennung ist Ausdruck des Entwicklungsgrades der für die interne Steuerung verwendeten Messkonzepte.

Darstellung der Konzernunternehmen

[➔ Entscheidungstatbestand 3]

Im Falle der getrennten Offenlegung eines Konzernlageberichts und eines Lageberichts ist für den Konzernrisikobericht sowohl das Kriterium der Entscheidungsnützlichkeit als auch das Prinzip der Berichtsklarheit maßgeblich für die Bestimmung der Darstellungs-tiefe einzelner Berichtseinheiten. Vor diesem Hintergrund ist für den Berichtsadressaten grundsätzlich nur die aggregierte Konzernebene von Bedeutung. Im Rahmen der quantita-tiven Offenlegung kann die Bezugnahme auf Konzernunternehmen in Einzelfällen erfor-derlich sein, um die Höhe oder die Entwicklung von Risikopositionen zu erklären. Um das Risikomanagementsystem darzustellen kann insbesondere bei heterogen strukturierten Fi-nanzdienstleistungskonzernen ein Eingehen auf die Besonderheiten einzelner Konzern-unternehmen notwendig werden, sofern das Risiko dieser Gesellschaften materiell für den gesamten Konzern ist. Bei Zusammenfassung von Konzernlagebericht und Lagebericht ist das Konzernmutterunternehmen in allen Berichtsteilen separat darzustellen.

Für die Darstellung der Gesellschaften der Institutsgruppe in der aufsichtsrechtlichen Of-fenlegung sollte analog zu den handelsrechtlichen Risikoberichten vorgegangen werden. Dies ist auch deshalb sinnvoll, da eine Vielzahl der regulatorisch geforderten Angaben im Risikolagebericht offen gelegt wird.

---

128 Die finanzwirtschaftlichen Kernrisiken sind im Wesentlichen deckungsgleich mit den Risiken aus Finanzins-trumenten, die im *IFRS*-Risikobericht im Mittelpunkt stehen.

129 Die Abfolge ist Ausdruck des Grades der Koppelung der Risiken an das Kerngeschäft von Kreditinstituten. Alternativ könnte sich die Reihenfolge an der Materialität der Risiken, gemessen an der zugeteilten Verlu-stobergrenze, orientieren. Da sich die Materialität im Zeitablauf ändern kann, erscheint dieses Kriterium vor dem Hintergrund des Berichtsgrundsatzes der Stetigkeit jedoch weniger geeignet.

Risikoabdeckung in den handelsrechtlichen Konzernrisikoberichten

[➜ Entscheidungstatbestand 4]

Der Anwendungsbereich der *IFRS*-Risikoberichterstattung hinsichtlich der einbezogenen Risikoarten bedarf der Auslegung. In *IFRS 7.32* wird ausgeführt, dass sich die risikobezogenen Angabepflichten des *IFRS 7* auf die Risikoarten konzentrieren, die aus Finanzinstrumenten entstehen. *IFRS 7.32* listet mit dem Kreditrisiko, dem Marktpreisrisiko und dem Liquiditätsrisiko die in diesem Sinne typischen Risikoarten auf.

Durch den Zusatz, dass der Anwendungsbereich des *IFRS 7* nicht auf die genannten Risikoarten beschränkt ist, und aufgrund der Wortwohl im Standard, nach dem sich die Offenlegung auf Risiken aus Finanzinstrumenten „fokussiert", wird deutlich, dass die Offenlegung auch weiterer, nicht näher spezifizierter Risikoarten in die Offenlegung geboten ist, soweit sie einen Bezug zu Finanzinstrumenten aufweisen. Demnach sind auch Beteiligungsrisiken in die *IFRS*-Risikoberichterstattung einzubeziehen, während operationelle und strategische Risiken nur insoweit in den Anwendungsbereich des *IFRS 7* fallen, als sie aus Finanzinstrumenten entstehen. Dies ist beispielsweise der Fall bei Kreditgeschäften, bei denen ein Verlust aufgrund einer aus einem Prozessfehler resultierenden, nicht zutreffenden Bonitätseinstufung oder Sicherheitenbewertung entsteht. Dagegen wird ein Verlust, der auf die fehlerhafte Bedienung eines *IT*-Systems zurückzuführen ist, nicht als relevantes Risiko gemäß *IFRS 7* eingestuft. Da eine derartige Unterscheidung in der Praxis nicht handhabbar ist, muss davon ausgegangen werden, dass operationelle und strategische Risiken nicht von den Regelungen des *IFRS 7* betroffen sind.

Eine Beschränkung der externen Risikoberichterstattung auf Finanzinstrumente, wie sie auch von *IDW PS 350 (Textziffer 29)*, *IDW RH HFA 1.005 (Textziffer 31)* und *IDW ERS HFA 24 (Textziffer 42)* unterstützt wird, erscheint allerdings nicht sachgerecht. Denn übergeordnetes Ziel der Risikoberichterstattung ist gemäß *§ 289 HGB* bzw. *§ 315 HGB* die umfassende Darstellung des Risikomanagementsystems und die Risikolage eines Kreditinstituts für alle relevanten Risiken.[130] Dies gilt auch für operationelle Risiken, die beispielsweise Risiken des Personalmanagements oder des Immobilienmanagements umfassen, und für strategische Risiken, die zum Beispiel aus Markteintrittsentscheidungen oder aus Investitionsentscheidungen resultieren.

Darüber hinaus unterscheidet das interne Risikomanagement nicht in Finanzinstrumente und Nicht-Finanzinstrumente. Eine derartige Aufteilung für Zwecke der externen Berichterstattung entspricht nicht dem von *IFRS 7* und *DRS 5-10* geforderten *Management Approach* und würde darüber hinaus erheblichen Umsetzungsaufwand in den Instituten verursachen.

Auch aus der in *IFRS 7.BC65* gegebenen Begründung zur Nichtaufnahme des operationellen Risikos in den Kanon der für *IFRS 7* relevanten Risikoarten wird deutlich, dass der *International Accounting Standards Board* eine Offenlegung von Risiken, die nicht unmittelbar aus Finanzinstrumenten resultieren, grundsätzlich als notwendig erachtet. Das

---

130 Vgl. dazu *Abschnitt 3.1.2.2.*

operationelle Risiko wird nämlich von der Publizierung in erster Linie deswegen ausgeschlossen, weil der Entwicklungsstand der Messmethoden noch nicht den Anforderungen an die Offenlegung im *Financial Statement* genügt. Das *IASB* plädiert jedoch für die
Darstellung dieser Risikoart in einem *Management Commentary*, das auf internationaler Ebene allerdings noch nicht etabliert ist. Dagegen verfügt das deutsche Handelsrecht
mit dem Lagebericht über ein derartiges Instrument. Offenlegungsanforderungen für das
operationelle Risiko sind im *DRS 5-10* als einschlägigem Standard für die Risikoberichterstattung im Lagebericht enthalten.

Schließlich entspricht eine umfassende Risikoberichterstattung den Prinzipien guter Unternehmensführung. Mindestens aus diesem Grund sollten sämtliche aus bankbetrieblichen Aktivitäten resultierende Risiken in die handelsrechtliche Risikoberichterstattung
einbezogen werden. Aufgrund der empfohlenen Zusammenfassung des *IAS-/IFRS*-Risi-
kobericht mit dem Risikolagebericht[131] sollten die einschlägigen Vorschriften des *DRS
5-10* auch für die *IFRS*-Risikoberichterstattung beachtet werden.

4.2.2   Gestaltung der Halbjahresrisikoberichte

Gestaltung des handelsrechtlichen Halbjahresrisikoberichts

[➔ Entscheidungstatbestand 5]

Generelles Umsetzungskonzept

Trotz der deutlich geringeren formalen Anforderungen[132] – insbesondere der fehlenden
Anwendungspflicht von *IAS 1* und *IFRS 7* – sollte sich die Zwischenrisikoberichterstat-
tung an der jährlichen handelsrechtlichen Konzernrisikoberichterstattung orientieren, um
die Kontinuität und Vergleichbarkeit der Risikoberichte *(Grundsatz der Stetigkeit)* im
Zeitablauf unter besonderer Berücksichtigung des Materialitätskriteriums sicherzustellen.
Im handelsrechtlichen Risikobericht sollten – wiederum analog zum jährlichen Konzern-
Risikolagebericht – auch die quantitativen Anforderungen der aufsichtsrechtlichen Halbjahresrisikoberichterstattung, deren Umsetzung auf freiwilliger Basis empfohlen wird, berücksichtigt werden.

Umsetzungskonzept für qualitative Angaben

Bezüglich der Angaben zum Risikomanagementsystem kann grundsätzlich auf das Instrument des Verweises zurückgegriffen werden. Entsprechende Hinweise auf den letzten
Risikobericht im jährlichen Konzernlagebericht sollten im halbjährlichen Risikolagebericht angebracht werden. Dagegen sind wesentliche Änderungen des Risikomanagementsystems im Berichtszeitraum im Zwischenlagebericht explizit darzustellen.

---

131 Vgl. dazu *Entscheidungstatbestand 22 (Offenlegung von Risikoberichten im Lagebericht und im Konzernla-
    gebericht)* in *Abschnitt 4.6.1.*
132 Vgl. *Abschnitt 3.1.2.5.*

Umsetzungskonzept für quantitative Angaben

Grundsätzlich kann die Offenlegung auf aggregierte quantitative Darstellungen beschränkt werden. Dazu ist die Fokussierung auf bestandsgefährdende Risiken unter Verwendung des Instrumentariums des Risikokapitalmanagements möglich. Für die Exposure getriebenen Kreditrisiken und Beteiligungsrisiken sollten darüber hinaus volumenbezogene Angaben ergänzt werden. Zur Darstellung des Marktpreisrisikos sollte zusätzlich das Zahlenwerk des für die Steuerung verwendeten *Value-at-Risk* offen gelegt werden, dem ein kurzfristigerer Betrachtungshorizont zugrunde liegt als dem Kapitalbedarf für Marktpreisrisiken. Für die quantitative Darstellung der Liquiditätsrisiken empfiehlt sich ein Vorgehen entsprechend der handelsrechtlichen Jahresrisikoberichterstattung.

Risikokapitalbedarf

Mit dem Instrumentarium des Risikokapitalmanagements kann sowohl die Bestandsgefährdung eines Konzerns ermittelt als auch die risikoartenbezogene Überschreitung von Verlustobergrenzen dargestellt werden. So liegt eine Bestandsgefährdung nach allgemeinem Verständnis dann vor, wenn der gemessene Risikokapitalbedarf die konzernbezogene Risikodeckungsmasse übersteigt. Auf der Steuerungsebene unterhalb des Gesamtkonzerns wird zudem für jede Risikoart der gemessene Risikokapitalbedarf der aus der Risikodeckungsmasse abgeleiteten Verlustobergrenze gegenübergestellt.

Kreditvolumen

Die Auswahl der für den Risikobericht im Zwischenlagebericht offen zu legenden Tabellen zum Kreditvolumen orientiert sich an dem Kriterium der Berichtskontinuität und an den Inhalten des aufsichtsrechtlichen Halbjahresrisikoberichts. Aufgrund dessen werden wesentliche Angaben des handelsrechtlichen Jahresrisikoberichts, die *IAS-/IFRS*-getrieben und daher formal nicht relevant für den Zwischenlagebericht sind, offen gelegt. Zudem werden jene Tabellen des handelsrechtlichen Jahresrisikoberichts publiziert, mit denen die Inhalte von Tabellengruppe *AR-KR-4* des *Säule 3*-Berichts erfüllt werden, so dass ein Verweis aus dem aufsichtsrechtlichen Risikobericht auf den Risikobericht im Zwischenlagebericht möglich ist. Konkrete Umsetzungsvorschläge für die handelsrechtliche Halbjahresrisikoberichterstattung sind in den Muster-Risikoberichten des *Abschnitts 4.4 (Offenlegungsinhalte)* enthalten.

Gestaltung des aufsichtsrechtlichen Halbjahresrisikoberichts

[➜ Entscheidungstatbestand 6]

Gemäß *§ 321 Absatz 1 SolvV* hat die aufsichtsrechtliche Offenlegung grundsätzlich in jährlichem Turnus zu erfolgen. Trotz fehlender formaler Anforderung sollte die Offenlegung auch halbjährlich durchgeführt werden. Dabei ist die Konsistenz mit dem handelsrechtlichen Halbjahresrisikobericht sicherzustellen. Bezüglich der Angaben zum **Risikomanagementsystem** ist grundsätzlich ein Verweis auf den letzten Risikobericht im jährlichen Konzernlagebericht bzw. – für Angaben, die ausschließlich für regulatorische Methoden, Verfahren und Prozesse gelten – auf den letzten jährlichen aufsichtsrechtlichen Risikobericht ausreichend. Sofern im Berichtszeitraum wesentliche Änderungen am Risikomanagementsystem vorgenommen wurden, ist ein Verweis auf den aktuellen Zwischenlagebericht zweckmäßig, da in der handelsrechtlichen Risikoberichterstattung derartige Veränderungen offen gelegt werden müssen. Die von der *Solvabilitätsverordnung* für die jährliche Offenlegung geforderten **quantitativen Angaben** sollten auch im aufsichtsrechtlichen Halbjahresbericht vollständig und unter Beachtung der dort geltenden Prinzipien dargestellt werden. Umsetzungsvorschläge für die regulatorischen Halbjahresrisikoberichte werden ebenfalls in den Muster-Risikoberichten des *Abschnitts 4.4* unterbreitet.

4.2.3   Gestaltung des jährlichen HGB-Risikolageberichts

[➜ Entscheidungstatbestand 7]

Maßgeblich für die Gestaltung des handelsrechtlichen Risikolageberichts des Einzelunternehmens sind die Anforderungen des *§ 289 HGB*. Da das Einzelunternehmen auch Bestandteil des zur gleichen Zeit veröffentlichten handelsrechtlichen Konzernrisikolageberichts ist, sollten die wesentlichen Merkmale des *HGB*-Risikolageberichts dem Konzernrisikolagebericht entsprechen. Allerdings kommt dem Risikolagebericht des Einzelinstituts in der externen Wahrnehmung in der Regel weniger Gewicht als dem Konzernrisikolagebericht zu, da für die Einschätzung des Risikos die Konzernebene maßgeblich ist. Daher können Berichtsumfang und Berichtstiefe des *HGB*-Risikolageberichts im Vergleich zum *IAS-/IFRS*-Konzernrisikobericht grundsätzlich eingeschränkt werden.

Der *HGB*-Risikolagebericht und der Konzernrisikolagebericht weisen Gemeinsamkeiten bezüglich des jährlichen Offenlegungsturnus, dem Kapitalaufbau und der Struktur der Risikoartenkapitel auf. Darüber hinaus ist die freiwillige Durchführung des von den *International Financial Reporting Standards* für die Konzernberichterstattung geforderten Vorjahresvergleichs empfehlenswert.

In folgenden wesentlichen Punkten unterscheidet sich der Risikobericht des Einzelunternehmens von dem des Konzerns: Die nur auf Konzernebene verpflichtenden *IFRS 7*-Angaben zum Kreditrisiko, die keine Entsprechung im *DRS 5-10* finden, werden nicht offen gelegt. Hinsichtlich der Anwendung des *DRS 5-10* werden nur jene Pflichtanforderungen umgesetzt, die unmittelbar aus *§ 289 HGB* ableitbar sind. Die Beschreibung des Risikomanagementsystems kann gestrafft werden. Dies ist insbesondere auf das Fehlen der spezifischen aufsichtsrechtlichen Anforderungen hinsichtlich Ratingverfahren, Kreditrisikominderungstechniken, Verbriefungen und Beteiligungen zurückzuführen. Auch auf die Offenlegung von Hintergrundgrundinformationen wie beispielsweise Risikodefinitionen kann verzichtet werden. Diese Faktoren führen im Ergebnis zu einem im Vergleich zum handelsrechtlichen Konzernrisikobericht geringeren Umfang. Eine Übersicht der für den *HGB*-Risikolagebericht empfohlenen Offenlegungsinhalte des Einzelinstituts, das Mutterunternehmen eines Konzerns ist, kann dem *Anhang* entnommen werden.[133]

Ein Kreditinstitut, das als Einzelunternehmen ohne Tochtergesellschaften lediglich einen *HGB*-Risikolagebericht offen zu legen hat, sollte sich grundsätzlich an der Gestaltung des Risikolageberichts eines Konzerns orientieren und unter freiwilliger Berücksichtigung des *DRS 5-10* über die Mindestanforderungen des *§ 289 HGB* hinausgehen. Da bei einem derartigen Einzelinstitut die umfangreichen Informationen des Konzernrisikolageberichts nicht vorliegen, kann auf diese Weise den Informationsbedürfnissen der Berichtsadressaten adäquat entsprochen werden, die grundsätzlich nicht geringer sind als im Falle eines Einzelinstituts, das einen Konzernrisikolagebericht aufstellen muß. Zudem sollte – analog dem Vorgehen für Bankkonzerne – die Umsetzung der *Säule 3*-Berichterstattung mit dem handelsrechtlichen Risikobericht verknüpft werden.

4.2.4   Angabekategorien

4.2.4.1   Datenkategorien in der Offenlegung

[➔ Gestaltungsprinzip 12]

Die Angaben in den Risikoberichten werden grundsätzlich in qualitative und quantitative Datenkategorien unterschieden. Dies entspricht der Unterteilung in den der Offenlegung zugrunde liegenden Gesetzen, Verordnungen und Standards. Die Daten können des Weiteren nach ihrem Zeitbezug in vergangenheitsbezogen (*ex-post*), stichtagsbezogen (*Status quo*) und zukunftsbezogen (*ex-ante*) klassifiziert werden.[134]

Qualitative Daten

Bei den qualitativen Daten werden zwei Erscheinungsformen zu unterschieden: Einerseits sind dies strukturelle Darstellungen insbesondere des **Risikomanagementsystems**, die in verbaler Form – gegebenenfalls unterstützt durch illustrative Darstellungen wie Schaubilder – erbracht werden. Dabei handelt es sich um Angaben zu aufbau- und ablauforganisatorischen Sachverhalten, Methoden und Verfahren der Risikomessung, Berichtswesen und *IT*-Systemen. Hinsichtlich des Zeitbezugs sind sowohl wesentliche Veränderungen des Ri-

---

133 Dabei wird von der Annahme ausgegangen, dass es sich bei dem Einzelunternehmen um das Mutterunternehmen eines Konzerns handelt.
134 Zum zeitlichen Bezug der Risikoberichtsinhalte vgl. auch *Abschnitt 4.5.*

sikomanagementsystems seit dem letzten Berichtsstichtag als auch die erwartete Entwicklung des Risikomanagementsystems im Prognosezeitraum offen zu legen. Eine weitere Kategorie qualitativer Daten sind Angaben zur **Risikosteuerung**. Sie umfassen die von der Geschäftsleitung für die Berichtsperiode vorgegeben wirtschaftlichen Rahmenbedingungen (Ziele und Strategien) und die von den für die Risikopositionen verantwortlichen Stellen im Berichtszeitraum ergriffenen Risikosteuerungsmaßnahmen.

Quantitative Daten

Quantitative Daten sind **Zahlenangaben**, die in Form von Tabellen, Diagrammen oder Fließtext offen gelegt werden. Sie stellen eine Komponente zur Beschreibung der aktuellen Risikolage dar. Um den Status quo der Risikosituation zu beschreiben, werden Volumenwerte wie Kreditvolumen, Beteiligungsvolumen und Refinanzierungsvolumen verwendet. Dagegen drücken die mit ökonomischen Modellen gemessenen Risikowerte, wie beispielsweise der Risikokapitalbedarf, und die aus ihnen abgeleiteten Kennzahlen aufgrund ihres Prognosecharakters immer potenzielle künftige Entwicklungen aus. Sowohl die Volumenwerte als auch die Risikoangaben werden im Rahmen von Vorperiodenvergleichen in Relation zu dem zuletzt offen gelegten Zahlenwerk gesetzt.

Erläuterungen zu den Zahlenangaben stellen eine weitere quantitative Datenkategorie dar. Sie stehen in einem direkten Zusammenhang mit dem offen gelegten Zahlenwerk und beschreiben sowohl Richtung und Ausmaß der Veränderungen im Zeitablauf als auch die Ursachen für diese Veränderungen. Durch die Verknüpfung des Zahlenwerks und der Erläuterungen mit den qualitativen Aussagen zur Risikosteuerung kann die Risikolage umfassend dargestellt und erklärt werden.

4.2.4.2   Qualitative Angabekategorien

Materialität und Umfang

Die qualitativen Angaben in den externen Risikoberichten beziehen sich gemäß dem Materialitätskonzept auf die in die interne Steuerung integrierten Konzerngesellschaften.[135] Der Umfang der Angaben zum Risikomanagementsystem sollte – unter Beachtung der gesetzlichen Mindestanforderungen – von der Materialität einer Risikoart, gemessen am Anteil an der gesamten Verlustobergrenze, abhängig gemacht werden. Ein weiterer begrenzender Faktor ist der tatsächliche Ausbaugrad des Managementsystems für einzelne Risikoarten in dem berichtspflichtigen Kreditinstitut. So dürften die qualitativen Darstellungen für Kreditrisiken und Marktpreisrisiken regelmäßig den größten Umfang einnehmen, während die Managementsysteme für Beteiligungsrisiken und strategische Risiken in der Offenlegung eher eine untergeordnete Rolle einnehmen.

---

135 Vgl. *Abschnitt 4.1.6.1.*

Bündelung qualitativer Angaben zum Risikomanagementsystem[136]

[➜ Entscheidungstatbestand 8]

Zur Vermeidung von Redundanzen sollten die Angaben zum Risikomanagementsystem, die insbesondere gemäß *DRS 5-10.24a* und c, *IFRS 7.31-33* in Verbindung mit *IFRS 7.IG15*, und nach *§ 322 SolvV* für jede Risikoart zu erbringen sind, an zentraler Stelle des handelsrechtlichen Jahresrisikoberichts – beispielsweise in einem Kapitel *„Generelles Risikomanagementsystem"* – zusammengefasst werden, sofern diese Komponenten des Risikomanagementsystems für jede Risikoart oder eine Teilmenge der Risikoarten die gleichen Merkmale aufweisen. Wenn das Managementsystem einzelner Risikoarten wesentlich von der allgemeinen Ausgestaltung abweicht oder zusätzliche Besonderheiten aufweist, werden die Angaben in den jeweiligen Risikoartenkapiteln offen gelegt.

Platzierung der Angaben zum Risikomanagementsystem gemäß Solvabilitätsverordnung

[➜ Entscheidungstatbestand 9]

Aus Gründen der Berichtseffizienz ist es empfehlenswert die qualitativen Angaben zum Risikomanagementsystem grundsätzlich mit gleichartigen handelsrechtlichen Anforderungen zu bündeln und im handelsrechtlichen Konzernrisikobericht darzustellen. Dies betrifft insbesondere die allgemeinen Anforderungen des *§ 322 SolvV*, also die Risikomanagementbeschreibung in Bezug auf einzelne Risiken. Qualitative Angaben, die sich ausschließlich auf die Methodik der *Säule 1* beziehen, sollten dagegen im aufsichtsrechtlichen Risikobericht platziert werden. Sofern Angaben außerhalb des aufsichtsrechtlichen Risikoberichts erbracht werden, sind im *Säule 3*-Bericht entsprechende Verweise anzubringen. Gemäß *§ 320 Absatz 1 SolvV* sind derartige Verweise zulässig.

Übersicht der qualitativen Angabekategorien

Aufbauend auf der Darstellung der gesetzlichen Offenlegungsanforderungen in *Abschnitt 3.1* zeigen die *Abbildungen 26* bis *28* eine themenorientierte Systematisierung und Bündelung der qualitativen Angabekategorien unter Benennung der jeweils relevanten handelsrechtlichen und aufsichtsrechtlichen Normen. An dieser Stelle werden auch erste Vorschläge zur Platzierung der Angaben innerhalb der Risikoberichte unterbreitet, die im Rahmen der Konzeption und Umsetzung eines Muster-Risikoberichts aufgegriffen werden.[137]

---

136 Hinsichtlich der Angaben zum Risikomanagementsystem im Rahmen der regulatorischen Offenlegung entspricht diese Vorgehensweise der Intention des Verordnungsgebers. Vgl. dazu die *SolvV- Begründung*, S. 157, hinsichtlich *§ 322 SolvV*, und die *Fachgremium-Empfehlungen*, S. 9, bezüglich *Textziffer 824* der *Baseler* Offenlegungsanforderungen.

137 Vgl. *Abschnitt 4.3*.

Qualitative Angabekategorien	DRS 5-10 / IDW RH HFA 1.005 Tz. 33	IFRS 7	SolvV	Zentrale Platzierung: Generelles RMS [*]	RKM	KR	BR	MR	LR	OR	SR
Generelles Risikomanagementsystem											
Anwendungsbereich und Offenlegungsrichtlinie	DRS 5-10.4		§ 323 Abs. 1 Nm. 1, 2 und 4	X							
Definition der Risikoarten	DRS 5-10.9 DRS 5-10.10 DRS 5-10.24a DRS 5-10.30	(IFRS 7 Appendix A)		X							
Risikopolitik	DRS 5-10.17 IDW	IFRS 7.33b		X							
Grundlegende Zielsetzung und Organisation des Risikomanagements: Entscheidungsprozesse, Funktionstrennung und Unabhängigkeit des Überwachungssystems, Zuständigkeiten, Koordination und Integration der Einzelrisiken	DRS 5-10.4 DRS 5-10.5 DRS 5-10.11 DRS 5-10.17 DRS 5-10.19 DRS 5-10.24c DRS 5-10.40 DRS 5-10.42	IFRS 7.33b-c IFRS 7.IG15b(I)	§ 322 Nr. 2	X	(X)	(X)	(X)	(X)	(X)	(X)	(X)
Art und Umfang des internen Risikoberichtswesens	DRS 5-10.5 DRS 5-10.18	IFRS 7.IG15b(II)	§ 322 Nr. 3	X	(X)	(X)	(X)	(X)	(X)	(X)	(X)
Grundlegende Vorgehensweise zur Messung, Limitierung und Absicherung von Risiken	DRS 5-10.4 DRS 5-10.5 DRS 5-10.18 DRS 5-10.22 DRS 5-10.25 DRS 5-10.26 IDW	IFRS 7.33b IFRS 7.IG15b(III)	§ 322 Nr. 4 § 326 Abs. 1 Nr. 3 § 336 Nr. 1e	X		(X)	(X)	(X)	(X)	(X)	
Interne Kapitalallokation zur Limitierung von Kontrahentenrisiken			§ 326 Abs. 1 Nr. 1		X						
Sicherung der Wirksamkeit des Risikomanagementsystems und der Sicherungsbeziehungen	DRS 5-10.5 DRS 5-10.18	IFRS 7.33b-c IFRS 7.IG15b(IV)	§ 322 Nr. 4	X							
Behandlung von Risikokonzentrationen	DRS 5-10.5 DRS 5-10.29	IFRS 7.B8 IFRS 7.IG15c IFRS 7.IG18	§ 326 Abs. 1 Nr. 3 § 336 Nr. 1e	X		X	(X)	(X)	(X)	(X)	(X)
Grenzen der Messkonzepte	(DRS 5-10.25)	IFRS 7.41b		( )				X			
Veränderungen des Risikomanagementsystems im Berichtszeitraum	DRS 5-10.13	IAS 1.135c IFRS 7.33c IFRS 7.40c IFRS 7.IG17		X	X	X	X	X	X	X	X
Eingeleitete oder geplante Änderungen des Risikomanagementsystems	DRS 5-10.11 DRS 5-10.20			X	( )	( )	( )	( )	( )	( )	( )
Risikokapitalmanagement											
Grundlagen des ökonomischen Risikokapitalmanagements: Ziele, Prozesse, Berichtswesen	DRS 5-10.17 DRS 5-10.18	IAS 1.134 IAS 1.135a		X							
Methoden des ökonomischen Risikokapitalmanagements		IAS 1.134		X							
Prozesse des ökonomischen Risikokapitalmanagements	DRS 5-10.18	IAS 1.134		X							
Modellannahmen und Verfahrensprämissen bei Stresstests	DRS 5-10.25	(IAS 1.134)		X							
Veränderungen des ökonomischen Risikokapitalmanagements (ex post / ex ante)	DRS 5-10.13	IAS 1.135c		X							
Einschränkungen bei der Übertragung von aufsichtsrechtlichen Eigenmitteln			§ 323 Abs. 1 Nr. 3	X							
Beschreibung der aufsichtsrechtlichen Eigenmittelinstrumente			§ 324 Abs. 1	X							
Erläuterung der Kapitaladäquanz		IAS 1.135d-e	§ 325 Abs. 1	X							

*) X = Pflichtangabe; (X) = Ergänzung einer Pflichtangabe; ( ) = empfohlene freiwillige Angabe

Abbildung 26: Qualitative Angabekategorien zum generellen Risikomanagementsystem und zum Risikokapitalmanagement

Qualitative Angabekategorien	DRS 5-10 / IDW	IFRS 7	SolvV	Zentrale Platzierung: Generelles RMS *)	Dezentrale Platzierung *)						
					RKM	KR	BR	MR	LR	OR	SR
Risikosteuerung											
Ursachen der Risiken		IFRS 7.33b IFRS 7.IG15a		X							
Ziele und Strategien der Risikosteuerung		IFRS 7.33b	§ 322 Nr. 1	X		X	X	X	X	X	X
Einsatz der Risikosteuerungssysteme	DRS 5-10.5			X		X	X	X	X	X	X
Spezifische Angaben zur Zielsetzung von Beteiligungsengagements			§ 332 Nr. 1					X			
Allgemeine Angaben zu Verbriefungsaktivitäten			§ 334 Abs. 1 Nm. 1-3					X			
Behandlung übernommener Sicherheiten		IFRS 7.38b				X					
Konsequenzen des erhöhten Sicherheitenbetrags für das Kreditinstitut, der aufgrund einer Herabstufung seines Ratings bereitzustellen ist			§ 326 Abs. 1 Nr. 4			X					
Steuerung von Liquiditätsrisiken	DRS 5-10.32	IFRS 7.39b							X		
Steuerung von operationellen Risiken	DRS 5-10.38 DRS 5-10.39 DRS 5-10.40									X	
Methoden der Risikoquantifizierung											
Verfahren der Risikoquantifizierung	DRS 5-10.24b DRS 5-10.35 DRS 5-10.42	IFRS 7.33b IFRS 7.41a IFRS 7.IG15b(II)				X	X	X	X	X	X
Modellannahmen und Verfahrensprämissen	DRS 5-10.25 DRS 5-10.37 DRS 5-10.42	IFRS 7.41a				X	X	X	X	X	X
Behandlung von Korrelationen von Marktpreis- und Kontrahentenrisiken			§ 326 Abs. 1 Nr. 3			X					
Verfahren zur Bestimmung der risikogewichteten Positionswerte von Verbriefungen			S 334 Abs. 1 Nr. 4			X					
Eigenschaften der aufsichtsrechtlich anerkannten internen Marktpreisrisikomodelle, Stresstestverfahren und Verfahren zur Modellvalidierung sowie Methodik zur Erfüllung von § 1a Abs. 8 KWG)			§ 330 Abs. 2					X			
Quantifizierungsverfahren des Zinsänderungsrisikos	DRS 5-10.24b DRS 5-10.35	IFRS 7.33b IFRS 7.41a	S 333 Abs. 1					X			
Nennung des Verfahrens zur Bestimmung des Anrechnungsbetrags für das operationelle Risiko			S 331 Abs. 1							X	
Beschreibung des fortgeschrittenen Messansatzes zur Bestimmung des Anrechnungsbetrags für das operationelle Risiko			§ 331 Abs. 2							X	

*) X = Pflichtangabe; (X) = Ergänzung einer Pflichtangabe; ( ) = empfohlene freiwillige Angabe

Abbildung 27: Qualitative Angabekategorien zur Risikosteuerung und zu den Methoden der Risikoquantifizierung

Qualitative Angabekategorien	DRS 5-10 / IDW	IFRS 7	SolvV	Zentrale Platzierung: Generelles RMS *)	Dezentrale Platzierung *)						
					RKM	KR	BR	MR	LR	OR	SR
Ratingverfahren											
KSA-Ratingverfahren											
Namen der nominierten Ratingagenturen und Zuordnung zu den KSA-Forderungsklassen	DRS 5-10.28b	IFRS 7.IG24	§ 328 Abs. 1 Nrn. 1 und 2			X					
Übertragung von Bonitätsbeurteilungen von Emissionen auf Forderungen	DRS 5-10.28b	IFRS 7.IG24	§ 328 Abs. 1 Nr. 3			X					
IRB-Ratingverfahren											
Durch die BaFin zugelassene IRB-Verfahren	DRS 5-10.28b	IFRS 7.IG25	§ 335 Abs. 1 Nr. 1			X					
Durch die BaFin genehmigte Übergangsregelungen bei IRB-Verfahren ("Partial use")	DRS 5-10.28b	IFRS 7.IG25	§ 335 Abs. 1 Nr. 1			X					
Beschreibung der internen Ratingsysteme	DRS 5-10.28b	IFRS 7.IG25	§ 335 Abs. 1 Nr. 2a			X					
Nutzung der internen Schätzungen zu anderen Zwecken als der Ermittlung der risikogewichteten Positionswerte nach IRBA	DRS 5-10.28b	IFRS 7.IG25	§ 335 Abs. 1 Nr. 2b			X					
Kontrollmechanismen für die IRB-Ratingsysteme	DRS 5-10.28b	IFRS 7.IG25	§ 335 Abs. 1 Nr. 2d			X					
Prozess der Zuordnung von Positionen oder Schuldnern zu Ratingklassen oder Risikopools	DRS 5-10.28b	IFRS 7.IG25	§ 335 Abs. 1 Nr. 3			X					
Sonstige Angaben zu Ratingverfahren											
Namen der bei Verbriefungen eingesetzten Ratingagenturen und die Arten der verbrieften Forderungen, für die die jeweilige Agentur verwendet wurde			§ 334 Abs. 1 Nr. 6			X					
Risikominderung											
Strategie und Verfahren der Verwaltung sowie der Bewertung und des Managements von Kreditsicherheiten		IFRS 7.36b IFRS 7.IG22a	§ 322 Nr. 1 § 336 Nr. 1b			X					
Strategie der Bewertung und des Managements von Nettingvereinbarungen und von Kreditderivaten		IFRS 7.36b IFRS 7.IG22a	§ 322 Nr. 1 § 336 Nr. 1a			X					
Genereller Prozess bei dem Einsatz von Risikominderungsinstrumenten		IFRS 7.36b IFRS 7.IG22a	§ 322 Nr. 1 § 336 Nr. 1a			X					
Verfahren zur Hereinnahme von Sicherheiten für Handelsgeschäfte (Collaterals)		IFRS 7.33 IFRS 7.IG15b(III)	§ 326 Abs. 1 Nr. 2			X					
Verfahren und Prozesse zur Überwachung der fortlaufenden Effektivität von Sicherungsbeziehungen oder risikoreduzierender Maßnahmen		IFRS 7.33 IFRS 7.IG15b(IV)	§ 322 Nr. 4			X					
Beschreibung der Kreditsicherheiten		IFRS 7.36b IFRS 7.IG22b	§ 336 Nr. 1c			X					
Haupttypen von Garantiegebern und Gegenparteien bei Kreditderivaten und ihre Bonität		IFRS 7.36b IFRS 7.IG22c	§ 336 Nr. 1d			X					
Verfahren der Bewertung und des Managements von Kreditsicherheiten	DRS 5-10.28b	IFRS 7.36b IFRS 7.IG22a	§ 336 Nr. 1b			X					
Verfahren der Bewertung und des Managements von Nettingvereinbarungen und von Kreditderivaten		IFRS 7.36b IFRS 7.IG22a	§ 336 Nr. 1a			X					
Risikokonzentrationen innerhalb der verwendeten Sicherungsinstrumente		IFRS 7.36b IFRS 7.IG22d	§ 336 Nr. 1e			X					
Rechnungslegungsbezogene Tatbstände											
Methoden der Risikovorsorgebildung	DRS 5-10.28c		§ 326 Abs. 1 Nr. 2 § 327 Abs. 1	X							
Bilanzierungs- und Bewertungsmethoden für Verbriefungen			§ 334 Abs. 1 Nr. 5	X							
Bewertungs- und Rechnungslegungsgrundsätze von Beteiligungen			§ 332 Nr. 1				X				

*) X = Pflichtangabe; (X) = Ergänzung einer Pflichtangabe; ( ) = empfohlene freiwillige Angabe

Abbildung 28: Qualitative Angabekategorien zu Ratingverfahren, zur Risikominderung und zu rechnungslegungsbezogenen Tatbeständen

4.2.4.3 Quantitative Angabekategorien und Tabellenlayouts

4.2.4.3.1 Quantitative Angabekategorien

Die quantitativen Datenkategorien beinhalten das Zahlenwerk in Form von Tabellen, Diagrammen und Fließtext. Dabei sind volumenorientierte Stichtagsdaten (Kreditvolumen, Beteiligungsvolumen, Refinanzierung) von zukunftsgerichteten Risikowerten (Risikokapital, *Value-at-Risk*) zu unterscheiden. Darüber hinaus erfolgt ein Vorperiodenvergleich von Volumenwerten und von Risikowerten. Für Angaben, die in einem direkten Zusammenhang mit quantitativen Angaben zum Risiko stehen, sind sowohl Richtung und Ausmaß der Veränderungen im Zeitablauf zu beschreiben als auch die Ursachen für Veränderungen zu nennen.

Die Verwendung von Tabellen ist vor allem bei komplexen Darstellungen mit mehr als zwei Angabekategorien zu empfehlen. Dagegen können Diagramme eingesetzt werden, wenn nur zwei Merkmale darzustellen sind. Diagramme haben den Vorteil, dass sich dem Leser die Zusammenhänge des offen gelegten Zahlenmaterials intuitiv erschließen. Die Anwendung von Balkendiagrammen empfiehlt sich bei stichtagsbezogenen Angaben, während für die Darstellung von Zeitreihen Liniendiagramme die geeignete Darstellungsform sind.

Die Wahl der Darstellungsform ist nicht zuletzt abhängig von Umfang und Materialität der Angaben. Bei wenigen Zahlenangaben ist die Einbindung der Werte in die verbalen Ausführungen des Risikoberichts zu empfehlen. Auch kann es zur Wahrung der Verhältnismäßigkeit der Darstellung angezeigt sein, quantitative Angaben, die zur vollumfänglichen Umsetzung der zugrunde liegenden Anforderung in tabellarischer Form offen gelegt werden, im Rahmen eines Fliesstexts zu berichten, wenn in der Tabellendarstellung nur wenige Felder gefüllt werden würden. Aufgrund der meist komplexen Angabepflichten wird das Zahlenwerk in den Risikoberichten überwiegend in Tabellenform dargestellt.

Abbildung 29 zeigt die Systematisierung der quantitativen Angaben und den Bezug zu den handelsrechtlichen und aufsichtsrechtlichen Normen.

Risikokapitalmanagement

Quantitative Angabekategorien [1]	DRS 5-10 / IDW RH HFA 1.005.36-37	IAS/IFRS	SolV
Risikodeckungsmasse	DRS 5-10.24b, DRS 5-10.25	IAS 1.135b, IAS 1.135c	
Komponenten des aufsichtsrechtlichen Eigenkapitals			§ 324 Abs. 2
Verlustobergrenzen und Risikokapitalbedarf	DRS 5-10.24b, DRS 5-10.25, DRS 5-10.43		
Aufsichtsrechtliche Kapitalanforderungen			§ 325 Abs. 2
Aufsichtsrechtliche Kapitalquoten		IAS 1.135d	§ 325 Abs. 2
Stresstestergebnisse	DRS 5-10.25, DRS 5-10.26		

Kreditrisiko

Quantitative Angabekategorien [1]	DRS 5-10 / IDW RH HFA 1.005.36-37	IAS/IFRS	SolV
Maximales Kreditvolumen	DRS 5-10.24b, DRS 5-10.25, DRS 5-10.28a	IFRS 7.31, IFRS 7.36a	§ 327 Abs. 2
Kreditrisikokonzentrationen	DRS 5-10.24b, DRS 5-10.25, DRS 5-10.27, DRS 5-10.29, IDW	IFRS 7.31, IFRS 7.B8, IFRS 7.34c	§ 327 Abs. 2
Altersstruktur des Kreditportfolios	(DRS 5-10.24b), (DRS 5-10.25)	IFRS 7.31, IAS 7.37a, IFRS 7.34c	§ 327 Abs. 2
Übernommene Sicherheiten		IFRS 7.31, IAS 7.38a, IFRS 7.34c	
Nachverhandeltes Kreditvolumen		IFRS 7.31, IAS 7.36d, IFRS 7.34c	
Derivative Adressenausfallrisikopositionen	(DRS 5-10.24b), (DRS 5-10.25)	IFRS 7.31, IFRS 7.34c	§ 326 Abs. 2
Verbriefungsportfolio	(DRS 5-10.24b), (DRS 5-10.25)	IFRS 7.31, IFRS 7.34c	§ 332 Abs. 2

Kreditrisiko (Fortsetzung)

Quantitative Angabekategorien [1]	DRS 5-10 / IDW RH HFA 1.005.36-37	IAS/IFRS	SolV
Gesichertes Kreditvolumen	DRS 5-10.24b, DRS 5-10.25, DRS 5-10.28b	IFRS 7.31, IAS 7.36b, IAS 7.37c, IFRS 7.34c	§ 336 Abs. 2
Qualität des Kreditportfolios	DRS 5-10.24b, DRS 5-10.25, DRS 5-10.29	IFRS 7.31, IAS 7.36c, IFRS 7.37b, IFRS 7.34c	§ 328 Abs. 2, § 335 Abs. 2
Leistungsgestörtes Kreditportfolio		IFRS 7.37a-c, IFRS 7.34c	§ 327 Abs. 2
Risikovorsorge und Verluste im Kreditgeschäft	DRS 5-10.43	IFRS 7.31, IAS 7.16	§ 327 Abs. 2, § 334 Abs. 2, § 335 Abs. 2

Beteiligungsrisiko

	DRS 5-10 / IDW RH HFA 1.005.36-37	IAS/IFRS	SolV
Beteiligungsvolumen	DRS 5-10.24b, DRS 5-10.25, DRS 5-10.28a, DRS 5-10.29	IFRS 7.31-32, IFRS 7.34-35	§ 332 Abs. 2

Marktpreisrisiko

	DRS 5-10 / IDW RH HFA 1.005.36-37	IAS/IFRS	SolV
Value-at-Risk	DRS 5-10.24b, DRS 5-10.25, DRS 5-10.35	IFRS 7.31, IFRS 7.40, IFRS 7.34c	
Zinsänderungsrisiko	DRS 5-10.24b, DRS 5-10.25, DRS 5-10.33, DRS 5-10.35, IDW	IFRS 7.31, IFRS 7.40, IFRS 7.41, IFRS 7.34c	§ 333 Abs. 2
Stresstestergebnisse	DRS 5-10.24b, DRS 5-10.25, DRS 5-10.37	IFRS 7.31, IFRS 7.40	
Backtestingergebnisse	DRS 5-10.24b, DRS 5-10.25, DRS 5-10.37		

Liquiditätsrisiko

	DRS 5-10 / IDW RH HFA 1.005.36-37	IAS/IFRS	SolV
Liquiditätsüberschüsse	DRS 5-10.24b, DRS 5-10.25, IDW RH HFA 1.005.36-37	IFRS 7.31	
Refinanzierungsquellen	DRS 5-10.24b, DRS 5-10.25, DRS 5-10.31, IDW RH HFA 1.005.36-37	IFRS 7.31, IFRS 7.34c	

[1] () = mittelbare Anforderung

Abbildung 29: Quantitative Angabekategorien

4.2.4.3.2 Standardisierte Offenlegungsformate

Prinzip

Zur effizienten Umsetzung der quantitativen Offenlegungsanforderungen ist die Verwendung von standardisierten Offenlegungsformaten zielführend. Aufgrund der Standardisierung können die Anforderungen gebündelt und eindeutig benannt werden, was die interne und externe Kommunikation erleichtert. Zudem wird so die Basis für eine effiziente *IT*-Umsetzung geschaffen – entweder in Form individueller *Inhouse*-Lösungen oder als marktgängige Standardsoftware.

System der Offenlegungsformate

In den nachfolgenden Übersichten werden die aus den gesetzlichen Anforderungen abgeleiteten Offenlegungsformate aufgeführt. Die Präfixe „HR" und „AR" in den Formatbezeichnungen kennzeichnen die Zugehörigkeit zu den handelsrechtlichen bzw. den aufsichtsrechtlichen Risikoberichten. Die Abkürzungen „RKM", „KR", „BR", „MR" und „LR" bezeichnen das Risikoberichtskapitel, dem die Offenlegungsformate zugeordnet sind. Sofern aufsichtsrechtliche Offenlegungsanforderungen durch handelsrechtliche Formate abgedeckt werden, ist das abgebende aufsichtsrechtliche Format mit einem aufwärts gerichteten Pfeil (↑) gekennzeichnet. Bei den aufsichtsrechtlichen Formaten wird das aufnehmende handelsrechtliche Format mit einem Rechtspfeil (→) markiert. Auf diese Weise werden die inhaltlichen Synergiepotenziale zwischen den Regelungsbereichen bereits an dieser Stelle ersichtlich, bevor sie in *Abschnitt 4.4* (*Offenlegungsinhalte*) aufgegriffen und in schließlich *Abschnitt 5* (*Synergiepotenziale*) dezidiert erläutert werden.

Für jedes Format werden die zugrunde liegenden gesetzlichen Anforderungen aufgeführt. Bezüglich des Konsolidierungskreises, der Darstellungsform der Angaben und der Berechnungsmethode ist jeweils gekennzeichnet, welchem grundsätzlichen Ansatz zu folgen ist – *Management Approach, Regulatory Approach* oder *Balance Sheet Approach*. Angaben zum Offenlegungsturnus[138] schließen die handelsrechtliche Übersicht ab.[139] Vorschläge zur Gestaltung der Tabellen- und Diagrammlayouts werden in *Abschnitt 4.4* unterbreitet.

---

138 Der Offenlegungsturnus wird in *Abschnitt 4.5* erläutert.

139 Eine Differenzierung des Offenlegungsturnus ist für die quantitativen Angaben in den aufsichtsrechtlichen nicht erforderlich, da bei allen jährlich zu publizierenden Formaten auch die halbjährliche Offenlegung empfohlen wird.

Offenlegungsformate für quantitative handelsrechtliche Angaben

[➔ Gestaltungsprinzip 13]

In Ermangelung von Gestaltungsempfehlungen der Standardsetzer zur Darstellung der quantitativen handelsrechtlichen Angaben ist die Entwicklung institutsspezifischer Offenlegungsformate für die Risikolageberichte erforderlich. Die *Abbildungen 30* bis *32* geben einen Überblick der empfohlenen Formate.

Bezeichnung	Kurzbeschreibung	Anforderungen	Format	Konsolidierungskreis			Darstellungsform			Methode			Offenlegungsturnus	
				MA	RA	BSA	MA	RA	BSA	MA	RA	BSA	jährlich	halbjährlich
Risikokapitalmanagement														
HR-RKM-1	Komponenten der Risikodeckungsmasse	- IAS 1.135b - IAS 1.135c	Tabelle	X				X			X		X	X
HR-RKM-2	Verlustobergrenzen und Risikokapitalbedarf	- DRS 5-10.24b - DRS 5-10.43	Tabelle	X				X			X		X	
HR-RKM-3	Ergebnisse der Stresstests	- DRS 5-10.26 - IFRS 7.40a; 41	Fliess-text	X				X			X		X	
HR-RKM-4	Eigenkapitalquoten der Instituts-gruppe (gemäß AR-RKM-3f)	- IAS 1.135d	Fliess-text		X			X			X		X	
Kreditrisiko														
HR-KR-1	Überleitung des Kreditvolumens zum Konzernabschluss	- DRS 15.18 - IFRS 7.6	Tabelle	X		X	X		X	X		X	X	
HR-KR-2a	Kreditrisikokonzentration nach Branchen	- DRS 5-10.27-29 - IDW RH HFA 1.005.36-37 - IFRS 7.36a - IFRS 7.B7-B10 - IFRS 7.BC47-50 - IFRS 7.IG18 und IG19	Tabelle	X				X			X		X	X
↑ AR-KR-4d	Bruttokreditvolumen nach Hauptbranchen und Forderungsarten	↑ § 327 Abs. 2 Nrn. 1 und 2 SolvV												
HR-KR-2b	Kreditrisikokonzentration nach Ländergruppen	- DRS 5-10.27-29 - IDW RH HFA 1.005.36-37 - IFRS 7.36a - IFRS 7.B7-B10 - IFRS 7.BC47-50 - IFRS 7.IG18 und IG19	Tabelle	X				X			X		X	X
↑ AR-KR-4bc	Bruttokreditvolumen nach geografischen Hauptgebieten und Forderungsarten	↑ § 327 Abs. 2 Nr. 3 SolvV												
HR-KR-3	Kreditrisikokonzentrationen nach Restlaufzeiten	- DRS 5-10.27-29	Tabelle	X				X			X		X	X
↑ AR-KR-4e	Vertragliche Restlaufzeiten	↑ § 327 Abs. 2 Nr. 3 SolvV												
HR-KR-4	Übernommene Sicherheiten	- IFRS 7.38a	Tabelle	X					X			X	X	
HR-KR-5	Nachverhandeltes Kreditvolumen	- IFRS 7.36d	Fliess-text	X				X			X		X	
HR-KR-6	Gesichertes Kreditvolumen nach Sicherheitenarten	- DRS 5-10.28a - IFRS 7.36b	Tabelle	X				X			X		X	X
HR-KR-7	Bonitätsstruktur des Kreditportfolios	- DRS 5-10.27-29	Dia-gramm	X				X			X		X	X
HR-KR-8a	Kreditvolumen im weder wertgeminderten noch überfälligen Portfolio nach Ratingklassen und Branchen	- IFRS 7.36c - IFRS 7.BC54 - IFRS 7.IG23-25	Tabelle	X				X			X		X	X
HR-KR-8b	Kreditvolumen im weder wertgeminderten noch überfälligen Portfolio nach Ratingklassen und Ländergruppen	- IFRS 7.36c - IFRS 7.BC54 - IFRS 7.IG23-25	Tabelle	X				X			X		X	X

↑ Verweis von anderer Anforderung   → Verweis auf andere Anforderung

Abbildung 30: Offenlegungsformate der quantitativen handelsrechtlichen Risikoberichterstattung - Risikokapitalmanagement und Kreditrisiko (Teil 1)

Bezeichnung	Kurzbeschreibung	Anforderungen	Format	Konsolidierungskreis			Darstellungsform			Methode			Offenlegungsturnus	
				MA	RA	BSA	MA	RA	BSA	MA	RA	BSA	jährlich	halbjährlich
Kreditrisiko														
HR-KR-9a	Überfälliges, nicht wertgemindertes Kreditvolumen und Sicherheiten nach Branchen	- IFRS 7.37a und c - IFRS 7.BC51-BC53 und BC55a - IFRS 7.IG26-IG28	Tabelle	X			X			X			x	x
↑ AR-KR-4f	↑ Notleidende und in Verzug geratene Kredite nach Hauptbranche	↑ § 327 Abs. 2 Nr. 4 SolvV												
↑ AR-KR-4h	↑ Entwicklung der Risikovorsorge	§ 327 Abs. 2 Nr. 5 SolvV												
HR-KR-9b	Überfälliges, nicht wertgemindertes Kreditvolumen und Sicherheiten nach Ländergruppen	- IFRS 7.37a und c - IFRS 7.BC51-BC53 und BC55a - IFRS 7.IG26-IG28	Tabelle	X			X			X			x	x
↑ AR-KR-4g	↑ Notleidende und in Verzug geratene Kredite nach geografischen Hauptgebieten	↑ § 327 Abs. 2 Nr. 4 SolvV												
↑ AR-KR-4h	↑ Entwicklung der Risikovorsorge	§ 327 Abs. 2 Nr. 5 SolvV												
HR-KR-10a	Kreditvolumen und Sicherheiten im einzelwertgeminderten Portfolio nach Branchen	- IFRS 7.37b und c - IFRS 7.BC51-BC53 und BC55b - IFRS 7.IG29	Tabelle	X			X			X			X	X
↑ AR-KR-4f	↑ Notleidende und in Verzug geratene Kredite nach Hauptbranche	↑ § 327 Abs. 2 Nr. 4 SolvV												
↑ AR-KR-4h	↑ Entwicklung der Risikovorsorge	§ 327 Abs. 2 Nr. 5 SolvV												
HR-KR-10b	Kreditvolumen und Sicherheiten im einzelwertgeminderten Portfolio nach Ländergruppen	- IFRS 7.37b und c - IFRS 7.BC51-BC53 und BC55b - IFRS 7.IG29	Tabelle	X			X			X			X	X
↑ AR-KR-4g	↑ Notleidende und in Verzug geratene Kredite nach geografischen Hauptgebieten	§ 327 Abs. 2 Nr. 4 SolvV												
↑ AR-KR-4h	↑ Entwicklung der Risikovorsorge	§ 327 Abs. 2 Nr. 5 SolvV												
HR-KR-11a	Wertberichtigungen nach Branchen	- DRS 5-10.43 - IFRS 7.16 - IFRS 7.B1-B3 und B5d - IFRS 7.BC26-B27 - IFRS 7.IG5-IG6	Tabelle	X			X		X		X		X	X
↑ AR-KR-4f	↑ Notleidende und in Verzug geratene Kredite nach Hauptbranche	§ 327 Abs. 2 Nr. 4 SolvV												
↑ AR-KR-4h	↑ Entwicklung der Risikovorsorge	§ 327 Abs. 2 Nr. 5 SolvV												
HR-KR-11b	Wertberichtigungen nach Ländergruppen	- DRS 5-10.43 - IFRS 7.16 - IFRS 7.B1-B3 und B5d - IFRS 7.BC26-B27 - IFRS 7.IG5-IG6	Tabelle	X			X		X		X		X	X
↑ AR-KR-4g	↑ Notleidende und in Verzug geratene Kredite nach geografischen Hauptgebieten	§ 327 Abs. 2 Nr. 4 SolvV												
↑ AR-KR-4h	↑ Entwicklung der Risikovorsorge	§ 327 Abs. 2 Nr. 5 SolvV												

↑ Verweis von anderer Anforderung   → Verweis auf andere Anforderung

Abbildung 31: Offenlegungsformate der quantitativen handelsrechtlichen Risikoberichterstattung – Kreditrisiko (Teil 2)

Bezeichnung	Kurzbeschreibung	Anforderungen	Format	Konsolidierungskreis			Darstellungsform			Methode			Offenlegungsturnus	
				MA	RA	BSA	MA	RA	BSA	MA	RA	BSA	jährlich	halbjährlich
HR-KR-12a	Rückstellungen für Kreditzusagen sowie Verbindlichkeiten aus Finanzgarantien und Kreditzusagen nach Branchen	§ 327 Abs. 2 Nrn. 4 und 5 SolvV	Tabelle	X			X		X	X			X	X
↑ AR-KR-4f	↑ Notleidende und in Verzug geratene Kredite nach Hauptbranche													
↑ AR-KR-4h	↑ Entwicklung der Risikovorsorge													
HR-KR-12b	Rückstellungen für Kreditzusagen sowie Verbindlichkeiten aus Finanzgarantien und Kreditzusagen nach	§ 327 Abs. 2 Nrn. 4 und 5 SolvV	Tabelle	X			X		X	X			X	X
↑ AR-KR-4g	↑ Notleidende und in Verzug geratene Kredite nach geografischen Hauptgebieten													
↑ AR-KR-4h	↑ Entwicklung der Risikovorsorge													
Beteiligungsrisiko														
HR-BR-1a	Volumen nicht konsolidierter Beteiligungen nach Branchen	- DRS 5-10.27-29 - IFRS 7.31-32 - IFRS 7.34-35	Tabelle	X			X			X			X	X
HR-BR-1b	Volumen nicht konsolidierter Beteiligungen nach Ländergruppen	- DRS 5-10.27-29 - IFRS 7.31-32 - IFRS 7.34-35	Tabelle	X			X			X			X	X
Marktpreisrisiko														
HR-MR-1	Value-at-Risk des Gesamtportfolios	- DRS 5-10.33-36 - IDW RH HFA 1.005.36-37 - FRS 7.40-41 - IFRS 7.B17-B28 - IFRS 7.BC59-BC64 - IFRS 7.IG32-IG36	Tabelle	X			X			X			X	X
↑ AR-MR-14b	↑ Zinsänderungsrisiken im Anlagebuch	↑ § 333 Abs. 2 SolvV												
HR-MR-2	Value-at-Risk der Handelsportfolios	- DRS 5-10.33-36 - IDW RH HFA 1.005.36-37 - IFRS 7.40-41 - IFRS 7.B17-B28 - IFRS 7.BC59-BC64 - IFRS 7.IG32-IG36	Diagramm	X			X			X			X	X
HR-MR-3	Ergebnisse des Backtesting der Handelsbereiche	DRS 5-10.37	Fliesstext	X			X			X			X	X
Liquiditätsrisiko														
HR-LR-1	Liquiditätsüberschüsse bis 1 Jahr	- DRS 5-10.31 - IDW RH HFA 1.005.36-37	Tabelle	X			X			X			X	X
HR-LR-2	Long-term Ratio	- DRS 5-10.31 - IDW RH HFA 1.005.36-37	Fliesstext	X			X			X			X	X
HR-LR-3	Unbesicherte kurz- und mittelfristige Refinanzierung	- DRS 5-10.31 - IDW RH HFA 1.005.36-37	Tabelle	X			X			X			X	X

↑ Verweis von anderer Anforderung   → Verweis auf andere Anforderung

Abbildung 32: Offenlegungsformate der quantitativen handelsrechtlichen Risikoberichterstattung – Beteiligungsrisiko, Marktpreisrisiko und Liquiditätsrisiko

Offenlegungsformate für quantitative aufsichtsrechtliche Angaben

[➔ Entscheidungstatbestand 10]

Vorschläge zur Umsetzung der quantitativen aufsichtsrechtlichen Angaben liegen in Form der Anwendungsbeispiele des *Fachgremiums*[140] vom November 2006 vor, deren Anwendung von der deutschen Bankenaufsicht zur Umsetzung der quantitativen *Säule 3*-Offenlegung empfohlen wird.[141] Die Anwendungsbeispiele sind der Entwicklung institutsspezifischer Tabellenlayouts vorzuziehen, um die Voraussetzung für eine branchenweite Vergleichbarkeit des offen gelegten regulatorischen Zahlenwerks zu schaffen. Aufgrund ihres Empfehlungscharakters ist eine flexible Auslegung durch die einzelnen Institute in Abhängigkeit von Geschäftsmodell, Risikoprofil und Materialität möglich. Grundlage für die Tabellenformate ist die *Baseler Säule 3*. Damit sind die deutschen Anwendungsbeispiele auch für die Offenlegung auf europäischer und auf internationaler Ebene geeignet. Etablierte Standardsoftware baut auf den Anwendungsbeispielen auf. Die *Abbildungen 33* bis *36* zeigen die Anwendungsbeispiele im Überblick.

---

140 Empfehlungen zu qualitativen Offenlegungsanforderungen hat das *Fachgremium* nicht ausgearbeitet, da diese aufgrund institutsindividueller Besonderheiten nicht hinreichend standardisierbar sind.

141 Der *Deutsche Genossenschafts- und Raiffeisenverband e.V. (DGRV)* hat für die *Volksbanken und Raiffeisenbanken* Umsetzungsempfehlungen in Form eines „Muster-Solvabilitätsberichts" entwickelt, die auf den Anwendungsbeispielen des *Fachgremiums* aufbauen und die Besonderheiten der genossenschaftlichen Institute berücksichtigen. Vgl. dazu *Weller, H. / Hoffmann, J.-A. (2008).*

Bezeichnung	Kurzbeschreibung	Anforderungen	Format	Konsolidierungskreis			Darstellungsform			Methode		
				MA	RA	BSA	MA	RA	BSA	MA	RA	BSA
Risikokapitalmanagement												
AR-RKM-1e	Gesamtbetrag der Kapitalunterdeckung aller Tochterunternehmen, die der Abzugsmethode unterliegen	§ 323 Abs. 2 SolvV	Fliesstext		X			X			X	
AR-RKM-2be	Eigenkapitalstruktur	§ 324 Abs. 2 SolvV	Tabelle		X			X			X	
AR-RKM-3be	Eigenkapitalanforderungen	§ 325 Abs. 2 SolvV	Tabelle		X			X			X	
↑ AR-MR-10b	Eigenkapitalanforderungen für Marktpreisrisiken nach der Standardmethode	↑ § 330 Abs. 1 SolvV										
AR-RKM-3f	Eigenkapitalquoten	§ 325 Abs. 2 SolvV	Tabelle		X			X			X	
Kreditrisiko: Bruttokreditvolumen und Risikovorsorge												
AR-KR-4bc	Bruttokreditvolumen nach geografischen Hauptgebieten und Forderungsarten	§ 327 Abs. 2 Nr. 3 SolvV	Tabelle	X			X			X		
→ HR-KR-2b	→ Kreditrisikokonzentration nach Ländergruppen	→ - DRS 5-10.27-29 - IDW RH HFA 1.005.36-37 - IFRS 7.36a - IFRS 7.B7-B10 - IFRS 7.BC47-50 - IFRS 7.IG18 und IG19										
AR-KR-4d	Bruttokreditvolumen nach Hauptbranchen und Forderungsarten	§ 327 Abs. 2 Nrn. 1 und 2 SolvV	Tabelle	X			X			X		
→ HR-KR-2a	→ Kreditrisikokonzentration nach Branchen	→ - DRS 5-10.27-29 - IDW RH HFA 1.005.36-37 - IFRS 7.36a - IFRS 7.B7-B10 - IFRS 7.BC47-50 - IFRS 7.IG18 und IG19										
AR-KR-4e	Vertragliche Restlaufzeiten	§ 327 Abs. 2 Nr. 3 SolvV	Tabelle	X			X			X		
→ HR-KR-3	→ Kreditrisikokonzentrationen nach Restlaufzeiten	→ - DRS 5-10.27-29										
Kreditrisiko: Leistungsgestörtes Kreditvolumen und Risikovorsorge												
AR-KR-4f	Notleidende und in Verzug geratene Kredite nach Hauptbranche	§ 327 Abs. 2 Nr. 4 SolvV										
→ HR-KR-9a	→ Überfälliges, nicht wertgemindertes Kreditvolumen und Sicherheiten nach Branchen	→ - IFRS 7.37a und c - IFRS 7.BC51-BC53 und BC55a - IFRS 7.IG26-IG28										
→ HR-KR-10a	→ Kreditvolumen und Sicherheiten im einzelwertgeminderten Portfolio nach Branchen	→ - IFRS 7.37b und c - IFRS 7.BC51-BC53 und BC55b - IFRS 7.IG29	Tabelle	X			X		X	X		X
→ HR-KR-11a	→ Wertberichtigungen nach Branchen	→ - DRS 5-10.43 - IFRS 7.16 - IFRS 7.B1-B3 und B5d - IFRS 7.BC26-B27										
→ HR-KR-12a	→ Rückstellungen für Kreditzusagen sowie Verbindlichkeiten aus Finanzgarantien und Kreditzusagen nach Branchen											

↑ Verweis von anderer Anforderung   → Verweis auf andere Anforderung

Abbildung 33: Offenlegungsformate der quantitativen aufsichtsrechtlichen Risikoberichterstattung – Risikokapitalmanagement und Kreditrisiko (Teil 1)

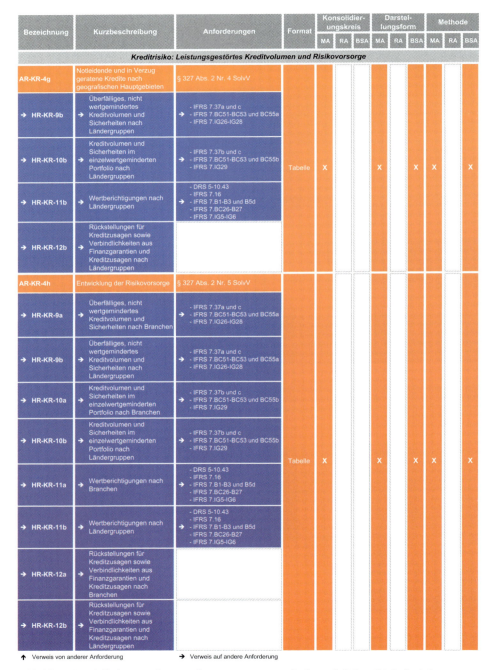

*Abbildung 34: Offenlegungsformate der quantitativen aufsichtsrechtlichen Risikoberichterstattung –
Kreditrisiko (Teil 2)*

Bezeichnung	Kurzbeschreibung	Anforderungen	Format	Konsolidierungskreis			Darstellungsform			Methode		
				MA	RA	BSA	MA	RA	BSA	MA	RA	BSA
Kreditrisiko: Positionswerte im Kreditrisiko-Standardansatz												
AR-KR-5b(I)	Positionswerte des KSA sowie der Positionswerte für Beteiligungen und grundpfandrechtlich besicherte Positionen, die der einfachen Risikogewichtsmethode unterliegen	§ 328 Abs. 2 SolvV	Tabelle	X				X			X	
AR-KR-5b(II)	Positionswerte für Spezialfinanzierungen, die der einfachen Risikogewichtungsmethode unterliegen	§ 329 Abs. 2 SolvV	Tabelle	X				X			X	
Kreditrisiko: Positionswerte im IRB-Ansatz												
AR-KR-6d(I)	Kreditvolumen nach PD-Klassen (ohne Retail) im IRB-Ansatz	§ 335 Abs. 2 Nrn. 1, 2a und 2c SolvV	Tabelle	X				X			X	
AR-KR-6d(II)	Kreditvolumen nach PD-Klassen (ohne Retail) im fortgeschrittenen-IRB-Ansatz	§ 335 Abs. 2 Nrn. 1 und 2 SolvV	Tabelle	X				X			X	
AR-KR-6d(IV)	Inanspruchnahmen und Kreditzusagen für Retailportfolios – EL-bezogener Retail-IRB-Ansatz	§ 335 Abs. 2 Nrn. 2 und 3	Tabelle	X				X			X	
AR-KR-6e	Tatsächliche Verluste im Kreditgeschäft	§ 335 Abs. 2 Nrn. 4 und 5 SolvV	Tabelle	X				X			X	
AR-KR-6f	Verlustschätzungen und tatsächliche Verluste im Kreditgeschäft	§ 335 Abs. 2 Nr. 6 SolvV	Tabelle	X				X			X	
Kreditrisiko: Gesichertes Exposure												
AR-KR-7b	Gesichertes Exposures im Kreditrisiko-Standardansatz (ohne Verbriefungen)	§ 336 Nr. 2 SolvV	Tabelle	X				X			X	
AR-KR-7c	Gesichertes Exposures im IRB-Ansatz (ohne Verbriefungen)	§ 336 Nr. 2 SolvV	Tabelle	X				X			X	
Kreditrisiko: Derivative Adressenausfallrisikopositionen												
AR-KR-8b(I)	Derivative Adressenausfallrisikopositionen vor und nach Anrechnung von Aufrechnungsvereinbarungen und von Sicherheiten	§ 326 Abs. 2 Nr. 1 SolvV	Tabelle	X				X			X	
AR-KR-8b(II)	Anzurechnendes Kontrahentenausfallrisiko, bezogen auf derivative Ausfallrisikopositionen und differenziert nach dem genutzten Ansatz	§ 326 Abs. 2 Nr. 2 SolvV	Tabelle	X				X			X	
AR-KR-8b(III)	Nominalwert der aufsichtsrechtlich anrechenbaren Kreditderivate, die zur Besicherung von derivativen Adressenausfallrisikcpositionen genutzt werden	§ 326 Abs. 2 Nr. 3 SolvV	Tabelle	X				X			X	
AR-KR-8c	Nominalwert der Kreditderivate nach Nutzungsart	§ 326 Abs. 2 Nr. 4 SolvV	Tabelle	X				X			X	
AR-KR-8d	Geschätzter Alpha-Faktor	§ 326 Abs. 2 Nr. 5 SolvV	Fliesstext	X				X			X	

↑ Verweis von anderer Anforderung   → Verweis auf andere Anforderung

Abbildung 35: Offenlegungsformate der quantitativen aufsichtsrechtlichen Risikoberichterstattung – Kreditrisiko (Teil 3)

Bezeichnung	Kurzbeschreibung	Anforderungen	Format	Konsolidierungskreis			Darstellungsform			Methode		
				MA	RA	BSA	MA	RA	BSA	MA	RA	BSA
Kreditrisiko: Verbriefungen												
AR-KR-9d	Gesamtbetrag der verbrieften Forderungen	§ 334 Abs. 2 Nr. 1 SolvV	Tabelle	X				X				X
AR-KR-9e	Wertberichtigte und in Verzug befindliche verbriefte Forderungen sowie in der laufenden Periode realisierte Verluste	§ 334 Abs. 2 Nr. 2 SolvV	Tabelle	X				X				X
AR-KR-9f	Gesamtbetrag der zurückbehaltenen oder gekauften Verbriefungspositionen	§ 334 Abs. 2 Nr. 3 SolvV	Tabelle	X				X			X	
AR-KR-9gi(I)	Gesamtbetrag und Eigenkapitalanforderungen bei zurückbehaltenen oder gekauften Verbriefungspositionen nach Risikogewichtsbändern	§ 334 Abs. 2 Nr. 4 SolvV	Tabelle	X				X			X	
AR-KR-9hi(II)	Verbriefungen im Early Amortisation-Ansatz	§ 334 Abs. 2 Nr. 5 SolvV	Tabelle	X				X			X	
AR-KR-9j	Verbriefungsaktivitäten der Berichtsperiode	§ 334 Abs. 2 Nr. 6 SolvV	Tabelle	X				X			X	
Risiko aus Beteiligungsinstrumenten												
AR-BR-13bc	Wertansätze für Beteiligungsinstrumente	§ 332 Abs. 2 SolvV	Tabelle	X			X					X
AR-BR-13de	Realisierte und unrealisierte Gewinne bzw. Verluste aus Beteiligungsinstrumenten gemäß angewendetem Rechnungslegungsstandard	§ 332 Abs. 2 SolvV	Tabelle	X				X			X	X
Marktpreisrisiko												
AR-MR-14b	Zinsänderungsrisiken im Anlagebuch	§ 333 Abs. 2 SolvV										
→ HR-MR-1	→ Value-at-Risk des Gesamtportfolios	→ - DRS 5-10.33-36 - IDW RH HFA 1.005.36-37 - IFRS 7.40-41 - IFRS 7.B17-B28 - IFRS 7.BC59-BC64 - IFRS 7.IG32-IG36	Tabelle	X			X			X		

↑ Verweis von anderer Anforderung   → Verweis auf andere Anforderung

Abbildung 36: Offenlegungsformate der quantitativen aufsichtsrechtlichen Risikoberichterstattung – Kreditrisiko (Teil 4), Risiko aus Beteiligungsinstrumenten und Marktpreisrisiko

4.2.5 Klassenbildung in der externen Risikoberichterstattung

[→ Gestaltungsprinzip 14]

Klassenbildung in der handelsrechtlichen Risikoberichterstattung

Die Offenlegung hat gemäß *IFRS 7.6* nach Klassen zu erfolgen. Dabei gilt der Grundsatz, dass die Klassenbildung der Natur der offen gelegten Informationen zu entsprechen hat.[142] *IDW ERS HFA 24* greift in *Textziffer 8* diesen Grundsatz auf und konkretisiert ihn dahingehend, dass die Gestaltung der Klassen unternehmensspezifisch zu erfolgen hat. Darüber hinaus ist gemäß dieser *IDW*-Stellungnahme zur Rechnungslegung eine unterschiedliche Klassenabgrenzung für die einzelnen Angabepflichten von *IFRS 7* zulässig, *„ (...) da die unternehmensspezifische Klassenbildung dem Wesen der geforderten Angaben gerecht werden und die Charakteristika der Finanzinstrumente berücksichtigen muss"*.

Vor diesem Hintergrund ist zur Erfüllung der Offenlegungspflichten für Informationen mit unmittelbarem Bezug zum Konzernabschluss eine an Bilanzkategorien orientierte Klassenbildung gefordert. Hierbei sind die in der *Application Guidance* zu *IFRS 7 (Appendix A, IFRS 7.B1-3)* gegebenen Erläuterungen von Bedeutung. Dagegen stellen an der Bilanz ausgerichtete Klassen grundsätzlich[143] keine sachgerechte Einteilung für die Offenlegung der in *IFRS 7.31-42* spezifizierten risikoorientierten Angaben dar, da auf diese Weise keine steuerungsrelevanten Informationen über die Natur des Risikos gegeben werden können. Vielmehr ist hier in Verbindung mit dem *Management Approach* (*IFRS 7.34a*) die Risikoberichterstattung grundsätzlich an den für die interne Steuerung verwendeten Klassen auszurichten. Durch eine geeignete Klassenbildung können die Anforderungen von *IFRS 7.34a* und *c* an die Darstellung von Risikokonzentrationen erfüllt werden. Das *IASB* schlägt als Maßgrößen für derartige Risikokonzentrationen die Verteilung der Risikoexposures auf Branchen, geografische Gebiete und – bei der Darstellung des Kreditrisikos – die Bonitätsklassen[144] vor. Hierbei handelt es sich um die typischen Darstellungskategorien des internen Berichtswesens, die bei Anwendung des *Management Approach* der Offenlegung zugrund liegen.

Die Klassenmerkmale und Klassenausprägungen wie auch ihre Verwendung bei den handelsrechtlichen Offenlegungsformaten sind in folgender Übersicht zusammengefasst (siehe *Abbildung 37*).

---

142 *IFRS 7.6: „Wenn in diesem IFRS Angaben zu einzelnen Klassen von Finanzinstrumenten verlangt werden, hat ein Unternehmen Finanzinstrumente so in Klassen einzuordnen, dass diese der Art der geforderten Informationen angemessen sind und den Eigenschaften dieser Finanzinstrumente Rechnung tragen."*

143 Eine Ausnahme bildet *IFRS 7.39a*, mit dem eine bilanzorientierte Fälligkeitsanalyse finanzieller Verbindlichkeiten gefordert wird. Einzelheiten dazu enthält *Abschnitt 4.4.7.3* bzw. *Entscheidungstatbestand 19 (Offenlegung des Liquiditätsrisikos gemäß IFRS 7.39a)*.

144 Vgl. *IFRS 7.IG18.*

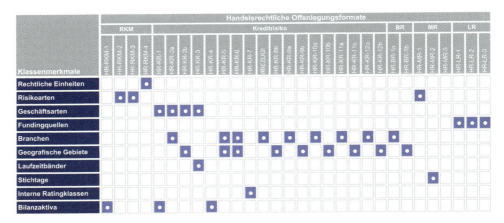

Abbildung 37: Klassen in der handelsrechtlichen Offenlegung

Der Zuschnitt der Klassen sollte so gewählt werden, dass der Berichtsgrundsatz der Klarheit und Übersichtlichkeit[145] erfüllt und eine Überfrachtung der Darstellung vermieden wird. Es empfiehlt sich, unwesentliche Kategorien in einer Rubrik „Sonstige" zusammenzufassen. Bei der Klassenbildung in den Offenlegungsformaten zum Kreditrisiko sollte die Granularität so gewählt werden, dass kundenbezogene Informationen nicht erkennbar sind.[146]

Klassenbildung in der aufsichtsrechtlichen Risikoberichterstattung

Bei den Spalten- und Zeilenbezeichnungen der aufsichtsrechtlichen Offenlegungsformate besteht aufgrund der überwiegend eindeutigen Vorgaben der *Solvabilitätsverordnung* nur geringer Gestaltungsspielraum für die Kreditinstitute. *Abbildung 38* zeigt die Klassenmerkmale und Klassenausprägungen sowie ihre Verwendung bei den aufsichtsrechtlichen Offenlegungsformaten:

---

145 Vgl. dazu *Abschnitt 3.6.*
146 Vgl. auch *Abschnitt 4.1.6.2, Gestaltungsprinzip 10 (Geschützte und vertrauliche Informationen).*

	Aufsichtsrechtliche Offenlegungsformate																									
	RKM				Kreditrisiko																				BR	
Klassenmerkmale	AR-RKM-1e	AR-RKM-2be	AR-RKM-3be	AR-RKM-3f	AR-KR-5b(I)	AR-KR-5b(II)	AR-KR-6d(I)	AR-KR-6d(II)	AR-KR-6d(IV)	AR-KR-6e	AR-KR-6f	AR-KR-7b	AR-KR-7c	AR-KR-8b(I)	AR-KR-8b(II)	AR-KR-8b(III)	AR-KR-8c	AR-KR-9d	AR-KR-9d	AR-KR-9e	AR-KR-9f	AR-KR-9g(I)	AR-KR-9h(II)	AR-KR-9j	AR-BR-13bc	AR-BR-13de
Rechtliche Einheiten	●			●																						
Kapitalbestandteile		●																								
Methoden			●				●	●		●	●				●											
Geschäftsarten														●		●	●									
Forderungsklassen			●				●	●		●	●	●	●													
Forderungen bei Verbriefungen																			●	●	●		●	●		
Branchen																									●	
Interne Ratingklassen							●	●	●	●	●	●	●													
Aufsichtsrechtliche Risikogewichte					●	●																●				
Sicherheitenarten																										
GuV-Kategorien																										●

Abbildung 38: Klassen in der aufsichtsrechtlichen Offenlegung

4.3 Muster-Risikobericht

[➔ Gestaltungsprinzip 15]

Konzept des Muster-Risikoberichts

Der Muster-Risikobericht stellt eine tabellarische Übersicht der qualitativen und quantitativen Berichtsinhalte der verschiedenen Risikoberichte dar. Die Berichtsinhalte werden durch die Berichtselemente als kleinste eigenständige Berichtsobjekte repräsentiert. Zur Definition der Berichtselemente ist zunächst eine Detailanalyse der Anforderungen aus den verschiedenen Regelungsbereichen erforderlich. Mit der Analyse werden inhaltlich gleich geartete Detailanforderungen identifiziert und zu Berichtselementen zusammengefasst.

Der Muster-Risikobericht gruppiert die Berichtselemente nach Hauptthemen, die den Kapiteln der Risikoberichte entsprechen. Dabei werden korrespondierende handelsrechtliche und aufsichtsrechtliche Berichtselemente, getrennt nach jährlicher und halbjährlicher Offenlegung, gegenübergestellt. Durch die Berücksichtigung inhaltlich verwandter *MaRisk*-Regelungen in einer weiteren Spalte wird zudem der Bezug zum internen Risiko-Reporting hergestellt. Sofern Angaben durch einen Verweis auf einen anderen Risikobericht umgesetzt werden, ist dies markiert. Berichtselemente, die ausschließlich regulatorisch gefordert sind, jedoch im handelsrechtlichen Risikoberichten offen gelegt werden, sind mit *„(AR)"* gekennzeichnet.

Die im Muster-Risikobericht gewählte Reihenfolge der Berichtsinhalte stellt den logischen Zusammenhang der Offenlegungsinhalte in den Vordergrund. Dies führt zu Abweichungen von der Abfolge in den Gesetzestexten. Die Struktur des Muster-Risikoberichts ist an den Aufbau des *DRS 5-10* angelehnt; dieser Rechnungslegungsstandard findet in der

Unternehmenspraxis häufig Anwendung. Durch die Berücksichtigung inhaltlich verwandter *MaRisk*-Regelungen wird der Bezug zum internen Risiko-Reporting hergestellt. Der Muster-Risikobericht spiegelt die Anwendung der Gestaltungsprinzipien der Risikopublizität sowie die Ausnutzung von Gestaltungsspielräumen wider.

Das Instrument schafft Transparenz über die Gestaltung der Risikoberichte auf einem Aggregationsniveau, das seine Verwendung als Kommunikationsmedium mit dem Top-Management erlaubt. Es ist die Grundlage für die Identifizierung von Synergiepotenzialen und darüber hinaus die Basis für den *Peer-Review* in der Planungsphase des Risikoberichtsprozesses.[147]

HGB-Muster-Risikobericht

Da der Schwerpunkt der vorliegenden Untersuchung auf Kreditinstituten liegt, die Mutterunternehmen eines handelsrechtlichen und aufsichtsrechtlichen Konzerns sind, wird der Muster-Risikobericht im Folgenden nur für die jährlichen und halbjährlichen Angabepflichten auf Ebene des Konzerns bzw. der Institutsgruppe dargestellt. Dessen ungeachtet wird im *Anhang* ein Vorschlag für die Gestaltung des jährlich offen zu legenden Risikoberichts des Einzelinstituts, das Muttergesellschaft eines Bankkonzerns ist, (*HGB-Risikobericht*) unterbreitet, der auf dem in *Abschnitt 4.2.3 (Gestaltung des jährlichen HGB-Risikolageberichts)* entwickelten Konzept beruht.[148]

Risikoberichtsdatenbank

Durch die Ergänzung prozessrelevanter Informationen wird der Muster-Risikobericht zur zentralen und umfassenden Risikoberichtsdatenbank. Konzeption und Einsatz der Risikoberichtsdatenbank bei der Berichtsproduktion sowie ein Anwendungsbeispiel werden in *Abschnitt 4.8.3 (Produktion der Risikoberichte)* dargestellt.

---

147 Vgl. *Abschnitt 4.8.*
148 Dabei wird von der Annahme ausgegangen, dass es sich bei dem Einzelunternehmen um das Mutterunternehmen eines Konzerns handelt.

4.4 Offenlegungsinhalte

4.4.1 Vorbemerkungen zu den Umsetzungsempfehlungen

4.4.1.1 Generelles Vorgehen bei der Erarbeitung von Umsetzungsvorschlägen

Eine der wesentlichen Herausforderungen bei der Ableitung von Inhalten der externen Risikoberichte aus den gesetzlichen Anforderungen besteht zunächst darin, die Anforderungen der verschiedenen Regelungsbereiche soweit wie möglich zu homogenen Anforderungsbündeln zusammenzufassen, um bereits in konzeptioneller Hinsicht die Voraussetzungen für die Realisierung von Synergien in der Offenlegungspraxis zu schaffen. Diese Vorarbeiten sind in den vorangegangen Kapiteln erfolgt. Die erzielten Ergebnisse können als Basis für die Formulierung von Umsetzungsvorschlägen verwendet werden.

Eine weitere Aufgabe besteht darin, die nach wie vor abstrakten Regelungen der definierten Anforderungsbündel mit der Wirklichkeit der bankbetrieblichen Praxis zu verknüpfen und daraus umsetzungsorientierte Handlungsempfehlungen für die Gestaltung der Berichtselemente abzuleiten. Der vorliegende Abschnitt widmet sich dieser Problemstellung. Im Folgenden werden daher anhand der Grundstruktur und der Hauptkapitel der Risikoberichte[149] für jedes identifizierte Berichtselement nochmals die wesentlichen gesetzlichen Grundlagen genannt und die Berichtselemente im Muster-Risikobericht, der für das jeweilige Kapitel relevant ist, dargestellt. Darauf aufbauend werden konkrete Vorschläge für die Ausgestaltung der Berichtselemente gegeben.

Die in *Abschnitt 3.6* eingeführten Gestaltungsprinzipien und Grundtatbestände sind bei der Umsetzung der Offenlegungsinhalte zu beachten. Im Folgenden wird darauf nicht gesondert hingewiesen.

Die folgenden Ausführungen beziehen sich aufgrund der Grundausrichtung der vorliegenden Schrift auf die Ebene des Konzerns. Besonderheiten der Offenlegung des Einzelinstituts werden nicht behandelt.

---

149 Vgl. *Abschnitt 4.2.*

4.4.1.2 Anforderungen und Umsetzungsvorschläge für die qualitative Offenlegung

Bündelung gleichartiger Anforderungen an die qualitative Offenlegung der Risikoarten

Eine Reihe von Offenlegungsanforderungen, die das Risikomanagementsystem betreffen, ist für alle Risikoarten gleichermaßen anzuwenden. Im Sinne einer möglichst redundanzfreien Darstellung, werden diese Offenlegungspflichten nachfolgend beschrieben; auf eine Wiederholung in den Kapiteln zu den jeweiligen Risikoarten wird verzichtet.

Die handelsrechtliche Offenlegung des Risikomanagementsystems ist grundsätzlich in *§ 289 Absatz 2 Nummer 2a HGB* (für das Einzelinstitut) bzw. in *§ 315 HGB Absatz 2 Nummer 2a HGB* (für den Konzern) geregelt und wird durch den *DRS 5-10* konkretisiert. *DRS 5-10.2* ist dabei die übergreifende Norm für die Darstellung des Risikomanagementsystems einschließlich der Risikomessmethoden. Durch weitere Anforderungen des *DRS 5-10*[150] werden spezifische Angabepflichten begründet, die für jede Risikoart zu erbringen sind. Dabei handelt es sich um Angaben zum Aufbau und zu den Prozessen des Risikomanagementsystems, den Zuständigkeiten und Entscheidungsprozessen, das interne Risikoberichtswesen, die Verfahren der Risikoquantifizierung und ihre korrespondierenden Modellannahmen und Verfahrensprämissen sowie zum Limitsystem.

DRS 5-10.5 stellt darüber hinaus die allgemeine, für das Risikokapitalmanagement und jede Risikoart geltende Anforderung, dass die Art und Weise des Einsatzes der Steuerungssysteme zu erläutern ist. Dies erfordert eine Darstellung aus der hervorgeht, in welcher Form die für die Risikopositionen verantwortlichen Einheiten des Kreditinstituts die Instrumente des Risikomanagementsystems nutzen, um konkrete Steuerungsmaßnahmen umzusetzen.

Ähnliche Anforderungen, ergänzt um die Überwachung und Kontrolle von Risiken, Verfahren der Risikominderung und die fortlaufende Überwachung der Wirksamkeit von Sicherungsbeziehungen, stellt *IFRS 7.33b* in Verbindung mit *IFRS 7.IG15a und b*. Zudem ist das Management von Risikokonzentrationen nach *IFRS 7.B8* in Verbindung mit *IFRS 7.IG15c* zu beschreiben. Zwar beziehen sich die *IAS-/IFRS*-Anforderungen auf die einzelnen Risikoarten[151], jedoch ist eine gemeinsame Umsetzung in einem zentralen Kapitel zulässig, sofern die Kennzeichen des spezifischen Managementsystems der Risikoarten hinreichend dargestellt werden. Nicht zuletzt stellt *§ 322 SolvV* vergleichbare Anforderungen an die Darstellung des Managementsystems aller Risikoarten.

---

150 Vgl. die *Textziffern 4, 17, 18, 19, 22, 24c, 25, 26, 29, 40* und *42* des *DRS 5-10*.
151 Dies gilt nicht für das operationelle Risiko und das strategische Risiko, für die *IFRS 7* nicht verpflichtend anzuwenden ist.

Die qualitative Offenlegung hat für jeden Themenbereich den Stand des Risikomanagementsystems am Berichtsstichtag abzubilden. Darüber hinaus sind sowohl wesentliche Entwicklungen innerhalb des Berichtszeitraums als auch eingeleitete oder geplante Änderungen für das Gesamtrisikomanagement darzustellen.[152]

Die Offenlegung des risikoartenbezogenen Managementsystems sollte im Sinne eines straffen und möglichst redundanzfreien Berichtsdesigns an zentraler Stelle im Rahmen der Beschreibung des generellen Risikomanagementsystems erfolgen, soweit sie Merkmale betrifft, die allen Risikoarten gemeinsam sind.[153] Jene Angaben zum Managementsystem einzelner Risikoarten, die nicht bereits durch die allgemeine Darstellung abgedeckt werden, sowie spezifische Angabepflichten sollten in den Risikoartenkapiteln offen gelegt werden.

Umsetzungsbeispiele aus der Bankpraxis

Die Ableitung von allgemeingültigen inhaltlichen Umsetzungsvorschlägen im Rahmen der qualitativen Risikoberichterstattung ist aufgrund der in der Praxis vorzufindenden Heterogenität der Geschäftsmodelle, Organisations-, Berichts- und Entscheidungsstrukturen sowie der methodischen Ansätzen kaum darstellbar. Um dennoch möglichst konkrete Handlungsempfehlungen geben zu können, wird daher im Folgenden Rückgriff auf Berichtsinhalte genommen, die aus der Bankpraxis stammen. Dabei ist zu beachten werden, dass die Darstellungen immer nur Beispiele für mögliche Umsetzungen sein können und folglich von jedem Kreditinstitut auf Grundlage der jeweils spezifischen Rahmenbedingungen und Praxis des Risikomanagements geprüft und gegebenenfalls modifiziert werden sollten. Soweit nicht anders vermerkt lehnen sich die Umsetzungsbeispiele an die Risikoberichte der *DZ BANK* des Geschäftsjahres 2007 an.[154]

Institutsspezifische Offenlegung des Risikomanagementsystems

Für Berichtselemente, bei deren Umsetzung in hohem Maß institutsspezifische Gegebenheiten zu beachten sind, können keine allgemeingültigen Umsetzungsvorschläge gegeben werden. Davon betroffen sind insbesondere Angaben über Veränderungen des Risikomanagementsystems im Berichtszeitraum und geplante Veränderungen der folgenden Berichtsperiode. Aus diesem Grund wird auf eine Erläuterung der Berichtselemente „Veränderungen des Risikomanagementsystems im Berichtszeitraum" und „Eingeleitete oder geplante Änderungen des Risikomanagementsystems" verzichtet.

---

152 Vgl. *DRS 5-10.20.*
153 Vgl. *Entscheidungstatbestand 8 (Bündelung qualitativer Angaben).*
154 Vgl. *DZ BANK Risikolagebericht (2007) und DZ BANK Säule 3-Bericht (2007).*

4.4.1.3   Anforderungen und Umsetzungsvorschläge für die quantitative Offenlegung

Bündelung gleichartiger Anforderungen an die quantitative Offenlegung der Risikoarten

Ähnlich wie in der qualitativen Offenlegung sind auch bei der quantitativen Risikobericht-erstattung übergreifende Anforderungen zu beachten, deren Darstellung an dieser Stelle erfolgt, um eine Wiederholung im Rahmen der weiteren Darstellung der Offenlegungsin-halte zu vermeiden.

Grundlage der quantitativen handelsrechtlichen Offenlegung des Konzerns ist *§ 315 Absatz 1 und 2 HGB* in Verbindung mit *DRS 5-10*, wobei die Auslegungen des *IDW RH HFA 1.005, Textziffern 36 und 37,* zu beachten sind. *DRS 5-10.2, DRS 5-10.24b* und *DRS 5-10.25* stellen die relevanten Generalnormen für die Veröffentlichung von Risikozahlen dar. Demnach sind *„den Adressaten des Konzernlageberichtes (...) zutreffende und um-fassende Informationen zur Verfügung zu stellen, die es ihnen ermöglichen, sich ein eige-nes Bild über die künftigen Risiken des Konzerns zu machen,* wobei *„soweit möglich eine Quantifizierung der einzelnen Risikoarten"* vorzunehmen ist. Darüber hinaus hat die Of-fenlegung auf Basis *„ausreichend getesteter, valider Modelle"* zu erfolgen.

Für die quantitative Berichterstattung sind zudem die allgemeinen Regelungen des *IFRS 7.31* und des *IFRS 7.34* in Verbindung mit *IFRS 7.B7 und B8, IFRS 7.BC47 und BC48* zu beachten.[155] Demnach hat – *„ein Unternehmen (...) seine Angaben so zu gestalten, dass die Abschlussadressaten Art und Ausmaß der mit Finanzinstrumenten verbundenen Risiken, denen das Unternehmen zum Berichtsstichtag ausgesetzt ist, beurteilen können"* – und da-bei *„zusammengefasste quantitative Daten"* offen zu legen, die auf den Informationen be-ruhen, die der Geschäftsleitung zur Verfügung gestellt werden.

Für den Bereich der quantitativen regulatorischen Offenlegung existieren keine derartigen allgemeinen Anforderungen.

Im Ergebnis zielen diese übergreifenden Anforderungen auf die grundsätzliche Pflicht zur Offenlegung von quantitativen Angaben zur Risikolage in den handelsrechtlichen Risi-koberichten ab. Sie bilden damit die Grundlage für die spezifischen Offenlegungsanfor-derungen für die einzelnen Risikoarten, die im weiteren Fortgang der Untersuchung im Detail dargestellt werden. Dezidierte Transparenzpflichten erwachsen aus den übergrei-fenden Anforderungen nicht.

---

155 Zur Diskussion des Anwendungsbereichs der externen Risikoberichterstattung bezüglich der Risikoarten vgl. *Entscheidungstatbestand 4 (Risikoabdeckung in den handelsrechtlichen Konzernrisikoberichten)* in Ab-schnitt 4.2.1.

Offenlegungsformate

Für die Darstellung von Risikowerten werden die bereits eingeführten Offenlegungsformate[156] im Detail dargestellt und deren Inhalte erläutert. Die Formate der aufsichtsrechtlichen quantitativen Offenlegung beruhen im Wesentlichen auf den Anwendungsbeispielen des *Fachgremiums*.[157] Die Tabellennummerierung lehnt sich an die Klassifizierung der Anwendungsbeispiele an. Gegenstand der Erläuterungen zur Offenlegung quantitativer Angaben ist primär das eigentliche Zahlenwerk. Die mit den Risikozahlen verbundenen Erläuterungen, die im Zusammenspiel mit den Risikozahlen die quantitativen Angaben vervollständigen, werden nicht behandelt, da derartige Angaben von der jeweiligen Risikosituation eines Kreditinstitutes abhängig sind und daher nur institutsindividuell gestaltet werden können.[158]

4.4.1.4 Bedeutung der MaRisk und der Dokumentation des Risikomanagementsystems

Eine Vielzahl der Offenlegungsanforderungen wird durch die Regelungen der *Mindestanforderungen an das Risikomanagement* und die Inhalte der internen Risikoberichte flankiert. Die wesentlichen *MaRisk*-Anforderungen mit Bedeutung für die qualitative und die quantitative externe Risikoberichterstattung sind in *Abschnitt 3.1.4* aufgeführt. Soweit den einzelnen Berichtselementen Regelungen der *MaRisk* entsprechen, werden die einschlägigen *MaRisk*-Anforderungen im Folgenden im Rahmen des Muster-Risikoberichts genannt.

Die qualitative Offenlegung des Risikomanagementsystems sollte sich auf bestehende interne Dokumentation stützen. Das Risikohandbuch ist dazu in besonderem Maße geeignet. Darüber hinaus können weitere Organisationsrichtlinien und Dokumentationen, über die ein Kreditinstitut gemäß *AT 5* und *AT 6* der *MaRisk* zu verfügen hat, Informationsgrundlage für die Beschreibung des Risikomanagementsystems in den externen Risikoberichten sein.

---

156 Vgl. *Abschnitt 4.2.4.3.2.*
157 Vgl. *Fachgremium-Anwendungsbeispiele.*
158 Zum Verhältnis von Zahlenangaben und Erläuterungen vgl. *Abschnitt 4.2.4.1.*

4.4.2   Generelles Risikomanagementsystem[159]

4.4.2.1   Offenlegungsanforderungen im Überblick und Muster-Risikobericht

Im Kapitel zum generellen Risikomanagementsystem werden sowohl jene Anforderungen an die qualitative Offenlegung umgesetzt, die im engeren Sinne Risikoarten übergreifenden Charakter haben (beispielsweise Funktionstrennung und Gesamtbankrisikoberichtswesen) als auch solche Angabepflichten, die sich auf einzelne Risikoarten beziehen, jedoch aufgrund ihrer Gleichartigkeit an zentraler Stelle und gebündelt darstellbar sind.[160] Aus den Anforderungen resultieren die im nachfolgenden Ausschnitt des Muster-Risikoberichts dargestellten Berichtselemente. *Abbildung 39* verdeutlicht, dass in regulatorischer Hinsicht nur wenige Anforderungen zur Offenlegung des generellen Risikomanagementsystems bestehen.

---

159 Zu den regulatorisch geforderten qualitativen Angaben zum Risikomanagementsystem vgl. auch *Loch, F. (2008)*.
160 Vgl. *Abschnitt 4.4.1.2.*

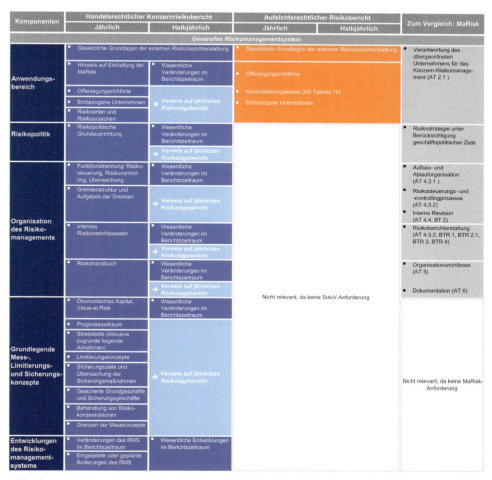

Abbildung 39: Muster-Risikobericht für Angaben zum generellen Risikomanagementsystem

4.4.2.2   Anwendungsbereich

Gesetzliche Grundlagen für die Risikoberichterstattung und MaRisk

Die Nennung der für die handelsrechtliche und die aufsichtsrechtliche Offenlegung wesentlichen Gesetzesgrundlagen stellt zwar keine Pflichtanforderung dar, ist aber zur Nachvollziehbarkeit und Einordnung der Risikoberichterstattung sinnvoll. Darüber hinaus
sollte – ebenfalls auf freiwilliger Basis – darauf hingewiesen werden, dass die *Mindestanforderungen an das Risikomanagement* erfüllt werden. Aufgrund der thematischen Überschneidungen der *MaRisk* mit den Offenlegungsanforderungen signalisiert das Kreditinstitut auf diese Weise, dass die Offenlegungsinhalte die gesetzlichen Mindeststandards an
das interne Risikomanagement abbilden.

Offenlegungsrichtlinie

Ein Hinweis auf die Offenlegungsrichtlinie trägt zur Erhöhung der Glaubwürdigkeit des
berichterstattenden Instituts in den Augen der Berichtsadressaten bei, da die Existenz eines derartigen internen Regelwerks als ein Indikator für die aktive Auseinandersetzung
der Geschäftsleitung mit den Themenstellungen der Risikopublizität sowie für die Validität der Angaben betrachtet werden kann.

Übersicht der einbezogenen Konzernunternehmen

Die für die quantitative und qualitative Offenlegung relevanten Konzernunternehmen werden aufgrund des unternehmensbezogenen Materialitätskonzepts identifiziert. *Abbildung 40*
zeigt beispielhaft die Relevanz der Konzernunternehmen für die Berichtsteile.

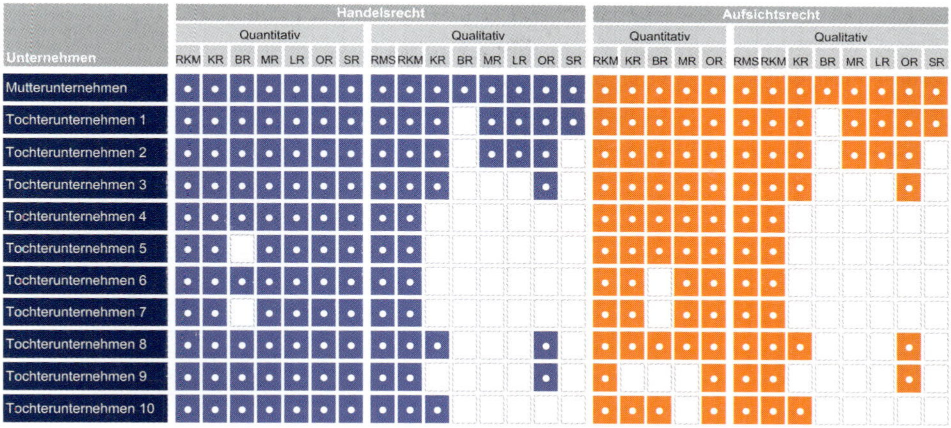

Abbildung 40: Konzerngesellschaften und relevante Risikoarten in der Offenlegung (Risikomatrix)

Das Schema ist geeignet, den Berichtsadressaten einen Überblick der materiellen Konzerngesellschaften und deren Einbindung in die verschiedenen Risikoberichte zu geben. Daher empfiehlt sich die Offenlegung einer derartigen Matrix in den einführenden Kapiteln der handelsrechtlichen und aufsichtsrechtlichen Risikoberichte.

Anwendungsbereich in der aufsichtsrechtlichen Offenlegung[161]

Zur Umsetzung von *§ 323 Absatz 1 Nummer 1 SolvV* ist der Name des Mutterunternehmens der Institutsgruppe zu nennen, das die Offenlegungsanforderungen zu erfüllen hat. Darüber hinaus sind gemäß *§ 323 Absatz 1 Nummer 2 SolvV*[162] die relevanten Gesellschaften namentlich aufzulisten. Allerdings wird hier der Schwerpunkt auf die Darstellung des aufsichtsrechtlichen bzw. des handelsrechtlichen Konsolidierungsverfahrens gelegt. Dazu werden die für das interne Risikomanagement wesentlichen Unternehmen auf Basis der Begriffsbestimmungen des *§ 1 KWG* in Kreditinstitute, Finanzdienstleistungsinstitute und Finanzunternehmen klassifiziert. Mit der Darstellung (siehe *Abbildung 41*) sollen die wesentlichen Unterschiede zwischen den beiden Konsolidierungskreisen aufgezeigt werden.

Sofern der *Management Approach* konsequent umgesetzt wird, wäre diese Übersicht allerdings entbehrlich, da die Art der Konsolidierung bei adäquater Ausgestaltung des Risikomanagementsystems für die interne Risikobetrachtung unerheblich ist.[163] Denn in einem entwickelten Risikomanagementsystem ist bereits durch die Gestaltung der Be-

---

161 Vgl. dazu auch *Hecker, E. (2008a)*.

162 Für diese Anforderung wurde vom Fachgremium mit *Tabelle 1(b)* ein quantitatives Anwendungsbeispiel vorgeschlagen, obwohl es sich eigentlich um eine qualitative Angabekategorie handelt.

163 Dessen ungeachtet ist die gesetzliche Offenlegungspflicht zu erfüllen.

teiligungsverhältnisse sichergestellt, dass dem Mutterunternehmen bezüglich der wesentlichen Tochterunternehmen uneingeschränkte Entscheidungsrechte zustehen. Derartige rechtliche Beziehungen innerhalb des Konzerns sind eine Voraussetzung für eine effiziente konzernweite Risikosteuerung durch die Konzernmutter.

Klassifizierung	Name	Aufsichtsrechtliche Behandlung				Konsolidierung gemäß IAS/IFRS	
		Konsolidierung		Abzugs-methode	Risiko-gewichtete Beteiligung		
		Voll	Quotal			Voll	Quotal
Kreditinstitute	Kreditinstitut 1	●				●	
	Kreditinstitut 2	●				●	
	Kreditinstitut 3	●				●	
	Kreditinstitut 4	●				●	
	Kreditinstitut 5	●				●	
	Kreditinstitut 6	●				●	
	Kreditinstitut 7	●					
	Kreditinstitut 8	●				●	
Finanzdienst-leistungsinstitute	Finanzdienstleistungs-institut 1				●		
Finanz-unternehmen	Finanzunternehmen 1	●				●	
	Finanzunternehmen 2	●				●	

Abbildung 41: Konsolidierungsmatrix / Unterschiede zwischen aufsichtsrechtlichem und handelsrechtlichem Konsolidierungskreis

4.4.2.3   Risikoarten und Ursachen für die Risiken

Überblick

Die gesteuerten Risikoarten sind gemäß *DRS 5-10.9*, *DRS 5-10.10*, *DRS 5-10.24a* und *DRS 5-10.30* voneinander abzugrenzen. Das Kreditrisiko ist häufig das bedeutendste Risiko eines Bankkonzerns. Es resultiert beispielsweise aus den konzernweiten Aktivitäten im *Retail-Banking, Corporate-Banking* und im *Investment-Banking*. Marktpreisrisiken entstehen hauptsächlich bei Kapitalmarktanlagen und durch das Betreiben von Handelsgeschäften. Beteiligungsrisiken resultieren aus den Kapitalbeteiligungen an Unternehmen, die zur Unterstützung der Geschäftsstrategie gehalten werden. Liquiditätsrisiken, operationelle Risiken und strategische Risiken sind mit jeder unternehmerischen Tätigkeit verbunden und daher grundsätzlich für alle in das Konzernrisikomanagement einbezogenen Gesellschaften bedeutsam. Im Folgenden werden Vorschläge für die Definition[164] und Ursachenbeschreibung von Risiken unterbreitet.

Kreditrisiko

Kreditrisiko bezeichnet die Gefahr eines Verlusts, der dadurch entsteht, dass ein Geschäftspartner seinen vertraglichen Verpflichtungen nicht nachkommt.[165] Kreditrisiken können sowohl bei **klassischen Kreditgeschäften** als auch bei **Handelsgeschäften** entstehen. Das klassische Kreditgeschäft setzt sich im Wesentlichen aus dem kommerziellen Kreditgeschäft einschließlich Bürgschaften, Garantien offenen Zusagen zusammen.

Unter Handelsgeschäft wird im Kontext des Kreditrisikomanagements das Wertpapiergeschäft, das sich aus den Wertpapieren des Anlagebuchs und des Handelsbuchs inklusive der Schuldscheindarlehen zusammensetzt, sowie das Derivate- und das Geldmarktgeschäft (einschließlich der Wertpapierpensionsgeschäfte) verstanden. Aus dem Wertpapiergeschäft resultieren Emittentenrisiken, während das Derivate- und Geldmarktgeschäft zu Kontrahentenrisiken führt. Kontrahentenrisiken werden wiederum in Wiedereindeckungsrisiken und in Erfüllungsrisiken unterschieden.

Emittentenrisiken bezeichnen die Gefahr, dass der Emittent eines Wertpapiers seinen vertraglichen Verpflichtungen nicht nachkommt. Dem Eigentümer des Wertpapiers entsteht in diesem Fall ein finanzieller Verlust in Form von entgangenen Zins- und Tilgungszahlungen. Bei dem **Wiedereindeckungsrisiko** handelt es sich um die Gefahr, dass während der Laufzeit eines Handelsgeschäfts mit positivem Marktwert der Kontrahent ausfällt. Durch die Wiedereindeckung zu aktuellen Marktbedingungen entsteht ein finanzieller Aufwand. Das **Erfüllungsrisiko** tritt bei Handelsgeschäften auf, die nicht Zug um Zug abgewickelt werden. Das Risiko besteht in der Gefahr, dass der Kontrahent seine Leistung nicht erbringt, während die Gegenleistung bereits erbracht worden ist.

Das **Länderrisiko** ist eine Ausprägung des Kreditrisikos und bringt die Gefahr zum Ausdruck, dass ein Geschäftspartner seinen vertraglichen Verpflichtungen aufgrund solcher Faktoren nicht nachkommt, die nicht im Kreditnehmer selbst, sondern in den spezifischen Bedingungen des Landes, in dem er ansässig ist, begründet sind. Dabei kann es sich um folgende Umstände handeln: Verschlechterung der wirtschaftlichen Rahmenbedingungen, politische und soziale Unruhen, Verstaatlichungen und Enteignung von Vermögenswerten, staatliche Nichtanerkennung von Auslandsschulden, Devisenkontrollen sowie Ab- oder Entwertung der Landeswährung. Das Länderrisiko beinhaltet das Transferrisiko, das entsteht, wenn ein Schuldner aufgrund direkter staatlicher Intervention nicht in der Lage ist, Vermögenswerte zur Erfüllung seiner fälligen Verpflichtungen an Nichtgebietsansässige zu übertragen.[166]

---

164 Die Definitionen lehnen sich an die Erläuterungen in *Abschnitt 4.1.3* an und entsprechen geben den Wortlaut des *DZ BANK Risikolageberichts (2007)* wider.

165 Dies entspricht der Definition von *IFRS 7 (Appendix A)*, wonach es sich beim Kreditrisiko um das Risiko handelt, dass eine Partei eines Finanzinstruments der anderen Partei einen finanziellen Verlust verursacht, indem sie einer Zahlungsverpflichtung nicht nachkommt.

166 In Anlehnung an *Deutsche Bank Risikolagebericht (2007)*, S. 60.

Beteiligungsrisiko

Unter Beteiligungsrisiko ist die Gefahr von unerwarteten Verlusten zu verstehen, die sich aus dem Sinken des Marktwertes der Beteiligungen unter ihren Buchwert ergeben. Beteiligungsrisiken werden grundsätzlich für solche Beteiligungen berechnet, die nicht in die unmittelbare Gremiensteuerung einbezogen sind. Dies sind Kapitalbeteiligungen an Unternehmen, die aufgrund ihres geringen Anteils am gesamten Eigenkapital der Beteiligungsunternehmen keine dezidierten Informations- und Gestaltungsrechte begründen.

Marktpreisrisiko

Das Marktpreisrisiko setzt sich aus dem Marktpreisrisiko im engeren Sinne und dem Marktliquiditätsrisiko zusammen. **Marktpreisrisiko im engeren Sinne** – im Folgenden vereinfachend als Marktpreisrisiko bezeichnet – ist die Gefahr eines Verlusts, der aufgrund nachteiliger Veränderungen von Marktpreisen oder preisbeeinflussenden Parametern eintreten kann. Das Marktpreisrisiko untergliedert sich gemäß den zugrunde liegenden Einflussfaktoren in Zinsrisiko, Bonitäts-Spread-Risiko, Aktienrisiko, Währungsrisiko und Rohwarenpreisrisiko. Marktpreisrisiken entstehen im Wesentlichen aus Kapitalanlagen, aus den Kunden- und Eigenhandelsaktivitäten sowie aus dem Kreditgeschäft und dem Immobiliengeschäft eines Kreditinstituts. Des Weiteren resultieren Marktpreisrisiken aus den Eigenemissionen der Konzerngesellschaften.

Marktliquiditätsrisiko ist die Gefahr eines Verlusts, der aufgrund nachteiliger Veränderungen der Marktliquidität – zum Beispiel durch Verschlechterung der Markttiefe oder durch Marktstörungen – eintreten kann.

Liquiditätsrisiko

Das Liquiditätsrisiko bringt die Gefahr zum Ausdruck, dass liquide Mittel zur Erfüllung von Zahlungsverpflichtungen nicht in ausreichendem Maße zur Verfügung stehen oder nur zu überhöhten Kosten beschafft werden können. Liquiditätsrisiken erwachsen aus dem zeitlichen und betragsmäßigen Auseinanderfallen der erwarteten Zahlungsmittelflüsse sowie der Abweichung der tatsächlichen Zahlungsmittelflüsse von der Erwartung. Wesentliche Einflussfaktoren für die Höhe des Liquiditätsrisikos sind die Refinanzierungsstruktur des Aktivgeschäftes, die Unsicherheit der Liquiditätsbindung bei der Refinanzierung über strukturierte Emissionen und Zertifikate, die Abweichung der tatsächlichen von der erwarteten Entwicklung bei Einlagen und Ausleihungen mit Bezug zu *Retail*-Kunden, das Refinanzierungspotenzial am Geld- und Kapitalmarkt, die Beleihungsfähigkeit von Wertpapieren, das Einräumen von Liquiditätsoptionen – beispielsweise in Form von unwiderruflichen Kredit- oder Liquiditätszusagen – sowie die Verpflichtung zur Stellung von Sicherheiten für Derivategeschäfte.

Operationelles Risiko

Operationelles Risiko ist die Gefahr eines unerwarteten Verlusts, der durch menschliches Verhalten, technologisches Versagen, Prozess- oder Projektmanagementschwächen oder externe Ereignisse hervorgerufen wird. Das Rechtsrisiko ist in dieser Definition eingeschlossen.

Strategisches Risiko

Das strategische Risiko bezeichnet die Gefahr von Verlusten, die sich aus Managemententscheidungen zur geschäftspolitischen Positionierung eines Kreditinstituts ergeben. Strategische Risiken resultieren zudem aus unerwarteten Veränderungen der Markt- und Umfeldbedingungen mit negativen Auswirkungen auf die Ertragslage. Ein wesentlicher Teilaspekt des strategischen Risikos ist das Geschäftsrisiko. Dabei handelt es sich um Verlustpotenziale, die entstehen, wenn rückläufige Erträge nicht in gleichem Umfang durch Kostenreduktionen aufgefangen oder durch alternative bzw. komplementäre Ertragsquellen kompensiert werden können.

4.4.2.4 Risikopolitik und Abgrenzung zur Risikostrategie

Zur Umsetzung von *DRS 5-10.17* hat ein Kreditinstitut seine*„ risikopolitische Strategie "* darzulegen. Dieser Begriff beinhaltet die Komponenten „Risikopolitik" und „Risikostrategie", wobei Risikopolitik als übergeordneter Begriff aufgefasst werden kann. Ähnliche Angaben fordern *IDW RH HFA 1.005, Textziffer 33*, (*„ Grundsätzliche Aussagen zur Risikobereitschaft"*) und *IFRS 7.33b* (*„policies"*).

Risikopolitik

Mit der Risikopolitik legt die Geschäftsleitung ihren grundsätzlichen Umgang mit Risiken fest. Risikopolitik umfasst die gezielte und kontrollierte Übernahme von Risiken unter Beachtung von Renditezielen und ist in das System der wertorientierten Unternehmenssteuerung eingebunden.[167] Damit einher geht die Selbstverpflichtung, die adäquate Unterlegung der Risiken mit Eigenkapital als notwendige Bedingung für das Betreiben des Bankgeschäfts sicherzustellen, und dem Grundsatz zu folgen, dass bei allen Aktivitäten Risiken nur in dem Maße eingegangen werden, wie dies zur Erreichung der geschäftspolitischen Ziele erforderlich ist. Schließlich sind prozessbezogene Festlegungen Bestandteil der Risikopolitik von Kreditinstituten. Dabei handelt es sich um die Identifikation, Messung, Beurteilung, Steuerung sowie Überwachung und Kontrolle von Risiken.

---

167 Zum Paradigma der Wertorientierung und der Bedeutung des Risikos für die wertorientierte Unternehmenssteuerung vgl. *Filipiuk, B. (2008)*, S. 31ff.

Risikostrategie

Aufbauend auf der Risikopolitik sind Risikostrategien für jede Risikoart unter Berücksichtigung des jeweiligen geschäftspolitischen Hintergrunds festzulegen. Gemäß *§ 25a Absatz 1 Satz 3 Nummer 1 KWG* in Verbindung mit *AT 4.2* der *MaRisk* hat die Geschäftsleitung eine Geschäftsstrategie und eine dazu konsistente Risikostrategie festzulegen. Die Risikostrategien sollen die Ziele der Risikosteuerung der wesentlichen Geschäftsaktivitäten und Vorgaben zur Begrenzung von Risikokonzentrationen umfassen. Risikostrategien sind Ausdruck der Risikoneigung der Geschäftsleitung. Durch die Allokation der verfügbaren Risikodeckungsmasse auf die risikobezogenen Verlustobergrenzen wird die Risikoneigung quantifiziert. Mit der Ableitung von Limiten aus den Verlustobergrenzen erfolgt schließlich die Operationalisierung der Risikostrategien für die Steuerungseinheiten.

Die Prüfung der Angemessenheit der Risikostrategien muss mindestens jährlich erfolgen. Die Risikostrategien sind dem Aufsichtsorgan zur Kenntnis zu geben und innerhalb des Instituts allgemein bekannt zu machen. Die Offenlegung der Risikostrategien erfolgt in den Risikoartenkapiteln.

4.4.2.5   Ziele und Organisation des Risikomanagements

Offenlegungsanforderungen

Im Rahmen der externen Risikoberichterstattung sind die Zielsetzung und die grundlegende Organisation des Risikomanagements zu erläutern, wobei auf die Entscheidungsprozesse (*DRS 5-10.17*), Funktionstrennung und Unabhängigkeit des Überwachungssystems (*DRS 5-10.5* und *DRS 5-10.18*), Zuständigkeiten (*DRS 5-10.17*), die Koordination und Integration der Einzelrisiken (*DRS 5-10.17*), Art und Umfang des internen Risikoberichtswesens (*DRS 5-10.18*) abzustellen ist. Derartige Angaben sind auch aufgrund von *IFRS 7.33b und c* in Verbindung mit *IFRS 7.IG15b(I) und (II)* erforderlich.

Zielsetzung des Risikomanagements

Risikomanagement ist das Instrument zur Umsetzung der aus den risikopolitischen Vorgaben resultierenden Risikostrategien. Gemeinsam mit dem Performance-Management bildet es den Nukleus der auf die Maximierung des Marktwertes des Kreditinstituts abzielenden wertorientierten Unternehmensführung. Der Beitrag des Risikomanagements besteht dabei primär in der Begrenzung der Eigenkapitalkosten; dazu nimmt es die folgenden Aufgaben wahr:[168]

▨ Gewährleistung der optimalen Risikokapitalallokation mit Instrumenten der Gesamtbanksteuerung wie *RORAC* und *EVA*[169]

▨ Sicherstellung der Adäquanz von Risiko und Risikodeckungsmasse im Rahmen eines Risikotragfähigkeitskalküls und operative Überwachung über ein konzernweites Limitsystem

Eine weitere Aufgabe kommt dem Risikomanagement mit der Sicherstellung ausreichender Liquidität zur Durchführung aller Transaktionen des Kreditinstituts zu.

Komponenten des Risikomanagementsystems[170]

Eine zentrale Angabe, die zum Verständnis der Angaben in den Risikoberichten erforderlich ist, bildet die institutsinterne Definition des Risikomanagements. Bestandteile des Risikomanagementsystems sind in Kreditinstituten typischerweise die Risikosteuerung, das Risikocontrolling und die interne Revision. Diese Komponenten, deren organisatorische Unabhängigkeit sicherzustellen ist, können wie folgt charakterisiert werden und sollten entsprechend im Risikolagebericht offen gelegt werden:[171]

▨ Unter **Risikosteuerung** wird die operative Umsetzung der Risikostrategien in den dezentralen risikotragenden Geschäftseinheiten verstanden. Die für die Risikosteuerung verantwortlichen Geschäftseinheiten treffen Entscheidungen zur bewussten Übernahme oder Vermeidung von Risiken (Positionsverantwortung). Dabei beachten sie die zentral vorgegebenen Rahmenbedingungen und Risikolimitierungen. Die positionsverantwortlichen Einheiten sind organisatorisch und funktional von den prozessual nachgeordneten Einheiten getrennt.

---

168 Vgl. dazu auch *Filipiuk, B. (2008)*, S. 36ff.

169 Der *RORAC (Return on Risk-adjusted Capital)* bezeichnet das bereinigte Ergebnis im Verhältnis zur Verlustobergrenze bzw. zum Risikokapitalbedarf. Häufig wird als bereinigtes Ergebnis das um erfolgsneutrale Effekte korrigierte Ergebnis vor Steuern verwendet. Der auch als Wertbeitrag bezeichnete *EVA (Economic Value Added)* stellt das bereinigte Ergebnis abzüglich der auf Basis der Verlustobergrenze beziehungsweise des Risikokapitalbedarfs berechneten Kapitalkosten dar.

170 Gemäß *DRS 5-10.10* sind Angaben zum Risikomanagementsystem erforderlich, wenn zur internen Steuerung andere als die von *DRS 5-10.10* vorgegebene Definitionen genutzt werden.

171 Vgl. auch *DZ BANK Risikolagebericht (2007)*, S. 92f. Dabei handelt es sich um Bestandteile des internen Kontrollsystems, das Kreditinstitute gemäß *AT 4.3* der *MaRisk* einzurichten haben.

▨ Das **Risikocontrolling** ist für die Identifikation, Messung und Bewertung von Risiken sowie für die Limitüberwachung verantwortlich. Damit einher geht die Planung der Verlustobergrenzen.

▨ Die **interne Revision** nimmt im Konzernmutterunternehmen und in allen wesentlichen Tochterunternehmen prozessunabhängig Überwachungs- und Kontrollaufgaben wahr. Sie führt hinsichtlich der Einhaltung gesetzlicher Vorgaben systematisch und regelmäßig risikoorientierte Prüfungen durch. Darüber hinaus überwacht die interne Revision sowohl die Funktionsfähigkeit und Wirksamkeit des Risikomanagementsystems als auch die Behebung der getroffenen Prüfungsfeststellungen. Die interne Revision ist jeweils direkt dem Vorsitzenden ihrer Geschäftsleitung unterstellt. Gemäß *AT 4.4* der *MaRisk* hat ein Kreditinstitut über eine interne Revision zu verfügen. Details zu den Aufgaben der Internen Revision sind in *BT 2* der *MaRisk* enthalten.

Gremien

Die Geschäftsleitung eines Kreditinstituts setzt Gremien – auch als Komitees oder Ausschüsse bezeichnet – zur dauerhaften Wahrnehmung von Steuerungsfunktionen im Unternehmen ein. In einem komplexen, arbeitsteiligen Umfeld kommt den Gremien primär eine koordinierende und entscheidungsvorbereitende Funktion zu. Die Koordinationsaufgabe ist insbesondere für Bankkonzerne mit einer Vielzahl rechtlich selbständiger Gesellschaften von Bedeutung. Entsprechend der Gremienhierarchie bestehen die Ausschüsse aus Mitgliedern der Geschäftsleitung, der ersten Führungsebene und der zweiten Führungsebene.

Die Gremien des Risikomanagements sind in die Komiteestruktur der Bank eingebunden. Ihre Aufgabe ist die risikoorientierte Abstimmung von Unternehmensbereichen und Konzerngesellschaften sowie die Risikokommunikation zwischen den organisatorischen Einheiten. Sie stellen das Bindeglied zwischen den risikopolitischen Vorgaben der Geschäftsleitung und dem operativen Risikomanagement dar.

Die risikobezogene Gremienstruktur von Kreditinstituten kann folgendermaßen ausgestaltet sein:

▨ Ein übergeordnetes **Konzernsteuerungsgremium** verantwortet die Abstimmung der wesentlichen Konzerngesellschaften im Hinblick auf eine konsistente Geschäfts- und Risikosteuerung, die Kapitalallokation, strategische Themen und das Synergiemanagement. Dem Gremium gehören neben der Geschäftsleitung des Mutterunternehmens die Vorsitzenden der Geschäftsleitung der wesentlichen Tochterunternehmen an.

▨ Das **Konzernrisikokomitee** ist das zentrale Gremium für die Unternehmenssteuerung und das Risikomanagement des Konzerns und stellt die Umsetzung der Anforderungen des *§ 25a Absatz 1 KWG* sicher. Das Komitee verantwortet unter anderem das Risikokapitalmanagement und unterstützt das übergeordnete Steuerungsgremium in Grundsatzfragen. Dem Gremium gehören die für Unternehmenssteuerung, Risikomanagement und Investment Banking zuständigen Geschäftsleiter des Mutterunternehmens an. Des Weiteren sind die verantwortlichen Geschäftsleiter der wesentlichen Konzernsgesellschaften vertreten. Das Konzernrisikokomitee setzt zur Entscheidungsvorbereitung und zur Umsetzung von Steuerungsmaßnahmen hat Arbeitskreise ein.

- Der **Arbeitskreis Konzernrisikosteuerung** unterstützt das Konzernrisikokomitee in allen Risikothemen und in Fragen der Risikokapitalsteuerung. Darüber hinaus ist dieser Arbeitskreis die zentrale Plattform für die konzernweite strategische und operative Planung sowie die externe Risikoberichterstattung. Auf der Ebene des Mutterunternehmens wird die Steuerung und Überwachung der Gesamtbankrisiken durch ein weiteres Risikokomitee abgestimmt.

- Die kreditrisikobezogenen Aktivitäten des Konzerns werden im **Arbeitskreis Konzernkreditmanagement** gebündelt. Das Gremium verantwortet die Weiterentwicklung von konzernweit harmonisierten Geschäftsprozessen und Organisationsstrukturen sowie die Anwendung und Weiterentwicklung von IT-Systemen im Kreditgeschäft. Die Steuerung und Überwachung des Kreditportfolios des Mutterunternehmens wird durch das **Kreditkomitee** koordiniert. Das Kreditkomitee ist darüber hinaus für die Steuerung des Länderrisikos des Konzerns verantwortlich.

- Der **Arbeitskreis Liquidität** verantwortet die konzernweite Liquiditätssteuerung, die neben der Planung und Abstimmung der Liquiditätsanlagen und der Eigenemissionen auch die Optimierung der konzerninternen Refinanzierungen umfasst. Auf der Ebene des Mutterunternehmens ist zudem das **Treasury Komitee** für die Steuerung des Liquiditätsrisikos und des Marktpreisrisikos zuständig. Dieses Gremium berät über Grundsätze und Maßnahmen der Risikosteuerung und unterbreitet der Geschäftsleitung entsprechende Dispositionsvorschläge.

Internes Risikoberichtswesen

Die wesentlichen Risikoberichte, mit denen das Top-Management – also die Geschäftsleitung und die für die operativen Risikopositionen verantwortliche erste Führungsebene – und das Aufsichtsgremium über die Risiken des Konzerns informiert wird, sind im Risikolagebericht zu erläutern. Dabei ist auf die Inhalte, den Adressatenkreis und den Berichtsturnus einzugehen. Darüber hinaus sollte dargestellt werden, dass in der Konzernmuttergesellschaft und in den wesentlichen Tochterunternehmen für alle relevanten Risikoarten Berichtssysteme installiert sind, die unter Berücksichtigung der Wesentlichkeit von Risikopositionen sicherstellen, dass das Top-Management jederzeit Transparenz über das Risikoprofil der von ihnen verantworteten Risikoeinheiten erhält.

Das Top-Management und das Aufsichtsgremium erhalten auf mindestens vierteljährlicher Basis einen **Risikokapitalbericht** mit den für die Risikokapitalsteuerung wesentlichen Angaben. In dem Bericht werden auf Konzernebene für jede Steuerungseinheit und Risikoart die Verlustobergrenzen und der Risikokapitalbedarf sowohl im Normalszenario – das sind die zum Berichtsstichtag tatsächlich gemessenen Werte – als auch in den definierten Stressszenarien dargestellt. Außerdem sind die Höhe der Risikodeckungsmasse und ihr Auslastungsgrad in den verschiedenen Szenarien Bestandteil des Risikokapital-Berichts. Eine Erläuterung der wesentlichen Entwicklungen dieser Größen seit dem letzten Berichtsstichtag und Handlungsempfehlungen zur Steuerung der Risiken runden die Berichterstattung an das Top-Management ab. Im Falle des Überschreitens definierter Schwellenwerte – beispielsweise der Risikodeckungsmasse und von Verlustobergrenzen – werden relevante Risikoinformationen unverzüglich und unabhängig vom turnusgemäßen Regelberichtswesen im Rahmen eines *Ad hoc*-**Berichtswesens** an die Entscheidungsträger kommuniziert.

Ergänzend zu dem Risikokapitalbericht werden spezifische Berichte über das **Kreditvolumen** auf Portfolio- und auf Einzelengagementebene sowie über das Marktpreisrisiko und die Adressenausfallrisiken aus **Handelsgeschäften** – jeweils mit den entsprechenden Limiten – mindestens vierteljährlich erstellt und an die Entscheidungsträger weitergeleitet. Auch hier werden Entwicklungstendenzen erläutert und Handlungsempfehlungen zur Positionssteuerung gegeben.

Risikohandbuch

Das Risikomanagementsystem ist gemäß *§ 91 Absatz 2 AktG*, *§ 25a Absatz 1 Nummer 1 KWG* und *§ 317 Absatz 4 HGB* in Verbindung mit *IDW PS 340 (Textziffer 17)* in einem Risikohandbuch zu dokumentieren.[172] Zwar sind Angaben zum Risikohandbuch in den Risikolageberichten nicht gesetzlich gefordert, jedoch dokumentiert das Kreditinstitut mit dem Hinweis auf das Risikohandbuch und der Erläuterung seiner wesentlichen Inhalte, dass die Geschäftsleitung ihren gesetzlichen Sorgfalts- und Organisationspflichten nachgekommen ist. Nicht zuletzt ist die Existenz eines umfassenden Risikohandbuchs faktisch Voraussetzung für die Erfüllung der Offenlegungsanforderungen. Die Kenntnis über die Existenz einer derartigen internen Dokumentation untermauert mithin in den Augen der Berichtsadressaten die Validität der Angaben in den externen Risikoberichten.

4.4.2.6   Grundlegende Methoden und Verfahren

4.4.2.6.1 Offenlegungsanforderungen und Umsetzungskonzept

Der Umfang der Darstellung in den Risikoartenkapiteln kann durch die übergreifende Beschreibung grundlegender Mess-, Limitierungs- und Sicherungskonzepte reduziert werden. Daher sollten die Konzepte des ökonomischen Kapitals, der Stresstests und des erwarteten Verlusts an dieser Stelle eingeführt werden. Aufgrund spezifischer Offenlegungsanforderungen für das Kreditrisiko und das Marktpreisrisiko, die durch die hier vorgesehenen all-

---

172 Zu den möglichen rechtlichen Konsequenzen einer unzureichenden Dokumentation des Risikomanagementsystems vgl. *Huth, M.-A. (2007)*.

gemeinen Darstellungen nicht sinnvoll abgedeckt werden können, sind vertiefte Angaben in den jeweiligen Risikoartenkapiteln erforderlich. Die im Konzern verwendeten Limitierungskonzepte und die Sicherungsziele einschließlich der getroffenen Maßnahmen zur Überwachung der Wirksamkeit von Sicherungsbeziehungen sollten in ihren Grundzügen im Kapitel „*Generelles Risikomanagementsystem*" beschrieben werden. Durch diese Angaben werden die übergeordneten methodenbezogenen Angabevorschriften des *DRS 5-10* (insbesondere *DRS 5-10.18*, *DRS 5-10.22*, *DRS 5-10.25* und *DRS 5-10.26*) sowie die auf Risikoarten bezogenen Anforderungen von *IFRS 7.31-33* in Verbindung mit *IFRS 7.IG15* und von *§ 322 SolvV* umgesetzt. Zudem werden die Angabevorschriften zu den gesicherten Grundgeschäfte und den damit verbundenen Sicherungsgeschäften gemäß *IDW RH HFA 1.005, Textziffer 33,* erfüllt.

Darüber hinaus empfiehlt sich an dieser Stelle des handelsrechtlichen Risikoberichts eine allgemeine Darstellung der Vorgehensweise des Kreditinstituts bei der Behandlung von Risikokonzentrationen gemäß *IFRS 7.B8* in Verbindung mit *IFRS 7.IG15c* und – nur hinsichtlich des Kreditrisikos – unter Berücksichtigung von *DRS 5-10.29* sowie von *§ 326 Absatz 1 Nummer 3 SolvV* und *§ 336 Nummer 1e SolvV*.[173] Der Umfang der Angaben ist sowohl vom Ausbaugrad der Steuerung derartiger Klumpenrisiken abhängig als auch von der Materialität der Risikoarten. Die Anforderungen betreffen daher insbesondere das Kreditrisiko und das Marktpreisrisiko. Für diese Risikoarten ist eine ergänzende Beschreibung des Managements von Risikokonzentrationen in den risikoartenbezogenen Kapiteln geboten. Dagegen sind für weniger materielle Risikoarten, wie Beteiligungsrisiken, und für Risikoarten mit limitierten Quantifizierungskonzepten – beispielsweise operationelle Risiken und strategische Risiken – die allgemeinen Angaben ausreichend.

Aussagen über die Grenzen der eingesetzten Messkonzepte schließen die Darstellung der grundlegenden Methoden und Verfahren ab. Sie geben den Berichtsempfängern ein vollständiges Bild über die Eignung des in den handelsrechtlichen Risikoberichten offen gelegten, modellbasierten Zahlenwerks. Diese Angaben erfolgen mit Ausnahme der Messverfahren für das Marktpreisrisiko freiwillig, entsprechen jedoch der Intention des *DRS 5-10.25*. Die Einschränkungen der Messmethoden zur Steuerung des Marktpreisrisikos sind gemäß *IFRS 7.41b* zwingend offen zu legen.[174]

---

173 In dem aktuellen *MaRisk-Entwurf* bilden die Steuerung und die Überwachung von Risikokonzentrationen einen Schwerpunkt der erweiterten *Mindestanforderungen an das Risikomanagement* (vgl. *BTR 5*).

174 Damit wird auch den Anforderungen von *Item 11 (a) (2)* der *SEC-FORM 20-F* entsprochen. Diese von der US-amerikanischen Börsenaufsicht geforderten Offenlegungspflichten für Unternehmen, die an der *New York Stock Exchange* gelistet sind, werden in *FORM 20-F* definiert. *Item 11* stellt in allgemeiner Hinsicht Anforderungen an die quantitative and qualitative Offenlegung von Marktpreisrisiken.

4.4.2.6.2 Angaben zu grundlegenden Methoden und Verfahren[175]

Ökonomisches Kapital

Die zur Ermittlung des Risikokapitalbedarfs verwendete Methode ist mit ihren wesentlichen Parametern im Risikolagebericht darzustellen. So wird in vielen Instituten der Risikokapitalbedarf als *Value-at-Risk* mit einer Haltedauer von einem Jahr berechnet, wobei ein dem Rating der Muttergesellschaft angemessenes Konfidenzniveau (beispielsweise 99,95 Prozent) unterstellt wird. Der *Value-at-Risk* ist eine Kenngröße, die beschreibt, welcher Verlust mit einer vorgegebenen Wahrscheinlichkeit (dem Konfidenzniveau) und innerhalb einer bestimmten Haltedauer der Positionen bei normalen Marktbedingungen höchstens erwartet wird. Der Risikokapitalbedarf für die einzelnen Risikoarten wird üblicherweise unter Berücksichtigung von Diversifikationseffekten zum gesamten ökonomischen Kapital aggregiert. Die Berücksichtigung der Diversifikation zwischen Risikoarten erfolgt auf Basis von empirisch fundierten Korrelationsmatrizen.

Stresstests

Da die Messverfahren des ökonomischen Kapitals nicht die maximal möglichen Verlustpotenziale abbilden, die bei extremen, aber plausiblen Marktsituationen auftreten können, werden Stresstests durchgeführt. Derartige Verfahren werden für umfassen die wesentlichen Risikoarten angewendet und dienen insbesondere dazu, die Risikotragfähigkeit des Konzerns auch unter extremen Marktbedingungen zu überprüfen.

Da die Zahlungsfähigkeit unmittelbar Einfluss auf den Fortbestand des Kreditinstituts hat, kommt dem Liquiditätsrisikomanagement besondere Bedeutung zu. Dem kann durch ein tägliches Stresstesting Rechnung getragen werden, das erwartete und unerwartete Cashflows sowie die Entwicklung der Liquiditätsreserven auf täglicher Basis über einen Prognosezeitraum von zwölf Monaten analysiert.

Erwarteter Verlust

Zur Einschätzung der Profitabilität von Geschäften, und um einem schleichenden Eigenkapitalverzehr vorzubeugen, wird von Kreditinstituten das Konzept des ausfallbedingten, erwarteten Verlusts verwendet. Der erwartete Verlust wird typischerweise für Kredite und Geldmarktgeschäfte sowie für Wertpapier- und Derivatepositionen im Rahmen der Kreditportfoliorechnung ermittelt. Grundlage dieser Rechnung sind auf Basis historischer Verlustdaten abgeleitete Einjahres-Ausfallwahrscheinlichkeiten, die zusätzlich geschäfts-

---

175 Die Darstellung erfolgt in Anlehnung an den *DZ BANK Risikolagebericht (2007)*, S. 95f.

spezifische Besonderheiten berücksichtigen. In die Ermittlung der ausfallrisikobehafteten Exposures fließen unter anderem bewertbare Sicherheiten, *Netting*-Verträge und aufgrund historischer Erfahrungen erwartete Wiedereinbringungsquoten ein.

Volumenorientiertes Kreditrisikomanagement

Die Steuerung einzelner Kreditengagements erfolgt auf Basis der Analyse des Bruttokreditvolumens. Der Betrachtungszeitraum entspricht dabei grundsätzlich dem Überwachungszyklus von einem Jahr. Problemkredite werden in der Regel unterjährig überwacht. Das volumenorientierte Kreditrisikomanagement ist neben dem risikobezogenen Kreditportfoliomanagement ein Baustein des Managements von Risikokonzentrationen im Kreditgeschäft.

Limitierungskonzepte

Kreditinstitute verfügen regelmäßig über Limitsysteme, die sicherstellen, dass die Risikotragfähigkeit jederzeit gewährleistet ist. Je nach Geschäfts- und Risikoart handelt es sich dabei um Risikolimite oder um Volumenlimite. Während Risikolimite in allen Risikoarten die mit einem ökonomischen Modell gemessenen Exposures begrenzen, werden Volumenlimite ergänzend bei kontrahentenbezogenen Geschäften verwendet. Darüber hinaus wird das Risikomanagement häufig durch die Limitierung von steuerungsrelevanten Kennzahlen unterstützt.

Sicherungskonzepte

Techniken zur Absicherung und Minderung von Risiken, verbunden mit der Überwachung der Wirksamkeit von Sicherungsbeziehungen, sind insbesondere für das Kreditrisiko, das mit börsennotierten Beteiligungen verbundene Risiko und das Marktpreisrisiko einsetzbar.

▪ **Sicherungsziele und Überwachung der Sicherungsmaßnahmen**
Durch die gezielte Veränderung von Risikopositionen aufgrund der Anpassung von Volumen und Risikostruktur der Grundgeschäfte kann erreicht werden, dass die gemessenen Exposures die eingeräumten Volumen- und Risikolimite nicht überschreiten. Des Weiteren wird die Einhaltung der Limite im Kreditgeschäft über eine bonitätsorientierte Auswahl der Geschäftspartner gesteuert. Darüber hinaus können Risiken durch den Einsatz geeigneter Sicherungsinstrumente an externe Kontrahenten transferiert werden. Die Sicherungsmaßnahmen sollten grundsätzlich unter Beachtung der jeweiligen schriftlich fixierten strategischen Vorgaben angewendet werden.

■ **Gesicherte Grundgeschäfte und Sicherungsgeschäfte**

Die gesicherten Grundgeschäfte im klassischen Kreditgeschäft umfassen das kommerzielle Kreditgeschäft einschließlich von Bürgschaften und Garantien sowie von offenen Kreditzusagen. Die Abschirmung der Grundgeschäfte gegen Ausfallrisiken wird im Rahmen von Einzelfallentscheidungen durch die Hereinnahme klassischer Sicherheiten gewährleistet. Zur Absicherung von Zinsrisiken werden Derivate eingesetzt. Bezogen auf das Wiedereindeckungsrisiko sind gesicherte Grundgeschäfte solche Geschäfte, die auf Basis von Rahmenverträgen (*ISDA Master Agreement* bzw. *Deutscher Rahmenvertrag*) als besicherbar abgeschlossen werden können. Geschäfte, deren Einbeziehung in einen Rahmenvertrag nicht möglich ist, werden nicht besichert. Als *Collaterals* sind nur Barsicherheiten und Staatsanleihen vorgesehen. Zur Minderung des Emittentenrisikos, werden Bonds, aber auch nachrangige Wertpapiere des gleichen Schuldners über Kreditderivate besichert. Die Sicherheit aus dem Kreditderivat wird gegenüber der besicherten Einheit bzw. der garantiegebenden Einheit angerechnet.

Im Bereich des Marktpreisrisikos und des Beteiligungsrisikos stellen gesicherte Grundgeschäfte die eingegangenen Positionen bzw. börsennotierte Beteiligungen dar. Sicherungsgeschäfte sind in diesem Zusammenhang entweder gegenläufige Grundgeschäfte oder aber Derivate.

Behandlung von Risikokonzentrationen

Das Management von Risikokonzentrationen hat zum Ziel, Bestandsgefährdungen zu erkennen, die aus strategiekonformen Risikokonzentrationen – also der ungleichmäßigen Verteilung von Exposure- oder Risikogrößen – resultieren, und gegebenenfalls notwendige Gegenmaßnahmen einzuleiten. Um Konzentrationen im Kreditgeschäft[176] und im Beteiligungsgeschäft darzustellen, wird das Exposure häufig Wirtschaftsbereichen, geografischen Regionen, Restlaufzeiten, Größenklassen und Bonitätsklassen zugeordnet. Im Bereich des Liquiditätsrisikos werden Klumpenrisiken anhand der Verteilung des Refinanzierungsvolumens auf die Fundingquellen transparent. Konzentrationen im Bereich des operationellen Risikos betreffen beispielsweise *IT*-Systeme, wenn diese nur von wenigen Softwareanbietern bereitgestellt werden. Die Fokussierung eines Kreditinstituts auf wenige Geschäftsfelder – im Grenzfall auf nur ein Produkt und einen Absatzmarkt – können zu Konzentrationen führen, die im Rahmen des strategischen Risikos erfasst und gesteuert werden. Im operationellen Risiko und im strategischen Risiko erfolgt die Steuerung von Risikokonzentrationen überwiegend in qualitativer Hinsicht, da aufgrund des Ausbaugrads der Risikomessverfahren eine Quantifizierung von Klumpenrisiken nur unzureichend möglich ist.

---

176 Eine ausführliche Darstellung der konzeptionellen Grundlagen von Konzentrationsrisiken in Kreditportfolios ist *Deutsche Bundesbank (2006)*, S. 35f., enthalten.

Neben der volumenorientierten Darstellung von Risikokonzentrationen können Konzentrationseffekte anhand des gemessenen Risikos dargestellt werden, sofern statistische Risikomodelle – das sind überwiegend *Value-at-Risk*-Verfahren – zum Einsatz kommen. Dies ist regelmäßig für das Kreditrisiko, das Beteiligungsrisiko und das Marktpreisrisiko der Fall. Die Konzentrationsmessung erfolgt zunächst innerhalb einzelner Risikoarten durch Berücksichtigung der Auswirkung von Veränderungen der einzelnen Risikofaktoren, wobei die Risikoberechnung auf vorgegebenen Korrelationen zwischen diesen Faktoren basiert. So verwenden die Kreditrisikomodelle Industriesektoren, Kontrahenten und Bonitätsstruktur als Einflussgrößen für die Ermittlung des Risikos im Kreditportfolio. Dagegen werden für die Berechnung des *Value-at-Risk* im Marktpreisrisiko meist Aktienkurse, Zinssätze, Währungskurse und Rohwarenpreise und deren Korrelation untereinander als Risikofaktoren verwendet.

Darüber hinaus werden Risikokonzentrationen anhand von Korrelationen zwischen den verschiedenen Risikoarten abgebildet. Um derartige Wechselwirkungen darzustellen, werden häufig empirisch fundierte Korrelationsmatrizen eingesetzt.

Grenzen der Messkonzepte

Sofern dies der Unternehmenspraxis entspricht, sollte erläutert werden, dass die Messkonzepte einer regelmäßigen Überprüfung durch das Risikocontrolling sowie durch die interne Revision und durch externe Wirtschaftsprüfer unterliegen. Darüber hinaus ist es angebracht, darauf hinzuweisen, dass trotz sorgfältiger Modellentwicklung und regelmäßiger Kontrolle Konstellationen entstehen können, bei denen die tatsächlichen Verluste höher ausfallen als durch die Risikomodelle prognostiziert.[177] Dieses Modellrisiko wird durch das Vorhalten eines Kapitalpuffers abgefedert.[178]

4.4.3   Risikokapitalmanagement

4.4.3.1   Muster-Risikobericht

Aufbauend auf Angaben zu Zielen und der Strategie des Risikokapitalmanagements gliedert sich der vorliegende Abschnitt in die beiden Blöcke „Management der ökonomischen Kapitaladäquanz" und „Management der aufsichtsrechtlichen Kapitaladäquanz". Ein Vergleich der Kapitalkonzepte rundet den Abschnitt ab. Der folgende Ausschnitt des Muster-Risikoberichts liefert einen Überblick der in diesem Kapitel zu erbringenden Angaben. Die Darstellung illustriert die Notwendigkeit einer parallelen Berichterstattung über das Risikokapitalmanagement im handelsrechtlichen und im aufsichtsrechtlichen Risikobericht, die auf die unterschiedlichen Kapitalkonzepte zurückzuführen ist.

---

177 Vgl. *DZ BANK Risikolagebericht (2007)*, S. 95f.
178 Sofern die verfügbare Risikodeckungsmasse nicht vollständig auf die Verlustobergrenzen allokiert wird, stellt die verbleibende Differenz den Kapitalpuffer dar.

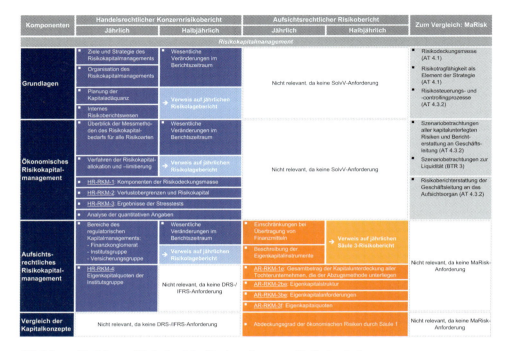

Abbildung 42: Muster-Risikobericht für Angaben zum Risikokapitalmanagement

4.4.3.2   Grundlagen des Risikokapitalmanagements

Gemäß *IAS 1.134* hat ein Unternehmen Angaben zu veröffentlichen, die den Berichts-adressaten eine Bewertung der mit dem Kapitalmanagement verfolgten Ziele sowie der eingesetzten Methoden und Prozesse ermöglichen. *IAS 1.135a* konkretisiert die Vorgaben von *IAS 1.134*. Insbesondere ist gemäß *IAS 1.135a(III)* darzulegen, wie ein Kreditinstitut seine Ziele für das Kapitalmanagement erfüllt. In der Regel werden die Ziele im Rahmen der Risikopolitik abgesteckt; zur Erfüllung der Ziele werden Strategien formuliert. So wird es Ziel eines Kreditinstituts sein, dafür Sorge zu tragen, dass die Risikonahme jeder-zeit im Einklang mit der Kapitalausstattung des Konzern steht. Strategien zur Erreichung dieses Ziels sind beispielsweise die Integration des Risikokapitalmanagements in die Un-ternehmenssteuerung, die aktive Steuerung der ökonomischen Kapitaladäquanz auf Ba-sis der internen Risikomessmethoden nach Rendite- und Risikogesichtspunkten sowie die Einhaltung der aufsichtsrechtlichen Kapitaladäquanzanforderungen. Nach *IAS 1* sind An-gaben zu intern gesetzten Kapitalzielen und deren Erreichung nicht erforderlich.

Darüber hinaus sollte dargestellt werden, in welcher Weise die internen und externen Ka-pitalziele in den jährlichen Planungsprozess des Kreditinstituts einbezogen werden. So wird häufig eine Planung der risikogewichteten Aktiva auf Konzernebene vorgenommen, um unerwartete Belastungen der internen ökonomischen Zielwerte und regulatorischen Kapitalquoten zu vermeiden und eine strategiekonforme Entwicklung der Risiken sicherzustellen. Dieser Prozess mündet in eine Bedarfsplanung für die im Konzern benötigten aufsichtsrechtlichen Eigenmittel. Die Deckung dieses Bedarfs und die Durchführung entsprechender Emissionsmaßnahmen werden in der Regel über das *Treasury* der Muttergesellschaft koordiniert.

Offenlegungspflichten zur Organisation des Risikokapitalmanagements resultieren aus *DRS 5-10.17 und 18*. In organisatorischer Hinsicht ist die Geschäftsleitung für die Festlegung der geschäftspolitischen Ziele und der Kapitalausstattung des Kreditinstituts verantwortlich. Die Zuständigkeit für das Risiko- und Kapitalmanagement und die Einhaltung der Risikotragfähigkeit auf Konzernebene liegt häufig im Risikocontrolling des Mutterunternehmens. Die Konzerngesellschaften steuern und überwachen ihre jeweiligen Risiken im Rahmen des konzernweiten Risiko- und Kapitalmanagements eigenständig. Auf Konzernebene sind für die dezentrale Risikosteuerung Mindestvorgaben definiert, die regelmäßig auf Angemessenheit überprüft werden. Der in *Abschnitt 4.4.2.5 (Ziele und Organisation des Risikomanagements)* erläuterte Risikokapitalbericht ist das Instrument zur Kommunikation der für die Risikokapitalsteuerung wesentlichen Angaben an das Top-Management.

4.4.3.3   Ökonomisches Risikokapitalmanagement

4.4.3.3.1 Offenlegungsanforderungen

Nach *§ 325 Absatz 1 SolvV* ist das Verfahren des ökonomischen Risikokapitalmanagements offen zu legen, mit dem die Angemessenheit der Risikodeckungsmasse zur Unterlegung der aktuellen und zukünftigen Aktivitäten der Institutsgruppe beurteilt wird.[179] Ähnliche Anforderungen stellen die *§ 289 Absatz 2 Nummer 2a HGB* bzw. *§ 315 Absatz 2 Nummer 2a HGB* in Verbindung mit *DRS 5-10.24b*, wonach die bei der Quantifizierung zugrunde gelegten Annahmen und angewandten Verfahren zu erläutern sind. Ferner sind gemäß *IAS 1.135a* Angaben zu den in der Berichtsperiode eingesetzten Methoden des ökonomischen Kapitalmanagements zu veröffentlichen. Dabei ist gemäß *IAS 1.135c* auch auf Veränderungen gegenüber der vorangegangenen Berichtsperiode einzugehen.

Die Offenlegung sollte auf der Umsetzung der Mindestanforderungen an die Steuerung der Risikotragfähigkeit aufbauen. Gemäß *AT 4.1* der *MaRisk* ist *„auf der Grundlage des Gesamtrisikoprofils (…) sicherzustellen, dass die wesentlichen Risiken des Instituts durch das Risikodeckungspotenzial, gegebenenfalls unter Berücksichtigung von Wechselwirkungen, laufend abgedeckt sind und damit die Risikotragfähigkeit gegeben ist.“*

---

179 Quantitative Angaben zur Risikodeckungsmasse, zu den Verlustobergrenzen und zum ökonomischen Risikokapitalbedarf sind für die Erfüllung der aufsichtsrechtlichen Offenlegungsanforderungen nicht notwendig.

4.4.3.3.2 Verfahren der Risikokapitalallokation und -limitierung

DRS 5-10.18 und *IAS 1.134* fordern eine Darstellung, auf welche Weise das verfügbare Risikokapital auf die Steuerungseinheiten verteilt und limitiert wird. Ausgangspunkt ist dabei die Risikodeckungsmasse als Ausdruck der maximalen Risikotragfähigkeit eines Kreditinstituts. Die ökonomische Kapitaladäquanz ist dann gewährleistet, wenn die Risikodeckungsmasse den Risikokapitalbedarf übersteigt. Die Einhaltung der Risikotragfähigkeit wird über Verlustobergrenzen operationalisiert, wobei derartige Obergrenzen häufig für Steuerungseinheiten[180] und für Risikoarten festgelegt werden. Die Verlustobergrenzen bilden wiederum die Grundlage für die operativen Limite innerhalb der Steuerungseinheiten. Sie limitieren also das beanspruchbare Risikokapital und damit die Höhe der Gesamtrisiken des Konzerns bzw. einer Steuerungseinheit.

Die Allokation des Risikokapitals wird auf Basis eines Rendite-Risiko-Kalküls vorgenommen. Dabei wird jenen Steuerungseinheiten, die für eine Einheit Risikokapital den größten bereinigten Ergebnisbeitrag leisten, die größte Menge an Risikokapital zugeteilt. Die Höhe des allokierten Risikokapitals wird darüber hinaus von der strategischen Priorität einer Steuerungseinheit bestimmt und durch den Kapitalbedarf begrenzt, der für die Unterlegung der aus den Geschäftsaktivitäten resultierenden Risikoaktiva maximal erforderlich ist. Diese auf dem *RORAC*-Konzept basierende Vorgehensweise, die auch Diversifikationseffekte zwischen den Risiken berücksichtigt, wird als Kapitalallokation bezeichnet.Der Prozess wird im Rahmen der Unternehmensplanung von der Muttergesellschaft gesteuert und mit den Tochtergesellschaften abgestimmt.

4.4.3.3.3 Komponenten der ökonomischen Risikodeckungsmasse

Gemäß *IAS 1.135a(I)* sind die Komponenten des gesteuerten Kapitals zu beschreiben und nach *IAS 1.135b-c* sind zusammenfassende quantitative Angaben über dieses Kapital offen zu legen. Damit wird Bezug auf die für das interne Risikomanagement verwendete Definition der Risikodeckungsmasse genommen. Nicht gefordert ist die detaillierte Offenlegung aller Bestandteile der Risikodeckungsmasse; eine Gruppierung der Komponenten ist ausreichend.

Der Kreis der einbezogenen Gesellschaften entspricht den Konzerngesellschaften, die auch in das Konzernrisikomanagement einbezogen sind *(Management Approach)*. Darstellungsform und Methoden und Bemessungsgrundlagen für die Wertermittlung folgen den bilanziellen Ansätzen *(Balance Sheet Approach)*.

---

180 Auf Konzernebene können Steuerungseinheiten als juristische Einheiten (Konzerngesellschaften) oder in Form von Segmenten definiert sein. Innerhalb des Einzelinstituts bilden die zur Unterlegung ihrer Geschäftsaktivitäten Risikokapital verbrauchenden Organisationseinheiten oder aber entsprechende Segmente die relevanten Steuerungseinheiten.

In Literatur und Praxis werden drei Varianten zur Ermittlung der Risikodeckungsmasse unterschieden[181]: das bilanzorientierte Konzept, das GuV-orientierte Konzept und das barwertorientierte Konzept. In der Praxis ist überwiegend das bilanzorientierte Konzept vorzufinden. Die Offenlegung erfolgt häufig als Fließtext (Offenlegungsformat HR-RKM-1). Die Zusammensetzung der ökonomischen Risikodeckungsmasse orientiert sich in vielen Instituten an den *IAS-/IFRS*-Vorschriften und beinhaltet neben den bilanziellen Eigenkapitalbestandteilen und eigenkapitalnahen Komponenten auch im Verlustfall realisierbare Reserven, langfristig zur Verfügung stehende Verbindlichkeiten, die bis zur vollen Höhe am Verlust teilnehmen, und ausgewählte Ergebniskomponenten.

Die *Bayerische Landesbank* zeigt in ihrem Risikolagebericht[182] einen detaillierten Aufriss der Risikodeckungsmasse und geht damit über die Anforderungen des *IAS 1.135b-c* hinaus. Die Darstellung kann als *Best-practice*-Beispiel dienen (siehe *Abbildung 43*).

Stufe I	**Kurzfristig verfügbare Reserven und Plangewinn**
	• Geplante Zuführung zu den Gewinnrücklagen
	• Stille Reserven im Wertpapier-/Derivatebestand (abzgl. stille Lasten)
	• Fonds für allgemeine Bankrisiken nach § 340g HGB
	• Vorsorgereserven nach § 340f HGB
	• Geplante Ausschüttung
Stufe II	**Langfristig verfügbare Reserven**
	• Stille Reserven im Beteiligungsbestand (abzgl. stille Lasten und stille Reserven in konzernstrategischen Tochterunternehmen)
Stufe III	**Eigenkapital (im engeren Sinne)**
	• Grundkapital
	• Kapital- und Gewinnrücklagen
	• Unbefristete stille Einlagen von (mittelbaren) Anteilseignern
	• Fonds zur bauspartechnischen Absicherung
	• ./. Buchwerte konzernstrategischer Tochterunternehmen
Stufe IV	**Eigenkapitaläquivalente**
	• Befristete stille Einlagen von (mittelbaren) Anteilseignern
	• Stille Einlagen von Sonstigen
	• Genussrechte
	• Nachrangige Verbindlichkeiten
	• ./. Eigene nachrangige Verbindlichkeiten und Genussrechte im Bestand

Abbildung 43: Zusammensetzung der Risikodeckungsmasse am Beispiel der Bayerischen Landesbank

---

181 Vgl. *Steria Mummert Consulting AG (2006)*.
182 *Bayerische Landesbank Risikolagebericht (2007)*, S. 31.

4.4.3.3.4 Risikokapitalbedarf

Verfahren zur Ermittlung des ökonomischen Risikokapitalbedarfs

Ein Kreditinstitut hat im Risikolagebericht darzulegen, mit welchen Verfahren der ökonomische Risikokapitalbedarf in den einzelnen Risikoarten und für das Gesamtinstitut ermittelt wird. Dazu sollte ein Hinweis auf die Verwendung interner Risikomessmethoden erfolgen. Zudem sind die wesentlichen Charakteristika dieser Verfahren, die alle wesentlichen Risikoarten berücksichtigen, darzustellen.

Auf *Value-at-Risk*-Ansätzen basierende interne Modelle werden insbesondere für Kreditrisiken, Beteiligungsrisiken und Marktpreisrisiken verwendet. Je nach Umsetzungsstand in den Kreditinstituten erfolgt die Abschätzung des Verlustpotenzials aus operationellen Risiken entweder mit dem aufsichtsrechtlichen Standardansatz oder als *Value-at-Risk*. Die Quantifizierung der strategischen Risiken basiert häufig auf einer empirischen *Benchmark*-Analyse. Der Risikokapitalbedarf des Konzerns resultiert aus einer Aggregation über die Risikoarten aller Gesellschaften. Dabei sollten Diversifikationseffekte zwischen verschiedenen Risikoarten innerhalb der Konzerngesellschaften berücksichtigt werden, um die Anforderungen der *Baseler Säule 2* bzw. der *MaRisk (AT 4.1)* an ein konzernweit integriertes Risikokapitalmanagement zu erfüllen. Mit der Darstellung der Aggregation über alle Risikoarten werden die Anforderungen des *DRS 5-10.17* nach Offenlegung der Integration der Einzelrisiken erfüllt.

Quantifizierung des ökonomischen Risikokapitalbedarfs

Durch die Gegenüberstellung der aus der Risikodeckungsmasse abgeleiteten Verlustobergrenzen und dem Risikokapitalbedarf in Tabelle *HR-RKM-2* werden die Anforderungen des *DRS 5-10.43* an die Darstellung eines Gesamtbilds der Risikolage unter Eingehen auf das zur Risikoabdeckung vorhandene Eigenkapital erfüllt. Auf diese Weise wird die Risikotragfähigkeit des Konzerns quantifiziert.

Alle Determinanten von Tabelle *HR-RKM-2* – Konsolidierungskreis, Darstellungsform und Methoden und Bemessungsgrundlage – sind an den Verfahren ausgerichtet, die für das Risikomanagement des Konzerns verwendet werden *(Management Approach)*.

in Mio. €	Verlustobergrenze		Risikokapitalbedarf	
	31.12.2008	31.12.2007	31.12.2008	31.12.2007
Kreditrisiko				
Beteiligungsrisiko				
Marktpreisrisiko				
Operationelles Risiko				
Strategisches Risiko				
Summe nach Diversifikation				

Offenlegungsformat 1: Verlustobergrenzen und Risikokapitalbedarf [HR-RKM-2]

4.4.3.3.5 Stresstests

Offenlegungsanforderungen und Umsetzungskonzept

Zur Umsetzung von *DRS 5-10.26* ist zu erläutern, in welcher Form die Auswirkungen von Krisenszenarien auf die Risikolage des Kreditinstituts im Rahmen von Stresstests quantifiziert werden. Zudem sind die Ergebnisse der Stresstests für alle einbezogenen Risikoarten offen zu legen. Vergleichbare Anforderungen – allerdings nur für das Marktpreisrisiko – stellen *IFRS 7.40a* bzw. *IFRS 7.41*. Aus Gründen der Übersichtlichkeit sollte die Offenlegung sowohl der qualitativen als auch der quantitativen Angaben zum Stresstest an zentraler Stelle im Risikolagebericht des Konzerns erfolgen. Dafür ist das Kapitel „*Risikokapitalmanagement*" geeignet, da Stresstests unter anderem die Auswirkungen der Änderungen von Risikofaktoren auf die Risikodeckungsmasse überprüfen.[183] Im Falle der zentralen Offenlegung kann auf qualitative und quantitative Angaben zu den Stresstests in den Risikoartenkapiteln des handelsrechtlichen Risikoberichts verzichtet werden.

Problematik der Offenlegung von Stresstest-Ergebnissen

Die Anforderungen an die quantitative Berichterstattung von *Stresstest*-Ergebnissen in den Regelwerken zur Offenlegung sind nicht hinreichend instruktiv, um daraus aussagefähige Offenlegungsformate ableiten zu können. Auch die aktuelle Berichtspraxis[184] zeigt kein einheitliches Bild bei der externen Berichterstattung über *Stresstest*-Ergebnisse. Nur wenige Kreditinstitute legen quantitative Angaben für alle Risikoarten offen. Am weitesten entwickelt ist das *Stresstest*-Reporting von Marktpreisrisiken und von Liquiditätsrisi-

---

183 Obwohl *Stresstests* des Liquiditätsrisikos in Ermangelung einer Kapitalunterlegung für diese Risikoart konzeptionell nicht Bestandteil des Risikokapitalmanagements sind, sollte die Offenlegung aus Gründen der Berichtsklarheit gebündelt mit den Stresstests für die kapitalunterlegten Risikoarten erfolgen.

184 Basis für die Einschätzungen sind die Risikolageberichte des Geschäftsjahres 2007 ausgewählter Kreditinstitute.

ken[185], wobei die Offenlegungsformate stark variieren. Die Offenlegung sollte daher vorerst im Rahmen von Fliesstext erfolgen, bis sich ein Marktstandard für die Inhalte und das Format der Offenlegung von *Stresstest*-Ergebnissen herausgebildet haben.

4.4.3.4   Aufsichtsrechtliches Risikokapitalmanagement

Bereiche des regulatorischen Kapitalmanagements

Kreditinstitute unterliegen entweder als Einzelgesellschaften oder als Mutterunternehmen einer aufsichtsrechtlichen Institutsgruppe den Offenlegungspflichten der *Solvabilitätsverordnung*. Sie haben darüber hinaus gemäß *IAS 1.135(II)* Angaben über die Art der regulatorischen Mindestanforderungen zu machen und über die Art und Weise zu berichten, wie diese in das Kapitalmanagement einbezogen werden.

Sofern eine Institutsgruppe von der Aufsicht zusätzlich als Finanzkonglomerat[186] eingestuft worden ist, gelten die Anforderungen des *IAS 1.135a(II)* auch für das Finanzkonglomerat. Darüber hinaus ist die Versicherungsgruppe, die neben der Institutsgruppe Bestandteil des Finanzkonglomerats ist, von den Offenlegungspflichten der *IAS-/IFRS* betroffen. Eigenständige regulatorische Offenlegungspflichten für ein Finanzkonglomerat sowie für die Versicherung bzw. die Versicherungsgruppe existieren zurzeit nicht.[187] Gleichwohl ist es im Sinne einer entscheidungsnützlichen Berichterstattung empfehlenswert, sowohl quantitative Angaben zur Finanzkonglomerate-Solvabilität[188] als auch zur Solvabilität der Versicherung bzw. der Versicherungsgruppe offen zu legen.

Aufsichtsrechtliche Eigenmittel[189]

In Tabelle *AR-RKM-2be*[190] werden gemäß *§ 324 Absatz 2 SolvV* die zusammengefassten Eigenmittel des gesamten aufsichtsrechtlichen Konsolidierungskreises, differenziert nach wesentlichen Elementen des Kernkapitals, der Summe von Ergänzungskapital und Drittrangmitteln, den Abzugspositionen vom Kern- und Ergänzungskapital und dem modifi-

---

185 Vgl. *Deutsche Bank Risikolagebericht (2007)*, S. 96.
186 Die erweiterte Finanzkonglomerate-Aufsicht ist im *Finanzkonglomeraterichtlinie-Umsetzungsgesetz* geregelt; sie betrifft Gruppen von Finanzunternehmen, die im Banken- und Versicherungsbereich in erheblichem Maße branchenübergreifend tätig sind. Sie führt auf Konglomeratsebene unter anderem zu einer genaueren Beurteilung von Risiken im Zusammenhang mit der Eigenkapitalausstattung, von Risikokonzentrationen und von gruppeninternen Geschäften.
187 Im Rahmen der noch andauernden Umsetzung von *Solvency II* sollen für die Versicherungswirtschaft ähnliche Aufsichtsstrukturen implementiert werden wie für das Kreditwesen mit *Basel II*. Dies beinhaltet auch Offenlegungspflichten, die mit der *Baseler Säule 3* vergleichbar sind.
188 Die Finanzkonglomerate-Solvabilität ist der Betrag, der sich aus der Differenz zwischen der Summe der anrechenbaren Eigenmittel des Finanzkonglomerats und der Summe der Solvabilitätsanforderungen des Konglomerats ergibt. Der daraus ermittelte Bedeckungssatz muss mindestens 100 Prozent betragen.
189 Vgl. dazu auch *Hecker (2008 b)*.
190 Das Offenlegungsformat basiert auf *Tabelle 2b bis 2e* der *Fachgremium-Anwendungsbeispiele*.

zierten verfügbaren Eigenkapital offen gelegt. Das modifizierte verfügbare Eigenkapital bezieht sich nach *§ 10 Absatz 1d KWG* auf die Bestandteile der aufsichtsrechtlichen Eigenmittel, die zum Nachweis der Angemessenheit der Eigenmittelausstattung gemäß *§ 3 SolvV* zur Verfügung stehen. Daher werden die Abzüge vom haftenden Eigenkapital aus Großkreditüberschreitungen und Beteiligungen an Versicherungen nicht kapitalmindernd berücksichtigt.

Bei der Umsetzung von *§ 324 Absatz 2 SolvV* ist die Identität der publizierten Werte mit der *SolvV*-Meldung eine strenge Nebenbedingung, denn anhand der Eigenkapitalanforderungen und der Eigenmittel wird die regulatorische Kapitaladäquanz in Form von Kapitalquoten ermittelt. Bei diesen zentralen Größen des regulatorischen Kapitalregimes sollten Abweichungen zwischen der Offenlegung und der Meldung an die Aufsichtsbehörden, die etwa aus unterschiedlichen Konsolidierungskreisen resultieren, vermieden werden. Daher sollte hier – abweichend von der generellen Vorgehensweise bei der *Säule 3*-Offenlegung – zur Ermittlung der vollständige aufsichtsrechtliche Konsolidierungskreis zugrunde gelegt werden *(Regulatory Approach)*. Auch die Darstellungsform und die verwendeten Bemessungsgrundlagen für die Wertermittlung folgen dem regulatorischen Ansatz.

in Mio. € **Eigenmittelinstrumente**	**Betrag**
Eingezahltes Kapital	
Kapitalrücklage und sonstige anrechenbare Rücklagen	
Sonderposten für allgemeine Bankrisiken nach § 340g HGB	
Andere Kernkapitalbestandteile	
Abzugspositionen vom Kernkapital nach § 10 Absatz 2a Satz 2 KWG	
Abzugspositionen vom Kernkapital nach § 10 Absatz 6 und Absatz 6a KWG	
Summe des Kernkapitals nach § 10 Absatz 2a KWG	
Summe des Ergänzungskapitals vor Kapitalabzugspositonen nach § 10 Abs. 2b KWG	
Abzugspositionen vom Ergänzungskapital nach § 10 Abs. 6 und Abs. 6a KWG	
Summe des Ergänzungskapitals nach § 10 Absatz 2b KWG und der anrechenbaren Drittrangmittel nach § 10 Absatz 2c KWG	
Summe des modifizierten verfügbaren Eigenkapitals nach § 10 Abs. 1d KWG und der anrechenbaren Drittrangmittel nach § 10 Abs. 2c KWG	
Nachrichtlich: Wertberichtigungsfehlbeträge und erwartete Verlustbeträge für IRBA-Positionen gemäß § 10 Abs. 6a Nr. 1 und Nr. 2 KWG	

Offenlegungsformat 2: Eigenkapitalstruktur [AR-RKM-2be]

Offenlegung von Wertberichtigungsfehlbeträgen im aufsichtsrechtlichen Risikobericht[191]

Sofern die gebildeten Wertberichtigungen den mit den *IRB*-Verfahren ermittelten erwarteten Verlust nicht abdecken, ist der Fehlbetrag – der sogenannte *Shortfall of provisions* – gemäß *§ 324 Absatz 2 Nummer 3 SolvV* vom Eigenkapital abzuziehen. Der Abzug wird jeweils hälftig vom Kernkapital und vom Ergänzungskapital vorgenommen. Unter sonst gleichen Bedingungen führt dies zu einer Verschlechterung der Kapitalquoten. Sofern der in *AR-RKM-2be* offen gelegte Wertberichtigungsfehlbetrag einen materiellen Umfang annimmt, sollten die Hintergründe im aufsichtsrechtlichen Risikobericht erläutert werden.

Aufgrund der konzeptionellen Unterschiede zwischen Risikovorsorge und erwarteten Verlusten ist das Heranziehen von Wertberichtigungsfehlbeträgen als Indikator für die Qualität der Verlustschätzungen problematisch: Die Ermittlung der Risikovorsorge basiert auf dem sogenannten *Incurred loss (IL)*-Modell gemäß *IAS 39*, nach dem Risikovorsorge nur für eingetretene, nicht aber für erwartete Wertminderungen gebildet wird. Dabei gilt folgende Beziehung: $IL = PD_{t=0} \ x \ EAD_{t=0} \ x \ LGD$.[192] Dagegen folgt die Abschätzung erwarteter Verluste dem *Expected loss (EL)*-Modell, das bei der Ermittlung erwarteter Verluste einen Prognosezeitraum von einem Jahr unterstellt. Der erwartete Verlust wird wie folgt ermittelt: $EL = PD_{t=1} \ x \ EAD_{t=1} \ x \ LGD$.

Um eine Fehlinformation des Kapitalmarkts zu vermeiden, sollte das Entstehen von Wertberichtigungsfehlbeträgen durch die Verwendung der aufsichtsrechtlichen Parameter (*PD*, *LGD*, Ausfallkriterien) auch für die Risikovorsorgebildung in der *IAS-/IFRS*-Rechnungslegung umgangen werden. Dies setzt die Angleichung der im Risikomanagement, im Rechnungswesen und im Meldewesen verwendeten Methoden zur Verlustermittlung voraus.

---

191 Vgl. Zum Verhältnis zwischen *IFRS* und *Basel II* bezüglich der Risikovorsorge vgl. *Pricewaterhouse Coopers / connectedthinking (2006)*, S. 18ff.

192 Die *PD* (*Probability of Default, Ausfallwahrscheinlichkeit*) ist die geschätzte, auf ein Jahr bezogene Wahrscheinlichkeit, dass ein Kreditnehmer seinen Verpflichtungen aus einem Kreditgeschäft nicht oder nicht in voller Höhe nachkommt (Ausfallereignis). Sie wird je Risikoklasse (Ratingklasse) ermittelt und den Kreditnehmern, die dieser Risikoklasse angehören, zugeordnet.
Der *IRB-Ansatz* zur Ermittlung der aufsichtsrechtlichen Eigenkapitalunterlegung für das Adressenausfallrisiko basiert auf Ausfallwahrscheinlichkeiten, die mittels eines anerkannten Ratingsystems geschätzt werden. Der *EAD* (*Exposure at Default, synonym: Positionswert*) ist der mit einem Zeithorizont von einem Jahr erwarteten Kreditbetrag, der im Fall eines Ausfallereignisses einem Kreditrisiko ausgesetzt ist. Der fortgeschrittene *IRB-Ansatz* zur Ermittlung der aufsichtsrechtlichen Eigenkapitalunterlegung für das Kreditrisiko basiert auf intern geschätzten Positionswerten. Der *LGD* (*Loss-Given Default, Verlust bei Ausfall*) ist die geschätzte Höhe des Verlusts nach Eintritt eines Ausfallereignisses, der im Wesentlichen durch die Struktur des Kreditengagements bestimmt wird. Der fortgeschrittene *IRB-Ansatz* und der *IRB-Ansatz* für das Mengengeschäft zur Ermittlung der aufsichtsrechtlichen Eigenkapitalunterlegung für das Kreditrisiko basieren auf intern geschätzten Verlustquoten.

Beschreibung der aufsichtsrechtlichen Eigenmittelinstrumente

Gemäß *§ 324 Absatz 1 SolvV* sind die wichtigsten Bedingungen und Konditionen der Eigenmittelinstrumente zusammenfassend offen zu legen. Dabei empfiehlt es sich, bei der Erläuterung an die in Tabelle *AR-RKM-2be* gezeigten Komponenten anzuknüpfen. Unter *Bedingungen* sind beispielsweise die Rangfolge der Rückzahlung im Konkursfall und der Ausschüttungsmodus zu verstehen. Relevante *Konditionen* sind etwa die Laufzeit der Eigenmittelinstrumente und deren Verzinsung.

Einschränkungen bei der Übertragung von Eigenmitteln

Zur Erfüllung von *§ 323 Absatz 1 Nummer 3 SolvV* sind existierende Einschränkungen für die Übertragung von Finanzmitteln oder haftendem Eigenkapital in der Offenlegung zu benennen. Damit sind Restriktionen für den Transfer von Eigenkapital innerhalb der Institutsgruppe gemeint, die von dritter Seite auferlegt wurden und dem Einfluss der Konzernleitung entzogen sind. Hierbei kann es sich beispielsweise um das Verbot von Kapitaltransfers zum inländischen Mutterunternehmen handeln, wenn das Tochterunternehmen seinen Sitz im Ausland hat.

Gesamtbetrag der Kapitalunterdeckung aller Tochtergesellschaften, die der Abzugsmethode unterliegen[193]

Ein Kapitalfehlbetrag liegt vor, wenn die Summe der Anrechnungsbeträge für Kreditrisiken und operationelle Risiken das modifizierte verfügbare Eigenkapital übersteigt. Ebenso ist von einem Kapitalfehlbetrag auszugehen, wenn die Summe der Anrechnungsbeträge für Marktpreisrisikopositionen und für die Optionsgeschäfte eines Institutes größer ist als die Summe aus dem nach Abzug der Anrechnungsbeträge für Kreditrisiken und operationelle Risiken verbleibenden modifiziertem Eigenkapital und den anrechenbaren Drittrangmitteln.

Kreditinstitute und Finanzdienstleistungsunternehmen zählen in den meisten *OECD*-Staaten zu den Unternehmen, die einer *Basel II*-konformen bankaufsichtsrechtlichen Gesetzgebung unterliegen. Aufgrund der engmaschigen Bankenaufsicht ist zu erwarten, dass bereits im Vorfeld einer drohenden Unterschreitung der Kapitalquoten geeignete Maßnahmen (Erhöhung des regulatorischen Kapitals und Verminderung der Risikoaktiva) eingeleitet werden, die sicherstellen, dass das Kreditinstitut die Mindestanforderungen einhält. Daher dürften Kapitalunterdeckungen die gemäß § 323 Absatz 2 SolvV offen zu legen wären, in der Praxis nur unter außergewöhnlichen Umständen auftreten. Vor diesem Hintergrund wird auf eine Darstellung und Erläuterung der Angabe *AR-RKM-1e*, zu deren

---

193 Vgl. dazu auch *Hecker (2008 b)*, S. 71ff.

Umsetzung vom *Fachgremium* die *Tabelle 1(e)* vorgeschlagen wurde, verzichtet. Sollte eine Kapitalunterdeckung tatsächlich vorkommen, erscheint die Darstellung innerhalb des Fließtextes angemessen.

Aufsichtsrechtliche Kapitalanforderungen[194]

Tabelle *AR-RKM 3be*[195] setzt *§ 325 Absatz 2 SolvV* um, und zeigt die Eigenkapitalunterlegungsbeträge für die aufsichtsrechtlich relevanten Risikoarten. Dabei sind die Eigenkapitalanforderungen für das Kreditrisiko nach den *KSA-* bzw. den *IRBA-* Forderungsklassen zu differenzieren. Das Kreditrisiko schließt in der aufsichtsrechtlichen Diktion die Risiken aus Beteiligungsinstrumenten ein. Die Anrechnungsbeträge für die Kreditrisikopositionen werden durch Multiplikation der risikogewichteten Positionswerte mit dem Faktor 0,08 ermittelt. Im Marktpreisrisiko wird unterschieden zwischen Portfolios, die nach der *Standardmethode für Marktpreisrisiken* behandelt, und solchen Portfolios, die mithilfe eines zugelassenen internen Modells quantifiziert werden. Mit der Offenlegung der mit der *Marktpreisrisiko-Standardmethode* ermittelten Eigenkapitalunterlegungsbeträge werden die Anforderungen des *§ 330 Absatz 1 SolvV* umgesetzt, sodass eine separate Offenlegung von *AR-MR-10b* unterbleiben kann. Die Kapitalanforderungen für operationelle Risiken werden nach den drei möglichen Verfahren – *Basisindikatoransatz, Standardansatz, fortgeschrittener Ansatz* – dargestellt.

Zur Umsetzung von *§ 325 Absatz 2 SolvV* mit Tabelle *AR-RKM 3be* ist der *Regulatory Approach* anzuwenden.

---

194 Vgl. dazu auch *Hecker (2008 b)*, S. 91ff.
195 Das Offenlegungsformat basiert auf *Tabelle 3(b) bis 3(e)* der *Fachgremium-Anwendungsbeispiele*.

in Mio. € **I. KREDITRISIKEN**	**Eigenkapital-anforderungen**
I.1 Kreditrisiko-Standardansatz	
Zentralregierungen	
Regionalregierungen und örtliche Gebietskörperschaften	
Sonstige öffentliche Stellen	
Multilaterale Entwicklungsbanken	
Internationale Organisationen	
Institute	
Von Instituten emittierte gedeckte Schuldverschreibungen	
Unternehmen	
Mengengeschäft	
Durch Immobilien besicherte Positionen	
Investmentanteile	
Sonstige Positionen	
Überfällige Positionen	
Summe Kreditrisiko-Standardansatz	
I.2 IRB-Ansätze	
Zentralregierungen	
Institute	
Unternehmen	
Mengengeschäft	
davon: grundpfandrechtlich besichert	
davon: qualifiziert revolvierend	
davon: Sonstige	
Sonstige kreditunabhängige Aktiva	
Summe IRB-Ansätze	
I.3 VERBRIEFUNGEN	
Verbriefungen gemäß Kreditrisiko-Standardansatz	
Verbriefungen gemäß IRB-Ansätzen	
Summe Verbriefungen	
I.4 Risiken aus Beteiligungsinstrumenten	
Beteiligungen gemäß IRB-Ansätzen	
davon: Internes Modell-Ansatz	
davon: PD/LGD-Ansatz	
davon: einfacher Risikogewichtsansatz	
davon: börsengehandelte Beteiligungen	
davon: nicht börsengehandelte, aber einem diversifizierten Beteiligungsportfolio zugehörige Beteiligungen	
davon: sonstige Beteiligungen	
Beteiligungen, die von den IRB-Ansätzen ausgenommen wurden	
Summe Risiken aus Beteiligungsinstrumenten	
SUMME KREDITRISIKEN	

in Mio. € II. MARKTPREISRISIKEN	Eigenkapital-anforderungen
Standardverfahren	
davon: Zinsrisiken	
davon: Aktienkursrisiken	
davon: Währungsrisiken	
davon: Risiken aus Rohwarenpositionen	
davon: Sonstige Risiken	
Internes Modell-Ansatz	
SUMME MARKTPREISRISIKEN	

in Mio. € III. OPERATIONELLE RISIKEN	Eigenkapital-anforderungen
Operationelle Risiken gemäß Basisindikatoransatz	
Operationelle Risiken gemäß Standardansatz	
Operationelle Risiken gemäß fortgeschrittenem Messansatz	
SUMME OPERATIONELLE RISIKEN	

in Mio. €	Eigenkapital-anforderungen
GESAMTSUMME	

Offenlegungsformat 3: Eigenkapitalanforderungen [AR-RKM-3be]

Aufsichtsrechtliche Kapitalquoten[196]

Ausdruck der regulatorischen Kapitaladäquanz sind die Kapitalquoten als Verhältnis von Eigenmitteln und der Eigenkapitalanforderung. Dabei wird die Eigenkapitalunterlegung als Produkt aus der Summe der Anrechnungsbeträge für Kreditrisiken, Marktpreisrisiken und operationellen Risiken und dem Faktor 12,5 ermittelt. Die Kernkapitalquote stellt den Quotienten aus dem anrechenbaren Kernkapital und den Eigenkapitalanforderungen dar. Die Gesamtkennziffer ist der Quotient aus den anrechenbaren zusammengefassten Eigenmitteln und der Eigenkapitalanforderung. Die anrechenbaren Eigenmittel sind als Summe der verfügbaren Eigenmittel und den genutzten Drittrangmitteln definiert. Die Kapitalquoten sind gemäß *§ 325 Absatz 2 SolvV* offen zu legen. Die Umsetzung erfolgt mit Tabelle *AR-RKM-3f*[197].

---

196 Vgl. dazu auch *Hecker (2008b)*, S. 111ff.
197 Das Offenlegungsformat basiert *auf Tabelle 3(f)* der *Fachgremium-Anwendungsbeispiele.*

Bei der Implementierung dieser Anforderungen ist – analog zu den aufsichtsrechtlichen Eigenmitteln und der regulatorischen Eigenkapitalunterlegung – der *Regulatory Approach* für alle Determinanten von Tabelle *AR-RKM-3f* anzuwenden.

Kapitalquoten von Tochterunternehmen

[➜ Gestaltungsprinzip 16]

Gemäß *§ 325 Absatz 2 Satz 5 SolvV* hat die Offenlegung von Gesamtkennziffern und Kernkapitalquoten grundsätzlich sowohl auf konsolidierter Ebene für die Institutsgruppe (für den gesamten aufsichtsrechtlichen Konsolidierungskreis) als auch für die signifikanten Institutstochtergesellschaften[198] (auf Einzelebene oder auf unterkonsolidierter Ebene) zu erfolgen. Nach der Begründung zur *Solvabilitätsverordnung* sind diese Angaben allerdings nur dann erforderlich, wenn sie für bankaufsichtliche Zwecke – die Solvabilitätsmeldung – zu errechnen sind. Dabei handelt es sich um die nach den jeweiligen nationalen Regelungen ermittelten Quoten.[199]

Gemäß *§ 2a KWG* besteht die Möglichkeit, von dem Ausweis von Quoten einzelner Gesellschaften abzusehen. Diese Option ist jedoch an Bedingungen geknüpft, die sich insbesondere auf die umfängliche Einbindung der nachgeordneten Unternehmen in das institutsgruppenweite Risikomanagement beziehen (so genannter *Waiver*[200]). Bei Anwendung des *Waivers* ist keine Meldung (und damit auch keine Offenlegung) von Einzel- oder Teilkonzernquoten einzelner Gesellschaften (einschließlich des Mutterunternehmens) erforderlich. Die Offenlegung beschränkt sich in diesem Fall auf die Institutsgruppe. In diesem Zusammenhang sind die qualitativen Offenlegungsanforderungen des *§ 323 Absatz 1 Satz 4* zu beachten, nach denen bei Inanspruchnahme der *Waiver*-Regelung Angaben darüber publiziert werden müssen, inwieweit die in *§ 2a KWG* genannten Bedingungen für die Anwendung des *Waivers* erfüllt werden.

---

198 Unter signifikanten Institutstochtergesellschaften sind die materiellen Unternehmen der Institutsgruppe zu verstehen.

199 Vgl. *Hillen, K. H. (2008)*, S. 2477.

200 Der englische Begriff „Waiver" steht für eine Verzichtserklärung – in diesem Falle der Bankenaufsicht bezüglich der Einrichtung von internen Kontrollverfahren nach § 25a Absatz 1 KWG und aufsichtsrechtlicher Meldepflichten in Bezug auf einzelne Tochterunternehmen einer Institutsgruppe. Details zur Anwendung der Waiver-Regelung werden von *Hecker (2008b)*, S. 70f. dargestellt.

in % Gesellschaften	Gesamt- kennziffer [*)	Kernkapital- quote [*)
Institutsgruppe		
Kreditinstitut 1		
Kreditinstitut 2		
Kreditinstitut 3		
Kreditinstitut 4		
Kreditinstitut 5		
Kreditinstitut 6		
Kreditinstitut 7		
Kreditinstitut 8		

[*) Angaben vor Konsolidierung

Offenlegungsformat 4: Eigenkapitalquoten [AR-RKM-3f]

Kapitalquoten in den handelsrechtlichen Risikoberichten

Gemäß *IAS 1.135d* sind lediglich Angaben darüber erforderlich, ob der Konzern in der Berichtsperiode alle etwaigen externen Mindestkapitalanforderungen erfüllt hat. Für Kreditinstitute handelt es sich dabei um die Kernkapitalquote und die Gesamtkennziffer.[201] Allerdings empfiehlt es sich für Kreditinstitute, den betragsmäßigen Umfang der Erfüllung regulatorischer Mindestkapitalanforderungen – aufgrund ihrer zentralen Bedeutung für die Einschätzung der Solvabilität der Institute – nicht nur in den *Säule 3*-Berichten, sondern auch in den handelsrechtlichen Risikoberichten zu beziffern. Dazu sollten die Kernkapitalquote und die Gesamtkennziffer sowohl zum Berichtsstichtag als auch zum Vorjahresstichtag im Rahmen eines Fließtextes offen gelegt werden, wobei die Angabe der Kennziffern auf Ebene der Institutsgruppe hinreichend ist. Dabei kann auf die Werte aus der Tabelle *AR-RKM-3f* zurückgegriffen werden. Als Offenlegungsformat wird *HR-RKM-4* (*Eigenkapitalquoten*) verwendet.

---

201 Sofern eine Institutsgruppe als Finanzkonglomerat eingestuft ist, empfiehlt sich zudem die Offenlegung der Finanzkonglomerate-Solvabilität. Dies ist der Betrag, der sich aus der Differenz zwischen der Summe der anrechenbaren Eigenmittel des Finanzkonglomerats und der Summe der Solvabilitätsanforderungen des Konglomerats ergibt. Der daraus ermittelte Bedeckungssatz muss mindestens 100 Prozent betragen.

Gemäß *IAS 1.135e* hat ein Kreditinstitut für den Fall, dass die regulatorischen Mindestkapitalanforderungen nicht erfüllt wurden, diese Tatsache offen zu legen und die Konsequenzen der Nichterfüllung zu erläutern. Wie bereits dargelegt, dürfte ein Unterschreiten der aufsichtsrechtlichen Mindestkapitalanforderungen Relevanz für die Praxis haben.

4.4.3.5   Vergleich der Konzepte des Risikokapitalmanagements

Durch die Offenlegung von Risikokapital und Risikokapitalbedarf im handelsrechtlichen Risikobericht einerseits und im *Säule 3*-Bericht andererseits wird deutlich, dass die ökonomischen und die regulatorischen Risikokapitalgrößen voneinander abweichen. Um den Berichtsadressaten einen Vergleich dieser für die Einschätzung des Risikoprofils und der Risikotragfähigkeit eines Kreditinstituts zentralen Angaben zu ermöglichen, sollten die unterschiedlichen Kapitalkonzepte auf freiwilliger Basis erläutert werden. Die Transparenz über die fachlichen Hintergründe der abweichenden Zahlenwerke kann dazu beitragen, mögliche Irritationen hinsichtlich der differierenden Zahlenwerte zu vermeiden. Es bietet sich an, eine derartige Darstellung im *Säule 3*-Bericht, und nicht im Risikolagebericht zu platzieren, da für die Adressaten des Risikolageberichts in erster Linie die ökonomische Sichtweise relevant ist, während dem regulatorischen Zahlenwerk der Charakter einer zu beachtenden Nebenbedingung zukommt. Die Überleitung zum aufsichtsrechtlichen Kapitalkonzept an dieser Stelle würde den Bericht überfrachten, ohne dass dem ein hinreichender Erkenntnisgewinn gegenüberstünde.

Die für das Kapitalmanagement von Kreditinstituten verwendeten Konzepte zielen auf die Sicherstellung der Kapitaladäquanz ab. Die Komponenten des ökonomischen Risikodeckungspotenzials orientieren sich an den *IAS-/IFRS*-Vorschriften und beinhalten neben den bilanziellen Eigenkapitalbestandteilen auch im Verlustfall realisierbare Reserven, langfristig zur Verfügung stehende Verbindlichkeiten, die bis zur vollen Höhe am Verlust teilnehmen, eigenkapitalnahe Bestandteile sowie ausgewählte Ergebniskomponenten. Die aufsichtsrechtlichen Eigenmittel leiten sich aus den Vorgaben des *Kreditwesengesetzes* ab. Sie basieren auf den Wertansätzen des *Handelsgesetzbuchs* und beinhalten im Kern die bilanziellen Eigenmittel, hybride Kapitalinstrumente und nachrangige Verbindlichkeiten, die bezüglich verschiedener bilanzieller und bewertungsrelevanter Komponenten modifiziert werden.[202]

Höhe und Verteilung des ökonomischen und des aufsichtsrechtliche Risikokapitalbedarfs je Risikoart weichen voneinander ab.[203] Dies veranschaulicht beispielhaft *Abbildung 44*.

---

202 Zur unterschiedlichen ökonomischen und regulatorischen Kapitaldefinition vgl. auch *Abschnitt 3.4.3*.
203 Vgl. *Knippschild, M. (2005)*.

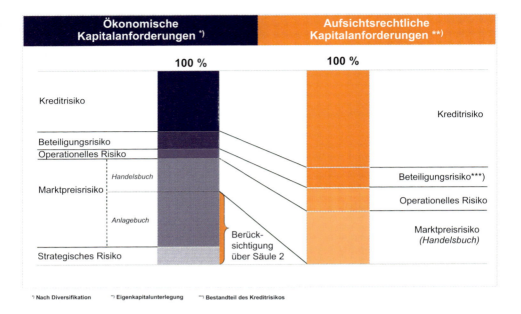

Abbildung 44: Vergleich der ökonomischen und aufsichtsrechtlichen Kapitalanforderungen (Prinzipdarstellung)[204]

Die Ursachen für die Abweichungen liegen zunächst im Bereich der verwendeten Risikomodelle und getroffenen Modellannahmen. So verwenden Kreditinstitute für das ökonomische Risikokapitalmanagement typischerweise selbst entwickelte Risikomodelle, die Diversifikationseffekte zwischen den Risikoarten umfänglich berücksichtigen. Dies führt zu einer stärker institutsspezifischen Risikobewertung als bei den aufsichtsrechtlich vorgeschriebenen Messverfahren. Darüber hinaus unterscheidet sich die Anrechnung von Sicherheiten und offenen Kreditlinien zwischen den beiden Messkonzepten. Der im Vergleich zu den aufsichtsrechtlichen Eigenkapitalanforderungen deutlich geringere ökonomische Risikokapitalbedarf für das Kreditrisiko resultiert im Wesentlichen aus konservativeren Annahmen der aufsichtsrechtlichen Ansätze und der Betrachtung des Beteiligungsrisiko als separate Risikoart. Die Abweichungen zwischen den Ergebnissen der ökonomischen und der regulatorischen Kapitalrechnung sind des Weiteren auf unterschiedliche Anwendungsbereiche zurückzuführen: Während in der aufsichtsrechtlichen Konzeption nur Kreditrisiken, Beteiligungsrisiken, Marktpreisrisiken und operationelle Risiken mit Eigenkapital zu unterlegen sind, bezieht das ökonomische Risikokapitalmanagement zusätzlich strategische Risiken in die Risikokapitalrechnung ein. Schließlich resultieren Abweichungen aus dem

---

204 Zum aktuellen Stand der bankinternen Risikosteuerung und der Bewertung der Kapitaladäquanz im Rahmen des aufsichtlichen Überprüfungsprozesses vgl. auch den Monatsbericht Dezember 2007 der *Deutschen Bundesbank*, S. 63.

Kreis der in die Betrachtung einbezogenen Konzernunternehmen. So stellen die Gesellschaften, die in die interne Steuerung einbezogen werden, typischerweise eine Teilmenge des aufsichtsrechtlichen Konsolidierungskreises dar.[205]

4.4.4   Kreditrisiko

4.4.4.1   Einleitung

Im Vergleich aller Risikoarten weisen die Offenlegungsanforderungen zum Kreditrisiko den bei weitem größten Umfang und Detaillierungsgrad auf. Dies gilt insbesondere für die regulatorischen Anforderungen von *Teil 5 der Solvabilitätsverordnung*. Um die Komplexität der Darstellung zu reduzieren, werden im Folgenden die qualitativen und quantitativen Anforderungen zu Themenbereichen gebündelt. Daraus ergibt sich folgende Struktur zur Erläuterung der Offenlegungsinhalte für das Kreditrisiko:

Qualitative Offenlegung

- Risikostrategie und organisatorische Grundlagen
- Rating und Pricing
- Messung und Limitierung des Kreditvolumens
- Messung und Limitierung des Kreditrisikos
- Management von Teilportfolios
- Risikominderung

Quantitative Offenlegung

- Darstellung und Analyse von Konzentrationen im Kreditportfolio
- Darstellung und Analyse des gesicherten Kreditvolumens
- Darstellung und Analyse der Qualität des Kreditportfolios
- Darstellung und Analyse des leistungsgestörten Kreditvolumens
- Darstellung und Analyse der Risikovorsorge im Kreditgeschäft
- Darstellung und Analyse von Verlusten im Kreditgeschäft

---

205 Allerdings werden Unterschiede im Konsolidierungskreis bei sachgerechter Anwendung des Materialitätskonzepts nur geringfügig zu den Abweichungen zwischen den Risikokapitalbeträgen beitragen.

4.4.4.2 Qualitative Angaben zum Kreditrisiko[206]

4.4.4.2.1 Grundlagen, Organisation und Verantwortung sowie Risikoberichtswesen

Allgemeine Offenlegungsanforderungen und Muster-Risikobericht

Die Umsetzung der Anforderungen an die Offenlegung des Managementsystems für Kreditrisiken, die in ähnlicher Form auch für weitere Risikoarten gelten, erfolgt im Rahmen der Darstellung des generellen Risikomanagementsystems[207] gemäß der in *Abschnitt 4.4.1.2 (Anforderungen und Umsetzungsvorschläge für die qualitative Offenlegung)* erläuterten Konzeption. Aufgrund der besonderen Bedeutung der Engagementsteuerung im Kreditgeschäft sind über die im Kapitel *„Generelles Risikomanagementsystem"*[208] darzustellenden allgemeinen Angaben zur Organisation des Risikomanagementsystems hinaus der Kreditprozess, die Entscheidungsstrukturen mit Kompetenzregelungen, die Überwachungsprozesse und das interne Berichtswesen darzustellen. Der folgende Ausschnitt des Muster-Risikoberichts zeigt die wesentlichen Berichtsthemen. Zudem wird deutlich, dass die regulatorischen Offenlegungsanforderungen vollständig über Verweise auf den handelsrechtlichen Risikobericht umgesetzt werden können.

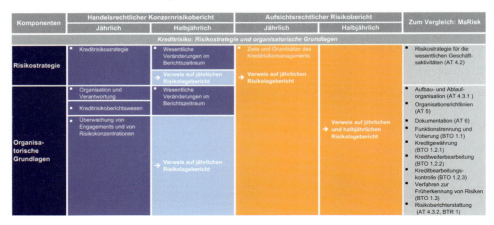

Abbildung 45: Muster-Risikobericht für Angaben zum Kreditrisiko – Risikostrategie und organisatorische Grundlagen

---

206 Zu den regulatorischen Anforderungen an die qualitative Offenlegung von Kreditrisiken vgl. *Hosemann, D. / Neisen, M. / Tijok, C. (2008)*, S. 115ff.

207 Vgl. *Abschnitt 4.4.2.*

208 Vgl. *Abschnitt 4.4.2.5.*

Kreditrisikostrategie

Die Offenlegung der zur Steuerung des Kreditrisikos verfolgten Strategien ist gemäß *IFRS 7.33b* und *§ 322 Nummer 1 SolvV* erforderlich. Die Angaben zur Kreditrisikostrategie sollten Bezüge zur Risikopolitik, zum Risikotragfähigkeitskonzept und zu der Geschäftsstrategie für das Kreditgeschäft herstellen. Darüber hinaus sollte der Anwendungsbereich der Kreditrisikostrategie hinsichtlich der einbezogenen Konzerngesellschaften und Kreditprodukte erläutert werden. Wesentlich sind zudem Aussagen zur Zielstruktur des Kreditportfolios hinsichtlich der Verteilung der Engagements auf Branchen und geografische Hauptgebiete sowie der Vorgaben zur maximal akzeptierten Kreditlaufzeit. Die Offenlegung sollte auch Angaben zum ökonomischen Portfoliomanagement enthalten und darlegen, wie das Kreditinstitut nicht strategiekonforme Risikokonzentrationen vermeidet. Bezüglich der Einzelgeschäftssteuerung ist die schlechteste interne Ratingklasse zu nennen, die bei Neugeschäften noch in Kauf genommen wird. Darüber hinaus sollte der Einbezug von erwarteten Verlusten und ökonomischen Kapitalkosten in die Preisermittlung für Kreditgeschäfte in Grundzügen dargestellt werden. Die Strategie des Einsatzes von Sicherungsinstrumenten ist dem Grunde nach[209] ebenfalls Bestandteil der Kreditrisikostrategie, wird aufgrund ihrer besonderen Bedeutung in der Offenlegung aber separat behandelt.

Organisation und Verantwortung

An dieser Stelle des Risikoberichts sollte darauf hingewiesen werden, dass die Zuständigkeiten im Kreditprozess von der Beantragung über die Genehmigung bis zur Abwicklung, einschließlich der periodischen Kreditüberwachung mit regelmäßiger Bonitätsanalyse, definiert und in Organisationshandbüchern dokumentiert sind. Darüber hinaus ist zu erläutern, in welcher Weise die Entscheidungsbefugnisse in Kompetenzregelungen festgelegt sind.[210] Ergänzend kann ein Hinweis gebracht werden, dass die einschlägigen *Mindestanforderungen an das Risikomanagement* erfüllt werden.

Kreditrisikoberichtswesen

Ebenfalls unter Hinweis auf die *MaRisk* sollten die wesentlichen Merkmale des Berichtswesens für Kreditrisiken dargestellt werden, sofern dies nicht bereits im Kapitel *„Generelles Risikomanagementsystem"*[211] erfolgt ist. Die Angaben sollten die wesentlichen Berichtsinhalte, die Berichtszyklen und die Adressaten der internen Risikoberichte umfassen. Darüber hinaus sollte dargelegt werden, wie die positionsverantwortlichen Stellen aus den Risikoberichten Steuerungsimpulse gewinnen und umsetzen. Typische Inhal-

---

209 Vgl. *Abschnitt 4.4.4.2.9.*
210 Die Entscheidungskompetenzen sollten sich am Risikogehalt der Kreditgeschäfte orientieren.
211 Vgl. *Abschnitt 4.4.2.5.*

te der Risikoberichte sind Veränderungen in der Risikostruktur der Kreditportfolios und die volumenorientierte Analyse der Portfoliostruktur anhand wesentlicher Risikomerkmale wie Länder, Branchen und Bonität. Die Berichte enthalten zudem Angaben zu Einzelengagements sowie zur Einzelrisikovorsorge. Darüber hinaus wird der ökonomische Kapitalbedarf für Kreditrisiken dargestellt. Gemäß den *MaRisk* sind den Entscheidungsträgern wesentliche Risikoinformationen unverzüglich, im Rahmen des turnusgemäßen internen Risikoberichtswesens, jedoch mindestens vierteljährlich zur Verfügung zu stellen.

Überwachung von Engagements[212]

Als Voraussetzung für eine zeitnahe Limitüberwachung sollten im klassischen Kreditgeschäft und im Handelsgeschäft geeignete Frühwarnprozesse implementiert und Prozesse zur Behandlung von Überziehungen festgelegt werden. Im internen Kreditrisikobericht sollten zudem die größten Engagements nach verschiedenen Risikoaspekten aufgezeigt werden. Im Bereich des Handelsgeschäfts erhält das für die Risikoüberwachung zuständige Mitglied der Geschäftsleitung im Rahmen des *MaRisk*-konformen Berichtswesens üblicherweise täglich eine Aufstellung zu den Überschreitungen der Handelslimite. Zudem erstellen Kreditinstitute monatlich einen Bericht für das gesamte Ausfallrisiko aus Handelsgeschäften auf Basis der Exposures.

Behandlung von Risikokonzentrationen

Gemäß *DRS 5-10.29* sind umfangreiche Angaben über das Management von Konzentrationen des Kreditrisikos zu erbringen, die über die allgemeinen Darstellungen im Kapitel *„Generelles Risikomanagementsystem"*[213] hinausgehen.

Die *Dresdner Bank* führt in ihrem Risikobericht dazu Folgendes aus:

„Auf Einzelkundenbasis erfolgt die Steuerung von Konzentrationsrisiken anhand eines mehrstufigen Systems von Konzentrationsschwellenwerten. Bei Überschreiten eines Schwellenwerts werden Maßnahmen zum gezielten Risikomanagement, ggf. auch Risikoabbau, eingeleitet. Diese bestehen zum Beispiel in der Platzierung von Kreditteilen am Kreditmarkt oder gezielten Absicherungsmaßnahmen auf Einzelkundenebenen durch Kreditderivate."[214]

---

212 Einzelheiten zum Management von Problemengagements werden in *Abschnitt 4.4.4.2.8* dargestellt.
213 Vgl. *Abschnitt 4.4.2.6.2.*
214 *Dresdner Bank Risikolagebericht (2007)*, S. 68.

4.4.4.2.2 Rating und Pricing

Offenlegungsanforderungen und Muster-Risikobericht

In methodischer Hinsicht sind gemäß *DRS 5-10.28b* die angewandten Verfahren zur Quantifizierung und Steuerung des Kreditrisikos zu beschreiben. Dies umfasst unter anderem die Ratingverfahren (*„Bestimmung von Ausfallwahrscheinlichkeiten"*). Damit werden sehr allgemeine Anforderungen an die Offenlegung von Ratingverfahren gestellt, die durch *IFRS 7.IG24-25* näher spezifiziert[215] und durch *Teil 5 der Solvabilitätsverordnung* (*§ 328 Absatz 1 SolvV*, *§ 334 Absatz 1 Nummern 2 und 3 SolvV* und *§ 335 Absatz 1 SolvV*) breit aufgefächert werden. Insgesamt ist hinsichtlich der Ratingverfahren eine umfassende Konsistenz aller handelsrechtlichen und aufsichtsrechtlichen Offenlegungsanforderungen festzustellen.

Die Konzeption zur Umsetzung der Anforderungen spiegelt sich im nachfolgenden Ausschnitt des Muster-Risikoberichts wider. Hier wird deutlich, dass die externe Risikoberichterstattung bezüglich der Ratingverfahren durch die zentrale Offenlegung im Risikolagebericht und den umfangreichen Verweise aus dem aufsichtsrechtlichen Risikobericht weitgehend redundanzfrei gestaltet werden kann.

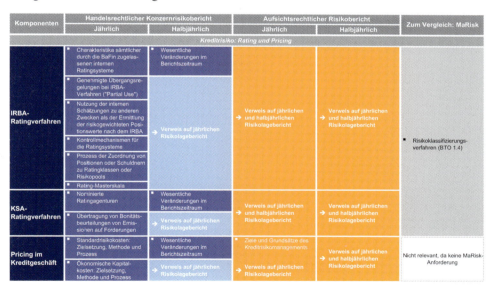

Abbildung 46: Muster-Risikobericht für Angaben zum Kreditrisiko – Rating und Pricing

---

215 Die handelsrechtliche Offenlegung der *KSA*-Ratingverfahren ist in *IFRS 7.IG24* geregelt, die *IRB*-Ratingverfahren sind im Risikolagebericht gemäß *IFRS 7.IG25* darzustellen.

Charakteristika der IRB-Ratingverfahren

Die *IRB*-Verfahren, die von der *BaFin* zur Ermittlung der regulatorischen Eigenkapitalunterlegungsbeträge zugelassen wurden, sind zu benennen (*§ 335 Absatz 1 Nummer 1 SolvV*). Darüber hinaus sind die Charakteristika der zugelassenen *IRB*-Ratingverfahren darzustellen (*§ 335 Absatz 1 Nummer 2a SolvV*). Dazu kann zunächst ein kurzer, tabellarischer Überblick sämtlicher *IRB*-Ratingsysteme gegeben werden, der durch eine ausführliche verbale Beschreibung der wesentlichen Ratingsysteme ergänzt wird.

Das folgende Beispiel (siehe *Abbildung 47*) zeigt eine mögliche Verteilung von Ratingverfahren auf die Gesellschaften und die *IRBA*-Forderungsklassen in einer diversifizierten Institutsgruppe.

Ratingverfahren	Geschäftsbank	Retailbank	Immobilien-finanzierer	Spezial-finanzierer	Zentral-regierungen	Institute	grundpfand-rechtlich besichert	qualifiziert revolvierend	Sonstiges	Beteiligungs-positionen	Unternehmen i.e.S.	KMU	Spezialfinan-zierungen	Angekaufte Forderungen
	Gesellschaften				**IRBA-Forderungsklassen**									
							Mengengeschäft				**Unternehmen**			
Länder	•		•		•									
Banken	•		•			•								
Große Firmenkunden	•										•			
Firmenkunden Mittelstand	•		•								•			
Ratenkredite		•							•					
Mengengeschäft mit selbständigen Privatkunden			•				•							
Mengengeschäft mit nicht selbständigen Privatkunden			•				•							
Bauträger			•										•	
Projektentwickler			•										•	
Wohnungsgesellschaften			•								•			
Spezialfinanzierungen 1				•										
Spezialfinanzierungen 2				•										
Spezialfinanzierungen 3				•							•			

Abbildung 47: Eingesetzte IRB-Ratingverfahren (Prinzipdarstellung)

Zur Hinführung auf die detaillierte Beschreibung der wesentlichen internen Ratingverfahren empfiehlt sich eine Einführung in die Bedingungen für die Eignung von Ratingsystemen zur Ermittlung der *IRBA*-Eigenkapitalanforderungen. Geeignet sind interne Ratingverfahren dann, wenn sie den Mindestanforderungen an die Nutzung des *IRB-Ansatzes* gemäß *§ 56 SolvV* entsprechen. Neben methodischen und prozessual-organisatorischen Anforderungen müssen die Ratingverfahren ihre Eignung bei der Klassifizierung des Bestandsgeschäfts und des Neugeschäfts bewiesen haben. Ratingsysteme werden hierbei im Sinn des *§60 Absatz 1 SolvV* als Gesamtheit aller Methoden, Verfahrensabläufe, Steuerungs- und Überwachungsprozeduren und Datenerfassungs- und Datenverarbeitungssysteme verstanden, die die Einschätzung von Kreditrisiken, die Zuordnung von *IRBA*-Positionen zu Ratingstufen oder Risikopools und die Quantifizierung von Ausfall- und Verlustschätzungen für die *IRBA*-Positionen unterstützen.

Sodann kann die grundlegende Vorgehensweise bei der Entwicklung von Ratingverfahren dargestellt werden. Häufig bestehen die von einem Kreditinstitut eingesetzten Verfahren zur Bonitätseinstufung aus einem quantitativen und einem qualitativen Modul. Im Rahmen der Ratingentwicklung werden verschiedene Bonitätsursachenkomplexe identifiziert und zunächst isoliert entwickelt. Interdependenzen zwischen den einzelnen Modulen werden in einem nächsten Schritt auf der Ebene des Gesamtmodells berücksichtigt.

Schließlich sind die Ratingverfahren im Einzelnen zu beschreiben. Dabei sollten die relevante *IRBA*-Forderungsklasse genannt, der Anwendungsbereich eingegrenzt und die wesentlichen Merkmale der Methode der Ratingentwicklung erläutert werden. Üblicherweise werden vier klassische Verfahrensweisen unterschieden: Die *Gut-Schlecht-Analyse*, der *externe Rating-Referenzansatz*, die *expertenbasierte Modellentwicklung* und die *Cashflow-Simulation*.[216]

Genehmigte Übergangsregelungen bei IRB-Verfahren

Die Offenlegung der durch die *BaFin* genehmigten Übergangsregelungen bei *IRB*-Verfahren (sogenannter *Partial use*) wird durch *§335 Absatz 1 Nummer 1 SolvV* geregelt. Im Risikobericht sollte erläutert werden, dass sowohl der (einfache bzw. fortgeschrittene) *IRB-Ansatz* als auch der *Kreditrisiko-Standardansatz* dauerhaft zur Ermittlung der Eigenkapitalanforderungen angewendet werden. Dabei sind die Konzerngesellschaften den von ihnen angewendeten Ansätzen zuzuordnen. Bei den einzelnen *IRBA*-Instituten werden jeweils die Hauptgeschäftsfelder durch geeignete interne Ratingsysteme abgedeckt. Typischerweise verbleiben lediglich Segmente, die bezüglich der Höhe des Kreditrisikos immateriell sind, dauerhaft im *Kreditrisiko-Standardansatz*. Für jedes *IRBA*-Institut der Institutsgruppe muss ein Umsetzungsplan vorliegen, der die Einhaltung der von der *Solvabilitätsverordnung* vorgegebenen Schwellen sicherstellt. Die Einhaltung dieser Schwellen ist eine der Voraussetzungen zur Nutzung des *IRB-Ansatzes*.

---

216 Vgl. *Hromadka, J. / Döhring, J. (2007)*, S. 256ff.

Nutzung der internen Schätzungen zu anderen Zwecken als der Ermittlung der risikogewichteten Positionswerte nach dem IRBA

§ 335 Absatz 1 Nummer 2b SolvV erfordert eine Darstellung des Einsatzes der Ratingverfahren, der über die Ermittlung der risikogewichteten Positionswerte nach *IRBA* hinausgeht. Die *IRB*-Ratingverfahren werden häufig für folgende Zwecke verwendet:

- Die Höhe von Kreditlinien, in deren Rahmen es Geschäftspartnern erlaubt ist, ausfallrisikobehaftete Kredit- oder Handelsgeschäfte mit den Konzernunternehmen zu tätigen, wird primär in Abhängigkeit von der internen Ratingnote festgelegt.

- In der deckungsbeitragsorientierten Vorkalkulation von Krediten, die von den Kundenbetreuern im Rahmen der Geschäftsakquisition durchgeführt wird, sind die wesentlichen Kostendeterminanten die Standardrisikokosten und die ökonomischen Kapitalkosten, die zur Abdeckung erwarteter Verluste bzw. unerwarteter Verluste herangezogen werden. Beide Kostenbestandteile basieren auf internen Ratingeinstufungen.

- Die Kompetenz der Entscheidungsträger in der Marktfolge zur Bewilligung von Kreditanträgen ist abhängig von internen Bonitätsklassen.

- In der Nachkalkulation von Krediten nach Geschäftsabschluss wird der Erfolgsbeitrag von einzelnen Geschäften, Kunden und Profit-Centern analog zur Vorkalkulation maßgeblich von auf internen Ratingnoten basierenden Standardrisikokosten und ökonomischen Kapitalkosten bestimmt.

- Während der Kreditlaufzeit wird in Abhängigkeit von internen Bonitätseinstufungen über die Intensität der Bonitätsüberwachung entschieden.

- Die Planung von Einzelwertberichtigungen erfolgt auf Basis von Standardrisikokosten, die maßgeblich von internen Ratingnoten bestimmt werden.

- Die Gefahr unerwarteter Verluste wird mithilfe von *Credit Value-at-Risk*-Systemen gemessen, die auf internen Ratingeinstufungen bzw. den entsprechenden Ausfallwahrscheinlichkeiten sowie weiteren Risikoparametern basieren. Ebenso sind interne Ratingnoten ein zentrales Darstellungskriterium im Kreditrisikoberichtswesen. Die für Steuerungszwecke und die aufsichtsrechtliche Meldung verwendeten Bonitätseinstufungen sind identisch.

Kontrollmechanismen für die IRB-Ratingsysteme

Die Angaben nach *§ 335 Absatz 1 Nummer 2d SolvV* sollten sich auf die Häufigkeit und die Inhalte der Validierungsverfahren erstrecken. Beispielsweise kann erläutert werden, dass die internen Ratingsysteme jährlich auf Basis interner Daten umfassend überprüft werden. Die Validierung besteht hierbei zum einen aus einer quantitativen Analyse, die insbesondere auf die Messung der Trennschärfe und Stabilität sowie die Kalibrierung der

Ratingsysteme abstellt. Zum anderen umfasst die Überprüfung eine qualitative Analyse, in deren Rahmen die Anwendung der Ratingsysteme innerhalb der internen Steuerung
(sogenannter *Use-Test*), das Modelldesign und die Datenqualität untersucht wird. Soweit
sich aus den Validierungen Optimierungspotenziale ergeben, werden die Ratingsysteme
im Zuge ihrer planmäßigen Weiterentwicklung entsprechend angepasst.

Prozess der Zuordnung von Positionen oder Schuldnern zu Ratingklassen oder Risikopools

Die Offenlegung basiert auf *§ 335 Absatz 1 Nummer 3 SolvV* und kann unter Berücksichtigung der Besonderheiten des berichterstattenden Kreditinstituts beispielsweise wie
folgt gestaltet werden: Jeder Schuldner fällt eindeutig in den anhand von Wirtschafts-
zweigschlüsseln, Umsatzcharakteristika oder Geschäftsspezifika definierten Anwendungsbereich eines Ratingsystems. Der Abschluss ausfallrisikobehafteter Geschäfte mit
Schuldnern ohne internes Rating ist grundsätzlich nicht möglich. Alle Ratingsysteme sind
überschneidungsfrei einer aufsichtsrechtlichen Forderungsklasse zugeordnet. Die jeweiligen Ratingmodelle kommen im Rahmen des Kreditantrags- und -genehmigungsprozes-
ses zur Klassifizierung des Kreditantragstellers bzw. des Garantiegebers zum Einsatz. Jeder Schuldner oder Garantiegeber ist mindestens einmal jährlich neu einzustufen. In der
Datenverarbeitung werden alle relevanten Inputfaktoren und die Ergebnisse der durchgeführten Ratings gespeichert, sodass eine lückenlose Ratinghistorie für jeden Kunden und
für jedes Geschäft besteht.

Rating-Masterskala

Die Offenlegung von Ausfallwahrscheinlichkeiten ist in *DRS 5-10.28a* geregelt. Um eine
Vergleichbarkeit der institutsspezifischen Ratingskalen zu ermöglichen, ist eine Zuordnung der internen Ratingklassen auf die von Ratingagenturen verwendeten, öffentlich bekannten Ratingklassen zweckmäßig.[217] Die Darstellung der Ausfallwahrscheinlichkeiten
je Ratingklasse gewährt den Berichtsadressaten eine erhöhte Transparenz über das nach
Bonitäten aufgegliederte Kreditvolumen, dessen Offenlegung in *Abschnitt 4.4.4.3.4 (Darstellung und Analyse der Qualität des Kreditportfolios)* erläutert wird. Die Ratingmaster-
skala kann wie folgt dargestellt werden (siehe *Abbildung 48*).

---

217 Die Vergleichbarkeit der Offenlegungsinhalte zwischen den Instituten wird von *DRS 5-10.14* empfohlen.
     Vgl. dazu *Abschnitt 3.1.2.3.*

Interne Rating-gruppen	Interne Rating-klassen	Ratingklassen Standard & Poors *)	Ratingklassen Moody's *)	Ratingklassen Fitch *)	Mittlere Ausfall-wahrschein-lichkeiten p.a.
A	A1	AAA bis AA	Aaa bis Aa2	AAA bis AA	0,01%
A	A2	AA-	Aa3	AA-	0,03%
A	A3	A+	AA+ bis A1	A+	0,05%
B	B1	A	A2	A	0,07%
B	B2	A-	A3	A-	0,10%
B	B3	BBB+	Baa1	BBB+	0,15%
C	C1	BBB	Baa2	BBB	0,20%
C	C2	BBB-	Baa3	BBB-	0,50%
D	D1	BB+	Ba1	BB+	0,75%
D	D2	BB	Ba2	BB	1,50%
D	D3	BB-	Ba3	BB-	3,00%
E	E1	B+	B1	B+	4,00%
E	E2	B	B2	B	6,00%
E	E3	B-	B3	B-	13,50%
F	F	CCC+ bis C	Caa1 bis C	CCC+ bis C	20,00%
G	G1	Überziehung > 90 Tage			
G	G2	Einzelwertberichtigung			
G	G3	Zinsfreistellung			
G	G4	Insolvenz			
G	G5	Zwangsweise Abwicklung / Ausbuchung			

Investment Grade: Gruppen A, B, C
Non-Investment Grade: Gruppen D, E, F
Default: Gruppe G

*) Langfrist-Rating

Abbildung 48: Interne und externe Ratingklassen (Prinzipdarstellung)

Nominierte Ratingagenturen in den KSA-Forderungsklassen

Zur Umsetzung der Anforderungen von *§ 328 Absatz 1 Nummern 1 und 2 SolvV* sind die zur Ermittlung der Eigenkapitalunterlegung im *Kreditrisiko-Standardansatz* eingesetzten externen Ratingagenturen zu benennen. Die Offenlegung hat differenziert nach den *KSA-*Forderungsklassen zu erfolgen. Bei den Ratingagenturen handelt es sich häufig um die Firmen *Standard & Poor's Ratings Services*, *Moody's Investors Service* und *Fitch Ratings Ltd*. Darüber hinaus finden die Ratings der *OECD*-Exportversicherungsagenturen Verwendung. Konkurrierende externe Ratings werden gemäß den Regelungen von *§§ 44 und 45 SolvV* in die Ermittlung der risikogewichteten Positionswerte einbezogen.

Übertragung von Bonitätsbeurteilungen von Emissionen auf Forderungen

Im Rahmen der Offenlegung gemäß *§ 328 Absatz 1 Nummer 3 SolvV* sollte erläutert werden, inwieweit die Übertragung der externen Bonitätsbeurteilungen zugelassener Ratingagenturen bzw. Exportversicherungsagenturen auf die Forderungen der Institutsgruppe in Übereinstimmung mit den Anforderungen der *§§ 42 bis 47 SolvV* erfolgt. Darüber hinaus ist eine Aussage zu treffen, ob Übertragungen von Emissionsratings auf vergleichbare, gleich- oder höherrangige Forderungen in den *KSA*-Forderungsklassen vorgenommen wurden.

Pricing

Bezüglich der Offenlegung des Verfahrens der bonitätsorientierten Preiskalkulation im Kreditgeschäft existieren keine gesetzlichen Anforderungen. Gleichwohl entspricht es der Branchenpraxis, derartige Informationen im handelsrechtlichen Risikobericht darzustellen.[218]

Im Rahmen der Offenlegung sollte die mit dem Pricing verfolgte Zielsetzung dargestellt werden. So ermitteln Kreditinstitute zur Sicherstellung der Rentabilität des Kreditgeschäfts im Rahmen der Einzelgeschäftssteuerung **Standardrisikokosten**, die der Abdeckung durchschnittlich erwarteter Verluste aus Ausfällen von Kreditgeschäften dienen. Damit soll gewährleistet werden, dass die gebildete Nettorisikovorsorge durch die vereinnahmten Standardrisikokosten im Sinne einer versicherungsmathematischen Betrachtung im langfristigen Durchschnitt gedeckt wird.[219]

Neben Standardrisikokosten werden häufig **kalkulatorische Kapitalkosten** auf Basis des ökonomischen Kapitalbedarfs in die Deckungsbeitragskalkulation integriert. Auf diese Weise wird eine risikoadäquate Verzinsung des gebundenen ökonomischen Kapitals ermöglicht, das zur Abdeckung der unerwarteten Verluste aus dem Kreditgeschäft dient.

---

218 Neben dem im Folgenden dargestellten Beispiel der *DZ BANK* (vgl. *DZ BANK Risikolagebericht (2007)*, S. 102) finden sich weitere Praxisbeispiele (etwa *HypoVereinsbank Risikolagebericht (2007)*, S. 92).

219 Die Konzepte der Standardrisikokosten und des erwarteten Verlusts (vgl. *Abschnitt 4.4.2.6.2*) sind miteinander verwandt. Allerdings unterscheiden sich die Verfahren aufgrund unterschiedlicher Zielsetzungen in ihrer Ausgestaltung. Die Bestimmung von Standardrisikokosten basiert auf dem Versicherungsprinzip: Der Marktbereich zahlt die bei Geschäftsabschluss ermittelte Prämie für die Restlaufzeit des Kredites und wird dadurch von tatsächlich auftretenden Bonitätsveränderungen (einschließlich Ausfall) entlastet. Daher werden Standardrisikokosten mit den bei Vertragsabschluss festgestellten Bonitäten unter Berücksichtigung geeigneter Ratingmigrationen berechnet. Dagegen wird im Rahmen des in Kreditportfoliomodells auf die jeweils aktuelle Bonität des Geschäftspartners abgestellt. Hierbei wird die für ein Jahr geltende Ausfallwahrscheinlichkeit verwendet, die dem Betrachtungszeitraum für das ökonomische Kapital zugrunde liegt. Diese Ausfallwahrscheinlichkeit ist ein Parameter zur Ermittlung des erwarteten Verlusts.

4.4.4.2.3 Grundlagen der Messung von Kreditrisiken

Zielsetzung

Die zur Ermittlung des Kreditexposures verwendeten Messverfahren werden mit dem Ziel eingesetzt, die Bemessungsgrundlage für das Kreditrisiko sachgerecht zu bestimmen. Dabei gilt es, möglichst jene Engagements zu erfassen, die potenziell zu einem Kreditrisiko führen können. Das so ermittelte Kreditvolumen bildet einerseits das Mengengerüst für das ökonomische Portfoliomanagement und stellt einen Inputparameter der Risikomodellierung dar. Andererseits unterliegt es selbst einem Volumenmanagement sowohl auf Einzelgeschäftsebene als auch – in aggregierter Form und ohne Berücksichtigung von Risikoverbundeffekten – auf Portfolioebene.

Zur Abgrenzung des relevanten Kreditvolumens ist zunächst der Kreditbegriff zu definieren und anschließend die Ermittlung des Bruttokreditvolumens zu klären.

Kreditbegriff in der Risikopublizität

[➔ Gestaltungsprinzip 17]

IAS 32 und *IFRS 7* konkretisieren die Finanzinstrumente, die als Kredit gelten.[220] Der **handelsrechtliche Kreditbegriff** bezieht sich demnach auf finanzielle Vermögenswerte mit Forderungscharakter und auf Fremdkapitalinstrumente, die ein vertragliches Recht auf Erhalt von Zahlungsmitteln beinhalten; er setzt sich aus folgenden Komponenten zusammen[221]:

Abbildung 49: Handelsrechtlicher Kreditbegriff gemäß IFRS

Der **aufsichtsrechtliche Kreditbegriff** stützt sich auf *§ 19 KWG* und beinhaltet sowohl Anlagebuchpositionen als auch Handelsbuchpositionen. Seine wesentlichen Komponenten werden in *Abbildung 50* dargestellt.

---

220 Vgl. *Application Guidance (AG4)* zu *IAS 32* sowie *IFRS 7.B10.*
221 Hierbei handelt es sich um eine Aufzählung typischer finanzieller Vermögenswerte. Im *Handelsgesetzbuch* und in den *Deutschen Rechnungslegungs Standards* wird der Kreditbegriff nicht explizit geregelt.

Bilanzielle Adressenausfallrisikopositionen

- Bilanzaktiva im Sinne von § 19 Absatz 1 Satz 2 Nrn. 1 bis 9 KWG (beispielsweise Forderungen an Kreditinstitute und Kunden, Schuldverschreibungen und andere festverzinsliche Wertpapiere, Aktien und andere nicht festverzinsliche Wertpapiere, Beteiligungen, Anteile an verbundenen Unternehmen, Gegenstände, über die als Leasinggeber Leasingverträge abgeschlossen worden)

- Sachanlagen und sonstige Vermögensgegenstände

Außerbilanzielle Adressenausfallrisikopositionen

Geschäfte im Sinne von § 19 Absatz 1 Satz 3 KWG

- davon: In Credit Linked Notes eingebettete Credit Default Swaps

- davon: Terminkäufe und Stillhalterverpflichtungen aus Verkaufsoptionen

- davon: Eröffnung und Bestätigung von Dokumentenakkrediten, die durch Warenpapiere besichert werden

- davon: Adressenausfallrisikopositionen aus Verbriefungs-Liquiditätsfazilitäten

Derivative Adressenausfallrisikopositionen

- Derivate nach § 19 Absatz 1a KWG mit folgenden Ausnahmen:

  - Kreditderivate, bei denen das Institut Gewährleistungsgeber ist, und dieses derivative Instrument als außerbilanzielle Adressenausfallrisikoposition berücksichtigen muss

  - Kreditderivate, bei denen das Institut Sicherungsnehmer ist, und dieses derivative Instrument als berücksichtigungsfähige Gewährleistung bei der Ermittlung des risikogewichteten Positionswerts einer anderen Adressenausfallrisikoposition berücksichtigt

- Derivative Adressenausfallrisikopositionen mit langer Abwicklungsfrist

Abbildung 50: Aufsichtsrechtlicher Kreditbegriff

Für die **handelsrechtliche Offenlegung** kann ein Kreditbegriff verwendet werden, der sich aus den folgenden Bestandteilen zusammensetzt:

- Klassisches Kreditgeschäft mit den Geschäftsarten Kreditgeschäft, offene Zusagen, Eventualverbindlichkeiten, Leasingforderungen und Factoring-Debitoren

- Geschäft mit Wertpapieren des Anlagebuchs und des Handelsbuchs

- Derivate- und Geldhandelsgeschäft mit *OTC*-Derivaten, *Repo*-Geschäft, Wertpapierleihegeschäft und Geldmarktgeschäft

Dieser Vorschlag für einen umfassenden Kreditbegriff erfüllt die Anforderungen des *Management Approach* (*IFRS 7.34a*), sofern er identisch mit der für das interne Risikomanagement verwendeten Definition ist.[222] Die Eignung für die Offenlegung wird durch die Orientierung des Kreditbegriffs an *§ 19 Absatz 1 KWG* und die Abdeckung der gemäß *IAS/IFRS* relevanten Komponenten des Kreditgeschäfts sichergestellt.

---

222 Die Definition des für die interne Steuerung verwendeten Kreditbegriffs ist institutsindividuell festzulegen.

Bruttokreditvolumen

IFRS 7.36a fordert die Offenlegung der maximalen Kreditrisikoexposition im Sinne eines Bruttokreditvolumens am Abschussstichtag für jede Klasse von Finanzinstrumenten. Das maximale Ausfallrisiko ist nach *IFRS 7.B9* ein Bruttobuchwert abzüglich zulässiger Saldierungen nach IAS 32[223] und Wertberichtigungen nach *IAS 39*[224], zuzüglich kreditrisikotragender nicht bilanzieller Werte[225]. Damit ist das maximale Kreditvolumen nicht zwingend identisch mit den bilanziellen Buchwerten.[226]

Auch *DRS 5-10.28a* sieht die Offenlegung des Bruttokreditvolumens vor, wobei allerdings aufgrund die Formulierung, dass die *„erwartete Höhe der Risikoexponiertheit"* darzustellen ist, lediglich erwartete Linienausnutzungen anzugeben sind und nicht – wie nach *IFRS 7.36a* – der maximal mögliche Betrag. Da *DRS 5-10.28a* in diesem Sinne eine Teilmenge von *IFRS 7.36a* darstellt, ist die höherwertige *IAS-/IFRS*-Anforderung umzusetzen.

Vergleichbare Anforderungen an die Publizierung des Bruttokreditvolumens stellt zudem *§ 327 Absatz 2 Nummern 1, 2 und 4 SolvV*. Gemäß *§ 327 Absatz 2 Satz 1 SolvV* ist das Bruttokreditvolumen als Gesamtbetrag der Forderungen ohne Berücksichtigung von Kreditrisikominderungstechniken zu interpretieren. Das *Fachgremium* ergänzt in seinen Anmerkungen zu Tabellengruppe *AR-KR-4*, dass die Darstellung nach der Anrechnung von Abschreibungen erfolgen soll.[227]

Damit unterscheiden sich die Definitionen des Bruttokreditvolumens zwischen *IFRS 7.36a* und *§ 327 SolvV* nur durch die Berücksichtigung von Aufrechnungsvereinbarungen bei derivativen Adressenausfallrisikopositionen, die handelsrechtlich möglich, in der *Solvabilitätsverordnung* aber nicht vorgesehen sind. Aus der Intention der aufsichtrechtlichen Offenlegungsvorschrift zum Bruttokreditvolumen, nämlich einen möglichst weitgehenden Gleichlauf mit der Rechnungslegung zu erzielen, lässt sich allerdings ableiten, dass die Anrechnung der handelsrechtlich zugelassenen *Netting*-Vereinbarungen auch für die *Säule 3*-Offenlegung möglich ist. Jedenfalls räumt die Gesetzesbegründung zu *§ 327 SolvV* einen entsprechenden Gestaltungsspielraum ein. Auch die einschlägige Kommentarliteratur stützt diese Sichtweise.[228]

Die Charakteristika des für die Offenlegung zu verwendenden Bruttokreditvolumens können wie folgt zusammengefasst werden:

---

223 Vgl. *IAS 32.42-50.*
224 Vgl. *IAS 39.58-70.*
225 Damit wird *DRS 5-10.27* berücksichtigt, wonach auch nicht bilanzwirksame Geschäfte in die Darstellung des Kreditrisikos zu integrieren sind.
226 *IFRS 7.BC49b* weist ausdrücklich darauf hin, dass das maximale Kreditvolumen gemäß *IFRS 7* von den bilanziell ausgewiesenen Größen abweichen kann.
227 Vgl. Tabelle 4(b) *Fachgremium-Anwendungsbeispiele.*
228 Vgl. auch *Hillen, K. H. (2008)*, S. 2482f.

	Klassisches Kreditgeschäft	Wertpapiergeschäft	Derivate- und Geldhandelsgeschäft
Bemessungsgrundlage	Nominalwerte	Marktwerte *)	Marktwerte
Wertminderungen			
Einzelwertberichtigungen	Nein	Nein	Nein
Pauschalwertberichtigungen / Portfoliowertberichtigungen	Nein	Nein	Nein
Kurswertinduzierte Abschreibungen	Nein	Nein	Nein
Risikominderungen			
Klassische Kreditsicherheiten	Nein	Nein	Nein
Collaterals	Nein	Nein	Ja
Aufrechnungsvereinbarungen	Nein	Nein	Ja

Abbildung 51: Charakteristika des Bruttokreditvolumens in der externen Risikoberichterstattung

4.4.4.2.4 Messung und Limitierung des Kreditvolumens

Muster-Risikobericht

Die bei der Offenlegung der Mess- und Limitierungsverfahren des Kreditvolumens zu verwendenden Berichtselemente sowie die Möglichkeit zur umfassenden Anwendung der Verweistechnik im *Säule 3*-Bericht zum Risikolagebericht sind im nachfolgenden Ausschnitt des Muster-Risikoberichts dargestellt.

Komponenten	Handelsrechtlicher Konzernrisikobericht		Aufsichtsrechtlicher Risikobericht		Zum Vergleich: MaRisk
	Jährlich	Halbjährlich	Jährlich	Halbjährlich	
Kreditrisiko: Messung und Limitierung des Kreditvolumens					
Klassisches Kreditgeschäft	▪ Messung des Exposures aus klassischem Kreditgeschäft ▪ Limitsystem für das klassische Kreditgeschäft	▪ Wesentliche Veränderungen im Berichtszeitraum → Verweis auf jährlichen Risikolagebericht	▪ Ziele und Grundsätze des Kreditrisikomanagements → Verweis auf jährlichen Risikolagebericht	Verweis auf jährlichen → und halbjährlichen Risikolagebericht	▪ Risikosteuerungs- und -controllingprozesse (AT 4.3.2) ▪ Limitüberschreitungen (BTO 1.2)
Handelsgeschäft	▪ Messung des Exposures aus Handelsgeschäften ▪ Limitsystem für Ausfallrisiken aus Handelsgeschäften	▪ Wesentliche Veränderungen im Berichtszeitraum → Verweis auf jährlichen Risikolagebericht	▪ Ziele und Grundsätze des Kreditrisikomanagements → Verweis auf jährlichen Risikolagebericht	Verweis auf jährlichen → und halbjährlichen Risikolagebericht	▪ Risikosteuerungs- und -controllingprozesse (AT 4.3.2) ▪ Limitierung von Ausfallrisiken aus Handelsgeschäften (BTR 1)

Abbildung 52: Muster-Risikobericht für Angaben zum Kreditrisiko – Messung und Limitierung des Kreditvolumens

Messung des Exposures aus klassischem Kreditgeschäft

Gemäß *DRS 5-10.28b* hat eine Darstellung der Verfahren zur *„Bestimmung von (...) künftigem Exposure"* zu erfolgen. Zudem ist *IFRS 7.33b* in Verbindung mit *IFRS 7.IG15b(II)* hinsichtlich der Offenlegung von Messmethoden zu beachten.[229] Unter Berücksichtigung der in *Abschnitt 4.4.4.2.3* dargestellten Grundlagen der Risikomessung sollten die für die Offenlegung verwendeten Komponenten des Kreditvolumens im Risikobericht aufgeführt werden. Dabei handelt es sich beispielsweise um die Nominalvolumina von Kreditgeschäften, offenen Zusagen, Eventualverbindlichkeiten, Leasingforderungen und Factoring-Debitoren.

Limitsteuerung im klassischem Kreditgeschäft

Die Darstellung des Limitsystems kann auf den Ausführungen zu den grundlegenden Methoden und Verfahren im Kapitel *„Generelles Risikomanagementsystem"*[230] des Risikoberichts aufbauen. Darüber hinaus sollte darauf hingewiesen werden, dass für einzelne Geschäftspartner und für Kreditnehmereinheiten Rahmenlimite eingerichtet sind.

Messung des Exposures aus Handelsgeschäften

Die Anforderungen an die Offenlegung der Verfahren zur Bemessung des Exposures aus Handelsgeschäften entsprechen denen des klassischen Kreditgeschäftes.

Im Risikobericht sollten die für die interne Steuerung verwendeten Bewertungsverfahren zur Ermittlung der Exposures aus Handelsgeschäften dargelegt werden. Beispielsweise kann ausgeführt werden, dass im Geschäft mit Wertpapieren des Anlagebuchs und des Handelsbuchs die Berechnung des Emittentenrisikos für die Handelsbuchbestände auf Basis des Marktwerts einer Wertpapierposition erfolgt, während die in den Anlagebüchern geführten Bestände zum Buchwert in die Risikoberechnung eingehen. Im Derivate- und Geldhandelsgeschäft mit *OTC*-Derivaten, *Repo*-Geschäft, Wertpapierleihegeschäft und Geldmarktgeschäft wird das Wiedereindeckungsrisiko als eine Komponente des Kontrahentenrisikos auf Basis des Marktwerts und des *Add-ons* eines Einzelgeschäfts berechnet. Das *Add-on* berücksichtigt spezifische Risikofaktoren und Restlaufzeiten. Auf Kontrahentenebene werden *Netting*-Vereinbarungen und *Collateral Agreements* zur Risikoredu-

---

229 Bei enger Auslegung des Risikobegriffs als unerwarteter Verlust ist *IFRS 7.33b* in Verbindung mit *IFRS 7.IG15b(II)* für die Offenlegung des Kreditexposures eigentlich irrelevant, da sich der Standardtext auf das tatsächliche Risiko bezieht, nicht aber auf den Volumenaspekt des Kreditrisikos abgestellt. Da aber nach allgemeinem Sprachgebrauch unter *Kreditrisiko* in der Regel auch das Kreditexposure als Bemessungsgrundlage für die Risikomodellierung verstanden wird, und da dies offenbar auch der Intention des *IASB* entspricht, werden die genannten Anforderungen der Offenlegung des Kreditvolumens zugrunde gelegt. Vgl. auch die Diskussion zum Risiko- und Verlustbegriff in *Abschnitt 4.1.4*.

230 Vgl. *Abschnitt 4.4.2.6.2.*

zierung eingesetzt, sofern sie rechtlich durchsetzbar sind. Bezogen auf das Erfüllungsrisiko ist der Anrechnungsbetrag des Kontrahentenrisikos die geschuldete Zahlung, das heißt die Höhe des Betrags, der tatsächlich vom Kontrahenten an das Kreditinstitut zu leisten ist. Das Erfüllungsrisiko wird dabei auf einen angenommenen Erfüllungszeitraum angerechnet.

Limitsteuerung der Ausfallrisiken aus Handelsgeschäften

Wie auch bei den klassischen Kreditgeschäften kann die Darstellung des Limitsystems an den Ausführungen zu den grundlegenden Methoden und Verfahren im Kapitel *„Generelles Risikomanagementsystem"*[231] des Risikoberichts anknüpfen. Ergänzend sollte die konkrete Ausgestaltung der Limitsteuerung der Ausfallrisiken aus Handelsgeschäften dargestellt werden. So ist zur Begrenzung des Ausfallrisikos aus Handelsgeschäften in der Regel ein volumenorientiertes Limitsystem eingerichtet, bei dem die Steuerung des Wiedereindeckungsrisikos durch eine in Laufzeitbänder gegliederte Limitstruktur erfolgt. Zur Steuerung des Erfüllungsrisikos wird ein Tageslimit eingeräumt. Für das Emittentenrisiko wird pro Emittent ein bonitätsabhängiges Pauschal- oder Einzellimit vergeben. Weiter kann beispielsweise ausgeführt werden, dass die methodisch einheitliche Messung und Überwachung der Ausfallrisiken aus Handelsgeschäften über ein zentrales, *IT*-gestütztes Limitmanagementsystem erfolgt, an das alle relevanten Handelssysteme angeschlossen sind. Die Handelsexposures aller relevanten Tochtergesellschaften werden ebenfalls über dieses *IT*-System zusammengeführt.

4.4.4.2.5 Messung und Limitierung des Kreditrisikos

Muster-Risikobericht

Der für die Offenlegung der für das Kreditrisiko verwendeten Mess- und Limitierungsverfahren maßgebliche Teil des Muster-Risikoberichts verdeutlicht, dass auch in diesem Bereich die Anwendung der Verweistechnik im *Säule 3*-Bericht zum Risikolagebericht uneingeschränkt möglich ist.

---

231 Vgl. *Abschnitt 4.4.2.6.2.*

Abbildung 53: Muster-Risikobericht für Angaben zum Kreditrisiko – Messung und Limitierung des Kreditrisikos

Methoden und Annahmen des ökonomischen Kreditportfoliomanagements

In methodischer Hinsicht sind die Verfahren der Quantifizierung von Kreditrisiken sowie die zugrunde liegenden Modellannahmen und Verfahrensprämissen zu erläutern (*DRS 5-10.24b* und *DRS 5-10.25*). Zudem ist *IFRS 7.33b* in Verbindung mit *IFRS 7.IG15b(II)* hinsichtlich der Offenlegung von Messmethoden zu beachten.

Der Risikolagebericht sollte erläutern, dass im Rahmen des ökonomischen Kreditportfoliomanagements zwischen erwarteten Verlusten aus Einzelgeschäften und unerwarteten Verlusten aus dem Kreditportfolio unterschieden wird. So kann dargestellt werden, dass die Ermittlung unerwarteter Verluste aus den Kreditportfolios mit Hilfe von Portfoliomodellen auf Basis von *Value-at-Risk*-Ansätzen erfolgt. Der *Credit Value-at-Risk* quantifiziert das Risiko unerwarteter Verluste, die aufgrund der Nichteinhaltung vertraglich vereinbarter Zahlungsverpflichtungen von Geschäftspartnern entstehen. Die zur Messung des *Credit Value-at-Risk* verwendeten Portfoliomodelle berücksichtigen Konzentrationseffekte hinsichtlich Industriesektoren und Kontrahenten und bilden darüber hinaus die Bonitätsstruktur des Kreditportfolios ab. Hierbei werden Kreditrisiken und Verwertungsrisiken[232] sowohl aus Kreditgeschäften als auch aus Handelsgeschäften berücksichtigt. Bei Kreditinstituten mit Handelsgeschäft wird der im Rahmen des ökonomischen Kapitalmanagements der Ausfallrisiken aus Handelsgeschäften im Risikomodell anzurechnende Betrag für das Emittentenrisiko meist als Marktwert oder als Nominalwert ermittelt. Das Wiedereindeckungsrisiko wird häufig nach dem Marktwert der Derivate zuzüglich eines auf einer Simulation basierenden *Benchmark-Add-Ons* bemessen.

---

232 Das Verwertungsrisiko ist Teil des Kreditrisikos und bringt die Unsicherheit über die Verwertungsquote von Sicherheiten und über die Einbringungsquote für unbesicherte Forderungen nach dem Ausfall von Kontrahenten zum Ausdruck.

Korrelationen von Markt- und Kontrahentenrisiken

Der Umgang mit Korrelationen von Marktpreis- und Kontrahentenrisiken ist gemäß *§ 326 Absatz 1 Nummer 3 SolvV* darzustellen. Inhalt der Offenlegungsanforderung ist die Modellierung solcher Korrelationen im Rahmen der Messung und Limitierung derivativer Adressenausfallrisikopositionen. Derartige Schätzungen können sich einerseits auf die Ausfallwahrscheinlichkeit des Kontrahenten und die Risikofaktoren des allgemeinen Marktpreisrisikos und andererseits auf die Ausfallwahrscheinlichkeit des Kontrahenten und den möglichen Wiederbeschaffungswert des Kontrakts nach Ausfall des Kontrahenten beziehen.

Interne Kapitalallokation zur Limitierung von Kontrahentenrisiken

§ 326 Absatz 1 Nummer 1 SolvV erfordert spezifische Angaben zu *„ (...) der Methode, nach der die interne Kapitalallokation und die Obergrenzen für Kredite an Kontrahenten zugeteilt werden"*. Damit werden Angaben zur Limitierung von Kontrahentenrisiken aus derivativen Positionen des Anlage- und Handelsbuchs gefordert. Die Darstellung sollte auf den allgemeinen Angaben zu den Methoden des ökonomischen Risikokapitalmanagements aufbauen, die gemäß *IAS 1.134* zu erbringen sind und im Kapitel *„ Generelles Risikomanagementsystem"* offen gelegt werden.

4.4.4.2.6 Management von Länderrisiken

Allgemeine Offenlegungsanforderungen und Muster-Risikobericht

Angaben zum Management von Länderrisiken sind branchenüblich, jedoch als solche nicht dezidiert reglementiert. Allerdings fordert *DRS 5-10.29* mit der Darstellung von Kreditrisikokonzentration anhand von geografischen Merkmalen eine verwandte Angabe. Bei der Offenlegung sollte daher auf die allgemeinen Anforderungen hinsichtlich der Darstellung des Managementsystems von Kreditrisiken zurückgegriffen werden. Da Länderrisiken bezüglich der grundsätzlichen Messmethoden wie sonstige Kreditrisiken behandelt werden, ist keine gesonderte Offenlegung der Messverfahren erforderlich. Die Darstellung des Limitsystems kann wiederum auf den Ausführungen zu den grundlegenden Methoden und Verfahren im Kapitel *„ Generelles Risikomanagementsystem"*[233] des Risikoberichts aufbauen. Dies gilt auch für die Steuerungs- und Überwachungsprozesse. Die Anforderungen an die Offenlegung von Länderratingverfahren wurden bereits in *Abschnitt 4.4.4.2.2*

---

233 Vgl. *Abschnitt 4.4.2.6.2.*

(Rating und Pricing) dargestellt. Ergänzend sollte darauf hingewiesen werden, dass die Bank ein System von Länderrisikolimiten eingerichtet hat. Darüber hinaus kann auf die Vorgaben der *MaRisk* zur Behandlung von Länderrisiken zurückgegriffen werden.[234]

Der folgende Ausschnitt aus dem Muster-Risikobericht zeigt die Komponenten der Berichterstattung über Länderrisiken:

Abbildung 54: Muster-Risikobericht für Angaben zum Kreditrisiko – Management von Länderrisiken

Management von Länderrisiken

Das folgende Beispiel der *Dresdner Bank* zeigt eine mögliche Darstellung des Länderrisikomanagements:

„Zur Einschätzung von Länderrisiken wird ein intern entwickeltes Länderratingverfahren mit 16 Ratingklassen genutzt. Die Bewertung einzelner Länder erfolgt auf Basis quantitativer makroökonomischer Indikatoren sowie qualitativer Faktoren (Finanzsystem sowie wirtschaftliche, soziale, rechtliche und politische Rahmenbedingungen). Das Länderratingsystem misst, mit welcher Wahrscheinlichkeit ein Transferereignis eintritt und stellt insbesondere auf die Zahlungsfähigkeit in Fremdwährung ab. Die Begrenzung der Länderrisiken erfolgt durch ein umfassendes Länderlimitsystem. Das System sieht eine Limitierung des Exposures und des Risikokapitals für geografische Regionen und einzelne Länder vor. (...) Zur Diversifizierung des Engagements in Schwellenländern und zur Risikosteuerung werden Zielgrößen in Bezug auf das Engagement in definierten geografischen Regionen sowie einzelnen Ländern festgelegt. Darüber hinaus erfolgt eine Feinsteuerung auf Produktebene und unter Berücksichtigung von Laufzeiten. Ergänzend werden regelmäßig Portfolioanalysen zur Steuerung des Länderrisikoportfolios durchgeführt. Das Management von Länderrisiken aus Handelsgeschäften basiert auf einem Frühwarnsystem für Schwellenländer. Dieses intern entwickelte Verfahren signalisiert frühzeitig – über einen Vorhersagezeitraum von drei bis sechs Monaten – krisenhafte Entwicklungen an den Kapitalmärkten. Es dient dazu, insbesondere Risiken aus Handelsgeschäften bereits vor Eintritt einer Krise zurückzuführen und damit Verluste zu begrenzen."[235]

---

234 Hierbei handelt es sich insbesondere um *BTO 1.2* (Anforderungen an die Prozesse im Kreditgeschäft) und *BTR 1* (Adressenausfallrisiken).

235 *Dresdner Bank Risikolagebericht (2007)*, S. 82f.

4.4.4.2.7 Management von Forderungsverbriefungen

Allgemeine Offenlegungsanforderungen und Muster-Risikobericht

Das Teilportfolio der Forderungsverbriefungen ist Bestandteil des allgemeinen Kreditrisikomanagements, insbesondere ist es in die bestehende Organisation und das Berichtswesen eingebettet. Die separate Darstellung in den externen Risikoberichten ist auf die besonderen, oft komplexen Risikostrukturen, die mit diesem Geschäft verbunden sind, und die darauf abzielenden Offenlegungsanforderungen zurückzuführen.

§ 334 SolvV stellt spezifische Anforderungen an die Offenlegung von Risiken im Verbriefungsgeschäft. Dagegen ergeben sich aus dem *DRS 5-10* und dem *IFRS 7* keine besonderen Publizitätspflichten. Jedoch sind die in *Abschnitt 4.4.2 (Generelles Risikomanagementsystem)* beschriebenen allgemeinen Offenlegungsanforderungen für alle Risikoarten sowie die spezifischen handelsrechtlichen Regelungen zur Darstellung des Kreditrisikos zu beachten.

Angaben, die den allgemeinen Darstellungen des Risikomanagementsystems entsprechen, wie Ziele der Verbriefungsaktivitäten, Funktionen im Verbriefungsprozess, Umfang der Verbriefungsaktivitäten und Bewertungs- und Bilanzierungsfragen sollten im handelsrechtlichen Risikobericht offen gelegt werden. Dagegen erscheint es sinnvoll, spezifische, auf die *Säule 1* bezogene Informationen wie die eingesetzten Ratingagenturen und die Verfahren zur Bestimmung der risikogewichteten Positionswerte, im *Säule 3*-Bericht darzustellen. Der nachfolgende Ausschnitt des Muster-Risikoberichts illustriert diese differenzierte Vorgehensweise in der Offenlegung. Bemerkenswert ist die Tatsache, dass im Gegensatz zu der Mehrzahl der anderen Offenlegungsbereiche, für Verbriefungen keine spezifischen *MaRisk*-Anforderungen bestehen.

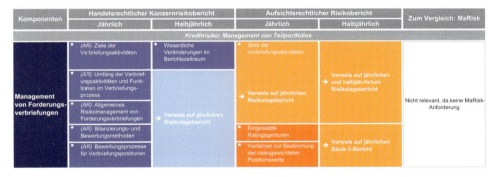

Abbildung 55: Muster-Risikobericht für Angaben zum Kreditrisiko – Management von Forderungsverbriefungen

Ziele der Verbriefungsaktivitäten

Gemäß *§ 334 Absatz 1 Nummer 1 SolvV* sind die Ziele, die das Institut mit den Verbriefungsaktivitäten verfolgt, zu erläutern. Häufig werden Forderungsverbriefungen als ein Instrument der Kreditportfoliosteuerung sowie zur Optimierung der Risiko-Rendite-Relation eingesetzt. In ihrer Rolle als Originator bei langfristig refinanzierten Verbriefungstransaktionen zielen die Kreditinstitute darauf ab, das ökonomische und aufsichtsrechtliche Eigenkapital durch Risikotransfers zu entlasten. Darüber hinaus werden als Originator und Sponsor insbesondere Zweckgesellschaften – so genannte *Conduits*[236] – genutzt, die sich durch die Emission von geldmarktnahen *Asset-backed Commercial Papers (ABCP)*[237] refinanzieren. Diese *Conduits* werden überwiegend für Kunden der Bank bereitgestellt, die mittels dieser Gesellschaften eigene Forderungen verbriefen.

Umfang der Verbriefungsaktivitäten und Funktionen im Verbriefungsprozess

Gemäß *§ 334 Absatz 1 Nummern 2 und 3 SolvV* sind der Umfang der Verbriefungsaktivitäten und die Funktionen im Verbriefungsprozess darzustellen. Dazu bietet sich eine tabellarische Übersicht an, wobei die Angaben nach den involvierten Konzerngesellschaften differenziert werden sollten. *Abbildung 56* zeigt das Prinzip dieser Darstellung anhand eines Beispiels.

---

236 *Conduits* sind Zweckgesellschaften, die Forderungen und Wertpapiere von Unternehmen zum Zwecke der kurzfristigen Zwischenfinanzierung über den Kapitalmarkt revolvierend ankaufen und sich über die Emission von *Commercial Papers* refinanzieren.

237 *ABCP* sind durch Forderungen gedeckte Geldmarktpapiere, bei denen durch die Zweckgesellschaft *Commercial Papers* begeben werden. Im Rahmen eines *ABCP*-Programms werden Forderungen regelmäßig revolvierend an die *Conduits* verkauft, die dementsprechend laufend neue *Commercial Papers* begeben. *Commercial Papers* sind kurz laufende, nicht börsennotierte Schuldverschreibungen mit einer Fälligkeit zwischen einem Tag und 364 Tagen.

Gesellschaft / Transaktion	Transaktionsart	Rolle	Zweck der Transaktion	Art der Assets	Volumen	zurückbehaltene Positionen	Erläuterungen
Geschäftsbank							
DYNASO	synthetische CDO	Originator	Emissionstätigkeit	AAA/AA CLN auf Portfolio von Unternehmensforderungen	X Mrd. €	Position über X Mio. € im eigenen Portfolio	./.
KONSUS	ABCP-Conduit	Originator	Erzielung von Provisionserlösen	Forderungen an europäische Unternehmen	X Mrd. €	Erstverlustposition in Höhe von X Mio. €	Synthetische CDO auf ABS-/CDO-Transaktion
CORAL	ABCP-Conduit	Originator	Erzielung von Provisionserlösen	Forderungen an europäische Unternehmen	X Mrd. €	Zusagen über X Mrd. €, davon X Mrd. € gezogen	Bereitstellung von Liquiditätslinien
AUTOBAHN	ABCP-Conduit	Sponsor	Erzielung von Provisionserlösen	Forderungen an nordamerikanische Retail-Kunden	X Mrd. €	Zusagen über X Mrd. €, davon X Mrd. € in Anspruch genommen	Bereitstellung von Liquiditätslinien
Immobilienfinanzierer							
BAUHAUS	synthetische Verbriefung	Originator	Kapital- und Liquiditätsmanagement, Risikotransfer	Grundpfandrechtlich besicherte Immobilienkredite des Mengengeschäfts in Deutschland	X Mrd. €	Erstverlustposition in Höhe von X Mio. €	Erstverlustposition zu X % mit Dritten abgesichert
PROVIDE VR	synthetische Verbriefung	Originator	Kapital- und Liquiditätsmanagement, Risikotransfer	Grundpfandrechtlich besicherte Immobilienkredite des Mengengeschäfts in Deutschland	X Mrd. €	Erstverlustposition in Höhe von X Mio. €	Erstverlustposition zu X % mit Dritten abgesichert
PROSCORE VR	synthetische Verbriefung	Originator	Kapital- und Liquiditätsmanagement, Risikotransfer	Grundpfandrechtlich besicherte Immobilienkredite mit Unternehmen in Deutschland	X Mrd. €	Erstverlustposition in Höhe von X Mio. €	Erstverlustposition zu X % mit Dritten abgesichert
Leasingunternehmen							
LEAGUE	Leasing-Verbriefung	Originator	Kapital- und Liquiditätsmanagement, Risikotransfer	Leasingforderungen mit Unternehmen in Deutschland	X Mrd. €	Kreditverbesserungsmaßnahmen in Höhe von X Mio. €	Regressloser Verkauf an das Kreditinstitut zur Verbriefung
CORAL	synthetische Verbriefung	Originator	Kapital- und Liquiditätsmanagement, Risikotransfer	Leasingforderungen mit Unternehmen in Deutschland	X Mrd. €	Kreditverbesserungsmaßnahmen in Höhe von X Mio. €	Keine Absicherung von Kreditverbesserungsmaßnahmen

Abbildung 56: Angaben zu den Verbriefungsaktivitäten (Prinzipdarstellung)

Allgemeines Risikomanagement von Forderungsverbriefungen

Angaben zum Management von Forderungsverbriefungen sind gemäß den allgemeinen Offenlegungsanforderungen zu erbringen. In diesem Zusammenhang kann im Risikolagebericht erläutert werden, dass die Positionssteuerung der *ABS*-Investments durch die jeweiligen Konzernunternehmen erfolgt und den konzernweiten Standards für das Risikomanagement unterliegt. Diese Standards sehen die Einzelanalyse und -limitierung von *ABS*-Investments vor. In einem festgelegten Prozess werden die Transaktionsstruktur analysiert, ein Vergleich zwischen der Transaktionen und dem jeweiligen *ABS*-Markt vorgenommen und die externen Bonitätseinschätzungen der Ratingagenturen plausibilisiert. Des Weiteren werden alle wichtigen *ABS*-*Asset*-Klassen einer jährlichen Portfolioanalyse unterzogen, in der die makroökonomischen und hinsichtlich der *Asset*-Klassen spezifischen Risiken beurteilt werden. Auf Konzernebene ist häufig ein Portfolio-Reporting an das Konzernkreditmanagement und die Geschäftsleitung eingerichtet, das sich auf die Gesamtrisikoposition erstreckt und beispielsweise monatlich erfolgt. Auf dieser Basis werden die Risiken des Konzerns aus strukturierten Produkten über ein konzernweit geltendes Globallimit gesteuert.

Bilanzierungs- und Bewertungsmethoden

§ 334 Absatz 1 Nummer 5 SolvV erfordert die Darstellung der bei Verbriefungen eingesetzten Verfahren der Bilanzierung und Bewertung im externen Risikobericht.

Die Investorpositionen in Wertpapieren aus Verbriefungspositionen werden entsprechend *IAS 39* entweder ergebniswirksam als *Held for Trading*-Bestand, als *Available for Sale*-Bestand über die Neubewertungsrücklage zum beizulegenden Zeitwert oder als *Loans and Receivables* mit den fortgeführten Anschaffungskosten angesetzt und bewertet. In Anspruch genommene Liquiditätsfazilitäten werden als Forderungen an Kunden zu fortgeführten Anschaffungskosten bewertet. Offene Liquiditätsfazilitäten und Kreditgarantien werden nicht in der Bilanz angesetzt; für hieraus drohende Risiken werden Rückstellungen in Höhe des geschätzten Verlustes entsprechend *IAS 37* gebildet, soweit eine Inanspruchnahme wahrscheinlich ist und deren Höhe zuverlässig geschätzt werden kann. Instrumente zur Absicherung von Zins- oder Währungsrisiken wie Swaps werden als Derivate gemäß *IAS 39* der Kategorie *Held for Trading* zugeordnet und zum beizulegenden Zeitwert bewertet. Ausstehende konzernexterne Refinanzierungen der konsolidierten *Conduits*, beispielsweise in Form von *Asset-backed Commercial Papers*, werden als sonstige Verpflichtungen (*Other Liabilities*) zu fortgeführten Anschaffungskosten passiviert. Konzerninterne Refinanzierungen werden entsprechend *IAS 27* konsolidiert. Sofern das Kreditinstitut als Originator bzw. Sponsor in konsolidierungspflichtigen Verbriefungstransaktionen involviert ist, werden die in diese *Conduits* eingebundenen Zweckgesellschaften, soweit sie den Regelungen des *IAS 27 in* Verbindung mit *SIC-12* entsprechen, mit ihren Vermögens- und Schuldenwerten voll konsolidiert. Die wesentlichen Vermögenswerte, Schulden sowie die Ertrags- und Aufwandsposten und die hieraus entstehenden Chancen und Risiken der *ABCP-Conduits* werden im Konzernabschluss berücksichtigt. Bei den synthetischen Verbriefungstransaktionen verbleiben die verbrieften Darlehen in den Büchern des Konzerns, wenn die Abgangskriterien des *IAS 39* mangels Übertragung der Forderungsrechte nicht erfüllt sind. Im Gegensatz hierzu werden die echten Forderungsverkäufe – sogenannte *True Sale*-Verbriefungen – aus der Bilanz ausgebucht, soweit die Chancen und Risiken aus dem Forderungsportfolio an den Erwerber übertragen worden sind.

Bewertungsprozesse für Verbriefungspositionen

Diese freiwillige Angabe der zur Bewertung von Forderungsverbriefungen geltenden Prozesse ergänzt die Darstellung der Bewertungsmethoden. Typischerweise basiert die Bewertung des Verbriefungsportfolios auf marktorientierten Parametern und Informationsquellen. In angespannten Kapitalmarktsituationen werden verschiedene *Credit-Spread*-Kurven, die eine sektor-, bonitäts- und währungsdifferenzierte Bewertung der Positionen ermöglichen, auf Basis von Researchberichten bedeutender Marktteilnehmer genutzt.

Eingesetzte Ratingagenturen

Nach *§ 334 Absatz 1 Nummer 6 SolvV* sind die Namen der bei Verbriefungen eingesetzten Ratingagenturen und die Arten der verbrieften Forderungen, für die die jeweilige Agentur verwendet wurde, offen zu legen. Häufig werden im Rahmen der Verbriefungsaktivitäten unabhängig von den *Asset*-Klassen die Ratingagenturen *Standard & Poor's Ratings Services*, *Moody's Investors Service* und *Fitch Ratings Ltd.* beauftragt. Konkurrierende externe Ratings werden gemäß den Regelungen von *§§ 44 und 45 SolvV* in die Ermittlung der risikogewichteten Positionswerte einbezogen. Die Übertragung der externen Bonitätsbeurteilungen zugelassener Ratingagenturen und Exportversicherungsagenturen auf die Verbriefungspositionen des Konzerns erfolgt in Übereinstimmung mit den Anforderungen der *§§ 242 bis 244 SolvV*.

Die Darstellung der für die einzelnen Forderungsklassen eingesetzten Ratingagenturen kann zur besseren Übersicht in Tabellenform erfolgen (siehe *Abbildung 57*).

Forderungarten	Verwendete Ratingagenturen			
	Standard & Poor's	Moody's	Fitch	Exportversicherungsagenturen der OECD
Forderungen aus Wohnbaukrediten	•		•	
Forderungen aus ganz oder teilweise gewerblichen Immobilienkrediten	•	•		
Forderungen aus Unternehmenskrediten (einschließlich Kredite an KMU)	•			•
Forderungen aus eigenen und angekauften Leasingforderungen	•		•	
Forderungen aus Kfz-Finanzierung (ohne Leasing)		•		
Forderungen aus sonstigem Retailgeschäft (z.B. Kreditkarten, Studentenkredite)			•	
Forderungen aus CDO und ABS	•	•	•	

Abbildung 57: Namen der Ratingagenturen und Arten der verbrieften Forderungen

Verfahren zur Bestimmung der risikogewichteten Positionswerte

Gemäß *§ 334 Absatz 1 Nummer 4 SolvV* sind die zur Ermittlung der risikogewichteten Positionswerte von Verbriefungen eingesetzten Verfahren offen zu legen. In diesem Zusammenhang kann beispielsweise erläutert werden, dass im Rahmen synthetischer Verbriefungstransaktionen von den Konzerngesellschaften in ihrer Funktion als Originator zurückbehaltene Verbriefungspositionen nach dem *Kreditrisiko-Standardansatz* gemäß *§§ 238 bis 241 SolvV* mit Eigenmitteln unterlegt werden. Zurückbehaltene Originatorpositionen bei *Residential Mortgage-Backed Securities (RMBS)*[238] werden auch im *IRB-Ansatz* ausgewiesen, da die zugrunde liegenden Positionen überwiegend *IRB*-Forderungsklassen zuzuordnen sind. Die verwendeten *IRB*-Verfahren sind durch die *BaFin* zugelassen.

Im Rahmen der Sponsoraktivitäten wird das durch die *BaFin* zugelassene interne Einstufungsverfahren gemäß *§ 259 SolvV* zur Ermittlung der risikogewichteten Positionswerte von Verbriefungspositionen bei solchen *ABCP*-Programmen angewendet, die über keine externe Ratingeinstufung verfügen.

---

238 *Residential Mortgage-Backed Securities* sind eine Ausprägung der *Mortgage-Backed Securities (MBS)*, die durch einen *Pool* privater Hypothekendarlehen besichert sind. Zins- und Tilgungsleistungen hängen üblicherweise von der Entwicklung in dem zugrunde liegenden Hypothekenportfolio ab.

Die Eigenkapitalanforderungen für Investorpositionen, die dem Handelsbuch zugeordnet sind, werden mittels des internen Modells, das von der *BaFin* zur Berechnung der Eigenkapitalunterlegung für das allgemeine und für das besondere Marktpreisrisiko zugelassen wurde, ermittelt. Diese Positionen fließen in die Eigenkapitalanforderungen für Marktpreisrisiken ein und werden daher nicht als Kreditrisikopositionen gemäß der *Solvabilitätsverordnung* offen gelegt. Die verbleibenden Positionen sind dem Anlagebuch zugeordnet. Die aufsichtsrechtliche Bonitätsbewertung für diese Positionen erfolgt überwiegend auf Basis des ratingbasierten Ansatzes und der dort vorgegebenen Bonitätsstufen.

4.4.4.2.8 Management von Problemengagements

Offenlegungsanforderungen und Muster-Risikobericht

Dezidierte Offenlegungspflichten für eine umfassende Darstellung der im Rahmen des Managements von Problemengagements angewandten Verfahren und Methoden existieren nicht. Lediglich die Art und Weise der Abbildung von leistungsgestörten Krediten in der externen Rechnungslegung ist offen zu legen. In diesem Zusammenhang verlangen insbesondere *DRS 5-10.28c* und *§ 327 Absatz 1 SolvV* eine Beschreibung der Methoden zur Bildung von Risikovorsorge für das gesamte Kreditportfolio. Für den Ausschnitt des Derivate- und Geldhandelsgeschäfts sind gemäß *§ 326 Absatz 1 Nummer 2 SolvV* ebenfalls die Verfahren der Kreditrisikovorsorge zu beschreiben. Schließlich ist aufgrund von *§ 327 Absatz 1 SolvV* die Offenlegung der für die Zwecke der Rechnungslegung verwendeten Definition von „in Verzug" und „notleidend" erforderlich.

Aufgrund der besonderen Bedeutung leistungsgestörter Kreditengagements für die Risiko- und Ertragslage von Kreditinstituten sollten über diese spezifischen, rechnungslegungsbezogenen Angabepflichten hinaus die Grundzüge der Steuerung und Überwachung problembehafteter Kredite dargestellt werden. Dies entspricht der einschlägigen Branchenpraxis. Die Offenlegung sollte dabei auf der Darstellung der Organisation und des Berichtswesens des Kreditrisikomanagements aufbauen, deren Umsetzung für das allgemeine Kreditgeschäft in den *Abschnitten 4.4.2.5 (Ziele und Organisation des Risikomanagements)* und *4.4.4.2.1 (Grundlagen, Organisation und Verantwortung sowie Risikoberichtswesen)* beschrieben wird.

Für die Angaben zum Management von Problemengagements kann umfassend auf die einschlägige *MaRisk*-Umsetzung zurückgegriffen werden. Die Offenlegung dieser Angaben im handelsrechtlichen Risikobericht erscheint zweckmäßig, da kapitalmarktorientierte Kreditinstitute Beschreibungen der unter *IAS/IFRS* auf Konzernebene angewendeten Verfahren zu erbringen haben, während sich das im regulatorischen Risikobericht dargestellte Zahlenwerk der *Säule 1* überwiegend am Einzelabschluss orientiert und daher auf die

HGB-Rechnungslegung Bezug nimmt. Die Art der Angaben kann zwischen den beiden Rechnungslegungsnormen abweichen. Die darzustellenden Berichtselemente werden im nachfolgenden Ausschnitt aus dem Muster-Risikobericht aufgezeigt:

Abbildung 58: Muster-Risikobericht für Angaben zum Kreditrisiko – Management von Problemengagements

Steuerung und Überwachung problembehafteter Kredite

Es entspricht der Branchenpraxis, Kreditengagements bei denen eine Zinsfreistellung vorliegt, Insolvenz angemeldet ist oder für die eine zwangsweise Abwicklung und Ausbuchung erforderlich ist[239], an spezialisierte Organisationseinheiten – sogenannte *Workout*-Einheiten – zu übertragen. Die Aufgabe dieser Spezialeinheiten besteht in der Sanierung oder aber der Abwicklung dieser Problemengagements. Das Teilportfolio der leistungsgestörten Kredite wird sowohl auf Einzelgeschäftsebene als auch im Portfoliozusammenhang im Rahmen der Intensivbetreuung in einem vierteljährlichen Zyklus geprüft, aktualisiert und berichtet. Anlassbezogen geschieht dies auch in kürzeren Zyklen. Dieser Prozess wird meist umfassend systemtechnisch unterstützt. Wesentlicher Baustein ist dabei ein aussagekräftiges, zielgruppenorientiertes und zeitnahes internes Reporting. Nach den *MaRisk (BTO 1.2.4* und *BTO 1.2.5)* haben Kreditinstitute ein derartiges Problemkreditmanagement zu implementieren.

---

239 Hierbei handelt es sich um die Ratingklassen *G3*, *G4* und *G5* aus dem in *Abschnitt 4.4.4.2.2* dargestellten Beispiel einer Master-Ratingskala.

Definition von „Überfälligkeit" und „Ausfall"

Die Merkmale für Überfälligkeit und Ausfall sind institutsspezifisch festzulegen. Beispielsweise wird ein Geschäft als „überfällig" klassifiziert, wenn Zahlungsrückstände in Form von nicht geleisteten Zins- und Tilgungszahlungen oder sonstigen Forderungen seit mehr als zwei Tagen bestehen. Ein Kreditnehmer wird als „ausgefallen" eingestuft, wenn zu erwarten ist, dass er seine Zahlungsverpflichtungen nicht vollständig erfüllt, ohne dass auf Maßnahmen wie die Verwertung gegebenenfalls vorhandener Sicherheiten zurückgegriffen werden muss. Unabhängig davon werden Kreditnehmer als ausgefallen eingestuft, die seit mehr als 90 Tagen überfällig sind.

Verfahren der Risikovorsorgebildung und Planung der Einzelrisikovorsorge

Liegen für einen Kredit objektive Hinweise auf eine Wertminderung vor, prüft das Kreditinstitut, ob zu erwarten ist, dass der Kreditnehmer seinen vertraglichen Verpflichtungen nicht vollständig nachkommen wird, und ob ihm hieraus ein wirtschaftlicher Schaden entstehen kann. Beim Vorliegen einer Wertminderung werden je nach Geschäftsart Einzelwertberichtigungen oder Rückstellungen gebildet. Für Forderungen werden Einzelwertberichtigungen in Höhe der Differenz zwischen dem Buchwert der Forderung und dem Barwert der erwarteten Zahlungen einschließlich der Sicherheitenerlöse gebildet. Für Geschäfte, die nicht bereits in der Einzelrisikovorsorge berücksichtigt sind, werden Portfoliowertberichtigungen gemäß *IAS 39* ermittelt. Rückstellungen für Kreditzusagen sowie Verbindlichkeiten aus Finanzgarantien und Kreditzusagen werden in Höhe der Differenz zwischen dem Barwert der potenziellen Ausfallsumme und dem Barwert der erwarteten Zahlungen gebildet. Häufig werden im Mengengeschäft zusätzlich zur Einzelrisikovorsorge pauschalierte Einzelwertberichtungen gebildet. Dabei werden die Zahlungsströme von Forderungsportfolios mit gleichen Risikocharakteristika unter Verwendung von Migrationsszenarien und Ausfallwahrscheinlichkeiten untersucht. Die für das nächste Geschäftsjahr erwartete Einzelrisikovorsorge wird im Rahmen der strategischen Planung konzernweit abgestimmt.

4.4.4.2.9 Kreditrisikominderung[240]

Allgemeine Offenlegungsanforderungen und Muster-Risikobericht

Die *International Financial Reporting Standards* und *Teil 5 der Solvabilitätsverordnung* stellen umfangreiche Anforderungen an die Offenlegung des zur Risikominderung verwendeten Managementsystems. Die Anforderungen der beiden Regelungsbereiche weisen erhebliche Übereinstimmungen auf. Dagegen enthält der *DRS 5-10* nur wenige, allgemeine

---

240 Zu den Kreditrisikominderungstechniken der *Säule 1* vgl. *Hahn, R. (2007).*

Angabepflichten hinsichtlich der Risikominderungstechniken. Alle handelsrechtlichen und regulatorischen Anforderungen an die qualitative Offenlegung zur Risikominderung sollten im Risikolagebericht gebündelt werden.

Die Grundzüge der Risikoabsicherung und Risikominderung, die auch für das Kreditrisiko gelten, werden bereits im Kapitel *„Generelles Risikomanagementsystem"*[241] dargestellt. Weitere spezifische Angaben, die über diese allgemeinen Darstellungen hinausgehen, sind zweckmäßigerweise im Kapitel *„Kreditrisiko"* offen zu legen.

In methodischer Hinsicht sind gemäß *DRS 5-10.28b* die angewandten Verfahren zur Quantifizierung und Steuerung des Kreditrisikos zu beschreiben. Dies umfasst unter anderem die Sicherheitenbewertung (*„Bestimmung von (…) erwarteten Sicherheitenerlösen"*). Die Darstellung erfolgt dabei für das gesamte Portfolio.

Der nachfolgende Ausschnitt aus dem Muster-Risikobericht verdeutlicht sowohl die umfangreichen Verweismöglichkeiten aus dem *Säule 3*-Bericht auf den Risikolagebericht für diesen Offenlegungsbereich als auch die umfassende Abdeckung der qualitativen Offenlegungsanforderungen durch die *Mindestanforderungen an das Risikomanagement*.

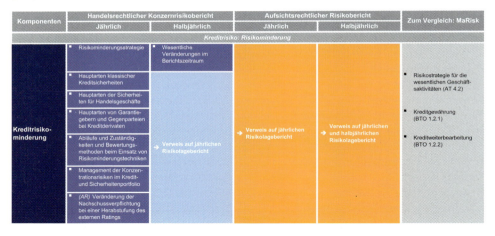

Abbildung 59: Muster-Risikobericht für Angaben zum Kreditrisiko – Risikominderung

Risikominderungsstrategie

Strategien und Verfahren der Verwaltung und Bewertung und des Managements von Kreditsicherheiten, von *Netting*-Vereinbarungen und von Kreditderivaten sind gemäß *IFRS 7.36b* in Verbindung mit *IFRS 7.IG22a* und nach *§ 336 Nummern 1a und 1b SolvV* anzugeben. Angaben zu den gesicherten Grundgeschäften und den Sicherungsgeschäften, die im

---

241 Vgl. *Abschnitt 4.4.2.6.2.*

Zusammenhang mit der Sicherheitenstrategie relevant sind, werden im Kapitel „*Generelles Risikomanagementsystem*" des Risikolageberichts im Rahmen der Darstellung der Angaben zu den grundlegenden Mess-, Limitierungs- und Sicherungskonzepten offen gelegt.[242]

Die Sicherheitenstrategie ist häufig Teil der Kreditrisikostrategie.[243] Die Kreditrisikostrategie legt fest, dass die Kundenbonität die Grundlage für die Kreditentscheidung darstellt; Sicherheiten haben keinen Einfluss auf die Bonitätsbeurteilung des Kreditnehmers. In Abhängigkeit von der Struktur eines Geschäfts können Sicherheiten aber wesentlich für die Risikobeurteilung einer Transaktion sein. Bei mittel- oder langfristigen Investitionskrediten besteht grundsätzlich die Erwartung, dass das Investitionsobjekt als Sicherheit für den Kredit dient. Bei Export- oder strukturierten Handelsfinanzierungen ist darüber hinaus eine Mindestbesicherung durch staatliche oder private (Export-)Kreditversicherungen bzw. durch Abtretung der Ansprüche aus den Exportverträgen oder Sicherungsübereignung der Waren vorgesehen. Die hauptsächlich zur Kreditrisikominderung eingesetzten Instrumente sind Sicherheiten für das klassische Kreditgeschäft und für das im Handelsgeschäft – letztere werden als *Collaterals* bezeichnet – sowie *Netting*-Vereinbarungen und Kreditderivate.[244]

Hauptarten von Kreditsicherheiten sowie von Garantiegebern und Gegenparteien bei Kreditderivaten

Eine Beschreibung der wesentlichen Sicherungsinstrumente ist gemäß *IFRS 7.36b* in Verbindung mit *IFRS 7.IG22b* sowie aufgrund von *§ 336 Nummer 1b SolvV* erforderlich. Des Weiteren sind Angaben zu den Haupttypen von Garantiegebern und Gegenparteien bei Kreditderivaten und ihre Bonität zu machen (*IFRS 7.36b* in Verbindung mit *IFRS 7.IG22c* und *§ 336 Nummer 1d SolvV*).

Die Angaben im Risikobericht sollten die von dem Kreditinstitut akzeptierten klassischen Kreditsicherheiten erläutern. Dies sind insbesondere Grundpfandrechte auf Wohn- und Gewerbeimmobilien, Gewährleistungen (Bürgschaften, Garantien, Patronatserklärungen, Lebensversicherungen), finanzielle Sicherheiten (Bareinlagen bei Drittinstituten, bestimmte festverzinsliche Wertpapiere, Aktien und Investmentanteile), abgetretene Forderungen (Globalzessionen aus Lieferungen und Leistungen sowie Einzelzessionen) und Sachsicherheiten. Für die aufsichtsrechtliche Anerkennung nach der *Solvabilitätsverordnung* werden privilegierte Grundpfandrechte, Gewährleistungen und finanzielle Sicherheiten herangezogen. Forderungen werden aufsichtsrechtlich derzeit im Wesentlichen nicht und Sachsicherheiten nur in geringem Umfang berücksichtigt.

---

242 Vgl. *Abschnitt 4.4.2.6.2.*
243 Zur Offenlegung der Kreditrisikostrategie vgl. *Abschnitt 4.4.4.2.1.*
244 *IFRS 7.IG22* spricht von „*Other credit enhancements*". In der Bankpraxis handelt es sich dabei überwiegend um *Netting*-Vereinbarungen und Kreditderivate.

Sicherheiten für Handelsgeschäfte werden in der Regel auf Basis von Rahmenverträgen in einem *Margining*-Prozess ausgetauscht. Der *Margining*-Prozess ist ein täglich ablaufendes, technisch unterstütztes Überwachungsverfahren, das die ausreichende Besicherung des Handelsportfolios gewährleisten soll. *Collaterals* werden in einem eigenen *IT*-System abgebildet. Als Garantiegeber bzw. als Gegenpartei fungieren bei Kreditderivaten hauptsächlich Finanzinstitutionen. Der Austausch der Sicherheiten ist vertraglich mit den Kontrahenten vereinbart. Abschluss und Durchsetzung der Verträge werden im Rahmen der *Collateral Policy* des Kreditinstituts geregelt. Dabei werden insbesondere Vertragsparameter wie Qualität der Sicherheit, Frequenz des Austauschs sowie Mindestaustausch- und Freibeträge vorgegeben. Die Kreditinstitute nutzen regelmäßig bilaterale *Netting*- und *Collateral*-Verträge.

Abläufe, Zuständigkeiten und Bewertungsmethoden beim Einsatz von Risikominderungstechniken

Die Offenlegung organisatorischer Aspekte des Einsatzes von Risikominderungsinstrumenten ist allgemein in *IFRS 7.36b* in Verbindung mit *IFRS 7.IG22a* sowie in *§ 322 Nummer 1 SolvV* geregelt. Darüber hinaus sind Angaben zu spezifischen Prozessfragen wie das Verfahren zur Hereinnahme von Sicherheiten für Handelsgeschäfte (*IFRS 7.33* in Verbindung mit *IFRS 7.IG15b(III)* sowie *§ 326 Absatz 1 Nummer 2 SolvV*) und Verfahren und Prozesse zur Überwachung der fortlaufenden Effektivität von Sicherungsbeziehungen oder risikoreduzierender Maßnahmen (*IFRS 7.33* in Verbindung mit *IFRS 7.IG15b(IV)* sowie *§ 322 Nummer 4 SolvV*) erforderlich. Hinsichtlich der Offenlegung der Bewertungsmethoden für Kreditsicherheiten sind sowohl handelsrechtliche Regelungen (*DRS 5-10.28b* und *IFRS 7.36b* in Verbindung mit *IFRS 7.IG22a*) als auch regulatorische Vorschriften (*§ 336 Nummern 1a und 1b SolvV*) zu beachten.

Im Rahmen der Umsetzung dieser Anforderungen im Risikolagebericht sollte beispielsweise erläutert werden, dass die Aufgaben des Managements von Sicherungsinstrumenten, also Sicherheiten, Aufrechnungsvereinbarungen und zur Sicherung eingesetzter Kreditderivate, außerhalb der Marktbereiche und überwiegend durch spezialisierte Einheiten wahrgenommen werden. Zu deren Kernaufgaben gehören die Bestellung, Prüfung und Bewertung der Instrumente zur Risikominderung sowie deren Erfassung und Verwaltung. Für die Sicherheitenbestellung und die *Netting*-Vereinbarungen werden grundsätzlich standardisierte Verträge verwendet. Sofern individuelle Sicherheitenverträge zu schließen sind.

Die Verwaltung der Sicherheiten und Aufrechnungsvereinbarungen erfolgt in eigenen *IT*-Systemen. Die Bewertung der Sicherheiten ist Aufgabe der Marktfolgeeinheiten. Die Überprüfung der Wertansätze wird mindestens analog zu den durch die Marktfolge festgelegten Überwachungsterminen – im Regelfall jährlich – oder zu den vereinbarten Einreichungsterminen für die bewertungsrelevanten Unterlagen vorgenommen. Kürzere Überwachungsintervalle können bei kritischen Engagements festgelegt werden. Unabhängig davon wird die Werthaltigkeit der Sicherheiten unverzüglich überprüft, wenn negative Informationen bekannt werden.

Neben *Netting*-Vereinbarungen werden *Collateral Agreements* als Instrument zur Reduktion von Kreditrisiken abgeschlossen. Entsprechend der *Collateral Policy* werden Geld oder Wertpapiere zweifelsfreier Bonität als Sicherheiten für Handelsgeschäfte akzeptiert. Die Bewertung des Exposures und der *Collaterals* erfolgt in regelmäßigen, mit dem Kontrahenten vereinbarten Abständen. Die in diesem Prozess von den Parteien generierten *Margin Calls* führen zum regelmäßigen Austausch von Sicherheiten. Der unbesicherte Teil des Exposures – der sogenannte *Threshold Amount* – wird bei Bonitätsverschlechterungen reduziert und bei Verbesserungen erhöht. Diese Vorgehensweise ist mit den Kontrahenten vertraglich festgelegt. Bei Verträgen mit einem *Threshold* von null spielt eine Bonitätsverschlechterung keine Rolle, da das Exposure immer voll besichert wird.

Die Zuständigkeit für die Sicherheitenbearbeitung von Abwicklungskrediten einschließlich der Verwertung von Sicherheiten liegt bei den *Workout*-Einheiten. Bei diesen Engagements werden die Sicherheiten, abweichend von den allgemeinen Bewertungsrichtlinien, in Abhängigkeit von ihrem voraussichtlichen Realisierungswert und Realisierungszeitpunkt bewertet. In Abweichung von den generellen Beleihungsgrundsätzen können bei Sanierungsengagements Marktwerte bzw. die voraussichtlichen Liquidationserlöse als Sicherungswert angesetzt werden.

Management der Konzentrationsrisiken im Kredit- und Sicherheitenportfolio

Gemäß *IFRS 7.36b* in Verbindung mit *IFRS 7.IG22d*, und aufgrund *§ 336 Nummer 1e SolvV*, haben Kreditinstitute darüber hinaus Informationen über Risikokonzentrationen innerhalb der verwendeten Sicherungsinstrumente offen zu legen.[245] Dazu kann im Risikobericht darauf hingewiesen werden, dass derartige Korrelationen bereits über die eingesetzten Kreditrisikomodelle berücksichtigt werden. Darüber hinaus wird im Rahmen der *Collateral Policy* die Strategie verfolgt, über Handelssicherheiten keine neuen Konzentrationsrisiken aufzubauen.

---

245 Die *Solvabilitätsverordnung* klassifiziert diese Angabepflicht als qualitative Anforderung, sodass quantitative Angaben zu derartigen Risikokonzentrationen nicht erforderlich sind.

Veränderung der Nachschussverpflichtung bei einer Herabstufung des externen Ratings

Gemäß *§ 326 Absatz 1 Nummer 4 SolvV* hat eine Kreditinstitut *„eine Beschreibung der Auswirkung des Sicherheitsbetrags, den das Kreditinstitut bei einer Herabstufung des Ratings zur Verfügung stellen müsste"* offen zu legen. Die von dem Kreditinstitut für ein *OTC*-Geschäft gegenüber einem Kontrahenten gestellten Handelssicherheiten können aufgrund der Bonitätsverschlechterung des Kreditinstituts – die sich beispielsweise in einer Ratingherabstufung ausdrückt – eine Wertminderung erfahren. Sofern der reduzierte Sicherheitenwert nicht mehr ausreicht, um den Marktwert des *OTC*-Kontrakts abzudecken, wird der Kontrahent des *OTC*-Geschäfts gegenüber dem Kreditinstitut einen Nachschuss in Höhe der Wertminderung des *Collateral* geltend machen (*Margin Call*). Der Nachschuss führt zu einem erhöhten Kapitalbedarf bei dem Kreditinstitut.

Die in der *Solvabilitätsverordnung* geforderte Angabe bezieht sich auf die Beschreibung der Auswirkungen derartiger, bonitätsinduzierter Nachschussverpflichtungen. Die Offenlegung ist nur dann erforderlich, wenn die Nachschussverpflichtung materielle Auswirkungen auf Ertragslage des berichtenden Kreditinstituts hat.[246] Eine derartige Konstellation ist allerdings bei den gängigen Standardverträgen nicht relevant, da eine bonitätsabhängige Nachschussverpflichtung regelmäßig nicht vorgesehen ist.

4.4.4.3   Quantitative Angaben zum Kreditrisiko[247]

4.4.4.3.1 Struktur der quantitativen Angaben zum Kreditrisiko

Die generellen Anforderungen an die quantitative Offenlegung von Kreditrisiken, die auch für weitere Risikoarten gelten, werden in *Abschnitt 4.4.1.3 (Anforderungen und Umsetzungsvorschläge für die quantitative Offenlegung)* erläutert.

Die Darstellung des in den handelsrechtlichen und den aufsichtsrechtlichen Risikoberichten zu veröffentlichenden Zahlenwerks zum Kreditrisiko orientiert sich prinzipiell an den Phasen, die ein Kreditgeschäft durchläuft: Festlegung der maximalen Kredithöhe, Einwerbung von Sicherheiten und Berücksichtigung sonstiger Kreditrisikominderungen, Überwachung der Bonität, Leistungsstörung und Wertminderung. Damit löst sich die Darstellung von der in den Standards und Verordnungen vorgegebenen Reihenfolge. Dies erscheint zweckmäßig, da zum einen die Struktur der Anforderungen sowohl innerhalb des *DRS 5-10*, der *IFRS 7* und des *Teils 5 der Solvabilitätsverordnung* als auch zwischen den genannten Regelwerken voneinander abweichen. Zum anderen ist die Darstellung an-

---

246 Vgl. *Hillen, K. H. (2008)*, S. 2479.
247 Zu den regulatorischen Anforderungen an die quantitative Offenlegung von Kreditrisiken vgl. *Hosemann, D. / Neisen, M. / Tijok, C. (2008)*.

hand des Lebenszyklus eines Kreditgeschäfts ein praxisnahes und nachvollziehbares Konzept. Auf diese Weise werden die Voraussetzungen für eine möglichst konsistente und redundanzfreie Darstellung des Kreditrisikos in den externen Risikoberichten geschaffen.

Bei der Darstellung der quantitativen Angaben wird zunächst die maximale Risikoexposition in Form des Bruttokreditvolumens nach verschiedenen Merkmalen aufgezeigt. Die Darstellung nach Branchen, Ländergruppen und Restlaufzeiten dient dazu, Konzentrationen offen zu legen: Volumenkonzentrationen können der Strategie einer diversifizierten Portfoliostruktur zuwider laufen, und so wiederum zu einem eigenen Risiko führen. Die Offenlegung des gesicherten Portfolios schließt sich an; damit wird das nach Risikominderung tatsächlich verbleibende Exposure dargestellt. Danach wird die Qualität des gesamten Kreditportfolios sowie ausgewählter Teilportfolios dargelegt.[248] Die Darstellung des leistungsgestörten Kreditvolumen und der Wertminderungen und Verluste im Kreditgeschäft schließen die quantitative Offenlegung des Kreditvolumens ab.

4.4.4.3.2 Darstellung und Analyse von Konzentrationen im Kreditportfolio

Muster-Risikobericht

Der für die Konzentrationsrisiken relevante Teil des Muster-Risikoberichts macht deutlich, dass die Umsetzung der regulatorischen Anforderungen an die quantitative Offenlegung von Kreditrisikokonzentrationen nur teilweise im Rahmen des Risikolageberichts sinnvoll möglich ist (siehe *Abbildung 60*). Zudem existieren für eine Vielzahl spezifischer *Säule 3*- und *IFRS*-Anforderungen keine vergleichbaren Regelungen in den *MaRisk*.

---

248 Auch bei der Aufteilung des Kreditportfolios nach Bonitäten handelt es sich dem Grunde nach um eine Offenlegung von Konzentrationen. Aufgrund ihrer besonderen Bedeutung werden Darstellung und Analyse der Kreditqualität jedoch unabhängig von der Diskussion sonstiger Konzentrationsmerkmale erörtert.

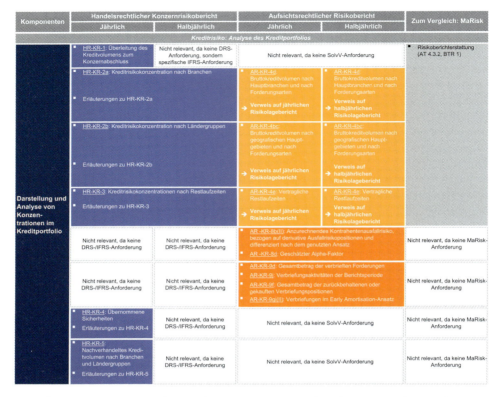

Abbildung 60: Muster-Risikobericht für Angaben zum Kreditrisiko – Darstellung und Analyse von Konzentrationen im Kreditportfolio

Datenbasis für das Bruttokreditvolumen

[➜ Entscheidungstatbestand 11]

Die handelsrechtliche Risikopublizität hat bezüglich der Darstellung des Kreditvolumens grundsätzlich dem *Management Approach* zu folgen, sofern die *IAS-/IFRS*-Mindestanforderungen erfüllt werden. Die gesetzlichen Mindestanforderungen an das Bruttokreditvolumen werden in *Abschnitt 4.4.4.2.3 (Grundlagen der Messung von Kreditrisiken)* bereits aufgezeigt:

▨ Maximale Kreditrisikoexposition

▨ Anrechnung von Wertminderungen

▨ Anrechnung von Aufrechnungsvereinbarungen in definierten Grenzen

▨ Kein Ansatz von Sicherheiten

Aus den in *Abschnitt 4.1.2* (*Management Approach*) dargelegten Gründen ist das an die Geschäftsleitung berichtete Bruttokreditvolumen für die Offenlegung zu verwenden, sofern diese interne Berichtsgröße die oben genannten Mindestanforderungen erfüllt. Um eine synergetische und damit effiziente Umsetzung der (internen und externen) Reporting-Anforderungen zu gewährleisten, sollte das interne Risikoberichtswesen an den Mindestanforderungen für die Offenlegung ausgerichtet werden.

Bezüglich der aufsichtsrechtlichen Darstellung des Bruttokreditvolumens ist die Gesetzesbegründung zu *§ 327 SolvV*[249] zu beachten, die ebenfalls die Anwendung des *Management Approach* ermöglicht. Demnach kann *„die Abgrenzung des Kreditvolumens und der einzubeziehenden Konzerngesellschaften (...) nach den jeweils intern angewendeten Kriterien des Instituts erfolgen, wobei den unterschiedlichen Bezugnahmen Rechnung getragen werden kann."* Des Weiteren *„(können die) Forderungsarten (...) in Anlehnung an die Abgrenzungen für die externe Rechnungslegung als kreditrisikotragende Instrumente definiert werden."* Die Offenlegung des Bruttokreditvolumens zur Erfüllung der aufsichtsrechtlichen Anforderungen kann sich daher hinsichtlich des Konsolidierungskreises, der einbezogenen Produktkategorien, der Strukturmerkmalen des Portfolios und der Bemessungsgrundlagen für die Wertermittlung an der internen Sichtweise orientieren, sofern in der externen Rechnungslegung (also im handelsrechtlichen Risikobericht) entsprechend verfahren wird.

Aufgrund der in *§ 320 Absatz 1 SolvV* gegebenen Möglichkeit, das in der Tabellengruppe *AR-KR-4* darzustellende Bruttokreditvolumen außerhalb des aufsichtsrechtlichen Risikoberichts zu platzieren, ist die Realisierung der Synergiepotenziale und die Vermeidung einer redundanten Offenlegung problemlos möglich. Die regulatorischen Angaben sollten gemeinsam mit den gleichartigen Anforderungen des *IFRS 7* im handelsrechtlichen Konzernrisikobericht dargestellt werden. In diesem Fall ist im aufsichtsrechtlichen Risikobericht ein entsprechender Verweis anzubringen.

Grundsätzlich ist zur Umsetzung von *§ 327 SolvV* aber auch die Verwendung der Positionswerte denkbar, die der *SolvV*-Meldung zugrunde liegen.[250] Eine weitere Gestaltungsmöglichkeit besteht in der Verwendung des im Konzernabschluss offen gelegten bilanziellen Kreditvolumens.[251] Sofern die potenziellen Synergien bei der Offenlegung des Bruttokreditvolumens im Rahmen des *IFRS 7*-Risikoberichts realisiert werden sollen, setzt die Anwendung dieser beiden alternativen Ansätze jedoch die Nutzung der Daten für Managementzwecke voraus. Da dies in den Kreditinstituten häufig nicht der Fall ist, stellen der *Regulatory Approach* und der *Balance Sheet Approach* nicht wirklich Alternativen für die Offenlegung des Bruttokreditvolumens dar. Schon allein zur Vermeidung von Differenzen bei den Angaben des Kreditvolumens zwischen den internen und den externen Risikoberichten empfiehlt sich die durchgängige Anwendung des *Management Approach*.

---

249 Vgl. *SolvV-Begründung*, S. 158.

250 Dem steht allerdings die einschlägige Kommentarmeinung entgegen. Vgl. dazu *Hillen, K. H. (2008)*, S. 2482f.

251 Für den Fall, dass Kreditinstitute in der handelsrechtlichen Risikoberichterstattung bilanzorientierte Bemessungsgrundlagen für die Darstellung des Kreditrisikos verwenden, sei auf den Umsetzungsvorschlag von *Hosemann, D. / Neisen, M. / Tijok, C. (2008), S. 118*, verwiesen.

Wird das bilanzielle oder das regulatorische Kreditvolumen trotz fehlender Relevanz für die interne Steuerung im Rahmen der *IFRS*-Risikoberichterstattung verwendet, stellt dies zudem einen Verstoß gegen *IFRS 7.34* dar.

Überleitung des Bruttokreditvolumens zwischen handelsrechtlichem Konzernrisikobericht und Bilanz

[➔ Gestaltungsprinzip 18]

Die Notwendigkeit der Überleitung des offen gelegten Kreditvolumens zum Konzernabschluss ergibt sich aus *DRS 15.18* und aus *IFRS 7.6*. Demnach ist eine Überleitung grundsätzlich dann geboten, wenn ein unmittelbarer Bezug zwischen Risikoangaben und der Gewinn- und Verlustrechnung oder der Bilanz besteht. Dies gilt in der Offenlegungspraxis nur für das Bruttokreditvolumen. Bei Anwendung des *Management Approach* ist hier eine Überleitung zu den Bilanzpositionen lediglich auf Gesamtportfolioebene, nicht aber für einzelne Teilportfolios möglich.

Die in die Offenlegung der Überleitungsrechnung einzubeziehenden Konsolidierungskreise sind einerseits die in das Risikomanagement integrierten Konzerngesellschaften *(Management Approach)* und andererseits die handelsrechtlich zu konsolidierenden Gesellschaften *(Balance Sheet Approach)*. Darstellungsform und Bemessungsgrundlagen der Angaben beziehen sich auf die in der internen Risikoberichterstattung verwendeten Komponenten des Kreditbegriffs und auf die bilanziellen Kategorien.

Die Offenlegung erfolgt in Tabellenform und kann wie folgt ausgestaltet werden:

Kreditvolumen der internen Steuerung			Bilanzielles Kreditvolumen		
in Mrd. €	31.12.2008	31.12.2007	31.12.2008	31.12.2007	in Mrd. €
Klassisches Kreditgeschäft					Forderungen an Kunden
					Forderungen an Kreditinstitute
					Kreditzusagen und Finanzgarantien
Wertpapiergeschäft					Schuldverschreibungen und andere Wertpapiere
					Derivative Finanzinstrumente
Derivate- und Geldhandelsgeschäft					Geldmarktgeschäfte
Summe				Summe	

Offenlegungsformat 5: Überleitung des Kreditvolumens [HR-KR-1]

Wesentliche Ursachen für Differenzen zwischen Risikobericht und Bilanz sind unterschiedliche Konsolidierungskreise, Produktabgrenzungen und Bewertungsverfahren.

Konzentrationen im Gesamtportfolio

Bezüglich der Offenlegung von Konzentrationen im gesamten Kreditportfolio bestehen miteinander vergleichbare handelsrechtliche und regulatorische Anforderungen: Gemäß *IFRS 7.36* ist das maximale Kreditrisiko nach Klassen offen zu legen. Zudem fordert *IFRS 7.34c* in Verbindung mit *IFRS 7.B8* die Angabe von Risikokonzentrationen. Die Verwendung der Strukturmerkmale des internen Reportings eröffnet die Möglichkeit, beide Anforderungen im Rahmen von einheitlichen Offenlegungsformaten zu erfüllen. Auch *§ 327 Absatz 2 Nummern 1, 2 und 4 SolvV* stellen mit *IFRS 7* vergleichbare Anforderungen an die Publizierung des Bruttokreditvolumens. Zur Umsetzung dieser Anforderungen hat das *Fachgremium* die Offenlegungsformate *Tabelle 4(b) (Bruttokreditvolumen nach Risiko tragenden Instrumenten)*, *Tabelle 4(c) (Geografische Hauptgebiete nach Kreditrisiko tragenden Instrumenten)*, *Tabelle 4(d) (Hauptbranchen nach Kreditrisiko tragenden Instrumenten)* und *Tabelle 4(e) (Vertragliche Restlaufzeiten)* vorgeschlagen.[252]

Aufgrund der Gleichartigkeit der Anforderungen beider Regelungsbereiche kann die Offenlegung des Bruttokreditvolumens zentral im handelsrechtlichen Risikobericht mit den Tabellen *HR-KR-2a (Kreditrisikokonzentration nach Branchen)*, *HR-KR 2b (Kreditrisikokonzentration nach Ländergruppen)* und *HR-KR-3 (Kreditrisikokonzentration nach Restlaufzeiten)* erfolgen. Dabei setzt sich der relevante Konsolidierungskreis aus den Gesellschaften zusammen, die in das Konzernrisikomanagement eingebunden sind. Darstellungsform und Bemessungsgrundlagen folgen gleichermaßen dem *Management Approach*.

in Mrd. €	Klassisches Kreditgeschäft		Wertpapiergeschäft		Derivate- und Geldhandelsgeschäft		Summe	
	31.12.2008	31.12.2007	31.12.2008	31.12.2007	31.12.2008	31.12.2007	31.12.2008	31.12.2007
Branche 1								
Branche 2								
Branche 3								
Branche 4								
Sonstige Branchen								
Summe								

Offenlegungsformat 6: Kreditrisikokonzentration nach Branchen [HR-KR-2a]

---

252 Diese Offenlegungsformate werden im Folgenden zur Vereinheitlichung der Nomenklatur als *AR-KR-4bc (Bruttokreditvolumen nach geografischen Hauptgebieten und Forderungsarten)*, *AR-KR-4d (Bruttokreditvolumen nach Hauptbranchen und Forderungsarten)* und *AR-KR-4e (Vertragliche Restlaufzeiten)* bezeichnet.

in Mrd. €	Klassisches Kreditgeschäft		Wertpapiergeschäft		Derivate- und Geldhandelsgeschäft		Summe	
	31.12.2008	31.12.2007	31.12.2008	31.12.2007	31.12.2008	31.12.2007	31.12.2008	31.12.2007
Ländergruppe 1								
Ländergruppe 2								
Ländergruppe 3								
Ländergruppe 4								
Sonstige Länder								
Summe								

Offenlegungsformat 7: Kreditrisikokonzentration nach Ländergruppen [HR-KR-2b]

in Mrd. €	Klassisches Kreditgeschäft		Wertpapiergeschäft		Derivate- und Geldhandelsgeschäft		Summe	
	31.12.2008	31.12.2007	31.12.2008	31.12.2007	31.12.2008	31.12.2007	31.12.2008	31.12.2007
<= 1 Jahr								
> 1 Jahr bis <= 5 Jahre								
> 5 Jahre								
Summe								

Offenlegungsformat 8: Kreditrisikokonzentrationen nach Restlaufzeiten [HR-KR-3]

Offenlegung des durchschnittlichen Bruttokreditvolumens

[➔ Gestaltungsprinzip 19]

In der Begründung zu *§ 327 Absatz 1 Nummer 2 SolvV*[253] wird gefordert, dass außer dem Bruttokreditvolumen zum Offenlegungsstichtag auch die durchschnittlichen Werte offen zu legen sind, sofern diese materiell vom Stichtagsbetrag abweichen. Zudem sind in diesem Fall die Hintergründe für die Abweichungen zu erläutern. Eine vergleichbare Anforderung existiert mit *IFRS 7.34.BC48*, die allerdings risikoartenübergreifend gilt.[254] Die Durchschnittsbildung erfolgt bei Anwendung des *Management Approach* auf Basis der internen Risikoberichte. Der Durchschnitt kann als arithmetisches Mittel der Bruttokreditvolumina zum Ende des jeweiligen Berichtszeitraums, den die internen Berichte abdecken (beispielsweise Monat oder Quartal), ermittelt werden, wobei der Stichtag des letzten externen Vorjahresberichts berücksichtigt wird. Durchschnitte werden für jede in den Tabellenspalten ausgewiesene Klasse ermittelt und mit der Summe des Kreditvolumens der jeweiligen Klassen verglichen. Abweichungen zwischen Stichtagswert und Durchschnittswert sind beispielsweise dann materiell, wenn sie zehn Prozent, mindestens jedoch einen festgelegten absoluten Betrag in beide Richtungen übersteigen. Die Materialitätsschwelle

---

253 Vgl. *SolvV-Begründung*, S. 158.
254 Vgl. *Gestaltungsprinzip 4 (Offenlegung von durchschnittlichen Risikoexposures)* in *Abschnitt 4.1.5*.

ist institutsindividuell festzulegen und fortlaufend an den Geschäftsumfang anzupassen. Die Offenlegung von Durchschnittswerten für eine der Tabellen *HR-KR-2a*, *HR-KR-2b* oder *HR-KR-3* ist ausreichend; sie kann in Form von Fließtext erfolgen.

Konzentrationen der derivativen Adressenausfallrisikopositionen des Gesamtportfolios

§ 326 Absatz 2 Nummer 1 SolvV fordert die Offenlegung von Konzentrationen sämtlicher derivativen Adressenausfallrisikopositionen des Gesamtportfolios (Anlagebuch und Handelsbuch). Da es sich hierbei ausschließlich um eine aufsichtsrechtliche Anforderung handelt, entsprechen die Darstellungsform innerhalb der Tabellen sowie die Methoden und Bemessungsgrundlagen für die Wertermittlung den Ansätzen der *SolvV*-Meldung (*Regulatory Approach*). Aufgrund der Anwendung des unternehmensbezogenen Materialitätskonzepts bezieht sich der Kreis der einbezogenen Gesellschaften dagegen auf die Vorgehensweise des Risikomanagements. Trotz einer fehlenden unmittelbaren Analogie im Handelsrecht sind die Angaben in den Tabellen *AR-KR-8* dem Grunde nach dem Derivate- und Geldhandelsgeschäft zuzuordnen, das in den handelsrechtlichen Tabellen *HR-KR-2a*, *HR-KR 2b* und *HR-KR-3* dargestellt wird.

Derivative Adressenausfallrisikopositionen umfassen gemäß *§ 11 Absatz 1 SolvV* grundsätzlich Derivate nach *§ 19 Absatz 1a KWG* und berücksichtigungsfähige Novationspositionen aus Schuldumwandlungsverträgen (*Netting by Novation*).

In Tabelle *AR-KR-8b(II)*[255] wird das anzurechnende Kontrahentenausfallrisiko differenziert nach der regulatorischen Methodik zur Ermittlung dieser Kennzahl ausgewiesen.

in Mio. €	Laufzeit-methode	Markt-bewertungs-methode	Standard-methode	Interne Modell-methode
Kontrahenten-ausfallrisikoposition				

Offenlegungsformat 9: Anzurechnendes Kontrahentenausfallrisiko, bezogen auf derivative Ausfallrisikopositionen und differenziert nach dem genutzten Ansatz [AR-KR-8b(II)]

Das Kontrahentenausfallrisiko ist gemäß *§ 48 SolvV* (*KSA*) bzw. *§ 99 SolvV* (*IRBA*) als Positionswert definiert. Zur Ermittlung der Nettobemessungsgrundlage als wesentlichem Bestimmungsfaktor des Positionswerts können folgende Verfahren herangezogen werden:

---

255 Das Offenlegungsformat basiert auf *Tabelle 8* der *Fachgremium-Anwendungsbeispiele*.

- *Laufzeitmethode* für Zins- und Währungspositionen bei Nichthandelsbuchinstituten (*§ 17 SolvV* in Verbindung mit *§ 23 SolvV*)

- *Marktbewertungsmethode* (*§ 17 SolvV* in Verbindung mit *§ 18 SolvV*)

- *Standardmethode* (*§ 17 SolvV* in Verbindung mit *§ 218 SolvV*)

- *Interne Modellmethode* (*§ 17 SolvV* in Verbindung mit *§ 223 SolvV*)

Der Konversionsfaktor liegt bei derivativen Positionen immer bei eins

Ergänzend zur Darstellung des Exposures von derivativen Adressenausfallrisikopositionen, die nach der *Internen Modellmethode* gemessen werden (*AR-KR-8b(I)*), ist gemäß *§ 326 Absatz 2 Nummer 5 SolvV* der von den Unternehmen der Institutsgruppe selbst geschätzte, sogenannte *Alpha-Faktor* offen zu legen, sofern eine Anerkennung des internen Modells durch die Bankenaufsicht erteilt wurde.[256] Für die Offenlegung wurde vom *Fachgremium* ein Tabellenformat (*Tabelle 8* der Anwendungsbeispiele) vorgeschlagen. Da es sich bei der Angabe, die hier als *AR-KR-8d (geschätzter Alpha-Faktor)* bezeichnet wird, lediglich um eine singuläre Zahl handelt, empfiehlt sich jedoch eine Offenlegung im Rahmen von Fließtext.

Konzentrationen im Verbriefungsportfolio des Anlagebuchs

[➜ *Entscheidungstatbestand 12: Definition der Bemessungsgrundlagen in Tabelle AR-KR-9d und in Tabelle AR-KR-9f]*

Die folgenden Angabepflichten der *SolvV* zielen auf die gesamten Verbriefungsaktivitäten der Unternehmen einer Institutsgruppe ab, die in der Rolle als Originator vorgenommen wurden. Sofern es sich um traditionelle Verbriefungen handelt, bei denen die Grundgeschäfte über *True Sale*-Transaktionen verkauft wurden, bezieht sich die Offenlegung auf den ausplatzierten Betrag. Bei synthetischen Verbriefungen werden die Forderungen dagegen weiterhin in den Büchern des verbriefenden Kreditinstituts geführt; dieser Betrag ist offen zu legen. Synthetische Originatorpositionen, die aus angekauften und anschließend wieder verbrieften Forderungen resultieren (*Re-Securitisation*) werden nicht in die Offenlegung einbezogen, obwohl das Kreditinstitut im Kontext der *Säule 1* als Originator betrachtet wird.[257] Bei den hier geforderten Angaben über alle Verbriefungsaktivitäten ist es unerheblich, ob aus den Verbriefungen der eigenen Forderungen tatsächlich Risiken für die Institutsgruppe verbleiben, oder ob diese Risiken ausplatziert worden sind.

---

256 Die Anwendung des geschätzten *Alpha-Faktors* ist in *§ 223 Absatz 7 SolvV* geregelt. Wird zur Ermittlung der Bemessungsgrundlage von derivativen Adressenausfallrisikopositionen kein internes Modell angewendet, ist der gewichtete Durchschnitt der effektiven Erwartungswerte der Verteilung der positiven Marktwerte mit dem von der Aufsicht vorgegebenen Faktor 1,4 zu multiplizieren.

257 Dies entspricht den Umsetzungshinweisen des *Fachgremiums* zu *Tabelle 9d* der *Fachgremium-Anwendungsbeispiele*.

In Tabelle *AR-KR-9d*[258], die *§ 334 Absatz 2 Nummer 1 SolvV* umsetzt, werden die von den Unternehmen der Institutsgruppe verbrieften Forderungsbeträge ausgewiesen, wobei eine Unterteilung nach Verbriefungstransaktionen mit und ohne Forderungsübertragung und nach Art der verbrieften Forderungen erfolgt. Eine effektiv verbriefte Position liegt nur dann vor, wenn das Institut als Originator nach *§ 229 Absatz 1 SolvV* gilt und die Mindestanforderungen an den wesentlichen und wirksamen Risikotransfer nach *§ 232 SolvV* erfüllt sind.

In Tabelle *AR-KR-9d* wird der verbriefte Forderungsbetrag als bilanzieller Buchwert interpretiert. Alternativ könnten die ausgewiesenen Werte auf der Bemessungsgrundlage basieren. Da in der Tabelle keine Trennung nach *KSA*- und nach *IRBA*-Positionen vorgesehen ist, zwischen diesen Ansätzen jedoch materielle Unterschiede bei der Bestimmung der Bemessungsgrundlage vorliegen – Buchwerte nach Wertberichtigungen im *KSA* (gemäß *§ 49 SolvV*) und Buchwerte vor Wertberichtigungen im *IRBA* (*§ 100 SolvV*) – würden bei Verwendung der Bemessungsgrundlage für Offenlegung nicht vergleichbare Positionen zusammengefasst. Dies würde die Aussagekraft der ausgewiesenen Werte beeinträchtigen. Daher ist der Ausweis der verbrieften Forderungen unter Verwendung des bilanziellen Buchwerts zu empfehlen.

Die effektiv verbrieften Kreditrisikopositionen sind wiederum zu differenzieren nach Verbriefungspositionen mit Forderungsübertragung (*True Sale*- bzw. klassische Verbriefungen) und ohne Forderungsübertragung (synthetische Verbriefungen). Effektiv verbriefte Forderungen, die im Rahmen eines *True Sale* verbrieft wurden, sind gemäß *§ 232 Absatz 3 SolvV* nicht mit Eigenkapital zu unterlegen. Der Ausweis der *True Sale*-Verbriefungen zeigt, welche Risiken durch die Unternehmen der Institutsgruppe ausplatziert wurden. Für synthetische Verbriefungen ist nach *§ 232 Absatz 4 Satz 2 SolvV* das Risiko der verbrieften Tranchen anstelle des verbrieften Portfolios zu verwenden.

in Mio. €	Gesamtbetrag der verbrieften Forderungen	
	Traditionelle Verbriefungen	Synthetische Verbriefungen
Forderungsarten		
Forderungen aus Wohnungsbaukrediten		
Forderungen aus ganz oder teilweise gewerblichen Immobilienkrediten		
Forderungen an Unternehmen (einschließlich kleiner und mittlerer Unternehmen)		
Forderungen aus eigenen und angekauften Leasingforderungen		
Forderungen aus Kraftfahrzeug-Finanzierung (ohne Leasing)		
Forderungen aus sonstigem Retailgeschäft (z.B. Kreditkarten, Studentenkredite)		
Forderungen aus CDO und ABS		
Summe		

Offenlegungsformat 10: Gesamtbetrag der verbrieften Forderungen [AR-KR-9d]

258 Das Offenlegungsformat basiert auf *Tabelle 9(d)* der *Fachgremium-Anwendungsbeispiele*.

§ 334 Absatz 2 Nummer 6 SolvV regelt den Ausweis der Verbriefungsaktivitäten in der Berichtsperiode. Die dafür vorgesehene Tabelle *AR-KR-9j*[259] zeigt das Volumen der im Berichtszeitraum effektiv verbrieften Forderungen[260] und die durch den Verkauf derartiger Transaktionen erzielte Performance aus diesen Geschäften. Analog zu Tabelle *AR-KR-9d* wird in Tabelle *AR-KR-9j* der Buchwert der verbrieften Forderungen ausgewiesen.

Zwar sind synthetische Verbriefungen nach Auffassung des *Fachgremiums* nicht Gegenstand der Ermittlung realisierter Gewinne bzw. Verluste aus diesen Transaktionen. Allerdings ist zu konstatieren, dass der Verordnungsgeber diese Einschränkung nicht vorsieht. Daher sollte sich die Offenlegung der Performance auf die gesamten Verbriefungsaktivitäten beziehen. Die realisierten Gewinne oder Verluste der Periode aus synthetischen Verbriefungen können als Differenz zwischen dem Buchwert der während der Berichtsperiode verbrieften Forderungen und dem Erlös aus dem Verkauf der Forderungen (Marktwerte der *Credit-linked Notes* abzüglich der Transaktionskosten) ermittelt werden. Für synthetische Verbriefungstransaktionen, die *Credit Default Swaps (CDS)* beinhalten, ist dies nicht direkt möglich. Als Alternative kann eine Diskontierung der vertraglich vereinbarten *CDS*-Prämien über die gesamte Laufzeit der Transaktion vorgenommen werden. Der diskontierte Prämienaufwand ist als Abschlag auf den Buchwert zu interpretieren und stellt betriebswirtschaftlich die realisierten Kosten aus den *CDS*-Verbriefungstranchen dar.

in Mio. €	Betrag der effektiv verbrieften Forderungen		Gewinne und Verluste	
Forderungsarten	traditionelle Verbriefungen	synthetische Verbriefungen	traditionelle Verbriefungen	synthetische Verbriefungen
Forderungen aus Wohnungsbaukrediten				
Forderungen aus ganz oder teilweise aus gewerblichen Immobilienkrediten				
Forderungen aus Unternehmenskrediten (einschließlich Kredite an kleinere und mittlere Unternehmen)				
Forderungen aus eigenen und angekauften Leasing-Forderungen				
Forderungen aus Kraftfahrzeug-Finanzierung (ohne Leasing)				
Forderungen aus sonstigem Retailgeschäft (z.B. Kreditkarten, Studentenkredite)				
Forderungen aus CDO und ABS				
Summe				

Offenlegungsformat 11: Verbriefungsaktivitäten der Berichtsperiode [AR-KR-9j]

Tabelle *AR-KR-9f*[261] zeigt die von den Gesellschaften der Institutsgruppe in ihrer Funktion als Originator, Sponsor oder Investor einbehaltenen oder erworbenen Verbriefungspositionen, gegliedert nach der Art der jeweils zugrunde liegenden Forderungen. Die Darstellung erfolgt getrennt nach *KSA* und *IRBA*. Dies entspricht den Anforderungen von *§ 334 Absatz 2 Nummer 3 SolvV*. Der Verordnungsgeber macht keine Aussagen zur Definition der Bemessungsgrundlage. Die berichtspflichtigen Kreditinstitute haben daher zu entschei-

---

259 Das Offenlegungsformat basiert auf *Tabelle 9(j)* der *Fachgremium-Anwendungsbeispiele*.
260 Zur Definition effektiv verbriefter Forderungen vgl. *Offenlegungsformat 10 (Gesamtbetrag der verbrieften Forderungen [AR-KR-9d])*.
261 Das Offenlegungsformat basiert auf *Tabelle 9(f)* der *Fachgremium-Anwendungsbeispiele*.

den, ob der Positionswert oder der Buchwert Verwendung finden soll. Da sich die Offenlegung an dieser Stelle auch auf außerbilanzielle Verbriefungspositionen bezieht und der Positionswert in diesem Fall den Risikogehalt einer Transaktion besser widerspiegelt als eine bilanzielle Größe, werden die Verbriefungspositionen mit ihren Positionswerten angesetzt.[262]

Die Klassifizierung der zugrunde liegenden Forderungen orientiert sich an der für die interne Steuerung verwendeten Einteilung.

Auch bei Verbriefungstransaktionen mit Forderungsübertragung (*True Sale*) stellen die zurückbehaltenen oder gekauften Verbriefungspositionen für die Institutsgruppe ein Kreditrisiko dar. Allerdings haben sie keinen unmittelbaren Bezug mehr zum verbrieften Forderungspool. Vielmehr richtet sich ihr Kreditrisiko nach ihrer Position in der Tranchenstruktur der Transaktion. Die Offenlegung dieses Anteils gibt daher einen Hinweis auf das Engagement der Gesellschaften der Institutsgruppe zur Unterstützung ihrer eigenen Transaktionen.

in Mio. € Verbriefungspositionen	Positionswerte im Kreditrisiko-Standardansatz	Positionswerte im IRB-Ansatz
Bilanzwirksame Positionen		
Forderungen aus Wohnungsbaukrediten		
Forderungen aus ganz oder teilweise gewerblichen Immobilienkrediten		
Forderungen aus Unternehmenskrediten		
Forderungen aus eigenen und angekauften Leasingforderungen		
Forderungen aus Kfz-Finanzierungen (ohne Leasing)		
Forderungen aus sonstigem Retailgeschäft (z.B. Kreditkarten, Studentenkredite)		
Forderungen aus CDO und ABS		
Kreditverbesserungsmaßnahmen		
Sonstige bilanzwirksame Positionen		
Summe bilanzwirksame Positionen		
Bilanzunwirksame Positionen		
Liquiditätsfazilitäten		
Derivate zur Absicherung der Transaktion		
Positionen, die spezifiisch für synthetische Transaktionen sind		
Sonstige bilanzunwirksame Positionen		
Summe bilanzunwirksame Positionen		
Gesamtsumme		

Offenlegungsformat 12: Gesamtbetrag der zurückbehaltenen oder gekauften Verbriefungspositionen [AR-KR-9f]

---

262 Vgl. auch *Hosemann, D. / Neisen, M. / Tijok, C. (2008)*, S. 282, *Textziffer 691.*

Nach *§ 334 Absatz 2 Nummer 5 SolvV* sind Angaben zu revolvierenden Verbriefungspositionen zu machen. Die diesbezügliche Offenlegung kann mit Tabelle *AR-KR-9hi(II)*[263] erfolgen. Allerdings finden sich bei deutschen Kreditinstituten zurzeit kaum Anwendungsfälle für derartige Verbriefungen im sogenannten *Early-Amortisation-Ansatz*. Daher wird an dieser Stelle auf eine weiterführende Beschreibung verzichtet.

in Mio. €	In Anspruch genommene Forderungen		Eigenkapitalanforderungen Kreditrisiko-Standardansatz		Eigenkapitalanforderungen IRB-Ansatz	
Forderungsarten	Originator-anteil	Investor-anteil	Originator-anteil	Investor-anteil	Originator-anteil	Investor-anteil
Retail: jederzeit kündbar						
Retail: nicht jederzeit kündbar						
Non-Retail: jederzeit kündbar						
Non-Retail: nicht jederzeit kündbar						
Summe						

Offenlegungsformat 13: Verbriefungen im Early-Amortisation-Ansatz [AR-KR-9hi(II)]

Übernommene Sicherheiten

Soweit im Berichtsjahr zur Besicherung von Kreditengagements gestellte (finanzielle oder nicht-finanzielle) Vermögenswerte von Kreditnehmern übernommen werden – wenn also die Verfügungsgewalt zwecks Verwertung erlangt worden ist und die Vermögenswerte aktiviert wurden – ist gemäß *IFRS 7.38a* der Buchwert der Sicherheiten nach Wertminderung[264] zum Berichtsstichtag anzugeben.

Tabelle *HR-KR-4* beinhaltet ein Teilportfolio des gesamten Kreditportfolios und zeigt übernommene Sicherheiten, die im Rahmen des *Workout*-Prozesses bisher nicht verwertet wurden. Durch ihre Übernahme von notleidenden Kreditnehmern werden die Sicherheiten zu eigenen Risikoaktiva des Kreditinstituts. Da das primäre Ziel der Sicherheitenverwertung in diesen Fällen noch nicht erreicht worden ist, besteht die Gefahr des Aufbaus nicht strategiekonformer Kreditrisikokonzentrationen im Konzern. Das Ausmaß derartiger Risikoaktiva ist für die Berichtsadressaten von Relevanz.

---

263 Das Offenlegungsformat basiert auf *Tabelle 9(h) + 9(i) II* der *Fachgremium-Anwendungsbeispiele*.
264 Vgl. *IFRS 7.BC56*.

in Mio. € **Sicherheitenklassen**	**31.12.2008**	**31.12.2007**
Forderungen an Kreditinstitute		
Forderungen an Kunden		
Handelsaktiva		
Finanzanlagen		
Sachanlagen und Investment Property		
Sonstige Vermögenswerte		
Zur Veräußerung gehaltene Vermögenswerte		
Summe		

Offenlegungsformat 14: Übernommene Sicherheiten [HR-KR-4]

Nachverhandeltes Kreditvolumen

Unter nachverhandeltem Kreditvolumen werden durch Zahlungsschwierigkeiten gekennzeichnete finanzielle Vermögenswerte verstanden, die zu einer Überfälligkeit oder einem Wertminderungsbedarf führen würden, bei denen jedoch zur Vermeidung einer Wertminderung die vertraglichen Konditionen in einer Weise restrukturiert wurden, dass der Buchwert und der Barwert der künftigen, neu verhandelten Cashflows identisch sind. Dies setzt voraus, dass sowohl an der Laufzeit als auch am Zinssatz Veränderungen vorgenommen werden. Weitere Indikationen für die Klassifizierung eines Krediten als nachverhandelt ist die Vereinbarung von Limiterweiterungen, von Zahlungsaussetzungen und von veränderten Tilgungsmodalitäten. Der Berichtspflicht nach *IFRS 7.36d* unterliegen alle Engagements, die zum Berichtsstichtag im Bestand sind. Der Zeitpunkt der Nachverhandlung in der Vergangenheit ist dabei unerheblich, kann also auch in Geschäftsjahren vor dem Berichtsjahr liegen.

Das nachverhandelte Kreditvolumen unterliegt solange den Angabepflichten, bis es zur Ausbuchung des finanziellen Vermögenswertes kommt oder die Bedingungen zur Vermeidung einer Überfälligkeit bzw. eines Impairment später wieder wegfallen oder aufgehoben werden. Nachverhandeltes Volumen stellt eine Untergruppe der Kredite dar, die weder überfällig noch wertgemindert sind und daher gemäß *IFRS 7.36c* offen zu legen sind. Werden nachverhandelte Engagements überfällig oder kommt es zu einer Wertminderung, greifen die Offenlegungspflichten nach *IFRS 7.37a* bzw. *IFRS 7.37b*.

Häufig werden die Kriterien für nachverhandelte Engagements in den Kreditinstituten systemtechnisch nicht erfasst, sodass die Informationen manuell anhand der Kreditakten ermittelt werden müssen. Die Entscheidung, die Datenverarbeitungssysteme zu erweitern, um eine maschinelle Erkennung derartiger Engagements zu ermöglichen, ist abhängig von Häufigkeit und Umfang von nachverhandeltem Kreditvolumen in einem Kreditinstitut.

Aufgrund der untergeordneten Relevanz des nachverhandelten Kreditvolumens für die Steuerung des Kreditrisikos kann sich die Offenlegung auf eine Zahlenangabe innerhalb des Fliesstexts beschränken (Offenlegungsformat *HR-KR-5*).

4.4.4.3.3 Darstellung und Analyse des gesicherten Kreditportfolios

Muster-Risikobericht

Der folgende Ausschnitt aus dem Muster-Risikobericht zeigt, dass die handelsrechtlichen Anforderungen an die Offenlegung des besicherten Kreditvolumens nur hinsichtlich des klassischen Kreditgeschäfts mit den umfangreichen Anforderungen der *Solvabilitätsverordnung* korrespondieren. Die regulatorischen Angabepflichten zur Absicherung der Adressenausfallrisikopositionen wiederum finden kein handelsrechtliches Äquivalent. Die Offenlegung des gesicherten Kreditvolumens im klassischen Kreditgeschäft erfolgt aufgrund der nicht vollständig deckungsgleichen Konzeptionen getrennt nach den Regelungsbereichen. Für die *Säule 3*-Angabepflichten existieren keine vergleichbaren Regelungen in den *MaRisk*.

Komponenten	Handelsrechtlicher Konzernrisikobericht		Aufsichtsrechtlicher Risikobericht		Zum Vergleich: MaRisk
	Jährlich	Halbjährlich	Jährlich	Halbjährlich	
Kreditrisiko: Analyse des Kreditportfolios					
Darstellung und Analyse des gesicherten Kreditvolumens	• HR-KR-6: Gesichertes Kreditvolumen nach Branchen und Ländergruppen • Erläuterungen zu HR-KR-6		• AR-KR-7b: Gesichertes Exposure im Kreditrisiko-Standardansatz (ohne Verbriefungen) AR-KR-7c: Gesichertes Exposure im IRB-Ansatz (ohne Verbriefungen)		• Risikoberichterstattung (AT 4.3.2, BTR 1)
	Nicht relevant, da keine DRS-/IFRS-Anforderung		• AR-KR-8b(I): Derivative Adressenausfallrisikopositionen vor und nach Anrechnung von Aufrechnungsvereinbarungen und • AR-KR-8b(III): Nominalwert der Kreditderivate, die zur Absicherung der derivativen Ausfallrisikopositionen genutzt werden • AR-KR-8c: Nominalwert der Kreditderivate nach Nutzungsart		Nicht relevant, da keine MaRisk-Anforderung

Abbildung 61: Muster-Risikobericht für Angaben zum Kreditrisiko – Darstellung und Analyse des gesicherten Kreditportfolios

Gesichertes Kreditvolumen des Gesamtportfolios im handelsrechtlichen Risikobericht

Die handelsrechtlichen Anforderungen an die quantitative Offenlegung von Sicherheiten gemäß *DRS 5-10.28a*[265] beziehen sich auf das gesamte Kreditportfolio. *IFRS 7.36b* fordert dagegen keine derartige Quantifizierung sondern lediglich eine verbale Beschreibung der gehaltenen Sicherheiten.[266] Darüber hinaus bestehen gemäß *IFRS 7.37c* entsprechende Offenlegungspflichten für die in den Tabellen *HR-KR-9a/b (überfälliges, nicht wertgemindertes Kreditvolumen und Sicherheiten nach Branchen / nach Ländergruppen)* und *HR-KR-10a/b (Kreditvolumen und Sicherheiten im einzelwertgeminderten Portfolio nach Branchen / nach Ländergruppen)* dargestellten Teilportfolios. Die Offenlegungsformate für die Sicherheitenangaben zu diesen Teilportfolios werden in *Abschnitt 4.4.4.3.4 (Darstellung und Analyse der Qualität des Kreditportfolios)* dargestellt.

Weder der *DRS 5-10* noch der *IFRS 7* definieren die der Offenlegung zugrunde zu legenden Sicherheitenarten. Die Angaben beziehen sich daher auf die im Rahmen des internen Risikomanagement festgelegten Sicherheiten. Dies sind in den meisten Instituten zugleich jene Sicherheitenarten, die das Kreditinstitut im Rahmen der Umsetzung der aufsichtsrechtlichen Anforderungen zu *Basel II* definiert hat. Darunter fallen Grundpfandrechte, finanzielle Sicherheiten, Gewährleistungen und sonstige Sicherheiten.

Bezüglich der Bewertung der offen gelegten Sicherheiten ist zunächst auf die Wertansätze des Risikomanagements zurückzugreifen. Die Verwendung von Marktpreisen als primärer Wertansatz entspricht auch den Vorgaben der *Solvabilitätsverordnung* bezüglich der aufsichtsrechtlichen Wertermittlung von Sicherheiten. In der Diktion von *IFRS 7.37c* kann „*ersatzweise*" eine Schätzung der beizulegenden Zeitwerte vorgenommen werden. Bei der Schätzung sind die Vorschriften des *IAS 39.48* in Verbindung mit *IAS 39.AG69-AG82* zur Ermittlung von *Fair values* zu beachten. Demnach sind für die Angabe von Sicherheitenwerten wiederum Marktpreise zu verwenden, soweit diese verfügbar sind. Liegen Marktpreise nicht vor, ist der beizulegende Zeitwert durch das Kreditinstitut mithilfe geeigneter Modelle zu bestimmen.

---

[265] Die Anforderung von DRS *5-10.28a*, dass „*in der Zukunft erwartete Sicherheitenerlöse*" offen zu legen sind, ist als Hinweis auf die Darstellung werthaltiger Sicherheiten zu interpretieren, deren Veräußerung bei Kreditausfall nach den aktuellen Erwartungen den angegebenen Wert erlösen wird.

[266] Allerdings ist *IFRS 7* an dieser Stelle unklar: Aus *IFRS 7.36b* geht zunächst in der Tat nur hervor, dass die gehaltenen Sicherheiten „*beschrieben*" werden sollen. Damit ist noch nicht zwingend eine quantitative Angabepflicht verbunden. Auch *IFRS 7.37c* verlangt – jedoch beschränkt auf die oben genannten Teilportfolios – zunächst auch lediglich eine Beschreibung von Sicherheiten, fordert im Nachsatz jedoch die Offenlegung von *Fair values* (also einer quantitativen Angabe), wenn die zuvor verlangte Beschreibung nicht möglich ist. Im Ergebnis wäre also zu vermuten, dass das *IASB* in beiden Fälle (*IFRS 7.36b* und *IFRS 7.37c*) eigentlich eine quantitative Angabepflicht beabsichtigt. Dies entspräche auch den Offenlegungsprinzipien von *DRS 5-10.28a* und von *Teil 5 der Solvabilitätsverordnung* und nicht zuletzt den gesetzlichen Anforderungen an die interne Risikoberichterstattung (vgl. *BTR 1 der MaRisk*). Aufgrund von *IFRS 7.BC52-53* stellt das *IASB* jedoch klar, dass hier lediglich qualitative Angaben gefordert sind.

Sämtliche Determinanten der handelsrechtlichen Offenlegung des gesicherten Kreditvolumens – einbezogene Konzerngesellschaften, Darstellungsform und Methoden und Bemessungsgrundlagen – bestimmen sich nach dem *Management Approach*. Der Aufriss des gesicherten Kreditvolumens in Tabelle *HR-KR-6* wird nach der Art der Sicherheiten und der Geschäftsart vorgenommen. Dadurch werden die IFRS-Anforderungen an die Klassenbildung gemäß der internen Steuerung erfüllt.

in Mrd. €	Klassisches Kreditgeschäft		Wertpapiergeschäft		Derivate- und Geldhandelsgeschäft		Summe	
	31.12.2008	31.12.2007	31.12.2008	31.12.2007	31.12.2008	31.12.2007	31.12.2008	31.12.2007
Klassische Kreditsicherheiten								
Grundpfandrechte								
Gewährleistungen								
Finanzielle Sicherheiten								
Abgetretene Forderungen								
Sachsicherheiten								
Handelssicherheiten								
Collaterals								
Summe								

Offenlegungsformat 15: Gesichertes Kreditvolumen nach Sicherheitenarten [HR-KR-6]

Gesichertes Exposure im klassischen Kreditgeschäft (Anlagebuch)

§ 336 Nummer 2 SolvV regelt die Offenlegung des gesicherten Exposures im klassischen Kreditgeschäft. Die Anforderungen werden gemäß den Empfehlungen des *Fachgremiums* durch die Tabellen *AR-KR-7b* und *AR-KR-7c* umgesetzt.[267] Da die Offenlegung ausschließlich aufsichtsrechtlich gefordert ist, entsprechen die Darstellungsform innerhalb der Tabellen sowie die Methoden und Bemessungsgrundlagen für die Wertermittlung den Ansätzen der *SolvV*-Meldung (*Regulatory Approach*). Dagegen bezieht sich der Kreis der einbezogenen Gesellschaften aufgrund der Anwendung des unternehmensbezogenen Materialitätskonzepts auf die Vorgehensweise des Risikomanagements (*Management Approach*).

Die Tabellen *AR-KR-7b* und *AR-KR-7c* umfassen jene Positionswerte, differenziert nach *KSA* und *IRBA*, die mit aufsichtsrechtlich anrechnungsfähigen Sicherheiten unterlegt sind. Bei Kreditrisikominderungstechniken, die für *KSA*-Positionen verwendbar sind, handelt es sich um finanzielle Sicherheiten und Gewährleistungen, bei *IRBA*-Kreditrisikominderungstechniken zusätzlich um sonstige *IRBA*-Sicherheiten, die nicht finanzielle Sicherheiten oder Gewährleistungen sind.[268] Da Sicherheiten für *IRBA*-Positionen im fortgeschrittenen Ansatz über die Schätzung der Verlustquote bei Ausfall berücksichtigt werden, ist ein Ausweis des gesicherten Exposures in Tabelle *AR-KR-7c* bei enger Auslegung der *SolvabilitätsverordnungV* nicht erforderlich. Gleichwohl trägt die Offenlegung auch der

---

267 Die Offenlegungsformate basieren auf *Tabelle 7(b) + 7(c)* der *Fachgremium-Anwendungsbeispiele.*
268 Vgl. dazu ausführlich *Hosemann, D. / Neisen, M. / Tijok, C. (2008)*, S. 330ff.

bei der Schätzung des *Loss-given Default* berücksichtigten Sicherheiten zur umfassenden Transparenz über das besicherte Gesamtportfolio bei und sollte daher auf freiwilliger Basis vorgenommen werden.

Das Geschäftsvolumen der besicherten Geschäfte wird in Tabelle *AR-KR-5b(I)* und in den Tabellen *AR-KR-6d(I)*, *AR-KR-6d(II)* und *AR-KR-6d(IV)* dargestellt. Kreditderivate sowie Gewährleistungen als Teil einer synthetischen Verbriefung werden im Zusammenhang mit den Verbriefungen von Kreditforderungen (Tabellengruppe *AR-KR-9*) offen gelegt.

in Mio. € Forderungsklassen	Finanzielle Sicherheiten	Gewähr-leistungen
Zentralregierungen		
Regionalregierungen und örtliche Gebietskörperschaften		
Sonstige öffentliche Stellen		
Multilaterale Entwicklungsbanken		
Internationale Organisationen		
Institute		
Von Instituten emittierte gedeckte Schuldverschreibungen		
Unternehmen		
Mengengeschäft		
Durch Immobilien besicherte Positionen		
Investmentanteile		
Sonstige Positionen		
Überfällige Positionen		
Summe		

Offenlegungsformat 16: Gesichertes Exposures im Kreditrisiko-Standardansatz (ohne Verbriefungen) [AR-KR-7b]

in Mio. € Forderungsklassen	Finanzielle Sicherheiten	Sonstige Sicherheiten	Gewähr-leistungen
Unternehmen			
Institute			
Zentralregierungen			
Mengengeschäft			
davon: grundpfandrechtlich besichert davon: qualifiziert revolvierend davon: Sonstige			
Beteiligungen			
davon: Einfacher Risikogewichtsansatz davon: Internes Modell-Ansatz davon: PD/LGD-Ansatz			
Sonstige kreditunabhängige Aktiva			
Summe			

Offenlegungsformat 17: Gesichertes Exposures im IRB-Ansatz (ohne Verbriefungen) [AR-KR-7c]

Risikominderung bei derivativen Adressenausfallrisikopositionen des Gesamtportfolios (Anlagebuch und Handelsbuch)[269]

Tabelle *AR-KR-8b(I)* zeigt die zusammengefassten derivativen Adressenausfallrisikopositionen des Anlagebuchs und des Handelsbuchs, die in den Tabellen *AR-KR-5b(I)*, *AR-KR-6d(I)*, *AR-KR-6d(II)* und *AR-KR-6d(IV)* bereits je aufsichtsrechtlicher Teilportfolioebene offen gelegt werden. Die Positionen, die unmittelbar über einen risikolosen zentralen Kontrahenten (Clearingstelle) abgewickelt werden, sind nicht in Tabelle *AR-KR-8b(I)* enthalten. Somit werden insbesondere nur außerbörsliche und über einen Intermediär – zum Beispiel einen Broker – gehandelte, börsennotierte Derivate in Tabelle *AR-KR-8b(I)* dargestellt. Die derivativen Positionen aus den Verbriefungspositionen werden ausschließlich in Tabelle *AR-KR-9f* offen gelegt.

In Tabelle *AR-KR-8b(I)* werden die derivativen Adressenausfallrisikopositionen vor und nach Risikominderung – also der Berücksichtigung von Aufrechnungsmöglichkeiten und der Anrechnung von Sicherheiten – dargestellt. Im Einzelnen sind die folgenden Werte, jeweils als Summe über alle Kontraktarten, auszuweisen:

■ Die positiven Wiederbeschaffungswerte aller derivativen Adressenausfallrisikopositionen der Institutsgruppe vor Risikominderung

---

269 Die folgenden Offenlegungsformate basieren auf *Tabelle 8* der *Fachgremium-Anwendungsbeispiele.*

▓ Die Wirkung der aufsichtsrechtlich anrechenbaren und angerechneten Aufrechnungs-vereinbarungen in absoluter Höhe der negativen Marktwerte, sofern die Differenz zwischen den positiven und den negativen Marktwerten der in die Aufrechnungsvereinbarungen einbezogenen Geschäfte positiv ist (*§§ 48 Absatz 2 Nummer 5 SolvV*, bezogen auf den *KSA*, und *§ 100 Absatz 5 SolvV*, bezogen auf den *IRBA* in Verbindung mit *§ 211 Absätze 2 und 3*)

▓ Die Höhe der aufsichtsrechtlich anrechenbaren und angerechneten Sicherheiten (zum Beispiel in Form von Barsicherheiten oder Wertpapieren) mit ihrem Sicherheitenwert

▓ Die positiven Wiederbeschaffungswerte nach Risikominderung

Darüber hinaus werden die positiven Wiederbeschaffungswerte vor Risikominderung differenziert nach Kontraktarten ausgewiesen.

in Mio. € Kontraktarten	Positive Wiederbeschaffungs-werte vor Risikominderung	Risikominderung		Positive Wiederbeschaffungs-werte nach Risikominderung
		Aufrechnungs-möglichkeiten	Anrechenbare Sicherheiten	
Zinsbezogene Kontrakte				
Währungsbezogene Kontrakte				
Aktien-/Indexbezogene Kontrakte				
Kreditderivate				
Warenbezogene Kontrakte				
Sonstige Kontrakte				
Summe				

Durchkreuzte Felder werden nicht befüllt.

Offenlegungsformat 18: Bewertung der derivativen Adressenausfallrisikopositionen vor und nach Anrechnung von Aufrechnungsvereinbarungen und von Sicherheiten [AR-KR-8b(I)]

Gemäß *§ 326 Absatz 2 Nummer 3 SolvV* ist die Gesamtsumme der Nominalwerte der Kreditderivate offen zu legen, die für die Absicherung der in Tabelle *AR-KR-8b(I)* dargestellten derivativen Adressenausfallrisikopositionen genutzt werden. Das *Fachgremium* schlägt zur Umsetzung Tabelle *AR-KR-8b(III) (Nominalwert der Kreditderivate, die zur Absicherung der derivativen Ausfallrisikopositionen genutzt werden)* vor. Da sich diese Angabe auf eine Zahl beschränkt, ist die Nennung des Wertes im Rahmen eines Fließtextes angemessen.[270]

Die Tabelle *AR-KR-8c* (*§ 326 Absatz 2 Nummer 4 SolvV*) behandelt Kreditderivate, die entweder zur Absicherung der Risikopositionen der Institutsgruppe herangezogen („gekauft") oder aber an andere Banken verkauft werden. Im zweiten Fall fungieren die Gesellschaften der Institutsgruppe als Sicherungsgeber und kaufen sich Risiko ein. Bei den Kreditderivaten, deren Nominalwert darzustellen ist, handelt es sich gemäß *§ 165 SolvV* um *Credit Default Swaps (CDS)*, *Total Return Swaps (TRS)*, *Credit-linked Notes (CLN)* sowie Instru-

---

270 Vgl. auch *Hosemann, D. / Neisen, M. / Tijok, C. (2008)*, S. 184, *Textziffer 457*.

mente, die aus derartigen Kreditderivaten zusammengesetzt wurden („Sonstige").[271] Auf die Darstellung von Kreditderivaten, die aus Vermittlertätigkeit resultieren und am Offenlegungsstichtag im Bestand der Institutsgruppe sind, wird hier verzichtet, da derartige Geschäfte für die Praxis kaum relevant sind.

in Mio. €	Nominalwert aus der Nutzung für das eigene Kreditportfolio	
Kreditderivate	Gekauft	Verkauft
Credit Default Swaps		
Total Return Swaps		
Credit-linked Notes		
Sonstige		
Summe		

Offenlegungsformat 19: Nominalwert der Kreditderivate nach Nutzungsart [AR-KR-8c]

4.4.4.3.4 Darstellung und Analyse der Qualität des Kreditportfolios

Muster-Risikobericht

Aus dem nachfolgenden Ausschnitt des Muster-Risikoberichts ist ersichtlich, dass Angaben zur Qualität des Kreditportfolios sowohl im Risikolagebericht als auch im *Säule 3*-Bericht zu erbringen sind. Gemäß den *MaRisk* sind mit den handelsrechtlichen Anforderungen vergleichbare Angaben an das Management zu berichten.

---

271 Vgl. *Hosemann, D. / Neisen, M. / Tijok, C. (2008)*, S. 184, *Textziffer 459.*

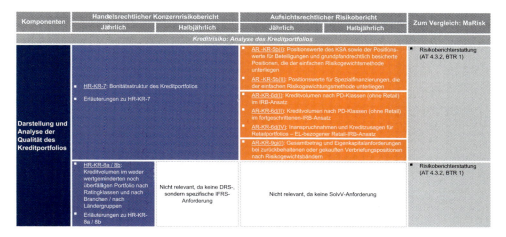

Abbildung 62: Muster-Risikobericht für Angaben zum Kreditrisiko – Darstellung und Analyse der Qualität des Kreditportfolios

Bonitätsstruktur des gesamten Kreditportfolios

Die Offenlegung der Bonitätsstruktur des gesamten Kreditportfolios in den handelsrechtlichen Risikoberichten setzt die Anforderungen von *DRS 5-10.27-29* um. *IFRS 7* kennt eine derartige Anforderung für das Gesamtportfolio nicht; die Darstellung der Kreditqualität ist gemäß *IFRS 7* lediglich für Teilportfolios erforderlich. Da nur die Ausprägungen zweier Merkmale – Kreditvolumen und interne Ratingklassen – offen zu legen sind, können Balkendiagramme als anschauliche Darstellungsform gewählt werden; Diagramm *HR-KR-7* setzt dies um.

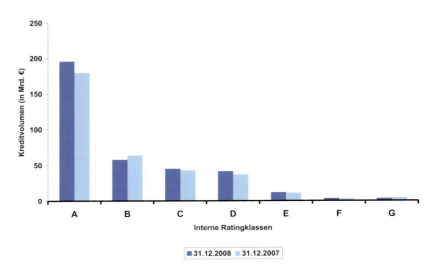

Offenlegungsformat 20: Bonitätsstruktur des Kreditportfolios [HR-KR-7]

Offenlegungsformate zur aufsichtsrechtlichen Darstellung der Bonitätsstruktur

Im Folgenden wird die Darstellung der Kreditqualität des Gesamtportfolios von *KSA*-Positionen – Tabellen *AR-KR-5b(I)* und *AR-KR-5b(II)* – und von *IRBA*-Positionen – Tabellen *AR-KR-6d(I)*, *AR-KR-6d(II)* und *AR-KR-6d(IV)* – in aufsichtsrechtlicher Hinsicht beschrieben. Darüber hinaus wird die Qualität der Forderungen aus Verbriefungen in *AR-KR-9gi(I)* dargestellt. Da die Angaben unmittelbar auf dem Zahlenwerk der *Säule 1* aufbauen, entsprechen die Darstellungsform innerhalb der genannten Tabellen sowie die Methoden und Bemessungsgrundlagen für die Wertermittlung den Ansätzen der *SolvV*-Meldung (*Regulatory Approach*). Dagegen bezieht sich der Kreis der einbezogenen Gesellschaften aufgrund der Anwendung des unternehmensbezogenen Materialitätskonzepts auf die Vorgehensweise des Risikomanagements (*Management Approach*).

Bonitätsstruktur des Kreditportfolios von KSA-Positionen im Anlagebuch

In Tabelle *AR-KR-5b(I)*[272] werden gemäß *§ 328 Absatz 2 SolvV* die Positionswerte der *KSA*-Forderungsklassen vor und nach Anrechnung von Kreditrisikominderung den aufsichtsrechtlich vorgegebenen Risikogewichten[273] zugeordnet. Zudem werden solche Positionswerte separat ausgewiesen, die dem Kapitalabzug unterliegen. Die Positionswerte ergeben sich als Produkt der Bemessungsgrundlage und dem *KSA*-Konversionsfaktor, wobei die Bemessungsgrundlage nach bilanziellem, außerbilanziellem und derivativem Geschäft sowie den Vorleistungsrisikopositionen differenziert wird.[274]

Darüber hinaus werden in dieser Tabelle die *IRBA*-Beteiligungen dargestellt, deren Eigenkapitalanforderungen nach der einfachen Risikogewichtungsmethode ermittelt werden.[275] Die Nettobemessungsgrundlage als Basis des Positionswerts ist der Buchwert.[276] Bei Anwendung dieser Methode sind die Beteiligungen den folgenden Kategorien zuzuordnen und mit einem festgelegten Risikogewicht zu belegen:

- Beteiligungen, die nicht an einer Börse gehandelt werden und zu einem hinreichend diversifizierten Beteiligungsportfolio gehören (Risikogewicht: 190 Prozent)

- Börsengehandelte Beteiligungen (Risikogewicht: 290 Prozent)

- Sonstige Beteiligungen (Risikogewicht: 370 Prozent)

Für *IRBA*-Beteiligungspositionen, die durch berücksichtigungsfähige Garantien oder entsprechende Kreditderivate abgesichert sind, kann die daraus resultierende Sicherungswirkung ausgewiesen werden. Die Anrechnung der Besicherung erfolgt dabei auf Basis des ausfallwahrscheinlichkeitsbasierten Risikogewichts.[277]

Schließlich sollten in dieser Tabelle die grundpfandrechtlich besicherten *IRBA*-Positionen ausgewiesen werden, die nach *§ 85 Absatz 5 SolvV* mit einem Risikogewicht von 50 Prozent berücksichtigt werden. Die Offenlegung dieses Wertes wird durch die *Solvabilitätsverordnung* zwar nicht gefordert, empfiehlt sich allerdings zur Sicherstellung der Konsistenz mit dem Meldewesen.

---

[272] Das Offenlegungsformat basiert auf *Tabelle 5(b)* der *Fachgremium-Anwendungsbeispiele*. Die Tabelle enthält neben den Angaben zur Kreditqualität auch Informationen zur Besicherung des KSA-Portfolios. Da die Risikogewichte hier jedoch das führende Kriterium darstellen, erfolgt die Erörterung in diesem Abschnitt und nicht in *Abschnitt 4.4.4.3.3 (Darstellung und Analyse des gesicherten Kreditportfolios)*.
[273] Vgl. *§§ 26 bis 40 SolvV.*
[274] Vgl. *§ 48 SolvV.*
[275] Vgl. *§ 98 SolvV.*
[276] Vgl. *§ 100 Absatz 1 Nummer 2 SolvV.*
[277] Vgl. *§ 98 SolvV.*

in Mio. Risikogewichte	Positionswerte vor Kreditrisiko-minderung im KSA	Positionswerte nach Kreditrisikominderung	
		im KSA	im IRB-Ansatz für Beteiligungen und grundpfandrechtlich besicherte Positionen nach einfacher Risikogewichtsmethode
0%			
10%			
20%			
35%			
50%			
75%			
100%			
150%			
190%			
200%			
290%			
350%			
370%			
1250%			
Kapitalabzug			
Summe			

Durchkreuzte Felder werden nicht befüllt.

Offenlegungsformat 21: Positionswerte des KSA sowie der Positionswerte für Beteiligungen und grundpfandrechtlich besicherte Positionen, die der einfachen Risikogewichtsmethode[278] unterliegen [AR-KR-5b(I)]

Institute, die zur Bestimmung der Eigenkapitalunterlegung für Spezialfinanzierungen die *einfache Risikogewichtungsmethode* verwenden[279], müssen die entsprechenden Positionswerte gemäß *§ 329 Absatz 2 SolvV* offen legen und den aufsichtsrechtlichen Risikogewichten zuordnen. Die Zuordnung erfolgt mithilfe der aufsichtsrechtlich vorgegebenen Risikogewichte. Die Nettobemessungsgrundlage als Basis des Positionswerts ist der

---

278 Die *einfache Risikogewichtsmethode* ist ein aufsichtsrechtliches Verfahren zur vereinfachten Errechnung des risikogewichteten Positionswerts im Rahmen der Ermittlung der regulatorischen Eigenkapitalunterlegung. Das Verfahren wird genutzt bei *IRBA*-Beteiligungspositionen, wenn die Position weder zu einem modellgesteuerten noch zu einem unter Berücksichtigung der Ausfallwahrscheinlichkeit gesteuerten Beteiligungsportfolio gehört, und bei *IRBA*-Spezialfinanzierungspositionen, wenn keine aufsichtsrechtlich anerkannten Schätzungen von Ausfallwahrscheinlichkeiten vorliegen.

279 Vgl. *§ 97 SolvV*.

Buchwert zuzüglich der Risikovorsorge für eingetretene oder potenzielle Wertminderungen.[280] Aus Gründen der Übersichtlichkeit empfiehlt sich die Darstellung in einer eigenen Tabelle *AR-KR-5b(II)*[281] und getrennt von *AR-KR-5b(I)*.[282]

in Mio. €	
Risikogewichte	**Positionswerte**
50%	
70%	
90%	
115%	
250%	
0% (Ausfall)	
Summe	

Offenlegungsformat 22: Positionswerte für Spezialfinanzierungen, die der einfachen Risikogewichtsmethode unterliegen [AR-KR-5b(II)]

Bonitätsstruktur des Kreditportfolios von IRBA-Positionen im Anlagebuch[283]

In den folgenden Tabellen *AR-KR-6d(I)*, *AR-KR-6d(II)* und *AR-KR-6d(IV)* wird das *IRBA*-Kreditvolumen der Kreditnehmer bzw. von Geschäften, die mittels einer internen Bonitätseinschätzung eingestuft werden, dargestellt. Dabei muss sichergestellt sein, dass die intern genutzten Ratingsysteme jeweils eindeutig einer aufsichtsrechtlichen Forderungsklasse zugeordnet werden, und dass die Ratingsysteme im Rahmen des Kreditantrags- bzw. Genehmigungsprozesses zur Klassifizierung des Kreditantragstellers zum Einsatz kommen.

Der *IRBA*-Positionswert ist das Produkt aus der *IRBA*-Bemessungsgrundlage und dem *IRBA*-Konversionsfaktor[284] Die *IRBA*-Bemessungsgrundlage stellt grundsätzlich auf den Buchwert einer Position vor Einzelwertberichtigungen und Teilwertabschreibungen ab. Bei Positionen, für die eine berücksichtigungsfähige Aufrechnungsvereinbarung (*Netting*) besteht, ist auf die Nettobemessungsgrundlage[285] abzustellen. Aufrechnungsvereinbarungen können im Zusammenhang mit Derivaten, Geldforderungen und -schulden und

---

280 Vgl. *§ 100 Absatz 1 Nummer 1 SolvV*.
281 Das Offenlegungsformat basiert auf *Tabelle 5(b)* der *Fachgremium-Anwendungsbeispiele*.
282 Das *Fachgremium* sieht die Umsetzung von *§ 328 Absatz 2 SolvV* und von *§ 329 Absatz 2 SolvV* in einer Tabelle vor.
283 Vgl. ausführlich *Hosemann, D. / Neisen, M. / Tijok, C. (2008)*, S. 225ff.
284 Vgl. *§§ 99 bis 103 SolvV*.
285 Vgl. *§ 100 Absatz 5 SolvV*.

nicht derivativen Geschäften mit Sicherheitennachschüssen bestehen. Außerdem können entsprechende *Netting*-Vereinbarungen produktübergreifend abgeschlossen werden. Die Gesamtsumme der *IRBA*-Positionswerte nach Kreditrisikominderung ergibt sich aus der Addition der *IRBA*-Positionswerte nach Kreditrisikominderung über sämtliche *IRBA*-Forderungsklassen. Die Positionswerte der offenen Kreditlinien werden durch Anwendung der Kreditkonversionsfaktoren auf den Buchwert ermittelt.

Die individuelle Bonität der Kreditnehmer bzw. Geschäfte wird durch eine Ausfallwahrscheinlichkeit bzw. den daraus ermittelten erwarteten Verlustes spezifiziert und mit einer Bonitätsklasse verbunden. Auf dieser Basis erfolgt die Zuordnung zu den Risikoklassen „Investment Grade“, „Non-Investment Grade“ und „Default“ für die Zwecke der Offenlegung. Die Einteilung erfolgt gemäß der in *Abschnitt 4.4.4.2.2 (Rating und Pricing)* dargestellten Ratingskala und obliegt der Entscheidung der berichtspflichtigen Kreditinstitute. Eine derartige Verdichtung von Bonitätsklassen ist konform mit *§ 335 Absatz 2 SolvV*, wonach eine hinreichende Anzahl von Ratingstufen einschließlich „Ausfall“ offen zu legen ist, sodass eine aussagekräftige Differenzierung des Kreditrisikos ermöglicht wird. Darüber hinaus entspricht die Beschränkung auf wenige Ratingstufen dem Offenlegungsgrundsatz der Klarheit und Übersichtlichkeit. *[➔ Entscheidungstatbestand 13: Ratingstufen in den Tabellen AR-KR-6d(I) und AR-KR-6d(II)]*

Tabelle AR-KR-6d(I): Kreditvolumen nach PD-Klassen (ohne Retail) im IRB-Ansatz[286]

Die Umsetzung von *§ 335 Absatz 2 Nummern 1, 2a und 2c SolvV* erfolgt mit Tabelle *AR-KR-6d(I)*[287]. In dieser Tabelle werden die Positionswerte und das mit den Positionswerten gewichtete Durchschnittsrisikogewicht für die *IRBA*-Forderungsklassen Zentralregierungen, Institute, Unternehmen[288] und Beteiligungen[289] differenziert nach Risikoklassen ausgewiesen. Die Positionswerte werden als Summe der ausstehenden Kreditbeträge und der Positionswerte von nicht in Anspruch genommenen Kreditzusagen ermittelt. Das *Retail*-Portfolio ist in der Tabelle nicht enthalten, da es in einem eigenen Format (Tabelle *AR-KR-6d(IV)*) offen gelegt wird.

---

286 Das Offenlegungsformat basiert auf *Tabelle 6(d) I* der *Fachgremium-Anwendungsbeispiele*.
287 In Tabelle *AR-KR-6d(I)* werden Positionswerte ausgewiesen, die gemäß dem unter *Basel II* als *Basis-IRB* oder *Foundation IRB* bezeichneten *IRB-Ansatz* ermittelt werden.
288 „Unternehmen“ sind gemäß *Solvabilitätsverordnung* Unternehmen i.e.S., kleine und mittlere Unternehmen, Spezialfinanzierungen und angekaufte Forderungen, die als Unternehmensforderungen behandelt werden.
289 Beteiligungen sollten an dieser Stelle nur dann offen gelegt werden, wenn sie nach dem *PD/LGD-Ansatz* behandelt werden.

Investment Grade			
in Mio. €	Positionswert		Ø Risikogewicht (in %)
Forderungsklassen	Gesamt	davon: offene Kreditzusagen	
Zentralregierungen			
Institute			
Unternehmen			
davon: KMU			
davon: Spezialfinanzierungen			
davon: angekaufte Forderungen			
Beteiligungspositionen		╳	
Summe			╳

Non-Investment Grade			
in Mio. €	Positionswert		Ø Risikogewicht (in %)
Forderungsklassen	Gesamt	davon: offene Kreditzusagen	
Zentralregierungen			
Institute			
Unternehmen			
davon: KMU			
davon: Spezialfinanzierungen			
davon: angekaufte Forderungen			
Beteiligungspositionen		╳	
Summe			╳

Default			
in Mio. €	Positionswert		Ø Risikogewicht (in %)
Forderungsklassen	Gesamt	davon: offene Kreditzusagen	
Zentralregierungen			
Institute			
Unternehmen			
davon: KMU			
davon: Spezialfinanzierungen			
davon: angekaufte Forderungen			
Beteiligungspositionen		╳	
Summe			╳

Zusammenfassung			
in Mio. €	Positionswert		Ø Risikogewicht (in %)
Forderungsklassen	Gesamt	davon: offene Kreditzusagen	
Zentralregierungen			
Institute			
Unternehmen			
davon: KMU			
davon: Spezialfinanzierungen			
davon: angekaufte Forderungen			
Beteiligungspositionen		╳	
Summe			╳

Durchkreuzte Felder werden nicht befüllt.

Offenlegungsformat 23: Kreditvolumen nach PD-Klassen (ohne Retail) im IRB Ansatz [AR-KR-6d(I)]

AR-KR-6d(II): Kreditvolumen nach PD-Klassen (ohne Retail) im fortgeschrittenen IRB-Ansatz[290]

Tabelle *AR-KR-6d(II)* setzt *§ 335 Absatz 2 Nummern 1 und 2 SolvV* um[291]. Bezogen auf die *IRBA*-Forderungsklassen Zentralregierungen, Institute, Unternehmen und Beteiligungen sowie differenziert nach Risikoklassen werden die folgenden Kennzahlen ausgewiesen:

- Der Gesamtbetrag nicht in Anspruch genommener Kreditzusagen, der als bilanzieller Buchwert der offenen Kreditzusagen dargestellt wird

- Die gesamten Positionswerte und speziell die Positionswerte von nicht in Anspruch genommenen Kreditzusagen

- Die durchschnittlichen Positionswerte der offenen Kreditzusagen

- Die mit den Positionswerten gewichteten Durchschnittsrisikogewichte

In dieser Tabelle ist das *Retail*-Portfolio ebenfalls nicht enthalten, da es in Tabelle *AR-KR-6d(IV)* offen gelegt wird.

---

290 Das Offenlegungsformat basiert auf *Tabelle 6(d) II* der *Fachgremium-Anwendungsbeispiele*.
291 In *AR-KR-6d(II)* werden Positionswerte ausgewiesen, die gemäß dem unter *Basel II* als *fortgeschrittenen IRB* oder *Advanced IRB* bezeichneten *IRB-Ansatz* ermittelt werden.

Investment Grade						
in Mio. € Forderungsklassen	Gesamtbetrag offener Kredit-zusagen	Positionswert			Ø LGD (in %)	Ø Risiko-gewicht (in %)
		Gesamt	davon: offene Kredit-zusagen	Ø Positionswert		
Zentralregierungen						
Institute						
Unternehmen						
davon: KMU						
davon: Spezialfinanzierungen						
davon: angekaufte Forderungen						
Beteiligungspositionen						
Summe						

Non-Investment Grade						
in Mio. € Forderungsklassen	Gesamtbetrag offener Kredit-zusagen	Positionswert			Ø LGD (in %)	Ø Risiko-gewicht (in %)
		Gesamt	davon: offene Kredit-zusagen	Ø Positionswert		
Zentralregierungen						
Institute						
Unternehmen						
davon: KMU						
davon: Spezialfinanzierungen						
davon: angekaufte Forderungen						
Beteiligungspositionen						
Summe						

Default						
in Mio. € Forderungsklassen	Gesamtbetrag offener Kredit-zusagen	Positionswert			Ø LGD (in %)	Ø Risiko-gewicht (in %)
		Gesamt	davon: offene Kredit-zusagen	Ø Positionswert		
Zentralregierungen						
Institute						
Unternehmen						
davon: KMU						
davon: Spezialfinanzierungen						
davon: angekaufte Forderungen						
Beteiligungspositionen						
Summe						

Zusammenfassung						
in Mio. € Forderungsklassen	Gesamtbetrag offener Kredit-zusagen	Positionswert			Ø LGD (in %)	Ø Risiko-gewicht (in %)
		Gesamt	davon: offene Kredit-zusagen	Ø Positionswert		
Zentralregierungen						
Institute						
Unternehmen						
davon: KMU						
davon: Spezialfinanzierungen						
davon: angekaufte Forderungen						
Beteiligungspositionen						
Gesamtsumme						

Durchkreuzte Felder werden nicht befüllt.

Offenlegungsformat 24: Kreditvolumen nach PD-Klassen (ohne Retail) im fortgeschrittenen IRB-Ansatz [AR-KR-6d(II)]

Die vom *Fachgremium* vorgesehene *Tabelle 6d(III) (Nicht in Anspruch genommene Kreditzusagen und gewichtete Positionswerte pro Portfolio im fortgeschrittenen IRB-Ansatz)* ist ein Vorschlag zur Umsetzung von *Baseler* Anforderungen, die gemäß *§ 335 Absatz 2 Nummer 2d SolvV* durch Tabelle *AR-KR-6d(II)* mit abgedeckt werden. Daher ist eine separate Offenlegung der *Tabelle 6d(III)* nicht erforderlich.

AR-KR-6d(IV): Inanspruchnahmen und Kreditzusagen für Retail-Portfolios – EL-bezogener Retail-IRB-Ansatz[292]

In Tabelle *AR-KR-6d(IV)* werden in Umsetzung von *§ 335 Absatz 2 Nummern 2 und 3 SolvV* die gesamten Positionswerte der *IRBA*-Forderungsklasse Mengengeschäft (*Retail*-Portfolio) nach Risikoklassen ausgewiesen. Die Forderungsklasse wird differenziert in grundpfandrechtlich besicherte *IRBA*-Positionen, qualifiziert revolvierende *IRBA*-Positionen und sonstige *IRBA*-Positionen.

Bei der Gestaltung des Offenlegungsformats ist zu entscheiden, ob der Ausweis der Positionen entweder nach einer hinreichenden Anzahl von Ratingstufen (inklusive Ausfall) bzw. *PD*-Bändern oder nach einer hinreichenden Anzahl von erwarteten Verlustraten (*EL*-Klassen) erfolgen soll. Das *Fachgremium* hat hierzu zwei Formate vorgeschlagen: *PD/LGD-bezogener Retail-IRB-Ansatz*[293] und *EL-bezogener Retail-IRB-Ansatz*. Jedes Institut muss über die geeignete Umsetzungsvariante entscheiden. *[➔ Entscheidungstatbestand 14: EL-Klassen in Tabelle AR-KR-6d(IV)]*

Das im Folgenden dargestellte Tabellenlayout setzt die Variante „*EL-bezogener Retail-IRB-Ansatz*" um, da das Format eine bessere Übersichtlichkeit in der Darstellung bietet. Die berichtspflichtigen Kreditinstitute haben einen Gestaltungsspielraum bei der Definition der *EL*-Klassen. Beispielsweise können drei *EL*-Klassen wie folgt festgelegt werden: *EL*-Klasse 1: erwarteter Verlust[294] zwischen 0 und einschließlich 30 Basispunkte; *EL*-Klasse 2: erwarteter Verlust zwischen ab 31 bis einschließlich 70 Basispunkte; *EL*-Klasse 3: erwarteter Verlust größer als 70 Basispunkte.

---

292 Das Offenlegungsformat basiert auf Tabelle *6(d) III* der *Fachgremium-Anwendungsbeispiele.*

293 Der *PD/LGD-Ansatz* ist ein aufsichtsrechtliches Verfahren zur Berechnung der risikogewichteten Positionswerte von Beteiligungen im Rahmen der Ermittlung der Eigenkapitalunterlegung für das Kreditrisiko. Das Verfahren basiert auf der Verfügbarkeit von Risikoparametern, die mithilfe aufsichtsrechtlich anerkannter Ratingsysteme ermittelt werden.

294 Der erwartete Verlust bzw. *Expected Loss* ist ein Parameter zur Berechnung des *Credit Value-at-Risk*. Der *EL* und wird für einen Zeithorizont von einem Jahr nach folgender Formel ermittelt: $EL = LGD * PD$. Grundlage dieser Rechnung sind auf Basis interner Ratingnoten abgeleitete Ein-Jahres-Ausfallwahrscheinlichkeiten und zusätzlich geschäftsspezifische Besonderheiten. Für ausgefallene Kunden wird kein erwarteter Verlust berechnet.

Angaben in Mio. € Forderungsklassen	Positionswerte EL-Klasse 1 (EL = 0 bis 30 BP)	Positionswerte EL-Klasse 2 (EL = 31 bis 70 BP)	Positionswerte EL-Klasse 3 (EL = > 70 BP)	Summe
Grundpfandrechtlich besicherte IRBA-Forderungen des Mengengeschäfts				
Qualifizierte revolvierende IRBA-Forderungen des Mengengeschäfts				
Sonstige IRBA-Forderungen des Mengengeschäfts				
Summe				

Offenlegungsformat 25: Inanspruchnahmen und Kreditzusagen für Retail-Portfolios – EL-bezogener Retail-IRB-Ansatz [AR-KR-6d(IV)]

Bonitätsstruktur des Verbriefungsportfolios im Anlagebuch

Tabelle *AR-KR-9gi(I)*[295] setzt *§ 334 Absatz 2 Nummer 5 SolvV* um. Die Angaben bauen auf dem Ausweis der Forderungen aus Verbriefungen in Tabelle *AR-KR-9d*, die nach *KSA*- und nach *IRBA*-Positionen differenziert, auf. In Tabelle *AR-KR-9gi(I)* wird eine Zuordnung der Positionen zu den aufsichtsrechtlichen Risikogewichten vorgenommen. Die *Solvabilitätsverordnung* räumt bezüglich der Bündelung der Risikogewichte zu Risikogewichtsbändern einen Gestaltungsspielraum ein, der durch das offen legende Kreditinstitut in Abhängigkeit von der Relevanz der Risikogewichte zu nutzen ist.[296] *[➔ Entscheidungstatbestand 15: Risikogewichtsbänder in Tabelle AR-KR-9gi(I)]*

Das nachfolgende Layout von Tabelle *AR-KR-9gi(I)* übernimmt den Vorschlag des *Fachgremiums*, zusätzlich zu den nach Risikogewichtsbändern offen gelegten Positionswerten von Verbriefungen auch die Eigenkapitalanforderungen im *KSA* und im *IRBA* darzustellen. Zwar wird dies von der *Solvabilitätsverordnung* nicht gefordert, stellt jedoch eine für das Verständnis der inhaltlichen Zusammenhänge nützliche Zusatzangabe dar.[297]

---

295 Das Offenlegungsformat basiert auf *Tabelle 9(g) + 9(i) I* der *Fachgremium-Anwendungsbeispiele*.
296 Vgl. auch *Hosemann, D. / Neisen, M. / Tijok, C. (2008)*, S. 288, *Textziffer 704*.
297 Vgl. auch *Hosemann, D. / Neisen, M. / Tijok, C. (2008)*, S. 288, *Textziffer 702*.

in Mio. € Risikogewichtsbänder	Positionswerte	Eigenkapital-anforderungen im Kreditrisiko-Standardansatz	Eigenkapital-anforderungen im IRB-Ansatz
≤ 10%			
> 10% ≤ 20%			
> 20% ≤ 50%			
> 50% ≤ 100%			
> 100% ≤ 650%			
> 650% ≤ 1250% / Kapitalabzug			
Summe			

Offenlegungsformat 26: Gesamtbetrag und Eigenkapitalanforderungen bei zurückbehaltenen oder gekauften Verbriefungspositionen nach Risikogewichtsbändern [AR-KR-9gi(I)]

Kreditrisikokonzentrationen im weder wertgeminderten noch überfälligen Portfolio

Gemäß *IFRS 7.36c* sind Informationen über die Qualität von finanziellen Vermögenswerten, die weder überfällig noch wertgemindert sind, anzugeben. Forderungen mit einer Überfälligkeit von mehr als 90 Tagen sowie wertberichtigte Forderungen dürfen in dem offen gelegten Zahlenwerk nicht enthalten sein. Damit wird lediglich das mit „Investment Grade" und mit „Non-Investment Grade" klassifizierte Kreditvolumen offen gelegt. Die Kategorie „Default" ist in den Angaben nicht enthalten.[298] Mit dieser Darstellung wird eine Aussage darüber getroffen, wie sich das maximale Kreditexposure auf das hinsichtlich der Bonität einwandfreie Portfolio verteilt.

Die Umsetzung der Anforderung erfolgt in den Tabellen *HR-KR-8a* und *HR-KR-8b*, wobei die Klassenbildung anhand der internen Ratingklassen sowie der Branchen und Ländergruppen vorgenommen wird (siehe *Offenlegungsformate 27* und *28*).

---

298 Die Ratingklassen und relevanten Auswahlkriterien sind im Detail der *Abbildung 48 (Interne und externe Ratingklassen (Prinzipdarstellung))* zu entnehmen. Vgl. dazu *Abschnitt 4.4.4.2.2.*

in Mrd. €	Branche 1		Branche 2		Branche 1		Branche 4		Sonstige Branchen		Summe	
	31.12.2008	31.12.2007	31.12.2008	31.12.2007	31.12.2008	31.12.2007	31.12.2008	31.12.2007	31.12.2008	31.12.2007	31.12.2008	31.12.2007
Ratingklasse A												
Ratingklasse B												
Ratingklasse C												
Ratingklasse D												
Ratingklasse E												
Ratingklasse F												
Summe												

Offenlegungsformat 27: Kreditvolumen im weder wertgeminderten noch überfälligen Portfolio nach Ratingklassen und Branchen [HR-KR-8a]

in Mrd. €	Ländergruppe 1		Ländergruppe 2		Ländergruppe 3		Ländergruppe 4		Sonstige Länder		Summe	
	31.12.2008	31.12.2007	31.12.2008	31.12.2007	31.12.2008	31.12.2007	31.12.2008	31.12.2007	31.12.2008	31.12.2007	31.12.2008	31.12.2007
Ratingklasse A												
Ratingklasse B												
Ratingklasse C												
Ratingklasse D												
Ratingklasse E												
Ratingklasse F												
Summe												

Offenlegungsformat 28: Kreditvolumen im weder wertgeminderten noch überfälligen Porfolio nach Ratingklassen und Ländergruppen [HR-KR-8b]

4.4.4.3.5 Darstellung und Analyse des leistungsgestörten Kreditportfolios

[➜ Gestaltungsprinzip 20]

Handelsrechtliche Anforderungen

IFRS 7 und *Teil 5 der Solvabilitätsverordnung* verlangen die Offenlegung von Problemkrediten. *IFRS 7* nimmt dabei eine Differenzierung nach der Art der Leistungsstörung vor – Überfälligkeit und Wertminderung – vor. So ist nach *IFRS 7.37a* die Aufgliederung der finanziellen Vermögenswerte nach dem Alter der überfälligen, aber nicht wertgeminderten finanziellen Forderungen erforderlich. Dabei werden finanzielle Vermögenswerte als Kreditvolumen aufgefasst.[299] Ergänzend dazu ist gemäß *IFRS 7.37b* eine Aufgliederung der einzeln wertgeminderten finanziellen Vermögenswerte offen zu legen. Dabei schließt die Fokussierung auf die Einzelwertminderung die Offenlegung von Portfoliowertminderungen aus. Gemäß *IFRS 7.IG29* sind die Buchwerte der Kredite vor Wertminderung und die Wertminderung selbst gesondert darzustellen.[300] Die handelsrechtlichen Offenlegungsformate enthalten außerdem die von *IFRS 7.37c* geforderte Angabe des Sicherheitenwertes für das leistungsgestörte Kreditportfolio.[301] Sämtliche Darstellungen haben nach Klassen zu erfolgen; in den handelsrechtlichen Risikoberichten sind das die wesentlichen Branchen und Ländergruppen.

Aufsichtsrechtliche Anforderungen

Mit *IFRS 7.37a* und b vergleichbare Anforderungen sind in *§ 327 Absatz 2 Nummer 4 SolvV* niedergelegt, für die das *Fachgremium* mit den *Tabelle 4(f)* und *Tabelle 4(g)* geeignete Offenlegungsformate entwickelt hat[302], mit denen die Darstellung des in Verzug geratenen und notleidenden Kreditvolumens – jeweils vor und nach Wertminderung – nach den wesentlichen Branchen und geografischen Gebieten erfolgt. Eine Differenzierung nach der Art der Leistungsstörung, wie sie *IFRS 7* vorsieht, ist hierbei nicht erforderlich. Auch die *IFRS*-Anforderung der Ergänzung der Darstellung um die zugeordneten Sicherheiten hat keine Entsprechung in der *Solvabilitätsverordnung*. Gemäß der *SolvV*-Begründung können die Angaben der Tabellengruppe 4 auf der (internen oder externen) Rechnungslegung basieren.

---

299 Vgl. auch *Entscheidungstatbestand 11 (Datenbasis für das Bruttokreditvolumen)*.

300 Daneben muss *IFRS 7.B2a* erfüllt werden, wonach mindestens eine Unterscheidung nach Vermögenswerten, die zu fortgeführten Anschaffungskosten bewertet werden und solchen, für die ein *Fair value* ermittelt wird, zu erfolgen hat. Bei dem hier vorgestellten Umsetzungsvorschlag wird davon ausgegangen, dass die Bewertung von Forderungen an Kunden und Kreditinstitute ausschließlich zu fortgeführten Anschaffungskosten erfolgt, sodass die geforderte Unterscheidung nicht notwendig ist.

301 Da die Angaben zu Sicherheiten sich auf jene Sicherheiten bezieht, die unmittelbar mit dem leistungsgestörten Kreditvolumen verknüpft sind, erfolgt die Beschreibung der Umsetzungsempfehlungen an dieser Stelle und nicht in *Abschnitt 4.4.4.3.3*, in dem das gesicherten Exposure behandelt wird.

302 Die Formate werden im Folgenden aufgrund der hier angewandten Nomenklatur mit *AR-KR-4f* und *AR-KR-4g* bezeichnet.

Muster-Risikobericht

Alle regulatorischen und handelsrechtlichen Anforderungen an die Offenlegung des leistungsgestörten Kreditvolumen können bei entsprechenden Verweisen aus dem *Säule 3-Bericht* im Rahmen des Risikolageberichts umgesetzt werden. Die Offenlegungsanforderungen werden durch das interne *MaRisk*-Berichtswesen abgedeckt.

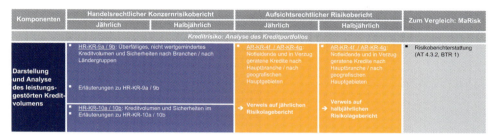

Abbildung 63: Muster-Risikobericht für Angaben zum Kreditrisiko – Darstellung und Analyse des leistungsgestörten Kreditvolumens

Determinanten der Offenlegungsformate

Für die Darstellung des leistungsgestörten Kreditvolumens in den handelsrechtlichen Risikoberichten können die Tabellen *HR-KR-9a* und *HR-KR-9b (Überfälliges, jedoch nicht wertgemindertes Kreditvolumen und Sicherheiten nach Branchen bzw. nach Ländergruppen)* sowie *HR-KR-10a* und *HR-KR-10b (Kreditvolumen und Sicherheiten im einzelwertgeminderten Portfolio nach Branchen bzw. nach Ländergruppen)* als Offenlegungsformate gewählt werden. Sowohl der Kreis der einbezogenen Gesellschaften als auch die Darstellungsform innerhalb der genannten Tabellen sowie die Methoden und Bemessungsgrundlagen für die Wertermittlung basieren auf den Ansätzen der internen Steuerung (*Management Approach*).

Kreditrisikokonzentrationen und Besicherung im überfälligen, jedoch nicht wertgeminderten Portfolio

Die Angabepflichten des *§ 327 Absatz 2 Nummer 4 SolvV*, die den Anforderungen von *IFRS 7.37a* entsprechen, können in die handelsrechtlichen Offenlegungsformate integriert werden. Auf diese Weise werden in den Tabellen *HR-KR-9a* und *HR-KR-9b* die Angaben zu Krediten in Verzug der aufsichtsrechtlichen Formate *AR-KR-4f* und *AR-KR-4g* umgesetzt (siehe *Offenlegungsformate 29* und *30*). Daher wird an dieser Stelle auf die Erläuterung der vom *Fachgremium* vorgeschlagenen Offenlegungsformate verzichtet. Angaben zum überfälligen Kreditvolumen, das nicht wertgemindert ist, sollen dem Adressaten eine frühe Indikation über jenes Engagement des Kreditinstituts geben, für das eine erhöhte Wahrscheinlichkeit künftiger Wertminderungen besteht.

| in Mio. € | Überfälliges, nicht wertgemindertes Kreditvolumen | | | | | | | | | | Für das überfällige, nicht wertgeminderte Kreditvolumen gestellte Sicherheiten | |
| | Überfälligkeit bis 5 Tage | | Überfälligkeit > 5 Tage bis 1 Monat | | Überfälligkeit > 1 Monat bis 2 Monate | | Überfälligkeit > 2 Monate bis 3 Monate | | Summe | | | |
	31.12.2008	31.12.2007	31.12.2008	31.12.2007	31.12.2008	31.12.2007	31.12.2008	31.12.2007	31.12.2008	31.12.2007	31.12.2008	31.12.2007
Branche 1												
Branche 2												
Branche 3												
Branche 4												
Sonstige Branchen												
Summe												

Offenlegungsformat 29: Überfälliges, nicht wertgemindertes Kreditvolumen und Sicherheiten nach Branchen [HR-KR-9a]

| in Mio. € | Überfälliges, nicht wertgemindertes Kreditvolumen | | | | | | | | | | Für das überfällige, nicht wertgeminderte Kreditvolumen gestellte Sicherheiten | |
| | Überfälligkeit bis 5 Tage | | Überfälligkeit > 5 Tage bis 1 Monat | | Überfälligkeit > 1 Monat bis 2 Monate | | Überfälligkeit > 2 Monate bis 3 Monate | | Summe | | | |
	31.12.2008	31.12.2007	31.12.2008	31.12.2007	31.12.2008	31.12.2007	31.12.2008	31.12.2007	31.12.2008	31.12.2007	31.12.2008	31.12.2007
Ländergruppe 1												
Ländergruppe 2												
Ländergruppe 3												
Ländergruppe 4												
Sonstige Länder												
Summe												

Offenlegungsformat 30: Überfälliges, nicht wertgemindertes Kreditvolumen und Sicherheiten nach Ländergruppen [HR-KR-9b]

Kreditrisikokonzentrationen und Besicherung im einzelwertgeminderten Portfolio

Analog zur Vorgehensweise für das überfällige, jedoch nicht wertgeminderte Portfolio, werden jene Angabepflichten des *§ 327 Absatz 2 Nummer 4 SolvV*, die mit den Ausweispflichten von *IFRS 7.37b* vergleichbar sind, in die handelsrechtlichen Tabellen *HR-KR-10a* und *HR-KR-10b* eingefügt. Die Formate beinhalten das Volumen der notleidenden Kredite und den Umfang der Einzelwertberichtigungen der regulatorischen Tabellen *AR-KR-4f* und *AR-KR-4g*.

in Mio. €	Kreditvolumen des einzelwertberichtigten Portfolios						Für das einzelwertgeminderte Kreditvolumen gestellte Sicherheiten	
	Betrag vor Einzelwertminderung		Umfang der Einzelwertminderung		Betrag nach Einzelwertminderung			
	31.12.2008	31.12.2007	31.12.2008	31.12.2007	31.12.2008	31.12.2007	31.12.2008	31.12.2007
Branche 1								
Branche 2								
Branche 3								
Branche 4								
Sonstige Branchen								
Summe								

Offenlegungsformat 31: Kreditvolumen und Sicherheiten im einzelwertgeminderten Portfolio nach Branchen [HR-KR-10a]

in Mio. €	Kreditvolumen des einzelwertberichtigten Portfolios						Für das einzelwertgeminderte Kreditvolumen gestellte Sicherheiten	
	Betrag vor Einzelwertminderung		Umfang der Einzelwertminderung		Betrag nach Einzelwertminderung			
	31.12.2008	31.12.2007	31.12.2008	31.12.2007	31.12.2008	31.12.2007	31.12.2008	31.12.2007
Ländergruppe 1								
Ländergruppe 2								
Ländergruppe 3								
Ländergruppe 4								
Sonstige Länder								
Summe								

Offenlegungsformat 32: Kreditvolumen und Sicherheiten im einzelwertgeminderten Portfolio nach Branchen [HR-KR-10b]

4.4.4.3.6 Darstellung und Analyse der Risikovorsorge im Kreditgeschäft

Muster-Risikobericht

Analog zur Vorgehensweise beim leistungsgestörten Kreditvolumen werden die aufsichtsrechtlichen und handelsrechtlichen Angabepflichten bezüglich der für das Gesamtportfolio nach den *IAS-/IFRS*-Vorschriften gebildeten Risikovorsorge vollständig im Risikolagebericht umgesetzt.[303] Auch hier kann bei der Offenlegung auf das *MaRisk*-Berichtswesen zurückgegriffen werden.

Abbildung 64: Muster-Risikobericht für Angaben zum Kreditrisiko – Darstellung und Analyse der Risikovorsorge im Kreditgeschäft

Offenlegung der Risikovorsorge in den handelsrechtlichen Konzernrisikoberichten

[➔ Gestaltungsprinzip 21]

Gemäß *DRS 5-10.43* und *IFRS 7.16* sind im Risikolagebericht Angaben zur bilanziellen Risikovorsorge erforderlich. Nach den *IFRS*-Vorschriften ist eine Darstellung der Risikovorsorgeentwicklung in der Berichtsperiode in Spiegelform erforderlich, sofern Einzelwertberichtigungen und Portfoliowertberichtigungen *„auf einem getrennten Konto"* abgebildet werden, *„anstatt direkt den Buchwert des Vermögenswerts zu mindern"*. Die *IAS-/IFRS*-getriebene Offenlegung umfasst weder Direktabschreibungen, noch Eingänge auf abgeschriebene Forderungen und Rückstellungen. Diese Komponenten sind jedoch – neben den Einzelwertberichtungen und Portfoliowertberichtigungen – Bestandteil der Anforderungen von *DRS 5-10.43* und *§ 327 Absatz 2 Nummern 4 und 5 SolvV* an die Offenlegung der Risikovorsorge. Folglich erfordert der Umsetzungsvorschlag des *Fachgremiums*

---

303 Die Offenlegung der für das *IRB*-Portfolio nach den Vorschriften des *Handelsgesetzbuchs* gebildete Risikovorsorge wird in *Abschnitt 4.4.4.3.6* erläutert.

für *§ 327 Absatz 2 Nummer 5 SolvV – Tabelle 4(h)*[304] – eine Darstellung der Entwicklung der verschiedenen Arten der Risikovorsorge (Einzelwertberichtigungen, Rückstellungen und Pauschalwertberichtigungen) in Spiegelform.

Wie auch für das leistungsgestörte Kreditportfolio können zur Umsetzung des Ziels einer möglichst synergetischen und redundanzfreien Offenlegung sämtliche Offenlegungsanforderungen zur Risikovorsorge über zentrale Formate in den handelsrechtlichen Risikoberichten umgesetzt werden. Dies gilt gleichermaßen für die Entwicklung der Rückstellungen im Kreditgeschäft in der Berichtsperiode, deren Angabe zur Umsetzung von *IFRS 7.16* zwar nicht zwingend erforderlich ist[305], die jedoch den aufsichtsrechtlichen Anforderungen entspricht. Die dazu verwendeten Formate sind die Tabellen *HR-KR-11a* und *HR-KR-11b (Wertberichtigungen nach Branchen bzw. nach Ländergruppen)* und die Tabellen *HR-KR-12a* und *HR-KR-12b (Rückstellungen für Kreditzusagen sowie Verbindlichkeiten aus Finanzgarantien und Kreditzusagen nach Branchen bzw. nach Ländergruppen)*. Sie beinhalten darüber hinaus die Bestands- und Flussgrößen, deren Offenlegung vom *Fachgremium* in den regulatorischen Tabellen *AR-KR-4f* und *AR-KR-4g* vorgesehen ist.

Aufgrund der verpflichtenden Umsetzung des im *DRS 5-10* und in der *Solvabilitätsverordnung* kodifizierten *Management Approach* werden die von *IFRS 7.16* geforderten klassenbezogenen Angaben (*„für die einzelnen Klassen von finanziellen Vermögenswerten"*) durch Anwendung der im internen Risikomanagement verwendeten Strukturmerkmale erfüllt. Eine Aufteilung der Pauschalwertberichtigungen nach Klassen ist gemäß den Umsetzungsempfehlungen des *Fachgremiums* nur dann erforderlich, wenn dies sachgerecht möglich ist. Dies ist in der Bankpraxis meist nicht der Fall, da Pauschalwertberichtigungen die erforderlichen Strukturmerkmale in der Regel nicht aufweisen.

Die Offenlegung der Risikovorsorge im jährlichen handelsrechtlichen Risikobericht ist demnach aus folgenden Gründen geboten:

1) Umsetzung der Anforderung von *DRS 5-10.43*

2) Hebung von Synergiepotenzialen aus der Offenlegung von *AR-KR-4f*, *AR-KR-4g* und *AR-KR-4h* im handelsrechtlichen Risikobericht

3) Sicherstellung einer konsistenten Kapitalmarktkommunikation

Aufgrund der unter 2) und 3) genannten Gründe erstreckt sich das Gebot der Offenlegung der Risikovorsorge auch auf den handelsrechtlichen Halbjahresrisikobericht, obwohl hier in formaler Hinsicht keine Anwendungspflicht für die *IAS-/IFRS*-Anforderungen besteht. Die Offenlegung der Risikovorsorge zum Halbjahresultimo sollte nicht zuletzt aus Gründen der Berichtskontinuität zwischen zwei Jahresberichten erfolgen.

Sofern im Kontenplan eines Kreditinstituts die zur Umsetzung der aufsichtsrechtlichen Anforderungen erforderliche Branchen- und Länderklassifizierung nicht vorhanden ist, sind entsprechende fachliche, prozessuale und *IT*-Anpassungen vorzunehmen.

---

304 Das Format wird im Folgenden aufgrund der hier angewandten Nomenklatur als *AR-KR-4h* bezeichnet.

305 Die fehlende *IFRS 7*-Angabepflicht ist darauf zurückzuführen, dass sich der Standard nur auf bilanzierte Vermögenswerte bezieht.

Determinanten der Offenlegungsformate

Die in die Offenlegung einbezogenen Konzerngesellschaften werden bei der Darstellung der Wertberichtigungen und der Rückstellungen im Kreditgeschäft nach dem *Management Approach* bestimmt. Die Darstellungsform orientiert sich bezüglich der Spiegeldarstellung an der bilanziellen Sicht, während die Klassenbildung wiederum dem *Management Approach* folgt. Die für die Offenlegung verwendeten Methoden und Bemessungsgrundlagen basieren auf Bilanzangaben.

Tabellen HR-KR-11a und HR-KR-11b: Wertberichtigungsspiegel

Die nachfolgenden *Offenlegungsformate 33* und *34* zeigen die Entwicklung der Komponenten der Wertberichtigungen im Berichtszeitraum.

in Mio. €

	Wertberichtigungsspiegel							
	Einzelwertberichtigungen[1]							
	Stand zum 01.01.2008	Zuführungen	Inanspruchnahmen	Auflösungen	Erfolgsneutrale Veränderungen	Stand zum 31.12.2008	Direktabschreibungen	Eingänge auf abgeschriebene Forderungen
Branche 1								
Branche 2								
Branche 3								
Branche 4								
Sonstige Branchen								
Summe Einzelwertberichtigungen[1]								
Portfoliowertberichtigungen								
Summe Wertberichtigungen								

[1] Einschließlich pauschalierter Einzelwertberichtigungen

Offenlegungsformat 33: Wertberichtigungen nach Branchen [HR-KR-11a]

in Mio. €

	Wertberichtigungsspiegel							
	Einzelwertberichtigungen[1]							
	Stand zum 01.01.2008	Zuführungen	Inanspruchnahmen	Auflösungen	Erfolgsneutrale Veränderungen	Stand zum 31.12.2008	Direktabschreibungen	Eingänge auf abgeschriebene Forderungen
Ländergruppe 1								
Ländergruppe 2								
Ländergruppe 3								
Ländergruppe 4								
Sonstige Länder								
Summe Einzelwertberichtigungen[1]								
Portfoliowertberichtigungen								
Summe Wertberichtigungen								

[1] Einschließlich pauschalierter Einzelwertberichtigungen

Offenlegungsformat 34: Wertberichtigungen nach Ländergruppen [HR-KR-11b]

Tabellen HR-KR-12a und HR-KR-12b: Rückstellungsspiegel

Die Entwicklung der Komponenten der Rückstellungen im Kreditgeschäft wird in den folgenden Tabellen dargestellt.

in Mio. €	Rückstellungsspiegel					
	Stand zum 01.01.2008	Zuführungen	Inanspruch-nahmen	Auflösungen	Erfolgsneutrale Veränderungen	Stand zum 31.12.2008
Branche 1						
Branche 2						
Branche 3						
Branche 4						
Sonstige Branchen						
Summe						

Offenlegungsformat 35: Rückstellungen für Kreditzusagen sowie Verbindlichkeiten aus Finanzgarantien und Kreditzusagen nach Branchen [HR-KR-12a]

in Mio. €	Rückstellungsspiegel					
	Stand zum 01.01.2008	Zuführungen	Inanspruch-nahmen	Auflösungen	Erfolgsneutrale Veränderungen	Stand zum 31.12.2008
Ländergruppe 1						
Ländergruppe 2						
Ländergruppe 3						
Ländergruppe 4						
Sonstige Länder						
Summe						

Offenlegungsformat 36: Rückstellungen für Kreditzusagen sowie Verbindlichkeiten aus Finanzgarantien und Kreditzusagen nach Ländergruppen [HR-KR-12b]

4.4.4.3.7 Darstellung und Analyse von Verlusten im Kreditgeschäft

Muster-Risikobericht

Abbildung 65 zeigt die Berichtselemente, die aus der ausschließlich aufsichtsrechtlich motivierten Berichterstattung über Verluste im Kreditgeschäft resultieren. Die Angabepflichten werden mit Ausnahme der Angaben für das Verbriefungsportfolio durch die *MaRisk*-Anforderungen abgedeckt.

Komponenten	Handelsrechtlicher Konzernrisikobericht		Aufsichtsrechtlicher Risikobericht		Zum Vergleich: MaRisk
	Jährlich	Halbjährlich	Jährlich	Halbjährlich	
	Kreditrisiko: Analyse von Verlusten				
Darstellung und Analyse von Verlusten im Kreditgeschäft	Nicht relevant, da keine DRS-/IFRS-Anforderung	Nicht relevant, da keine DRS-/IFRS-Anforderung	AR-KR-6e: Tatsächliche Verluste im Kreditgeschäft		Risikoberichterstattung (AT 4.3.2, BTR 1) i.V.m. § 151 Abs. 4 SolvV
	Nicht relevant, da keine DRS-/IFRS-Anforderung	Nicht relevant, da keine DRS-/IFRS-Anforderung	AR-KR-6f: Verlustschätzungen und tatsächliche Verluste im Kreditgeschäft	Nicht relevant, da nicht sinnvoll umsetzbar	Risikoberichterstattung (AT 4.3.2, BTR 1) i.V.m. § 151 Abs. 4 SolvV
	Nicht relevant, da keine DRS-/IFRS-Anforderung	Nicht relevant, da keine DRS-/IFRS-Anforderung	AR-KR-9e: Wertberichtigte und in Verzug befindliche verbriefte Forderungen sowie in der laufenden Periode realisierte Verluste		Nicht relevant, da keine MaRisk-Anforderung

Abbildung 65: Muster-Risikobericht für Angaben zum Kreditrisiko – Darstellung und Analyse von Verlusten im Kreditgeschäft

Offenlegung von Verlusten in den aufsichtsrechtlichen Risikoberichten[306]

[➜ Gestaltungsprinzip 22]

Die Offenlegung von Verlusten ist in der *Solvabilitätsverordnung* wie folgt geregelt[307]:

- *§ 335 Absatz 2 Nummern 4 und 5 SolvV (AR-KR-6e: Tatsächliche Verluste im Kreditgeschäft);* Basis ist das gesamte *IRB*-Portfolio

- *§ 335 Absatz 2 Nummer 6 SolvV (AR-KR-6f: Verlustschätzungen und tatsächliche Verluste im Kreditgeschäft);* Basis ist das zu Beginn der Periode nicht ausgefallenes *IRB*-Portfolio, ohne während der Periode abgeschlossenes Neugeschäft.

- *§ 334 Absatz 2 Nummer 2 SolvV (AR-KR-9e: Wertberichtigte und in Verzug befindliche Forderungen sowie in der laufenden Periode realisierte Verluste);* Basis ist das gesamte Verbriefungsportfolio

Der grundsätzliche inhaltliche Unterschied zwischen Tabelle *AR-KR-6e* und Tabelle *AR-KR-9e* einerseits und Tabelle *AR-KR-6f* andererseits besteht darin, dass in den beiden erstgenannten Tabellen der während der gesamten Geschäftshistorie aufgelaufene Verlust ausgewiesen wird, während Tabelle *AR-KR-6f* nur die Verluste zeigt, die seit Beginn der Berichtsperiode bis zum Ende Berichtsperiode angefallen sind. Die Werte in *AR-KR- 6f* beziehen sich also auf Geschäfte die zu Beginn der Berichtsperiode noch „gesund" waren und erst im Laufe der Periode notleidend wurden. Kredite, die restrukturiert wurden und für die keine Wertminderung vorgenommen wurde, werden nicht in die Verlustermittlung einbezogen.

Während die Angaben von *AR-KR-6e* und von *AR-KR-9e* sowohl für die jährliche als auch die halbjährliche Berichtsperiode umgesetzt werden können, sind die Angaben von Tabelle *AR-KR-6f* für einen Halbjahreszeitraum nicht darstellbar. So erweisen sich Verlustschät-

---

306 Vgl. *Thelen-Pischke, H. (2005)*.

307 Eine weitere Anforderung zur Offenlegung von Verlusten im Kreditgeschäft besteht mit *§ 324 Absatz 2 Nummer 3 SolvV*. Demnach ist der *Shortfall of provisions* vom Eigenkapital abzuziehen. Da diese Anforderung primär die Darstellung der regulatorischen Eigenmittel betrifft, wird ihre Umsetzung in *Abschnitt 4.4.3.4* erörtert.

zungen, die den erwarteten Verlusten gemäß *§ 104 SolvV* entsprechen, für unterjährige Perioden aufgrund der Jahresbetrachtung der Ausfallwahrscheinlichkeit als problematisch. Auch eine Skalierung der Einjahres-*PD* auf ein halbes Jahr ist methodisch nicht sinnvoll und führt darüber hinaus zu einem Zusatzaufwand, dem kein angemessener Informationsnutzen gegenübersteht.

Für alle regulatorischen Offenlegungsanforderungen wird der Verlust als Summe der folgenden Komponenten der Risikovorsorge im Kreditgeschäft der *IRBA*-Portfolios definiert:

- ▨ Saldo aus Zuführungen und Auflösungen von Einzelwertberichtigungen

- ▨ Saldo aus Direktabschreibungen und Eingängen auf abgeschriebene Forderungen

- ▨ Saldo aus Zuführungen und Auflösungen von Rückstellungen im Kreditgeschäft

Da hier auf bereits identifizierte Risiken abgestellt wird, sind Pauschalwertberichtigungen nicht zu betrachten. Kurswertinduzierte Abschreibungen auf die Wertpapierbestände und die nicht nach Ausfallwahrscheinlichkeiten gesteuerten Beteiligungen werden ebenfalls nicht abgebildet.[308]

Die Offenlegung basiert auf den Wertansätzen aus den Einzelabschlüssen der Konzernunternehmen, die nach den Vorschriften des *Handelsgesetzbuchs* aufgestellt werden. Sofern die Methodik der Risikovorsorgebildung für den Einzelabschluss nicht von dem für den *IAS-/IFRS*-Konzernabschluss abweicht, stellt die Differenz zwischen der im handelsrechtlichen Risikobericht ausgewiesen Risikovorsorge (*AR-KR-4f*, *AR-KR-4g* und *AR-KR-4-h*)[309] und der Risikovorsorge im *IRBA*-Portfolio (*AR-KR-6e*, *AR-KR-6f* und *AR-KR-9e*) den tatsächlichen Verlust im *KSA*-Portfolio der Institutsgruppe dar. Ein unmittelbarer Abgleich anhand der offen gelegten Werte ist aufgrund der unterschiedlichen Portfoliobetrachtung (Aufsichtsrecht: *IRB*-Teilportfolio; Handelsrecht: Gesamtportfolio) nicht möglich.

Die Anzahl der in den Tabellen *AR-KR-6e* und *AR-KR-6f* dargestellten Perioden ist vom berichtenden Kreditinstitut festzulegen. Aufgrund der Neuartigkeit der Offenlegungsanforderung ist eine Einschränkung der Anzahl der Zeiträume zunächst nicht erforderlich. Vielmehr sollten im Zeitablauf hinzukommende Perioden in den Tabellen ergänzt werden, bis eine hinreichende Menge erreicht ist. Erst dann kann über die Anzahl der offen zu legenden Zeiträume abschließend entschieden werden, wobei zur Sicherstellung der Aussagefähigkeit der Angaben mindestens drei Perioden vorgesehen werden sollten. *[➔ Entscheidungstatbestand 16: Verlusthistorie in den Tabellen AR-KR-6e und AR-KR-6f]*

---

308 Daher handelt es sich bei der in den handelsrechtlichen Risikoberichten ausgewiesene Risikovorsorge für das Kreditgeschäft nicht um Verluste im Sinne der oben genannten Definition.

309 Vgl. *Offenlegungsformat 34 (Wertberichtigungen nach Branchen [HR-KR-11a])* und *Offenlegungsformat 35 (Wertberichtigungen nach Ländergruppen [HR-KR-11b])*.

Determinanten der aufsichtsrechtlichen Offenlegungsformate

Da die Verlustangaben unmittelbar auf dem Zahlenwerk der *Säule 1* aufbauen, entsprechen die Darstellungsform innerhalb der folgenden Tabellen sowie die Methoden und Bemessungsgrundlagen für die Wertermittlung den Ansätzen der *SolvV*-Meldung (*Regulatory Approach*). Dagegen bezieht sich der Kreis der einbezogenen Gesellschaften aufgrund der Anwendung des unternehmensbezogenen Materialitätskonzepts auf die Vorgehensweise des Risikomanagements *(Management Approach)*.

Tabelle AR-KR-6e: Tatsächliche Verluste im Kreditgeschäft[310]

Bei der Umsetzung von *§ 335 Absatz 2 Nummern 4 und 5 SolvV* in Tabelle *AR-KR-6e* ist zu beachten, dass sich die Angaben auf die Forderungsklassen Zentralregierungen, Institute, Unternehmen, Mengengeschäft (differenziert nach grundpfandrechtlich besicherten *IRBA*-Positionen, qualifiziert revolvierenden *IRBA*-Positionen und sonstigen *IRBA*-Positionen) und Beteiligungen beziehen.

Zur Umsetzung der *SolvV*-Anforderung, die auf eine Beschreibung derjenigen Faktoren abzielt, die maßgeblich für die Verlusthistorie im Berichtszeitraum waren, wird vom *Fachgremium* eine Erläuterungsspalte in der Tabelle *AR-KR-6e* vorgeschlagen. In der Berichtspraxis erscheint es geeigneter, derartige Analysen in Form von Fließtext darzulegen, der das quantitative Offenlegungsformat begleitet.

in Mio. € Forderungsklassen	Verluste im Zeitraum 01.01.2008 bis	Verluste im Zeitraum 01.01.2007 bis
Zentralregierungen		
Institute		
Unternehmen		
Beteiligungsinstrumente		
Grundpfandrechtlich besicherte IRBA-Forderungen des Mengengeschäfts		
Qualifizierte revolvierende IRBA-Forderungen des Mengengeschäfts		
Sonstige IRBA-Forderungen des Mengengeschäfts		
Summe		

Offenlegungsformat 37: Tatsächliche Verluste im Kreditgeschäft [AR-KR-6e]

---

310 Das Offenlegungsformat basiert auf *Tabelle 6(e)* der *Fachgremium-Anwendungsbeispiele*.

Tabelle AR-KR-6f: Verlustschätzungen und tatsächliche Verluste im Kreditgeschäft[311]

Die Offenlegung von eingetretenen Verlusten hat zunächst zum Ziel, die Konsequenzen von Wertminderungen auf die Vermögens-, und Ertragslage der Institutsgruppe darzustellen.[312] Darüber hinaus werden durch den Abgleich zwischen tatsächlichen Verlusten und Verlustschätzungen in Tabelle *AR-KR-6f* gemäß *§ 335 Absatz 2 Nummer 6 SolvV* die Ergebnisse eines rudimentäres *Backtesting* offen gelegt, das Aussagen zur Qualität der von der Institutsgruppe für das *IRB*-Portfolio eingesetzten Bonitätseinstufungsverfahren erlauben soll.[313] Fraglich ist allerdings, ob die vorgesehene Form der Modellvalidierung in der Lage ist, die tatsächliche Qualität der Risikoeinschätzung durch die Kreditinstitute sachgerecht zu bewerten oder ob sie nicht eher ein irreführendes Bild der Leistungsfähigkeit der eingesetzten Verfahren zeichnet. So stellt sich die Problematik, dass erwartete Verluste die ökonomische Sichtweise reflektieren, während tatsächliche Verluste auf bilanziellen Größen basieren. Die beiden Betrachtungsweisen sind jedoch aufgrund unterschiedlicher Zielsetzungen nur bedingt miteinander vergleichbar. Zudem können sich aufgrund der Natur des Risikovorsorgeprozesses die in den externen Risikoberichten offen gelegten tatsächlichen Verluste *ex-post* als unzutreffend erweisen, wenn nach Abschluss der Berichtsperiode noch Eingänge auf abgeschriebene Forderungen verbucht werden.

Die Gegenüberstellung von tatsächlichen und erwarteten Verlusten – wie in Tabelle *AR KR-6f* umgesetzt – stellt die Mindestanforderung an die Offenlegung von *Backtesting*-Ergebnissen dar. Die *Solvabilitätsverordnung* fordert darüber hinaus weiter differenzierte Analysen des erwarteten Verlusts, indem die Qualität der geschätzten Parameter, die die Höhe des erwarteten Verlusts determinieren, differenziert dargestellt wird. Dies erfordert Vergleiche zwischen den Ausfallwahrscheinlichkeiten und den tatsächlichen Ausfallraten, den Abgleich zwischen dem *Loss-given Default* – also der Verlustquote bei Ausfall – und den eingetretenen Verlustquoten sowie die Gegenüberstellung von geschätztem und eingetretenem *Credit Conversion Factor (CCF)*.[314] Hierfür wurden vom *Fachgremium* keine Anwendungsbeispiele entwickelt.

Das *Fachgremium* hat die Problematik jedoch erkannt und die Institute aufgefordert, „ *(...) zur Validierung von Ausfallwahrscheinlichkeiten im Kreditgeschäft, geeignete Darstellungsformen zu entwickeln, die sich an den internen Verfahren orientieren und zu gegebener Zeit auch veröffentlicht werden können.*"[315] Diese Forderung wird untermauert durch die Anforderung von *§ 151 Absatz 4 SolvV*, nach der die Geschäftsleitung unter anderem über einen Vergleich der realisierten Ausfallraten mit den Erwartungen zu informieren ist. Aufgrund der Sensibilität und Öffentlichkeitswirksamkeit der offen zu legenden *Backtesting*-Resultate ist zu erwarten, dass die Institute Anstrengungen unternehmen werden, um

---

311 Das Offenlegungsformat basiert auf *Tabelle 6(f)* der *Fachgremium-Anwendungsbeispiele*.

312 Vgl. dazu *Abschnitt 4.1.4* und insbesondere *Abbildung 23 (Einfluss realisierter Risiken auf die Ertrags- und Finanzlage).*

313 Vgl. auch *Hosemann, D. / Neisen, M. / Tijok, C. (2008)*, S. 243ff.

314 Vgl. auch *Hosemann, D. / Neisen, M. / Tijok, C. (2008)*, S. 247f., *Textziffer 599.*

315 *Fachgremium-Anwendungsbeispiele*, Anmerkungen zu *Tabelle (6f).*

die intern verwendeten Verfahren der Modellvalidierung auszubauen und zu optimieren, sodass eine aussagefähige Offenlegung erfolgen kann[316] Der dafür notwendige Gestaltungsspielraum in der Offenlegung wird den Kreditinstituten durch den Verordnungsgeber eingeräumt. *[➜ Entscheidungstatbestand 17: Entwicklung interner Backtesting-Verfahren für Tabelle AR-KR-6f]*

In Mio. € Forderungsklassen	Verluste im Zeitraum 01.01.2008 bis 31.12.2008		Verluste im Zeitraum 01.01.2007 bis 31.12.2007	
	Erwartet	Eingetreten	Erwartet	Eingetreten
Zentralregierungen				
Institute				
Unternehmen				
Beteiligungsinstrumente				
Grundpfandrechtlich besicherte IRBA-Forderungen des Mengengeschäfts				
Qualifizierte revolvierende IRBA-Forderungen des Mengengeschäfts				
Sonstige IRBA-Forderungen des Mengengeschäfts				
Summe				

Offenlegungsformat 38: Verlustschätzungen und tatsächliche Verluste im Kreditgeschäft [AR-KR-6f]

Tabelle AR-KR-9e: Wertberichtigte und in Verzug befindliche verbriefte Forderungen sowie in der laufenden Periode realisierte Verluste[317]

In Umsetzung von *§ 334 Absatz 2 Nummer 2 SolvV* weist die Tabelle *AR-KR-9e* für leistungsgestörte Verbriefungspositionen die ausfallgefährdeten bzw. überfälligen Teile der effektiv verbrieften Forderungsbeträge[318], gegliedert nach Art der verbrieften Forderungen, aus. Darüber hinaus werden die realisierten Verluste in der laufenden Periode, ebenfalls differenziert nach Art der verbrieften Forderungen, aus diesen Positionen dargestellt. Die Tabelle beinhaltet jene Kreditrisikopositionen, die gemäß *§ 9 Absatz 2 SolvV* als effektiv verbrieft gelten und umfasst damit dieselbe Grundgesamtheit wie Tabelle *AR-KR-9d*. Ebenfalls analog zu Tabelle *AR-KR-9d* wird in Tabelle *AR-KR-9e* der Buchwert der verbrieften Forderungen ausgewiesen.

---

316 Vgl. auch *Hosemann, D. / Neisen, M. / Tijok, C. (2008)*, S. 248. *Textziffer 600*.

317 Das Offenlegungsformat basiert auf *Tabelle 9(e)* der *Fachgremium-Anwendungsbeispiele*.

318 Zur Definition effektiv verbriefter Forderungen vgl. *Offenlegungsformat 10 (Gesamtbetrag der verbrieften Forderungen [AR-KR-9d])*

in Mio. € Forderungsarten	Wertberichtigte und in Verzug befindliche verbriefte Forderungen	Verluste im Berichtszeitraum
Forderungen aus Wohnungsbaukrediten		
Forderungen aus ganz oder teilweise gewerblichen Immobilienkrediten		
Forderungen aus Unternehmenskrediten (einschließlich Kredite an kleinere und mittlere Unternehmen)		
Forderungen aus eigenen und angekauften Leasingforderungen		
Forderungen aus Kraftfahrzeug-Finanzierung (ohne Leasing)		
Forderungen aus sonstigem Retailgeschäft (z.B. Kreditkarten, Studentenkredite)		
Forderungen aus CDO und ABS		
Summe		

Offenlegungsformat 39: Wertberichtigte und in Verzug befindliche verbriefte Forderungen sowie in der laufenden Periode realisierte Verluste [AR-KR-9e].

Da hier eine Betrachtung sämtlicher Verbriefungsaktivitäten der Institutsgruppe in der Rolle als Originator vorgenommen wird, beinhaltet Tabelle *AR-KR-9e* auch solche leistungsgestörten Forderungen sowie jene Verluste – jeweils bezogen auf die Gesamtheit der in den eigenen Büchern verbleibenden Grundgeschäfte –, die aufgrund der Ausplatzierung der Kreditrisiken keine unmittelbare Ergebniswirkung für die berichterstattende Institutsgruppe entfalten.

4.4.5   Beteiligungsrisiko[319]

4.4.5.1   Problematik der Offenlegung von Beteiligungsrisiken

Beteiligungsrisiken werden in den Regelwerken zur Offenlegung nicht einheitlich kategorisiert. Der *DRS 5-10* und die *Solvabilitätsverordnung* betrachten Beteiligungsrisiken jeweils als Bestandteil des Kreditrisikos, der allerdings von den originären Kreditrisiken abgrenzbar ist. Zwar ist der Beteiligungsrisikobegriff in *IFRS 7* unbekannt, jedoch erscheint aufgrund der grundsätzlichen Regelungen von *IFRS 7.31-33* die Einbeziehung des Beteiligungsrisikos in den *IFRS*-Risikobericht geboten.[320] Vor diesem Hintergrund – und da *DRS 5-10.10* auch eine vom Standard abweichende Kategorisierung erlaubt – ist es zulässig, die Beteiligungsrisiken als separate Risikoart offen zu legen. Aufgrund der Pflicht zur Anwendung des *Management Approach* ist ein derartiges Vorgehen sogar zwingend erforderlich, wenn dies der Praxis des Risikomanagements des berichtspflichtigen Kreditinstituts entspricht. Da Beteiligungsrisiken sowohl Komponenten des Kreditrisikos als auch des Marktpreisrisikos aufweisen, und da mit dem Eingang von Beteiligungen in der Regel

---

319 Zu den regulatorischen Anforderungen an die Offenlegung von Beteiligungsrisiken vgl. *Hosemann, D. / Neisen, M. / Tijok, C. (2008)*, S. 160ff.
320 Zur Argumentation vgl. auch *Abschnitt 4.1.3*.

eine strategische Zielsetzung verfolgt wird, die sich von den Strategien des Kredit- und des Handelsgeschäfts unterscheiden, erscheint jedenfalls die Steuerung als eigenständige Risikoart sachgerecht.[321] Die Tatsache, dass die *MaRisk* Beteiligungen als Teil des Kreditgeschäfts auffassen, steht dem nicht entgegen, denn die formale Risikoabgrenzung der *MaRisk* ist kein Präjudiz für die Kategorisierung in der Bankpraxis, sofern die inhaltlichen Mindestanforderungen eingehalten werden.[322]

Der Beteiligungsbegriff der *Solvabilitätsverordnung* unterscheidet sich von der handelsrechtlichen Betrachtung und der Steuerungspraxis von Kreditinstituten. Er umfasst neben den klassischen handelbaren und nicht fungiblen Beteiligungen auch Derivate auf Beteiligungspositionen und Investmentfonds des Anlagebuchs. Die breite Definition des Aufsichtsrechts erschwert einen Vergleich des Beteiligungsrisikos zwischen den Regelungsbereichen.

4.4.5.2 Allgemeine Offenlegungsanforderungen und Muster-Risikobericht

Allgemeine Offenlegungsanforderungen

Die Umsetzung der Anforderungen an die Offenlegung des Managementsystems für Beteiligungsrisiken, die in ähnlicher Form auch für weitere Risikoarten gelten, erfolgt im Rahmen der Darstellung des generellen Risikomanagementsystems[323] gemäß der in *Abschnitt 4.4.1.2 (Anforderungen und Umsetzungsvorschläge für die qualitative Offenlegung)* erläuterten Konzeption. Für die quantitative Offenlegung von Beteiligungsrisiken sind die in *Abschnitt 4.4.1.3 (Anforderungen und Umsetzungsvorschläge für die quantitative Offenlegung)* erläuterten generellen Anforderungen zu beachten.

Muster-Risikobericht

Der nachfolgende Muster-Risikobericht für den Bereich der Beteiligungsrisiken fasst die Offenlegungsanforderungen in umsetzungsrelevanten Berichtselementen zusammen. Die Angaben zum Managementsystem für Beteiligungen können zentral im Risikolagebericht offen gelegt werden, wobei entsprechende Verweise im *Säule 3*-Bericht anzubringen sind. Dagegen weichen die Ermittlungsmethoden für das handelsrechtliche und regulatorische Zahlenwerk voneinander ab, sodass die Offenlegung getrennt voneinander in beiden Ri-

---

321 Manche Kreditinstitute ordnen nicht fungible Beteiligungen den Kreditrisiken zu und subsumieren börsennotierte Beteiligungen zu den Marktpreisrisiken.

322 Die von den *MaRisk* vorgenommene Integration der Beteiligungen in das Kreditgeschäft erscheint aufgrund der daraus resultierenden Unschärfen einzelner Regelungen nicht sachgerecht. So sind einige der Mindestanforderungen bei Beteiligungen nicht anwendbar. Beispiele hierfür sind Regelungen zur Behandlung von Sicherheiten und Prolongationen. Vgl. dazu auch *BTO 1* der *MaRisk*.

323 Vgl. *Abschnitt 4.4.2.*

sikoberichten erfolgen sollte. Auch für die quantitativen Angaben zum Beteiligungsrisiko ist die Publizierung in einem zentralen Berichtsmedium aufgrund der zwischen den Regelungsbereichen teilweise abweichenden Natur der Angaben nicht sachgerecht.

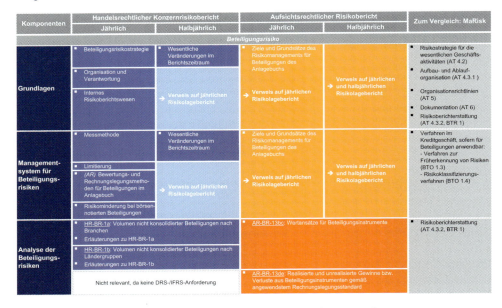

Abbildung 66: Muster-Risikobericht für Angaben zum Beteiligungsrisiko

4.4.5.3 Qualitative Angaben zum Beteiligungsrisiko

Beteiligungsrisikostrategie

Im Rahmen der Offenlegung sind die Strategien für sämtliche Beteiligungsrisiken anzugeben (*IFRS 7.33b* und *§ 322 Satz 1 SolvV*). Zudem sind nach *§ 332 Satz 1 SolvV* auch die mit den unterschiedlichen im Anlagebuch gehaltenen Beteiligungspositionen verfolgten Zielsetzungen darzustellen. Dabei ist eine Differenzierung in solche Beteiligungspositionen des Anlagebuchs vorzunehmen, die zur Renditeerzielung gehalten werden, und in jene, die aus strategischen Erwägungen eingegangen wurden.

In vielen Kreditinstituten werden Beteiligungsrisiken von der Kreditrisikostrategie abgedeckt. In diesen Fällen ist eine eigene Strategie für Beteiligungsrisiken entbehrlich. Häufig verfolgen Kreditinstitute mit ihren Beteiligungen im Anlagebuch primär strategische Ziele, während die unmittelbare Gewinnerzielungsabsicht von untergeordneter Bedeutung ist. So decken die Unternehmen, an denen strategische Beteiligungen gehalten werden, in vielen Fällen Märkte, Marktsegmente oder Wertschöpfungsstufen ab, die nicht zum Kerngeschäft der Bank gehören.

Organisation, Verantwortung und Risikoberichtswesen

Ergänzend zur risikoartenübergreifenden Offenlegung der grundlegenden Organisation des Risikomanagements erfolgt an dieser Stelle eine Erläuterung der diesbezüglichen Besonderheiten des Beteiligungsrisikos. Dabei kann auf den in *Abschnitt 4.4.2.5 (Ziele und Organisation des Risikomanagements)* dargestellten Anforderungen aufgebaut werden.

Die Entscheidung über das Eingehen oder Auflösen von Beteiligungspositionen trifft in der Regel die Geschäftsleitung in Abstimmung mit den zuständigen Gremien. Für die Mandatsbetreuung ist häufig der Stabsbereich zuständig. Die quantitative Messung und Überwachung von Beteiligungsrisiken, ebenso wie die Berichterstattung an den Stabsbereich, die Geschäftsleitung und die Aufsichtsgremien sollte aus Gründen der Funktionstrennung dem Risikocontrolling obliegen.

Angaben zum ökonomischen Kapitalbedarf für Beteiligungsrisiken sind in der Regel in den Risikokapitalbericht integriert, während das Volumen nicht konsolidierter Beteiligungen häufig Bestandteil des Kreditrisikoberichts ist.

Mess- und Bewertungsmethoden

Gemäß *DRS 5-10.24b* und *DRS 5-10.25* sind die Verfahren der Quantifizierung von Beteiligungsrisiken sowie die zugrunde liegenden Modellannahmen und Verfahrensprämissen zu erläutern. Zudem ist die Offenlegung der Bewertungs- und Rechnungslegungsgrundsätze von Beteiligungen, die im Anlagebuch gehalten werden, gemäß *§ 332 Nummer 1 SolvV* erforderlich.

Das Beteiligungsrisiko wird häufig als *Value-at-Risk* gemessen, wobei die Marktwertschwankungen aus börsennotierten Referenzgrößen abgeleitet werden. Bezüglich der bei Beteiligungen im Anlagebuch angewendeten Bewertungs- und Rechnungslegungsmethoden findet für den weder voll konsolidierten noch nach der *Equity-Methode* bilanzierten Anteilsbesitz in der Regel *IAS 39* Anwendung. Für die *Fair value*-Bewertung dient bei börsennotierten Beteiligungen des Anlagebuchs der betreffende Aktienschlusskurs am Stichtag. Zur Bewertung der nicht börsennotierten Beteiligungen erfolgt die Bewertung häufig mit einem *Discounted Cashflow-Verfahren*.

Limitierung und Risikominderung

Die hier dargestellten Sachverhalte zur Limitierung und Minderung von Beteiligungsrisiken ergänzen die in *Abschnitt 4.4.2.6.2 (Angaben zu grundlegenden Methoden und Verfahren)* erläuterten allgemeinen Angaben.

Die Limitierung des Kapitalbedarfs für Beteiligungsrisiken erfolgt über die aus der Risikodeckungsmasse abgeleitete Verlustobergrenze für diese Risikoart. Des Weiteren werden Beteiligungen, die nicht an einer Börse gehandelt werden, in gleicher Weise wie das Kreditvolumen begrenzt. Die Limitierung des Risikos aus börsennotierten Beteiligungen erfolgt analog zum Marktpreisrisiko.

Für nicht **fungible Beteiligungen** ist eine Risikominderung grundsätzlich nicht möglich, da aufgrund des Eigenkapitalcharakters der Positionen die aus dem Kreditgeschäft bekannten Sicherungsinstrumente nicht verwendbar sind. Zudem existieren keine Märkte, über die Sicherungsgeschäfte – also gegenläufige Grundgeschäfte oder Derivate – abgeschlossen werden könnten, sodass auch eine Risikoreduzierung über *Hedging* nicht möglich ist. Dagegen kann zur Risikominderung von **börsennotierten Beteiligungen** auf die gleichen Instrumenten wie für das Marktpreisrisiko von Handelsgeschäften zurückgegriffen werden.

4.4.5.4 Quantitative Angaben zum Beteiligungsrisiko

Offenlegung des Beteiligungsvolumens in den handelsrechtlichen Risikoberichten

Bei der handelsrechtlichen Offenlegung sind die Anforderungen des *DRS 5-10.24b*, *DRS 5-10.28a* und *DRS 5-10.29* zu beachten. Ergänzend finden *IFRS 7.31 und 32* sowie *IFRS 7.34 und 35* Anwendung.

Die Tabellen *HR-BR-1a* und *HR-BR-1b* setzten die handelsrechtlichen Offenlegungsanforderungen für Beteiligungsrisiken um, wobei durch die Aufgliederung nach Branchen und nach Ländergruppen der geforderten Darstellung von Konzentrationen entsprochen wird. Die Angaben beziehen sich auf jene Beteiligungen, die nicht in unmittelbar in das Risikomanagementsystem eingebunden sind.[324] Dies sind in der Regel die handelsrechtlich nicht konsolidierten Beteiligungen.

Konsolidierungskreis und Darstellungsform der Tabellen entsprechen der Risikoberichterstattung an die Geschäftsleitung *(Management Approach)*. Dagegen basieren die verwendeten Methoden und Bemessungsgrundlagen zur Ermittlung des Beteiligungsexposures auf bilanziellen Größen *(Balance Sheet Approach)*.

---

324 Die Steuerung der Beteiligungen bzw. Tochtergesellschaften, die dem Kreis der aktiv gesteuerten Konzernunternehmen angehören, erfolgt über die Einbeziehung der Risikoexposures in die Steuerung der einzelnen Risikoarten.

in Mrd. €	Buchwert		Marktwert	
	31.12.2008	31.12.2007	31.12.2008	31.12.2007
Branche 1				
Branche 2				
Branche 3				
Branche 4				
Sonstige Branchen				
Summe				

Offenlegungsformat 40: Volumen nicht konsolidierter Beteiligungen nach Branchen [HR-BR-1a]

in Mrd. €	Buchwert		Marktwert	
	31.12.2008	31.12.2007	31.12.2008	31.12.2007
Ländergruppe 1				
Ländergruppe 2				
Ländergruppe 3				
Ländergruppe 4				
Sonstige Länder				
Summe				

Offenlegungsformat 41: Volumen nicht konsolidierter Beteiligungen nach Ländergruppen [HR-BR-1b]

Aufsichtsrechtliche Offenlegung von Beteiligungsrisiken

Die in *§ 332 Absatz 2 SolvV* kodifizierte aufsichtsrechtliche Offenlegung von Risiken aus Beteiligungsinstrumenten im Anlagebuch bezieht sich auf risikogewichtete Beteiligungen. Dies schließt Beteiligungen aus, die voll bzw. quotal konsolidiert werden oder dem Kapitalabzug unterliegen. Als Beteiligungen werden in der *Säule 3* diejenigen Positionen aufgefasst, die unter die Forderungsklassen Beteiligungen im *KSA* und im *IRB-Ansatz* fallen.

Der Kreis der einbezogenen Gesellschaften entspricht für beide regulatorischen Offenlegungsformate (Tabellen *AR-BR-13bc* und *AR-BR-13de*) aufgrund der Anwendung des unternehmensbezogenen Materialitätskonzepts dem internen Risikomanagement *(Management Approach)*. Da die Angaben beider Tabellen auf dem Zahlenwerk der Rechnungslegung aufbauen, finden die Methoden und Bemessungsgrundlagen des Handelsrechts Anwendung (*Balance Sheet Approach*). Zusätzlich werden in Tabelle *AR-BR-13de* regulatorische Kapitalkomponenten dargestellt (*Regulatory Approach*). Bezüglich der Klassifizierung der Beteiligungsinstrumente basiert Tabelle *AR-BR-13bc* auf dem Vorgehen der internen Steuerung, während die Spaltenbezeichnung in Tabelle *AR-BR-13de* sowohl handelsrechtlichen Kategorien als auch aufsichtsrechtlichen Kategorien folgt.

Bei dem Ausweis der Positionen in *AR-BR-13bc*[325] werden handelsrechtliche Wertansätze (nach *HGB* oder nach *IFRS*) und Börsenwerte unterschieden. Die Buchwerte der Forderungsklasse Beteiligungen im Anlagebuch werden ansatzunabhängig dargestellt. Der Buchwert der Beteiligungsinstrumente kann als beizulegender Zeitwert angegeben werden, wenn er weder für interne noch für externe Zwecke ermittelt wird. Den Auslegungen des *Fachgremiums* folgend, ist davon auszugehen, dass der Börsenwert und der beizulegende Zeitwert (*Fair value*) in der Regel übereinstimmen. Allerdings sind nur solche Beteiligungen als gehandelte Beteiligungen zu klassifizieren, die an einer Börse gelistet sind. Der Börsenwert ist der zum Kassakurs am Reporting-Stichtag ermittelte Wert der Beteiligung.

Der Ausweis in Tabelle *AR-BR-13bc* erfolgt darüber hinaus nach Klassen von Beteiligungsinstrumenten. Das *Fachgremium* schlägt verschiedene Merkmale zur Klassenbildung vor.[326] Hier besteht demnach für die berichtspflichtigen Kreditinstitute ein Gestaltungsspielraum, der in Anlehnung an die Praxis des Risikomanagements – beispielsweise unter Verwendung von Branchen als Gliederungsmerkmal – genutzt werden sollte. Für die Zuordnung in die Unternehmensklassen kann der Branchenschlüssel der *Deutschen Bundesbank* verwendet werden. *[→ Entscheidungstatbestand 18: Klassenbildung von Beteiligungen für die aufsichtsrechtliche Offenlegung]*

---

325 Das Offenlegungsformat basiert auf *Tabelle 13(b) + 13(c)* der *Fachgremium-Anwendungsbeispiele*.

326 Beteiligungsgruppen können nach der Art der Instrumente (zum Beispiel Aktien oder GmbH-Anteile), nach Branchen oder nach der bilanziellen Einordnung gebildet werden (vgl. die Umsetzungsempfehlungen zu *Tabelle 13(b) + 13(c)* der *Fachgremium-Anwendungsbeispiele*).

in Mio. € Gruppen von Beteiligungsinstrumenten	Buchwert	Beizulegender Zeitwert (Fair Value)	Börsenwert
Beteiligungen an Branche 1			
davon: börsengehandelt			
davon: nicht börsengehandelt, aber Teil eines diversifizierten Beteiligungsportfolios			
davon: Sonstige			
Beteiligungen an Branche 2			
davon: börsengehandelt			
davon: nicht börsengehandelt, aber Teil eines diversifizierten Beteiligungsportfolios			
davon: Sonstige			
Beteiligungen an Branche 3			
davon: börsengehandelt			
davon: nicht börsengehandelt, aber Teil eines diversifizierten Beteiligungsportfolios			
davon: Sonstige			
Beteiligungen an Branche 4			
davon: börsengehandelt			
davon: nicht börsengehandelt, aber Teil eines diversifizierten Beteiligungsportfolios			
davon: Sonstige			
Beteiligungen an sonstigen Branchen			
davon: börsengehandelt			
davon: nicht börsengehandelt, aber Teil eines diversifizierten Beteiligungsportfolios			
davon: Sonstige			
Summe			

Durchkreuzte Felder werden nicht befüllt.

Offenlegungsformat 42: Wertansätze für Beteiligungsinstrumente [AR-BR-13bc]

Für die Darstellung von realisierten und unrealisierten Gewinnen und Verlusten aus Beteiligungsinstrumenten schlägt das *Fachgremium* das Offenlegungsformat der *Tabelle 13(d) + 13(e)* vor, das nach zwei an der externen Rechnungslegung orientierten Alternativen ausgestaltet werden kann. Während die erste Variante für Institutsgruppen relevant ist, deren Gesellschaften ihre Risikoaktiva auf *HGB*-Basis ermitteln, soll die alternative Version angewendet werden, wenn die *International Financial Reporting Standards* die Datenbasis darstellen. Daneben werden die auf die aufsichtsrechtlichen Eigenmittel angerechneten Teile der unrealisierten Ergebnisse an dieser Stelle dargestellt. Zur Vereinfachung kann ein Offenlegungsformat (Tabelle *AR-BR-13de*) verwendet werden, das für beide Datengrundlagen geeignet ist.

Mit der Angabe von unrealisierten Gewinnen bzw. Verlusten soll Transparenz über den Umfang hergestellt werden, in dem stille Reserven nach den Vorschriften des *Handelsgesetzbuches* für Zwecke der Eigenkapitalunterlegung angerechnet bzw. als Teil der regulatorischen Eigenmittel genutzt werden.

Latente oder unrealisierte Neubewertungsgewinne bzw. -verluste sind in saldierter Form und auf der Basis des jeweiligen Rechnungslegungsstandards (*HGB* oder *IAS/IFRS*) zu zeigen, soweit keine gegenläufigen Gewinne und Verluste aus Sicherungsgeschäften bestehen. Hierbei sind unter anderem auch Effekte aus der Fremdwährungsumrechnung zu beachten.

in Mio. €	Unrealisierte Gewinne/Verluste aus Beteiligungsinstrumenten		
Realisierte Gewinne und Verluste aus Verkäufen und Abwicklung	Gesamtbetrag	davon: im Kernkapital berücksichtigte Beträge	davon: im Ergänzungskapital berücksichtigte Beträge

Offenlegungsformat 43: Realisierte und unrealisierte Gewinne bzw. Verluste aus Beteiligungsinstrumenten gemäß angewendetem Rechnungslegungsstandard [AR-BR-13de(I)]

4.4.6   Marktpreisrisiko[327]

4.4.6.1   Allgemeine Offenlegungsanforderungen und Muster-Risikobericht

Allgemeine Offenlegungsanforderungen

Die Umsetzung der Anforderungen an die Offenlegung des Managementsystems für Marktpreisrisiken, die auch für die Offenlegung weiterer Risikoarten gelten, erfolgt im Rahmen der Darstellung des generellen Risikomanagementsystems[328] gemäß der in *Abschnitt 4.4.1.2 (Anforderungen und Umsetzungsvorschläge für die qualitative Offenlegung)* erläuterten Konzeption. Die generellen Anforderungen an die quantitative Offenlegung von Marktpreisrisiken beschreibt *Abschnitt 4.4.1.3 (Anforderungen und Umsetzungsvorschläge für die quantitative Offenlegung)*. Da die spezifischen Offenlegungsanforderungen an die quantitative Darstellung des Marktpreisrisikos diese übergeordneten Anforderungen abdecken, resultieren aus den allgemeinen Angabepflichten keine zusätzlichen Umsetzungserfordernisse.

---

327 Zu den regulatorischen Anforderungen an die Offenlegung von Marktpreisrisiken vgl. *Neisen, M. (2008a)*, S. 339ff. Zu den regulatorischen Anforderungen an die Offenlegung von Zinsänderungsrisiken vgl. *Hartmann, U. (2008b)*, S. 351ff.

328 Vgl. *Abschnitt 4.4.2.*

Muster-Risikobericht

Die Offenlegung des Marktpreisrisikos ist durch die weitgehende Übereinstimmung zwischen den handelsrechtlichen und den aufsichtsrechtlichen Angabepflichten gekennzeichnet. Zudem werden die Offenlegungsanforderungen umfassend von den *MaRisk* abgedeckt. Dies ermöglicht die zentrale Platzierung sämtlicher qualitativer und quantitativer Angaben im Risikolagebericht und die Anwendung der Verweistechnik im *Säule 3*-Bericht. Der nachfolgende Ausschnitt des Muster-Risikoberichts veranschaulicht diese Zusammenhänge und zeigt die einzelnen Berichtselemente.

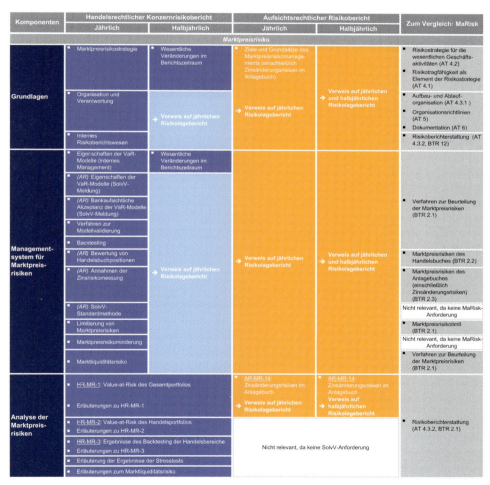

Abbildung 67: Muster-Risikobericht für Angaben zum Marktpreisrisiko

4.4.6.2   Qualitative Angaben zum Marktpreisrisiko

Marktpreisrisikostrategie

Gemäß *IFRS 7.33b* und *§ 322 Nummer 1 SolvV* sind die zur Steuerung des Marktpreisrisikos verfolgten Strategien darzustellen.

Grundsätzlich verfolgen Kreditinstitute die Strategie, Marktpreisrisiken nur unter Abwägung der damit verbundenen Chancen und innerhalb der bestehenden Limite zu übernehmen. Häufig übernehmen Banken innerhalb ihrer Handelsbereiche Marktpreisrisiken ein, um das Kundengeschäft zu unterstützen und um Zusatzerträge außerhalb des Kundengeschäfts zu generieren. Im Rahmen des Kundenhandels liegt die Kernkompetenz einer Bank in der Fähigkeit, Risiken einzugehen und zu steuern, um damit eine an der Kundennachfrage ausgerichtete Produktpalette anbieten zu können. Die Handelsstrategie ist in diesen Fällen darauf ausgerichtet, Gewinne primär über Kunden- und Strukturierungsmargen zu erzielen. Offene Marktpreisrisikopositionen resultieren hier vornehmlich aus dem Vorhalten von Wertpapierbeständen im Kundenhandelsgeschäft und betreffen das Bonitäts-*Spread*-Risiko. Darüber hinaus bestehen im Eigenhandel bonitätsbezogene Marktpreisrisiken bei Wertpapieren, die im sogenannten *Collateral Pool* gehalten werden. Der *Collateral Pool* dient als Liquiditätsreserve und kann darüber hinaus verwendet werden, um zusätzliche Margenerträge außerhalb des Kundengeschäftes zu generieren. Das Marktpreisrisiko der Kreditgeschäfte und Eigenemissionen wird im Rahmen der Nichthandelsportfolios gesteuert. Darüber hinaus enthalten die Nichthandelsportfolios Marktpreisrisiken, die aus dem Halten von eigenen Emissionen der Konzerngesellschaften resultieren. Schließlich werden in den Nichthandelsportfolios auch strategische Marktpreisrisikopositionen aufgebaut.

Organisation und Verantwortung sowie internes Risikoberichtswesen

Ergänzend zur Risikoarten übergreifenden Offenlegung der grundlegenden Organisation des Risikomanagements und des internen Risikoberichtswesens erfolgt an dieser Stelle des Risikolageberichts eine Erläuterung der diesbezüglichen Besonderheiten des Marktpreisrisikos. Dabei gelten die in *Abschnitt 4.4.2.5 (Ziele und Organisation des Risikomanagements)* dargestellten Anforderungen.

In Handelsbuchinstituten wird das Marktpreisrisiko häufig dezentral nach Portfolios gesteuert, wobei die Portfoliomanager die Verantwortung für Risiko und Performance tragen. Die Kennzahlen des Marktpreisrisikos werden auf Konzernebene dem obersten Risikokomitee im Rahmen des regulären internen Berichtswesens vorgelegt. Limitüberschreitungen auf der Ebene der Konzernunternehmen werden im Rahmen eines *Ad hoc*-Berichtswesens an das Mutterunternehmen gemeldet. Das Risikocontrolling informiert sowohl die für die Risikosteuerung und das Risikocontrolling verantwortlichen Mitglieder der Geschäftsleitung als auch die Portfoliomanager im Rahmen des Management-Reportings auf täglicher, wöchentlicher oder monatlicher Basis über das Marktpreisrisiko.

Das Marktpreisrisiko von Nichthandelsbuchinstituten wird in vielen Fällen zentral durch einen Ausschuss – das *Treasury Komitee* – gesteuert, der auf Basis der täglichen Berichterstattung über das Gesamtportfolio die Leitlinien für die *Treasury*-Aktivitäten der Bank vorgibt.

Charakteristika der internen Value-at-Risk-Modelle

In methodischer Hinsicht sind die Verfahren der Quantifizierung von Marktpreisrisiken (gemäß *DRS 5-10.24b*) sowie die zugrunde liegenden Modellannahmen und Verfahrensprämissen (nach *DRS 5-10.25*) zu erläutern und darüber hinaus die spezifischen Anforderungen an die Darstellung der zur Risikoquantifizierung verwendeten Verfahren zu beachten (*DRS 5-10.37* und *IFRS 7.41a*). *IFRS 7.41b* verlangt zudem die Offenlegung von Beschränkungen der Messverfahren. Diese Anforderung wird im Rahmen von *Abschnitt 4.4.2.6.2 (Grenzen der Messkonzepte)* umgesetzt. Zudem sind gemäß *§ 330 Absatz 2 SolvV* die Eigenschaften des für die aufsichtsrechtliche Meldung verwendeten internen Modells bezogen auf das jeweils durch das Modell erfasste Portfolio und die bankaufsichtliche Akzeptanz des Modells offen zu legen.

Die Mehrheit der Kreditinstitute mit Handelsgeschäft ermittelt das Marktpreisrisiko nach den Verfahren des *Value-at-Risk*, wobei der Risikowert sowohl für den Gesamtkonzern als auch für jede einbezogene Gesellschaft berechnet wird. Die Institute verwenden zur Ermittlung des *Value-at-Risk* interne Risikomodelle, die in vielen Fällen von der *Bundesanstalt für Finanzdienstleistungsaufsicht* zur Berechnung der Eigenkapitalanforderungen für das allgemeine und für das besondere Marktpreisrisiko gemäß der *Solvabilitätsverordnung* zugelassen sind. In dem von der Aufsicht anerkannten internen Modell kann der *Value-at-Risk* beispielsweise mit dem Verfahren der historischen Simulation[329] ermittelt werden. Häufig verwendete Parameter sind dabei ein einseitiges Konfidenzniveau von 99 Prozent, ein Beobachtungszeitraum von einem Jahr und eine Haltedauer von zehn Handelstagen.

Abweichend von den Vorgaben der *Solvabilitätsverordnung* wird der *Value-at-Risk* zum Zweck des Marktpreisrisikomanagements meist mit einer Haltedauer von nur einem Handelstag berechnet, da dies unter normalen Marktbedingungen eine realistische Annahme hinsichtlich der Glattstellung einer Risikoposition darstellt. Im Unterschied zur aufsichtsrechtlichen Meldung werden hierbei auch die Anlagebuchpositionen mit in die Ermittlung des *Value-at-Risk* einbezogen.

---

329 In der Praxis finden weitere Verfahren wie der *Varianz-Kovarianz-Ansatz* und die *Monte-Carlo-Simulation* Anwendung.

Stresstests

Gemäß *§ 330 Absatz 2 SolvV* sind die im Zusammenhang mit den internen Modellen durchgeführten Stresstests darzustellen. *Value-at-Risk*-Modelle legen – im Falle der historischen Simulation – der Risikoberechnung Marktszenarien zugrunde, die jeweils innerhalb des letzten Jahres beobachtet wurden und simulieren sie für die gegenwärtigen Positionen der Bank. Auf diese Weise werden allerdings nicht die maximal möglichen Verlustpotenziale abgebildet, die bei extremen Marktsituationen auftreten können. Um eine Abschätzung für Verlustpotenziale bei besonderen Marktbewegungen zu erhalten, werden daher Stresstests durchgeführt. Als Risikofaktoren werden hierbei üblicherweise Zins-, *Spread-*, Aktien-, Wechselkurs- und Rohwarenrisiken betrachtet.

Verfahren der Modellvalidierung

Die *Solvabilitätsverordnung* erfordert Angaben zu den Verfahren, die zur Validierung des internen Marktpreisrisikomodells herangezogen werden (*§ 330 Absatz 2 SolvV*).

Die operative Modellüberprüfung findet meist laufend im Rahmen der Standardprozesse durch das Marktpreisrisikocontrolling auf Basis von Analysen des *Value-at-Risk*, der Resultate des *Backtesting* und der Stresstest-Ergebnisse statt. Die Geschäftsleitung wird monatlich über die Resultate der operativen Modellüberprüfung informiert. Eine erweiterte Modellüberprüfung findet zudem mindestens in jährlichem Rhythmus statt und umfasst umfangreiche Analysen von Zeitreihen und Prozessabläufen. Hierbei werden sowohl technische Aspekte, wie beispielsweise Lieferzeiten und die Qualität des *Value-at-Risk*, als auch statistische Größen, wie *Backtesting*-Ausreißer und Quantilszeitreihen betrachtet.

Bewertung von Handelsbuchpositionen

Die Anforderungen von *§ 330 Absatz 2 SolvV* sehen vor, dass die Frequenz und das Verfahren der Bewertung von Handelsbuchpositionen sowie die zur Bewertung verwendeten Systeme und Kontrollprozesse unter Berücksichtigung von *§ 1a Absatz 8 KWG* offen gelegt werden.

Die Handelsbuchpositionen werden täglich handelsunabhängig auf Grundlage der aktuellen Marktparameter bewertet. Die Handelsunabhängigkeit wird dadurch gewährleistet, dass sowohl die Marktdaten vom Risikocontrolling selbst erhoben als auch die Bewertungsverfahren und -modelle unabhängig von den Handelseinheiten entwickelt bzw. validiert werden.

Backtesting

Das *Backtesting* im Marktpreisrisiko dient dazu, die Eignung der *Value-at-Risk*-Ansätze für die Abschätzung des aus Preisänderungen von Finanzinstrumenten resultierenden potenziellen Verlusts zu überprüfen. Die Prognosegüte der internen Modelle ist ein Parameter für die Bemessung der Anrechnungsbeträge zur Bestimmung der regulatorischen Eigenkapitalunterlegung für das Marktpreisrisiko gemäß *§ 314 SolvV*; sie geht über einen von der Aufsicht festgelegten Gewichtungsfaktor in die Ermittlung der Anrechnungsbeträge ein (*§ 314 Absatz 3 SolvV*). Zur Bestimmung der Prognosegüte werden die täglichen hypothetischen Gewinne und Verluste mit den anhand der Risikomodellierung errechneten *Value-at-Risk*-Zahlen verglichen. Dazu sind die Finanzinstrumente, die sich zum Geschäftsschluss des Vortags im Bestand des Instituts befinden, mit ihren Marktpreisen neu zu bewerten (*§ 318 Absatz 1 SolvV*). Ist das Ergebnis geringer als das Bewertungsergebnis des Vortags und übersteigt der Differenzbetrag den anhand des internen Modells ermittelten potenziellen Risikobetrag, sind die Aufsichtsbehörden über diese Ausnahme zu unterrichten. Zudem werden im Rahmen einer jährlichen Angemessenheitsprüfung umfangreiche statistische Tests zur Prognosequalität der Risikomodellierung durchgeführt.

Angaben zu den für die Validierung der internen Marktpreisrisikomodelle eingesetzten *Backtesting*-Verfahren sind nicht gesetzlich gefordert. Die Offenlegung ist jedoch zu empfehlen, da derartige qualitative Informationen branchenüblich sind und zum Verständnis der quantitativen Offenlegung von *Backtesting*-Ergebnissen[330] beitragen.

SolvV-Standardmethode

Sofern die Marktpreisrisiken anhand der sogenannten *Standardmethode* ermittelt, erfolgt dies in erster Linie für aufsichtsrechtliche Zwecke; die *Standardmethode* wird in der Regel nicht für das interne Risikomanagement verwendet. Die Berechnung wird für die nach aufsichtsrechtlichen Kriterien gebildeten Handelsbücher vorgenommen. Außerdem werden bei Fremdwährungs- und Warenpositionsrisiken, die ebenfalls mit der *Standardmethode* gemessen werden, auch die Anlagebücher einbezogen. Diese Angaben erfolgen freiwillig, um eine vollständige Darstellung der zur ökonomischen und regulatorischen Steuerungsverfahren des Marktpreisrisikos sicherzustellen.

---

330 Vgl *Abschnitt 4.4.6.3* und Offenlegungsformat *HR-MR-3*.

Annahmen der Zinsrisikomessung

Gemäß *§ 333 Absatz 1 SolvV* bestehen qualitative Angabepflichten für das Zinsänderungsrisiko im Anlagebuch[331]. Demnach sind die Art dieses Risikos und die Häufigkeit der Messung offen zu legen. Darüber hinaus sind Angaben zu den wesentlichen Annahmen, die der Quantifizierung zugrunde liegen, zu machen. Dies beinhaltet auch Annahmen, die vorzeitige Kreditrückzahlungen und das Verhalten von Anlegern bei unbefristeten Einlagen betreffen.

Vielfach ermitteln Kreditinstitute den *Value-at-Risk* des Zinsrisikos gesamthaft für alle Portfolios im Konzern. Darin enthalten ist auch das Zinsänderungsrisiko im Anlagebuch, das gemäß *§ 333 SolvV* offen zu legen ist. Bei Salden auf Nostro- und Lorokonten wird eine Zinsbindung von einem Tag unterstellt. Kreditgeschäfte mit fester Zinsvereinbarung werden mit ihrer Endfälligkeit in das Zinsrisikomanagement einbezogen. Im Fall von Kreditgeschäften mit variablem Zinssatz erfolgt die Abbildung bis zum nächsten *Roll-over*-Termin.

Limitierung von Marktpreisrisiken

Die hier vorgestellten Spezifikationen zur Darstellung der Limitierung von Marktpreisrisiken im Risikolagebericht ergänzen die allgemeinen Ausführungen, deren Offenlegung in *Abschnitt 4.4.2.6.2 (Angaben zu grundlegenden Methoden und Verfahren)* erläutert wird.

Die Limitierung des Kapitalbedarfs für Marktpreisrisiken erfolgt über die aus der Risikodeckungsmasse abgeleitete Verlustobergrenze für diese Risikoart. Für die operative Steuerung wird das Marktpreisrisiko in vielen Fällen über ein der Portfoliostruktur entsprechendes Limitsystem gesteuert. Innerhalb der Handelsbereiche wird die auf dem *Value-at-Risk* basierende Risikosteuerung durch eine an Sensitivitäten und Szenarien orientierte Limitierung unterstützt. Die *Value-at-Risk*-Limite werden aus der Verlustobergrenze für Marktpreisrisiken abgeleitet und so festgelegt, dass ihre Einhaltung mit hoher Wahrscheinlichkeit auch die Einhaltung der Verlustobergrenze sicherstellt.

Die *HypoVereinsbank* beschreibt das Limitsystem für Marktpreisrisiken in ihrem Risikolagebericht wie folgt:

„Die Überwachung der Risikopositionen im Handels- und Bankbuch erfolgt über ein einheitliches und hierarchisches Limitsystem, welches das Verlustpotenzial aus Marktrisiken begrenzt. Dabei werden weltweit alle Geschäfte der HVB AG über Nacht in einem Gesamt VaR zusammengeführt und den Risikolimiten gegenüber gestellt. Die Risikolimite werden

---

331 Das *Baseler Ausschuss für Bankenaufsicht* hat in den *„Principles for the Management and Supervision of Interest Rate Risk"* (vgl. *Basel Interest Rate Risk (2004), Principle 13*) Vorschläge zur Offenlegung von Zinsänderungsrisiken unterbreitet, die eine Teilmenge der Offenlegungsanforderungen von *§ 333 Absatz 1 SolvV* bilden.

jährlich vom Vorstand der HVB Group genehmigt und dürfen nicht überschritten werden. (...) Eventuelle Limitüberschreitungen in Teilportfolios werden unmittelbar eskaliert und ihre Rückführung überwacht. (...) Das Marktrisikocontrolling hat unmittelbaren Zugang zu den im Handel eingesetzten Front Office Systemen und überwacht damit in Stichproben auch während des Handelstags die Risikosituation."[332]

Marktpreisrisikominderung

Auch die Offenlegung der zur Minderung von Marktpreisrisiken eingesetzten Verfahren baut auf den allgemeinen Ausführungen von *Abschnitt 4.4.2.6.2 (Angaben zu grundlegenden Methoden und Verfahren)* auf. Die Absicherung der Marktpreisrisiken kann sich beispielsweise auf Sensitivitäten beziehen und erfolgt entweder über interne Geschäfte mit dem jeweils produktzuständigen Handelsbereich, dem der Marktauftritt obliegt oder bankextern über öffentliche Börsen oder außerbörsliche Geschäfte. Maßnahmen zur Marktpreisrisikominderung werden im Rahmen der dezentralen Portfoliosteuerung durch die verantwortlichen Portfoliomanager ergriffen. Die Überwachung der Wirksamkeit der Sicherungsbeziehungen erfolgt durch die für das jeweilige Portfolio zuständige Einheit im Risikocontrolling.

4.4.6.3 Quantitative Angaben zum Marktpreisrisiko

Offenlegungsanforderungen

Für die quantitative handelsrechtliche Offenlegung gilt gemäß *DRS 5-10.35* in Verbindung mit *DRS 5-10.36* der Grundsatz, dass diejenigen Verfahren heranzuziehen sind, die den vom Konzern benutzten und aufsichtsrechtlich für die Marktrisikoüberwachung anerkannten Methoden – bei Kreditinstituten sind das in der Regel das *Value-at-Risk*-Verfahren – entsprechen. Damit wird zum Ausdruck gebracht, dass die Offenlegung auf dem *Management Approach* zu basieren hat.[333] Auch das *IASB* hat bei der Formulierung der Offenlegungsanforderungen für das Marktpreisrisiko (*IFRS 7.40-42*) dem Umstand Rechnung getragen, dass die Steuerung von Marktpreisrisiken insbesondere bei Kreditinstituten weit fortgeschritten ist. Sofern Kreditinstitute im Rahmen der Konzernrisikosteuerung Sensitivitätsanalysen verwenden, die Abhängigkeiten zwischen Risikofaktoren berücksichti-

---

332 *HVB Risikolagebericht (2007)*, S. 104.

333 Allerdings ist *DRS 5-10.35* bezüglich der Quantifizierungsverfahren, die der Offenlegung zugrunde liegen sollen, missverständlich. So sind „*zur Quantifizierung der Marktrisiken (...) diejenigen Verfahren heranzuziehen, die den vom Konzern benutzten* **und** (Hervorhebung durch den Verfasser) *aufsichtsrechtlich für die Marktrisikoüberwachung anerkannten Methoden entsprechen.*" In der Praxis weichen die Steuerungsverfahren jedoch häufig von den Verfahren zur Ermittlung der Eigenkapitalunterlegung für Marktpreisrisiken ab, sodass eine Konjunktion der beiden Tatbestände nicht möglich ist. Da der *Management Approach* ein übergeordnetes Prinzip des *DRS 5-10* darstellt, kann davon ausgegangen werden, dass es der Intention des Standards entspricht, das für die Steuerung eingesetzte Quantifizierungsverfahren für die Offenlegung zu verwenden.

gen[334], kann auf die in *IFRS 7.40* geforderte Offenlegung von Ergebnissen einfacher Sensitivitätsanalysen, die einzelne Risikofaktoren isoliert betrachten, verzichtet werden.[335] Da eine derartige *Value-at-Risk*-Steuerung in Kreditinstituten mit umfangreichem Marktpreisrisiko regelmäßig implementiert ist, wird im Folgenden auf Umsetzungsempfehlungen zu *IFRS 7.40* verzichtet. Gemäß *IFRS 7.B17* ist eine Trennung der Angaben nach Handelsportfolios und Nichthandelsportfolios zulässig; dies entspricht auch der Steuerungspraxis der im Fokus stehenden Kreditinstitute.

Die im Folgenden dargestellten Offenlegungsformate setzen die in *Abschnitt 4.4.6.1 (Allgemeine Offenlegungsanforderungen und Muster-Risikobericht)* erläuterten gesetzlichen Anforderungen an die quantitative Offenlegung des Marktpreisrisikos um. Sie folgen sowohl bezüglich der einbezogenen Konzerngesellschaften als auch hinsichtlich der Darstellungsform und der Methoden und Bemessungsgrundlagen dem *Management Approach.*

HR-MR-1: Value-at-Risk des Gesamtportfolios

Für die Darstellung des *Value-at-Risk* nach dem *DRS 5-10* ist es erforderlich, die einzelnen Kategorien des Marktpreisrisikos separat darzustellen. Eine derartige differenzierte Darstellungsweise hat sich in der Berichtspraxis von Kreditinstituten etabliert[336] und ist zudem notwendig, um die regulatorischen Angabepflichten von *§ 333 Absatz 2 SolvV* erbringen zu können.[337] So fordern die aufsichtsrechtlichen Publizitätsregeln fordern die Offenlegung der Zinsänderungsrisiken im Anlagebuch[338] nach Maßgabe der von der Geschäftsleitung verwendeten Methode zur Risikomessung. Damit ist der *Management Approach* das führende Kriterium bei der Gestaltung der Offenlegung des Zinsänderungsrisikos im Anlagebuch. Häufig ist das Zinsänderungsrisiko als eine Ausprägung des Marktpreisrisikos in das allgemeine *Value-at-Risk*-Management integriert, das neben den Zinsrisiken auch Spread-, Aktien, Wechselkurs-, Rohwaren- und Volatilitätsrisiken als Risikofaktoren verwendet. Sofern eine Aufgliederung des Zinsänderungsrisikos nach Währungen im Rahmen der *Value-at-Risk*-Steuerung nicht erfolgt, kann – wiederum in Umsetzung des *Management Approach* – auf die in *§ 333 SolvV* erwähnte differenzierte Betrachtung des Zinsänderungsrisikos nach Währungen verzichtet werden.

---

334 Dabei handelt es sich typischerweise um die bereits erläuterten *Value-at-Risk*-Modelle.
335 Vgl. *IFRS 7.41.*
336 Vgl. *Deutsche Bank Risikolagebericht (2007),* S. 87; *Dresdner Bank Risikolagebericht (2007),* S. 86; *DZ BANK Risikolagebericht (2007),* S. 123; *HVB Risikolagebericht (2007),* S. 105.
337 Trotz der Anforderung einer quantitativen Offenlegung des Zinsänderungsrisikos im Anlagebuch wird diese Risikoart gemäß *Solvabilitätsverordnung* nicht mit Eigenkapital unterlegt.
338 Vgl. zu der Thematik auch *Heuter, H. (2007),* S. 406 und S. 409f.

Tabelle *HR-MR-1* setzt diese handelsrechtlichen und regulatorischen Anforderungen um[339]:

in Mio. €	Zinsrisiko	Spread-Risiko	Aktien-Risiko	Währungs-risiko	Rohwaren-risiko	Diversifi-kationseffekt *)	Summe
Handelsbereiche							
31.12.2008							
Durchschnitt							
Maximum							
Minimum							
31.12.2007							
Nichthandelsportfolios							
31.12.2008							
Durchschnitt							
Maximum							
Minimum							
31.12.2007							

*) Summe der Diversifikationseffekte zwischen den Marktpreisrisikoarten aller einbezogenen Konzerngesellschaften

Offenlegungsformat 44: Value-at-Risk des Gesamtportfolios [HR-MR-1]

Gemäß *IFRS 7.42* sind ergänzende Angaben zum *Value-at-Risk* zu machen, wenn das zum Berichtsstichtag ausgewiesene Risiko nicht repräsentativ für das innerhalb der Berichtsperiode gemessene Risiko ist. Durch die Angabe von Durchschnitts-, Maximal- und Minimalwerten in Tabelle *HR-MR-1* wird diese Anforderung erfüllt.

---

339 Die Tabelle *AR-MR-14b (Zinsänderungsrisiken im Anlagebuch)* geht in Tabelle *HR-MR-1* auf, so dass auf eine Erläuterung verzichtet wird.

HR-MR-2: Value-at-Risk des Handelsportfolios

Aufgrund der von den Kreditinstituten häufig praktizierten täglichen Messung des *Value-at-Risk* des Handelsportfolios kann die Entwicklung des gesamten *Value-at-Risk* des Handelsportfolios in einem Liniendiagramm als Zeitreihe mit zusätzlichen Angaben zu Durchschnitts-, Maximal- und Minimalwerten dargestellt werden (Diagramm *HR-MR-2*). Für ein derartiges Offenlegungsformat existieren zwar keine dezidierten Anforderungen, allerdings entspricht die Zeitreihendarstellung der Berichtspraxis der meisten Kreditinstitute mit umfangreichem Handelsgeschäft.[340] Mit einer derartigen Offenlegung werden zudem die oben genannten Anforderungen von *IFRS 7.42* erfüllt. Manche Kreditinstitute ergänzen die Darstellung um die im Betrachtungszeitraum tatsächlich eingetretenen Gewinne und Verluste des betrachteten Portfolios[341], andere zeigen gemeinsam mit der *Value-at-Risk*-Entwicklung die aus den Positionen errechneten Marktwertänderungen (sogenannte hypothetische Gewinn- und Verlustrechnung).[342]

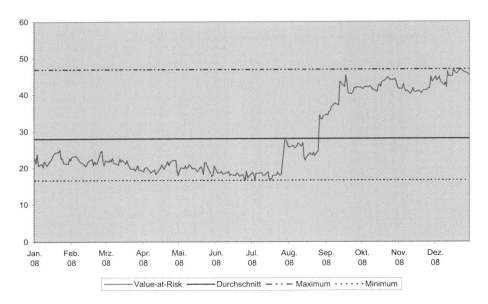

Offenlegungsformat 45: Value-at-Risk des Handelsportfolios [HR-MR-2] (Prinzipdarstellung)[343]

340 Vgl. *Dresdner Bank Risikolagebericht (2007)*, S. 87, und *DZ BANK Risikolagebericht (2007)*, S. 123.
341 Vgl. *Deutsche Bank Risikolagebericht (2007)*, S. 88.
342 Vgl. *HVB Risikolagebericht (2007)*, S. 103.
343 Angaben in Mio. €; 99 Prozent; Konfidenzniveau, 1 Tag Haltedauer.

Ergebnisse der Stresstests

Mit der Anforderung von *IFRS 7.40* bezüglich der Offenlegung potenzieller Gewinne und Verluste sowie der Auswirkungen auf das Eigenkapital (Risikodeckungsmasse), die aus Veränderungen der Marktpreisrisikofaktoren resultieren, zielt das *IASB* auf die Veröffentlichung von Stresstest-Ergebnissen ab, die auch gemäß *DRS 5-10.37* anzugeben sind. Die Umsetzung dieser Anforderungen erfolgt mit dem Offenlegungsformat *HR-RKM-3* (*Ergebnisse der Stresstests*) im Kapitel „*Risikokapitalmanagement"* des Konzernrisikolageberichts.[344]

HR-MR-3: Ergebnisse des Backtesting

Ebenfalls gemäß *DRS 5-10.37* sind die Ergebnisse des regelmäßigen *Backtesting* in den Handelsbereichen darzustellen. Dabei ist die Anzahl der in der Berichtsperiode festgestellten Ausnahmen, die bei dem täglichen Abgleich der mit Finanzinstrumenten potenziell erzielten Gewinne und Verluste mit dem gemessenen *Value-at-Risk* ermittelt werden, offen zu legen. Die Darstellung erfolgt im Rahmen des Offenlegungsformats *HR-MR-3* als Fließtext.

Aufsichtsrechtliche Standardmethode

Gemäß *§ 330 Absatz 1 SolvV* sind die Eigenkapitalanforderungen für Marktrisiken im Handelsbuch und für Fremdwährungs- und Warenpositionsrisiken in allen Geschäftsfeldern offen zu legen, die mit der regulatorisch vorgegebenen *Standardmethode* ermittelt werden. Da derartige Angaben bereits gemäß *§ 325 Absatz 2 SolvV* erbringen sind, deren Umsetzung durch Tabelle *AR-RKM-3be* erfolgt, kann auf eine separate Offenlegung verzichtet werden.

Marktliquiditätsrisiko

Nach *DRS 5.10.31 „sollten"* Kreditinstitute quantitative Angaben zum Marktliquiditätsrisiko zu erbringen.[345] Aufgrund der einschränkenden Formulierung des Standards ist davon auszugehen, dass eine quantitative Offenlegung in das Ermessen des Kreditinstituts gestellt ist. In der Praxis haben sich allerdings noch keine Darstellungsformen für die Quantifizierung des Marktliquiditätsrisikos durchgesetzt, sodass sich die Offenlegung häufig eine verbale Beschreibung dieses Risikos beschränkt.

---

344 Vgl. *Abschnitt 4.4.3.3.5* (*Stresstests*).

345 Das Marktliquiditätsrisiko ist nach der Konzeption von *DRS 5-10.30 und 31* Bestandteil des Liquiditätsrisikos. Aufgrund der Steuerungspraxis in vielen Kreditinstituten wird das Marktliquiditätsrisiko hier jedoch als Komponente des Marktpreisrisikos aufgefasst (vgl. dazu auch *Abschnitt 4.1.3*).

Im Risikolagebericht kann beispielsweise dargelegt werden, dass Marktliquiditätsrisiken in der Regel von den für die Marktpreisrisikosteuerung zuständigen Portfoliomanagern verantwortet werden und vor allem aus bonitätsbezogenen Wertpapieren entstehen. Bei den Wertpapieren, die im höheren Maße dem Marktliquiditätsrisiko unterliegen, handelt es sich um *Asset-backed Securities*. Bei vielen Kreditinstituten kam es im Zuge der Finanzmarktkrise darüber hinaus zu einer Verknappung der Marktliquidität bei Wertpapierklassen, die bislang als sehr liquide galten. Hiervon waren im Wesentlichen unbesicherte Bankschuldverschreibungen und Pfandbriefe betroffen.

4.4.7   Liquiditätsrisiko

4.4.7.1   Allgemeine Offenlegungsanforderungen und Muster-Risikobericht

Allgemeine Offenlegungsanforderungen

Die Umsetzung der Anforderungen an die Offenlegung des Managementsystems für Liquiditätsrisiken erfolgt – wie für die weiteren Risikoarten auch – im Rahmen der Darstellung des generellen Risikomanagementsystems[346]. Dabei wird die in *Abschnitt 4.4.1.2 (Anforderungen und Umsetzungsvorschläge für die qualitative Offenlegung)* erläuterten Konzeption verwendet.[347] Die generellen Regelungen zur Offenlegung des Zahlenwerks für Liquiditätsrisiken werden in *Abschnitt 4.4.1.3 (Anforderungen und Umsetzungsvorschläge für die quantitative Offenlegung)* erläutert. Die spezifischen Offenlegungsanforderungen an die quantitative Darstellung des Liquiditätsrisikos, die im Folgenden dargestellt werden, decken, diese allgemeinen Anforderungen ab; daher resultiert aus den übergeordneten Angabepflichten kein zusätzlicher Umsetzungsbedarf.

Muster-Risikobericht

Da die *Solvabilitätsverordnung* keine spezifischen Anforderungen an die Offenlegung des Liquiditätsrisikos stellt, jedoch im Gegenzug umfassende handelsrechtliche Angabepflichten für diesen Risikobereich zu erfüllen sind, die sich auch in den Mindestanforderungen an das Risikomanagement widerspiegeln, bietet sich die Platzierung der im Muster-Risikobericht zusammengefassten Berichtselemente zum Liquiditätsrisiko innerhalb des Risikolageberichts an.

---

346 Vgl. *Abschnitt 4.4.2.*
347 Hinweise zur Offenlegung von Liquiditätsrisiken finden sich auch bei *Heuter, H. (2007)*, S. 407ff.

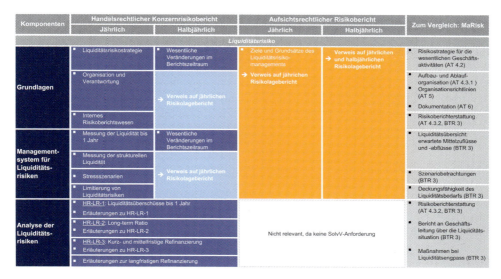

Abbildung 68: Muster-Risikobericht für Angaben zum Liquiditätsrisiko

4.4.7.2 Qualitative Angaben zum Liquiditätsrisiko

Liquiditätsrisikostrategie

Gemäß *IFRS 7.33b* und *§ 322 Nummer 1 SolvV* sind die zur Bewältigung des Liquiditätsrisikos herangezogenen Strategien offen zu legen. Liquiditätsrisiken sollten nur im Einklang mit der von der Geschäftsleitung akzeptierten Risikotoleranz[348] eingegangen werden. Die Risikotoleranz kann durch Krisenszenarien ausgedrückt werden, die durch die Stresstests abgedeckt werden müssen. Um auch im Krisenfall zahlungsfähig zu bleiben, werden in der Regel Liquiditätsreserven in Form von besicherungsfähigen Wertpapieren vorgehalten. Außerdem bestehen in vielen Fällen Refinanzierungspotenziale für die Geldmarktrefinanzierung bei Firmenkunden, institutionellen Kunden und am Interbankenmarkt. Dabei kann das Refinanzierungsrisiko durch die Diversifizierung des Verbindlichkeitenprofils begrenzt werden.

---

348 Das Konzept der Risikotoleranz wird durch den *MaRisk-Entwurf (BTR 3)* als Mindestanforderung an das Liquiditätsrisikomanagement eingeführt.

Organisation und Verantwortung

Ergänzend zur risikoartenübergreifenden Offenlegung der grundlegenden Organisation des Risikomanagements, die in *Abschnitt 4.4.2.5* dargestellt wird, ist für das Liquiditätsrisiko festzuhalten, dass die strategischen Rahmenvorgaben für das Management des Liquiditätsrisikos durch das Konzernrisikokomitee verabschiedet werden sollten. Die operative Liquiditätsrisikosteuerung wird dann häufig über das *Treasury Komitee* koordiniert.

Managementsystem und internes Berichtswesen für Liquiditätsrisiken

DRS 5-10.24b und *DRS 5-10.25* erfordern Angaben zu den Verfahren der Quantifizierung von Liquiditätsrisiken sowie den zugrunde liegenden Modellannahmen und Verfahrensprämissen. Zudem stellt *IFRS 7.39b* in Verbindung mit *IFRS 7.IG31* Anforderungen zur Art und Weise, wie das Kreditinstitut das Liquiditätsrisiko handhabt.

Für die Quantifizierung der Liquiditätsrisiken von Kreditinstituten haben sich noch keine Marktstandards durchgesetzt. Daher wird an dieser Stelle ein möglicher Ansatz ausführlicher dargestellt, der auf einem internen Liquiditätsrisikomodell basiert.[349] Das Konzept differenziert zwischen der Liquidität bis zu einem Jahr und der strukturellen Liquidität im Sinne von Liquiditätsgesamtabläufen. Während die Messung des Liquiditätsrisikos der nächsten 365 Tage der unmittelbaren operativen Steuerung dient und eine Aussage über die Gefahr der Zahlungsunfähigkeit über das nächste Jahr ermöglicht, hat die längerfristig orientierte Ermittlung der strukturellen Liquidität eine Vorsteuerungsfunktion für das Liquiditätsrisiko. Der bei der Messung des kurzfristigen Liquiditätsrisikos angenommene Zeitraum entspricht damit der Periodenbetrachtung des für die anderen Risikoarten angewendeten Risikotragfähigkeitskalküls.

Das Liquiditätsrisiko kann durch die Gegenüberstellung von *Forward Cash Exposure* und *Counterbalancing Capacity* ermittelt und mit der Kennzahl „*minimaler Liquiditätsüberschuss*" ausgedrückt werden. Der minimale Liquiditätsüberschuss wird sowohl für das Normalszenario als auch für jedes Stressszenario ermittelt. Die Szenarien sind von dem Kreditinstitut anhand seiner spezifischen Unternehmens- und Umfeldbedingungen zu definieren.

Das *Forward Cash Exposure* ergibt sich handelstäglich aus der Kumulierung der erwarteten und unerwarteten zukünftigen Cashflows. Die erwarteten Zahlungsströme werden anhand der sicheren Cashflows und den Erwartungswerten der unsicheren Cashflows berechnet. Die unerwarteten Cashflows resultieren aus der Risikomessung im Normalszenario und durch Anwendung von Stresstests und beziehen sich auf die unsicheren Zahlungsströ-

---

349 Die folgenden Ausführungen basieren auf einem von der *DZ BANK* entwickelten Liquiditätsrisikomodell. In der Literatur werden weitere Konzepte diskutiert. Beispielsweise werden die Steuerungsgrößen *Liquidity-at-Risk* und *Liquidity-Value-at-Risk* vorgeschlagen (vgl. *Rempel-Oberem, Th. / Zeranski, St. (2008)*, S. 7ff.).

me[350]. Die *Counterbalancing Capacity* spiegelt die fortgeschriebenen Liquiditätsreserven wider und umfasst Nostrokonten, die besicherte Refinanzierung über Wertpapiere sowie die unbesicherte Refinanzierung am Geldmarkt. Die Festsetzung der maximalen unbesicherten Geldmarkaufnahme basiert auf einer Analyse der vergangenen Geldmarktaufnahmen, die alle Liquiditätsgeber einbezieht. Die *Counterbalancing Capacity* wird ebenfalls in das Stresstesting einbezogen. Hierbei werden diverse Parameteränderungen unterstellt, wie zum Beispiel eine verminderte Liquidierbarkeit von Wertpapieren oder eine Verminderung der maximalen unbesicherten Geldmarktaufnahme. Ergebnis der Szenariorechnungen sind alternative Zahlungsmittelüberschüsse, die im nächsten Jahr mindestens vorhanden sein werden. Der minimale Liquiditätsüberschuss reflektiert somit das Verständnis des Liquiditätsrisikos als Zahlungsunfähigkeitsrisiko.

Zur Steuerung der strukturellen Liquidität wird die *Long-term Ratio* verwendet. Diese Kennzahl wird täglich ermittelt und quantifiziert den Anteil der Mittelherkunft an der Mittelverwendung. Die *Long-term Ratio* kann maximal 100 Prozent betragen; in diesem Fall werden die Liquidität bindenden Positionen im Restlaufzeitbereich von über einem Jahr vollständig mit Mitteln aus dem gleichen Restlaufzeitenbereich refinanziert. Je weiter sich die Kennzahl von ihrer oberen Grenze entfernt, umso mehr muss die Refinanzierung langfristiger Positionen durch kurzfristige Mittel substituiert werden.

Der minimale Liquiditätsüberschuss wird durch ein Limitsystem begrenzt, das sich sowohl auf das Normalszenario als auch auf die Stressszenarien bezieht. Wird der Limitwert unterschritten, hat das Management dem *Treasury Komitee* Handlungsempfehlungen zur nachhaltigen Risikominderung vorzuschlagen. Die Berichterstattung über die Limitauslastung erfolgt auf täglicher Basis. Als Unterstützung für das Management der *Long-term Ratio* kann ein wöchentlich ermittelter Schwellenwert verwendet werden, bei dessen Unterschreiten die langfristige Liquidität einer intensivierten Beobachtung unterzogen wird. Eine sanktionierte Limitierung ist aufgrund der Vorsteuerungsfunktion der Kennzahl für das Liquiditätsrisiko nicht adäquat.

Maßnahmen der Liquiditätsrisikosteuerung

Gemäß *DRS 5-10.32 („Engagement des Konzerns an liquiditätsmäßig engen Märkten")* ist im Rahmen der Darstellung der Liquiditätsrisiken auch auf die Auswirkungen unplanmäßiger Entwicklungen, zum Beispiel vorzeitige Kündigungen oder Zahlungsschwierigkeiten bzw. -unfähigkeit eines Geschäftspartners, einzugehen. Hierbei handelt es sich um qualitative Anforderungen, die auf die vom Management ergriffenen Maßnahmen beschreiben zur Minimierung dieses Risiko abzielen.

---

350 Beispiele für unsichere Zahlungsströme sind Kundeneinlagen oder strukturierte Geschäfte mit unbestimmter Laufzeit bzw. nicht determinierten Zinszahlungen.

4.4.7.3   Quantitative Angaben zum Liquiditätsrisiko

4.4.7.3.1 Offenlegung des Liquiditätsrisikos gemäß internem Reporting

In der Berichtspraxis sind Offenlegungsstandards für das Liquiditätsrisiko noch nicht in dem Maße wie für die kapitalunterlegten Risikoarten erkennbar. Die Zurückhaltung von Kreditinstituten, Angaben insbesondere über die kurzfristige Liquiditätsposition und das damit verbundene Risiko zu machen, liegt in der besonderen Bedeutung der Liquiditätssituation für das Vertrauen des Geld- und Kapitalmarktteilnehmer in die Solvenz eines Kreditinstituts.[351] Diese Ausgangsbasis eröffnet den Kreditinstituten erheblichen Gestaltungsspielraum hinsichtlich der Konzeption von geeigneten Offenlegungsformaten.

DRS 5-10.31 nennt mögliche Quantifizierungsverfahren, die der Offenlegung zugrunde gelegt werden können. Die Vorschläge umfassen das Instrument der Liquiditätsablaufbilanz, Cashflow-Prognosen sowie die Liquiditätskennzahl und Beobachtungskennzahlen gemäß *§ 2* der *Liquiditätsverordnung (LiqV)*[352]. Allerdings sind die vereinfachten regulatorischen Kennziffern nur eingeschränkt für die Liquiditätssteuerung geeignet und entsprechen nicht dem *Best practice* der Liquiditätsrisikomessung. Kreditinstitute setzen vermehrt interne Modelle zur Liquiditätsrisikosteuerung[353] ein, deren Ergebnisse den *Grundsatz II*-Werten sowohl für die Banksteuerung als auch für die Offenlegung vorzuziehen sind.[354]

Im Folgenden werden mögliche Ansätze zur Umsetzung der quantitativen Offenlegungsanforderungen für das Liquiditätsrisiko dargestellt, die auf dem in *Abschnitt 4.4.7.2 (Qualitative Angaben zum Liquiditätsrisiko)* vorgestellten internen Liquiditätsrisikomodell basieren. Durch die Offenlegung der mit diesem Verfahren ermittelten Risikowerte werden insbesondere die Anforderungen von *DRS 5-10.31* hinsichtlich der Verwendung von Liquiditätsablaufbilanzen und Cashflow-Prognosen erfüllt. Darüber hinaus wird *DRS 5-10.25* beachtet, wonach Risikomodelle der quantitativen Offenlegung zugrunde gelegt werden sollten. Die Offenlegungsformate des Liquiditätsrisikos folgen daher sowohl bezüglich des Kreises der einbezogenen Gesellschaften als auch der Darstellungsform sowie der Methoden und Bemessungsgrundlagen dem *Management Approach*.

---

351 *"Thus, a maturity mismatch of assets and liabilities at a firm in which investors have confidence would not necessarily be a source of concern, but a lack of confidence could turn a maturity mismatch from a potential liquidity risk to an immediate liquidity crisis."* (Vgl. *Basel Liquidity Risk (2008)*, S. 23.)

352 Der aus dem Jahr 2000 stammende *DRS 5-10* bezieht sich auf den nicht mehr geltenden *Grundsatz II*. Der ehemalige *Grundsatz II* wurde am 1. Januar 2007 von der auf *§ 11 KWG* basierenden *Liquiditätsverordnung* abgelöst. Die *Grundsatz II*-Regelungen sind in der *Liquiditätsverordnung* weiterhin enthalten.

353 Derartige interne Modelle können aufgrund *§ 10 LiqV* auch für die regulatorische Meldung verwendet werden, sofern eine Anerkennung der Bankenaufsicht vorliegt.

354 Allerdings sind diese Werte gemäß der *Liquiditätsverordnung* nur für das Einzelinstitut zu ermitteln und liegen daher bei enger Anwendung der *Liquiditätsverordnung* nicht auf Konzernebene vor.

Die für den nächsten Jahreszeitraum prognostizierten Liquiditätsüberschüsse im Normalszenario werden im Diagramm Tabelle *HR-LR-1* dargestellt.

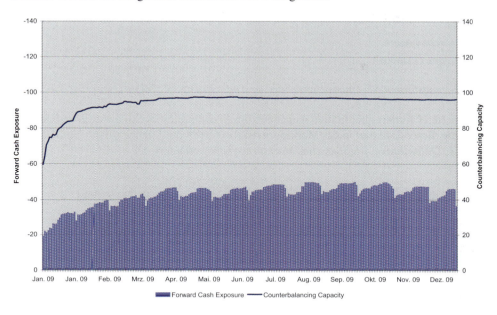

Offenlegungsformat 46: Erwartete Liquiditätsüberschüsse bis 1 Jahr im Normalszenario (Angaben in Mrd. €) [HR-LR-1]

Die Liquiditätsgesamtabläufe werden über die strukturelle Liquidität gemessen und in der Kennzahl *Long-term Ratio* verdichtet. Da es sich hierbei um die Angabe einer singulären Zahl handelt, ist die Offenlegung im Rahmen von Fließtext (Offenlegungsformat *HR-LR-2*) vorgesehen.

Darüber hinaus sind quantitative Angaben für das Refinanzierungsrisiko zu erbringen. Zu diesem Zweck sind die Fundingquellen zu differenzieren und zu beziffern. Die Angabe der Refinanzierungsquellen entspricht auch den Anforderungen von *IFRS 7.B8* in Verbindung mit *IFRS 7.IG15c* sowie von *IFRS 7.IG18* nach der Offenlegung von Risikokonzentrationen. Mit der folgenden Tabelle *HR-LR-3* wird Transparenz über die Refinanzierungsstruktur des Kreditinstituts, die der Liquiditätsrisikoermittlung zugrunde liegt, hergestellt.[355]

---

355 Damit werden die Empfehlungen der *Multidisciplinary Working Group on Enhanced Disclosure* zur Offenlegung einer Analyse von Konzentrationen der Fundingquellen erfüllt (vgl. *Fisher II-Report (2001)*).

in %	31.12.2008	31.12.2007
Interbanken		
Kunden		
Commercial Papers		
Certificates of Deposit		

Offenlegungsformat 47: Unbesicherte kurz- und mittelfristige Refinanzierung [HR-LR-3]

DRS 5.10.31 fordert quantitative Angaben zum Marktliquiditätsrisiko. Aufgrund der Einordnung dieser Risikoart in das Marktpreisrisiko, werden die Angabepflichten in *Abschnitt 4.4.6.3 (Quantitative Angaben zum Marktpreisrisiko)* erläutert.

4.4.7.3.2 Behandlung des Liquiditätsrisikos gemäß IFRS 7.39a

Bewertung der Anforderungen des IFRS 7.39a

In den vom *IASB* im März 2009 in Kraft gesetzten Änderungen zum *IFRS 7.39*[356] hat das *Board* die Kritik an den bisherigen Regelungen aufgegriffen. Zu begrüßen ist dabei die Ablösung der vertraglichen Fälligkeiten durch das Konzept der erwarteten Fälligkeiten. Diese Hinwendung zu praxisbezogenen Steuerungsverfahren stellt eine Annäherung an den in *IFRS 7.34a* kodifizierten *Management Approach* dar, der grundsätzlich für alle risikobezogenen Angaben Gültigkeit hat.

Allerdings erscheint die vom *IASB* aufrecht erhaltene Trennung in derivative und nicht-derivative Instrumente weiterhin nicht sachgerecht. So verpflichtet der neu gefasste *IFRS 7.39a* zu einer zusätzlichen Analyse der Fälligkeiten von Derivaten, die nur zu einem begrenzten Erkenntnisgewinn hinsichtlich des tatsächlichen Liquiditätsrisikos führt. Darüber hinaus steht die Anforderung nicht im Einklang mit den in Kreditinstituten zur operativen Liquiditätsrisikosteuerung angewendeten Verfahren, die eine derartige Unterscheidung von Finanzinstrumenten nicht vorsehen. Zur Erfüllung des Gebots der Verknüpfung von qualitativen und quantitativen Angaben ist die Offenlegung des Zahlenwerks, das auf der internen Steuerung beruht, unerlässlich. Dies ist aufgrund der aktuellen Fassung *IFRS 7.39* jedoch nicht möglich.

---

356 Vgl. *IFRS 7 Amendments (2009)*.

Offenlegung des Liquiditätsrisikos gemäß IFRS 7.39a[357]

[→ Entscheidungstatbestand 19]

Aufgrund ihres unmittelbaren Bezugs zur Bilanz, ist zu empfehlen, die Analyse vertraglicher Fälligkeiten gemäß IFRS 7.39a – entgegen der generellen Vorgehensweise bei den risikoorientierten *IFRS 7-Angaben* – im Anhang des Konzernabschlusses offen zu legen. Dagegen sollten die in der internen Steuerung ermittelten Liquiditätsrisikozahlen sowie das zugrunde liegende Managementsystem für Liquiditätsrisiken gemäß der in den *Abschnitten 4.4.7.2 (Qualitative Angaben zum Liquiditätsrisiko)* und *4.4.7.3.1 (Offenlegung des Liquiditätsrisikos gemäß internem Reporting)* vorgestellten Konzeptionen im Konzernrisikolagebericht dargestellt werden. In diesem Fall ist im Anhang des Konzernabschlusses ein diesbezüglicher Verweis auf den Risikolagebericht angebracht werden. Auf die Darstellung des Offenlegungsformats wird an dieser Stelle verzichtet, da es sich um eine reine Anhangangabe handelt.

4.4.8 Operationelles Risiko[358]

4.4.8.1 Allgemeine Offenlegungsanforderungen und Muster-Risikobericht

Allgemeine Offenlegungsanforderungen

Die Umsetzung der übergeordneten Anforderungen an die Offenlegung des Managementsystems für operationelle Risiken erfolgt – wie auch bei den weiteren Risikoarten – im Rahmen der Darstellung des generellen Risikomanagementsystems[359] gemäß der in *Abschnitt 4.4.1.2 (Anforderungen und Umsetzungsvorschläge für die qualitative Offenlegung)* erläuterten Konzeption. Da *IFRS 7* nicht auf operationelle Risiken anzuwenden ist, beschränkt sich die Umsetzung der übergeordneten Regelungen auf die Anforderungen des *Handelsgesetzbuches* bzw. deren Konkretisierung durch den *DRS 5-10*.

Muster-Risikobericht

Die aus den handelsrechtlichen und regulatorischen Anforderungen an die Offenlegung des operationellen Risikos abgeleiteten qualitativen und quantitativen Berichtselemente können vollständig im Risikolagebericht umgesetzt werden. Die Angaben stützen sich dabei auf gleich geartete *MaRisk*-Anforderungen.

---

357 Vgl. *Kochems, M. / Müller, J. (2007b)*.
358 Zu den regulatorischen Anforderungen an die Offenlegung von operationellen Risiken vgl. auch *Neisen, M. (2008b)*, S. 339ff.
359 Vgl. *Abschnitt 4.4.2*.

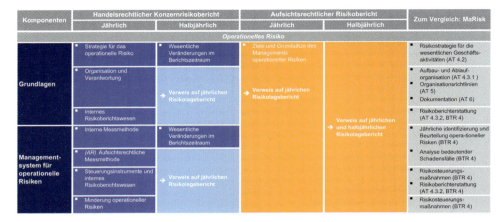

Abbildung 69: Muster-Risikobericht für Angaben zum operationellen Risiko

4.4.8.2 Qualitative Angaben zu operationellen Risiken

Risikostrategie

Nach *§ 322 SolvV* ist die Strategie zur Handhabung des operationellen Risikos darzustellen. Die Strategie für operationelle Risiken sollte sich auf die Schaffung von Risikobewusstsein und einer Risikokultur beziehen, den grundlegenden Umgang mit operationellen Risiken – Risikovermeidung, Risikotransfer oder Risikoakzeptanz – beinhalten, die zentrale oder dezentrale Steuerung des operationellen Risikos regeln und die Erfüllung der aufsichtsrechtlichen Anforderungen als strenge Nebenbedingung festlegen.

Organisation des Risikomanagements

Ergänzend zur Risikoarten übergreifenden Offenlegung der grundlegenden Organisation des Risikomanagements erfolgt an dieser Stelle eine Erläuterung der diesbezüglichen Besonderheiten des operationellen Risikos. Dabei gelten die in *Abschnitt 4.4.2.5 (Ziele und Organisation des Risikomanagements)* dargestellten Anforderungen.

In vielen Kreditinstituten liegt die grundsätzliche Verantwortung für das Management operationeller Risiken dezentral bei den betroffenen Geschäftsbereichen. Die abgestimmte Steuerung erfolgt dabei häufig durch ein spezialisiertes Risikokomitee, das dem zentralen Komitee der Risikosteuerung zugeordnet ist.

Die *Dresdner Bank* beschreibt die Organisation ihres operationellen Risikomanagements wie folgt:

„Die Festlegung der OR-Mindeststandards, die Überwachung der materiellen Risiken, die Risikokapitalkalkulation sowie das Berichtswesen liegen in der Verantwortung des zentralen Fachbereichs OR-Management. Aus der übergreifenden Analyse des OR-Risikoprofils leitet dieser Bereich Handlungsempfehlungen zur Risikosteuerung ab. Daneben sind zentrale OR-Managementeinheiten in den Unternehmens- und Funktionsbereichen sowie in den Tochtergesellschaften verankert, die das verantwortliche Management bei der Umsetzung der OR-relevanten Prozesse unterstützen. Die Einheiten steuern primär die Prozesse der Verlustdatenerfassung und der dazugehörigen Qualitätssicherung. Des Weiteren überwachen sie Maßnahmen, die der Risikoreduzierung dienen. Ein bankweites Operational Risk Committee identifiziert bereichsübergreifende Risiken und initiiert Maßnahmen zur Risikoreduzierung bzw. -vermeidung. Es verstärkt darüber hinaus das Bewusstsein für operationelle Risiken." [360]

Risikomessverfahren

Grundsätzlich sind die für alle Risikoarten geltenden Normen hinsichtlich der Verfahren der Risikoquantifizierung (*DRS 5-10.24b*) und der zugrunde liegenden Modellannahmen und Verfahrensprämissen (*DRS 5-10.25*) auch für das operationelle Risiko zu beachten. Darüber hinaus ist das zur Bestimmung des bankaufsichtlichen Anrechnungsbetrags für das operationelle Risiko verwendete Verfahren offen zu legen (*§ 331 Absatz 1 SolvV*).

Sofern es sich bei den Quantifizierungsverfahren um die einfacheren, aufsichtsrechtlich vorgegebenen Methoden des Basisindikatoransatzes oder des Standardansatzes handelt, ist eine kurze Darstellung der wesentlichen Merkmale dieser Verfahren ausreichend. Bei Verwendung des fortgeschrittenen Ansatzes – dem sogenannten *Advanced Measurement Approach* (*AMA*) – zur Berechnung des regulatorischen Anrechnungsbetrags für das operationelle Risiko sollten gemäß den handelsrechtlichen Offenlegungsvorschriften und nach *§ 331 Absatz 2 SolvV* auch die zugrunde liegenden Methoden, Annahmen und Parameter der verwendeten Risikomodelle dargelegt werden.

Ein Beispiel für die Beschreibung des *AMA*-Ansatzes zeigt der Risikobericht der *Hypo-Vereinsbank*:

„Zur Quantifizierung des operationellen Risikos der HVB AG sowie unserer AMA Töchter wird der Loss Distribution Approach eingesetzt. Dabei verwendet das Modell interne und externe Verlustdaten, um die Verlustverteilungen zu bestimmen. Der Datenmangel im Bereich der seltenen, aber hohen Verluste wird durch Szenarioanalysen ausgeglichen. Mittels Monte-Carlo-Simulation werden unter Berücksichtigung Risiko mindernder Maßnah-

---

360 Vgl. *Dresdner Bank Risikolagebericht (2007)*, S. 94f.

*men wie beispielsweise Versicherungen die Value-at-Risk-Ergebnisse ermittelt. Durch die
Berücksichtigung interner Kontroll- und Geschäftsumfeldfaktoren werden die Messergebnisse an das aktuelle Risikoprofil angepasst.* "[361]

Steuerungsinstrumente und Berichtswesen

Gemäß *DRS 5.10.38-40* sind die organisatorischen Vorkehrungen zur konzernweiten
Erfassung und Begrenzung operationaler Risiken sowie deren Handhabung und Überwachung anzugeben. Der handelsrechtliche Risikobericht sollte die zur Steuerung des
operationellen Risikos eingesetzten Instrumente erläutern. Ein typisches Instrument ist
die Sammlung von Verlustdaten, die es ermöglicht, Verlustereignisse zu identifizieren, zu
analysieren und zu bewerten, um Trends und Konzentrationen operationeller Risiken zu
erkennen. Des Weiteren werden die wesentlichen operationellen Risiken durch Experten
aller Geschäftsbereiche im Rahmen von *Self-Assessment*-Prozessen identifiziert und bewertet, um in qualitativer Hinsicht Transparenz über die Risikolage zu schaffen. Darüber
hinaus ermöglichen systematisch und regelmäßig erhobene Risikoindikatoren frühzeiti-
ge Aussagen zu sich abzeichnenden Trends in der Risikoentwicklung. Auf diese Weise
können risikoträchtige Situationen auf Basis vorgegebener Schwellenwerte beispielsweise mittels einer Ampelschaltung signalisiert werden.

Über die quantitative Berichterstattung des Risikokapitalbedarfs hinaus ermöglichen regelmäßige, durch das Risikocontrolling erstellte Berichte über Verlustdaten, *Self-Assess-
ments* und Risikoindikatoren an die Geschäftsleitung, das Aufsichtsorgan und das operative Risikomanagement eine zeitnahe Steuerung des operationellen Risikos.

Risikominderung

Die Offenlegung der zur Minderung von operationellen Risiken eingesetzten Verfahren
baut auf den allgemeinen Ausführungen von *Abschnitt 4.4.2.6.2 (Angaben zu grundlegenden Methoden und Verfahren)* auf. Die Verminderung des operationellen Risikos wird zunächst durch die fortlaufende Verbesserung der Geschäftsprozesse erreicht. Weitere Sicherungsmaßnahmen sind häufig der Risikotransfer durch Versicherungen[362] oder durch
Outsourcing[363]. Zur Sicherung der Betriebsfortführung im Falle von Prozessbeeinträchti-
gungen und Systemausfällen sind darüber hinaus umfassende Notfallpläne für die erfolgs-
kritischen Prozesse in Kraft gesetzt, die regelmäßig auf ihre Funktionsfähigkeit überprüft
werden sollten.

---

361 *HVB Risikolagebericht (2007)*, S. 109.
362 Die Beschreibung der Nutzung von Versicherungen zum Zwecke der Verringerung des operationellen Risi-
      kos ist bei Anwendung des *AMA* eine Offenlegungsanforderung gemäß *§ 337 SolvV.*
363 Unter *Outsourcing* wird die Verlagerung von bisher unternehmensintern erbrachten Aufgaben auf Drittun-
      ternehmen verstanden.

Spezifische Angaben zu den für das operationelle Risiko eingesetzten Minderungstechniken bei Instituten, die den *AMA* verwenden, sind gemäß *§ 337 SolvV* zu erbringen. Dabei ist zu beschreiben, in welcher Weise und in welchem Ausmaß Versicherungen zur Verringerung des operationellen Risikos eingesetzt werden.

4.4.8.3 Quantitative Angaben zu operationellen Risiken

Da für das operationelle Risiko nahezu keine spezifischen quantitativen Angabepflichten existieren[364], kann nur auf die in *Abschnitt 4.4.1.3 (Anforderungen und Umsetzungsvorschläge für die quantitative Offenlegung)* dargestellten allgemeinen Anforderungen an die quantitative Offenlegung zurückgegriffen werden, soweit sie aus dem *Handelsgesetzbuch* in Verbindung mit dem *DRS 5-10* abgeleitet sind. Allerdings geben auch diese Anforderungen keine konkreten Anhaltspunkte für die anzuwendende Risikomessmethode. Da sich in der Bankpraxis die Messung operationeller Risiken noch in der Entwicklung befindet und ausgereifte Messverfahren noch nicht auf breiter Basis existieren, beschränkt sich die quantitative Offenlegung von operationellen Risiken häufig auf die Ergebnisse vereinfachter aufsichtsrechtlicher Verfahren wie den Basisindikatoransatz oder den Standardansatz.

Der regulatorische Risikokapitalbedarf wird sowohl in Tabelle *AR-RKM-3be* des *Säule 3-*Berichts als auch in Tabelle *HR-RKM-2* des Risikolageberichts offen gelegt. Sofern ein Kreditinstitut fortgeschrittene Verfahren verwendet, sind diese der Offenlegung zugrunde zu legen.[365]

Ergänzend zu den Zahlenangaben, die auf den einfachen aufsichtsrechtlichen Verfahren beruhen, sind zur Umsetzung von *DRS 5-10.39* qualitative Ausführungen und Einschätzungen zu den möglichen Folgen bei Eintritt operationeller Risiken zu geben. In der Berichtspraxis finden sich hierzu nur wenige Beispiele.

---

364 Zwar schlägt DRS *5-10.39* für die quantitative Darstellung operationeller Risiken Szenariotechniken, Sensitivitätsanalysen *„oder andere geeignete Methoden"* vor. Offen ist jedoch, wie eine praktische Umsetzung dieser Verfahren gestaltet werden könnte.
365 Vgl. *DRS 5-10.25*.

4.4.9   Strategisches Risiko

4.4.9.1   Allgemeine Offenlegungsanforderungen und Muster-Risikobericht

Problematik der Offenlegung strategischer Risiken

Die Offenlegungspflichten für strategische Risiken sind gesetzlich nicht eindeutig kodifiziert.[366] *IFRS 7* enthält hierzu keine spezifischen Anforderungen. Gleichwohl sind die in *Abschnitt 4.4.1.2 (Anforderungen und Umsetzungsvorschläge für die qualitative Offenlegung)* dargestellten übergeordneten Offenlegungsanforderungen für das generelle Risikomanagementsystem zu beachten, soweit es sich um Anforderungen des *Handelsgesetzbuches* bzw. deren Konkretisierung durch den *DRS 5-10* handelt. Darüber hinaus ist gemäß DRS 5-10.41 die Darstellung *„sonstiger Risiken"* im Rahmen der Risikolageberichterstattung geboten, sofern sie eine wesentliche Bedeutung für den Konzern haben. Da strategische Risiken grundsätzlich mit jeder Geschäftstätigkeit verbunden sind, dürfte das Materialitätskriterium bei Kreditinstituten regelmäßig erfüllt sein. Daher sind strategische Risiken in den handelsrechtlichen Risikoberichten grundsätzlich in qualitativer und quantitativer Hinsicht offen zu legen.

Allgemeine Offenlegungsanforderungen

Wiederum werden die Anforderungen an die qualitative Offenlegung des Managementsystems, die für alle Risikoarten gelten, auch bezüglich der strategischen Risiken im Rahmen der Darstellung des generellen Risikomanagementsystems unter Verwendung der in *Abschnitt 4.4.1.2 (Anforderungen und Umsetzungsvorschläge für die qualitative Offenlegung)* erläuterten Konzeption umgesetzt. Dabei sind lediglich die Anforderungen des *Handelsgesetzbuches* bzw. deren Konkretisierung durch den *DRS 5-10* zu beachten, da strategische Risiken nicht dem Anwendungsbereich des *IFRS 7* unterliegen.

Muster-Risikobericht

Aufgrund fehlender konkreter Vorgaben ist zu empfehlen, die spezifischen Offenlegungsinhalte für den Bereich der strategischen Risiken an der bei den weiteren Risikoarten geübten Praxis zu orientieren. Der folgende Ausschnitt des Muster-Risikoberichts enthält eine Übersicht der Vorschläge für die Ausgestaltung der Offenlegung. Die Publizierung erfolgt im Risikolagebericht; die Offenlegungsinhalte werden inhaltlich nur teilweise durch vergleichbare *MaRisk*-Anforderungen abgedeckt.

---

366 Zur Integration strategischer Risiken in die handelsrechtliche Risikoberichterstattung vgl. auch *Abschnitt 3.1.2.*

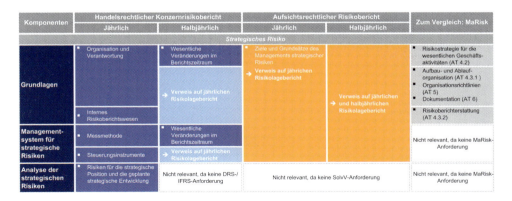

Abbildung 70: Muster-Risikobericht für Angaben zum strategischen Risiko

4.4.9.2 Qualitative Angaben zum strategischen Risiko

Nach *§ 322 SolvV* sind für jeden Risikobereich die Ziele und Grundsätze des Risikomanagements zu beschreiben. Obwohl eine Eigenkapitalunterlegung für strategische Risiken im Rahmen des *SolvV*-Meldewesens nicht erforderlich ist, gelten die qualitativen Offenlegungsanforderungen von *§ 322 SolvV* auch für diese Risikoart. Bei der Berichterstattung über strategische Risiken ist aufgrund der Natur der Berichtsinhalte in besonderem Maße eine Abgrenzung zu weiteren Bestandteilen des Lageberichts – Bericht zur Geschäftsentwicklung und Ausblick bzw. Prognosebericht – erforderlich. Daher ist im handelsrechtlichen Risikobericht der Risikocharakter von Strategiefragen in den Vordergrund zu stellen.

Im Wesentlichen handelt es sich bei der Offenlegung des Managementsystems für strategische Risiken um Aspekte der Aufbau- und der Ablauforganisation, der internen Berichtssysteme und der eingesetzten Steuerungsinstrumente. So ist die Steuerung der strategischen Risiken von Kreditinstituten regelmäßig die originäre Aufgabe der Geschäftsleitung und wird im Zuge der allgemeinen strategischen Positionierung des Instituts in Abstimmung mit den Geschäftsleitern der Konzerngesellschaften wahrgenommen. Dabei kann auf die Gremienstruktur zurückgegriffen, die im Kapitel „*Generelles Risikomanagementsystem*"[367] erläutert wird.

Die Steuerung strategischer Risiken erfolgt häufig im Rahmen des strategischen Planungsprozesses und basiert auf der vorausschauenden Beurteilung von Erfolgsfaktoren sowie auf der Ableitung von Zielgrößen für die wesentlichen Konzerngesellschaften und für die Unternehmensbereiche der Muttergesellschaft. Die Zielerreichung wird in der Regel durch ein Managementinformationssystem überwacht.

---

367 Vgl. *Abschnitt 4.4.2.5.*

Im Rahmen der Analyse strategischer Risiken sollten im folgenden Geschäftsjahr bestehende Gefahren für die strategische Position und die geplante strategische Entwicklung des Konzerns dargelegt werden. Dabei sollte zwischen strategischen Potenzialen und Markt- und Umfeldfaktoren unterschieden werden.

4.4.9.3   Quantitative Angaben zum strategischen Risiko

Hinsichtlich der Bemessung strategischer Risiken zeigt sich ein ähnlicher Befund wie für den Bereich der operationellen Risiken: Da spezifische quantitative Angabepflichten nicht vorliegen, muss auf die in *Abschnitt 4.4.1.3 (Anforderungen und Umsetzungsvorschläge für die quantitative Offenlegung)* dargestellten allgemeinen Anforderungen an die quantitative Risikoberichterstattung zurückgegriffen werden – soweit diese aus dem *Handelsgesetzbuch* in Verbindung mit dem *DRS 5-10* abgeleitet sind – ohne dass hierbei auf konkrete Anforderungen hinsichtlich der Verwendung geeignete Risikomessmethoden erkennbar wären.

Da die Risikomessverfahren zudem in noch stärkerem Maße als beim operationellen Risiko einen rudimentären Entwicklungsstand aufweisen, werden in der Praxis häufig vereinfachende Verfahren eingesetzt. Beispielsweise kann das Verlustpotenzial durch Multiplikation der Summe des undiversifizierten Risikokapitalbedarfs aus Marktpreisrisiken, Kreditrisiken und operationellen Risiken mit einem auf einer empirischen *Benchmark*-Analyse basierenden Faktor approximiert werden. Der auf diese Weise gemessene Risikokapitalbedarf wird gemeinsam mit der Verlustobergrenze für strategische Risiken im Kapitel *„Ökonomisches Risikokapitalmanagement"*[368] im Rahmen von Tabelle *HR-RKM-2* offen gelegt.

4.5   Offenlegungstermine und Vergleichsangaben

4.5.1   Einleitung

Offenlegungstermine und Vergleichsangaben im Überblick

Das folgende Schema fasst die zeitbezogenen Offenlegungsanforderungen aller Regelungsbereiche – Handelsrecht, Aufsichtsrecht und Kapitalmarktrecht – zusammen. Dabei wird auf den Zeitpunkt der Offenlegung, die erstmalige Anwendung der Anforderungen und die Darstellung von Vergleichsdaten eingegangen.

---

368 Vgl. *Abschnitt 4.4.3.3.4.*

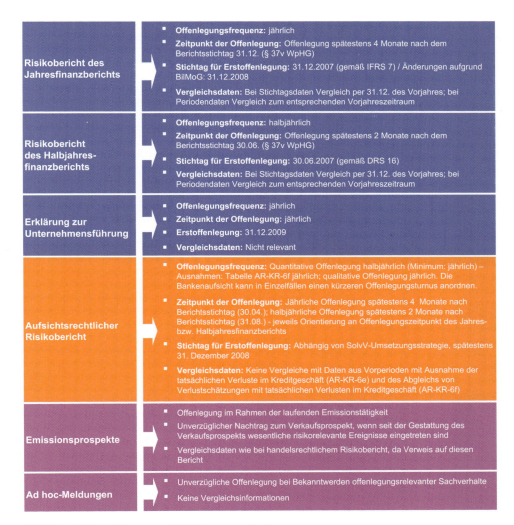

Abbildung 71: Zeitbezogene Offenlegungsanforderungen

Zeitlicher Bezug der Risikoberichtsinhalte

In der externen Risikoberichterstattung sind zeitpunktbezogene und zeitraumbezogene Angaben zu unterscheiden. Während sich zeitpunktbezogene Daten auf den Berichtsstichtag beziehen, können zeitraumbezogene Informationen sowohl für die Berichtsperiode (*ex-post*) als auch für die folgende Berichtsperiode (*ex-ante*) relevant sein.

Für die Analyse ihres zeitlichen Bezugs lassen sich die offen zu legenden Datenkategorien in qualitative Angaben – das sind Angaben zum Risikomanagementsystem – und quantitative Angaben – Volumen, Kennzahlen und Risiko – untergliedern.

4.5.2   Zeitliche Aspekte der handelsrechtlichen Risikoberichterstattung

Zeitliche Dimension der qualitativen und quantitativen Angaben

In den jährlichen handelsrechtlichen Risikoberichten sind **qualitative Angaben** in allen zeitlichen Dimensionen offen zu legen: der Status des Risikomanagementsystems zum Berichtsstichtag, seine Veränderungen im Berichtsjahr und die erwarteten Veränderungen im Folgejahr. Dagegen ist im Rahmen des handelsrechtlichen Halbjahresrisikoberichts eine *ex-post*-Betrachtung des Risikomanagementsystems über den Halbjahreszeitraum ausreichend, und auch nur dann erforderlich, wenn sich wesentliche Änderungen seit dem letzten Jahresrisikobericht ergeben haben. Im jährlichen aufsichtsrechtlichen Risikobericht beschränkt sich die qualitative Offenlegung auf die Situation zum Berichtsstichtag, im regulatorischen Halbjahresrisikobericht entfällt die Notwendigkeit einer qualitativen Betrachtung.

In **quantitativer Hinsicht** werden in den handelsrechtlichen Jahresrisikoberichten wiederum die umfangreichsten Anforderungen an die zeitbezogene Darstellung der Angaben gestellt. So sind für Volumenangaben, neben der Offenlegung von Stichtagswerten, auch Vergleichsangaben des Vorjahresstichtags erforderlich. Die Risikovorsorge ist in einer Zeitraumbetrachtung rückwirkend sowohl für die Berichtsperiode als auch die entsprechende Vorperiode zu betrachten. Dies hat umfangreiche Tabellendarstellungen zur Folge. Angaben zum Risikokapitalbedarf beziehen sich immer auf die kommende Periode, da die Risikomodelle zukunftsorientiert und auf einen Prognosezeitraum von einem Jahr parametrisiert sind. Der *Value-at-Risk* für das Marktpreisrisiko hat ebenfalls Zukunftscharakter, gilt aber für einen unterjährigen Zeitraum, dessen Länge von der Modellparametrisierung abhängig ist. Bei Modellen, die für die interne Risikosteuerung verwendet werden, beträgt der Betrachtungszeitraum typischerweise einen Tag. Für die aufsichtsrechtliche Meldung verwendete Verfahren sind dagegen auf eine Haltedauer von 10 Tagen parametrisiert.

Vergleichsangaben in den jährlichen handelsrechtlichen Risikoberichten[369]

[➜ Gestaltungsprinzip 23]

Hinsichtlich von Vergleichen **quantitativer Angaben** verlangt *DRS 5-10.13* lediglich, die Risikoberichterstattung so aufzubereiten, dass Vergleiche mit Vorjahren möglich sind; dies beinhaltet nicht zwangsläufig die Offenlegung von Vergleichsangaben im aktuellen Bericht, sondern lediglich die strukturelle Kontinuität der Berichterstattung im Zeitablauf. Allerdings sind Veränderungen gegenüber der letzten Berichtsperiode zu erläutern, was aus praktischen Erwägungen nur sinnvoll möglich ist, wenn auf quantitative Vorjahresangaben direkt Bezug genommen werden kann. Dagegen besteht gemäß *IAS 1.38-43* die unbedingte Verpflichtung zur Angabe von Vorjahresbeträgen im Konzernabschluss. Da die risikobezogenen *IAS-/IFRS*-Anforderungen – auch bei Offenlegung im Konzernrisikolagebericht – formal Bestandteil des Anhangs des Konzernabschlusses sind, gilt die Pflicht zur Offenlegung von Vergleichsangaben auch für den *IFRS*-Risikobericht. Darüber hinaus fordert *IFRS 7.33c* die Offenlegung von Änderungen quantitativer Angaben gegenüber früheren Berichtsjahren. Bei einer Zusammenfassung des *DRS*- und des *IFRS*-Risikoberichts erstrecken sich diese Regelungen in der Praxis auch auf jene quantitativen und qualitativen Angaben, die originär nur zur Erfüllung des *DRS 5-10* zu erbringen sind.

Die Pflicht zur Erläuterung von Veränderungen gemäß *DRS 5-10.13* bezieht sich ebenso auf die **qualitativen Angaben**. Auch *IAS 1.38-43* sieht die Offenlegung verbaler Vergleichsinformationen bezüglich des Risikomanagementsystems vor, sofern sie zum Verständnis erforderlich sind. Eine ähnliche Anforderung stellt zudem *IFRS 7.33c* in Verbindung mit *IFRS 7.IG17*.

Vergleichsangaben in den halbjährlichen handelsrechtlichen Risikoberichten

Ab dem Jahr 2009 entfällt aufgrund von Anpassungen des *IAS 1*, die aus dem Jahr 2007 stammen, die Pflicht zur Offenlegung von Vergleichsangaben im Zwischenlagebericht. Auch *IAS 34* verpflichtet nicht zur Offenlegung von Vergleichswerten für risikoorientierte Angaben. Allerdings verlangt der Standard die Erläuterung wesentlicher Veränderungen seit dem letzten Abschlussstichtag. In der Praxis ist dies nur unter Verwendung von Vergleichswerten möglich. Daher sollten trotz fehlender gesetzlicher Verpflichtung auch in der Halbjahresrisikoberichterstattung Vergleichswerte angegeben werden.

---

369 Zur Erläuterung der qualitativen und quantitativen Datenkategorien vgl. *Abschnitt 4.2.4.1.*

Neuberechnung von Vergleichsangaben gemäß IAS 1.38-43

[➔ Gestaltungsprinzip 24]

Hat sich die Darstellungsart quantitativer Angaben im jährlichen handelsrechtlichen Konzernrisikobericht im Vergleich zum Vorjahr geändert, ist die geänderte Darstellungsform zu erläutern. Sind Zahlenangaben umklassifiziert worden – beispielsweise aufgrund von Änderungen der internen Risikoberichte, die gemäß dem *Management Approach* für die Offenlegung verwendet werden –, ist die Umklassifizierung zu quantifizieren, falls dies nicht praktisch unmöglich ist.[370] Hat sich die Berechnungsmethodik für Zahlenangaben geändert, ist *IAS 8* einschlägig.[371]

Prognosezeitraum in den handelsrechtlichen Risikoberichten

[➔ Gestaltungsprinzip 25]

Gemäß *DRS 5-10.22* ist bei der Risikoeinschätzung im Rahmen der **Jahresrisikoberichterstattung** von einem der jeweiligen Risikoart adäquaten Prognosezeitraum auszugehen. Der *DRS 15* fordert als Prognosezeitraum für nicht qualitative Informationen mindestens zwei Geschäftsjahre und für quantitative Angaben ein Geschäftsjahr.[372] Der Einjahreszeitraum für quantitative Angaben entspricht der Praxis der Risikomessung, die grundsätzlich ebenfalls auf einen Prognosezeitraum von einem Jahr skaliert ist. Prognoseangaben, die im Rahmen der qualitativen Offenlegung hinsichtlich der erwarteten Änderungen des Risikomanagementsystems erbracht werden müssen, sind in der Regel verlässlich nicht für einen Zeitraum über einem Jahr möglich.

Nach *DRS 16.35* hat der **Zwischenlagebericht** mindestens die wesentlichen Chancen und Risiken der voraussichtlichen Entwicklung in den verbleibenden Monaten des Geschäftsjahrs zu beschreiben. Trotz der Einschränkung des Vorhersagezeitraums für quantitative Angaben auf sechs Monate sollte der einjährige Prognosezeitraum der jährlichen Berichterstattung aus konzeptionellen und praktischen Erwägungen beibehalten werden. Die quantitativen Angaben des Risikokapitalmanagements sind auf einen Zeitraum von einem Jahr ausgerichtet. Eine Umskalierung auf den verbleibenden Zeitraum des Geschäftsjahres nur für die externe Risikoberichterstattung würde dem *Management Approach* zuwiderlaufen und wäre mit nicht vertretbarem Aufwand verbunden. Prognosen für qualitative Angaben sind in der Zwischenberichterstattung nicht erforderlich.

---

370 Zur Undurchführbarkeit der Offenlegung vgl. *Gestaltungsprinzip 11* in *Abschnitt 4.1.6.3.*
371 *IAS 8* ist für die Auswahl und Anwendung von Bilanzierungs- und Bewertungsmethoden, die Bilanzierung von Änderungen der Bilanzierungs- und Bewertungsmethoden, von Änderung der Schätzungen sowie von Berichtigungen grundlegender Fehler, die Vorjahre betreffen, anzuwenden.
372 Vgl. die „*Zusammenfassung*" des *DRS 15* und *DRS 15.87.*

4.5.3 Zeitliche Aspekte der aufsichtsrechtlichen Risikoberichterstattung

Zeitbezug in den aufsichtsrechtlichen Risikoberichten

Für die aufsichtsrechtlichen Risikoberichte sind grundsätzlich keine Vergleichsangaben offen zu legen. Daher werden nur die am Berichtsstichtag gemessenen Positionswerte dargestellt. Die Risikovorsorge wird – analog zu den handelsrechtlichen Berichten – für den Berichtszeitraum gezeigt. Die Angaben zu den erwarteten Verlusten, die ausschließlich im jährlichen *Säule 3*-Bericht publiziert werden, sind ebenfalls auf die Berichtsperiode bezogen, wobei die zu Periodenbeginn geschätzten Werte verwendet werden. Dagegen sind die Eigenkapitalanforderungen, analog zum ökonomischen Risikokapitalbedarf, zukunftsgerichtete Werte, die für einen Zeitraum von einem Jahr ermittelt werden.

Publikationszeitpunkt der aufsichtsrechtlichen Risikoberichte[373]

[➔ Entscheidungstatbestand 20]

Das *Kreditwesengesetz* und die *Solvabilitätsverordnung* machen keine konkreten Vorgaben für den *Zeitpunkt* der Offenlegung des jährlichen aufsichtsrechtlichen Risikoberichts. Die Offenlegung soll gemäß *§ 321 Absatz 2 SolvV „nach Maßgabe der Verfügbarkeit der Daten und der externen Rechnungslegung zeitnah erfolgen"*. Aufgrund der engen inhaltlichen Verschränkung zwischen den Risikoberichten – insbesondere aufgrund der Verweise aus den aufsichtsrechtlichen auf die handelsrechtlichen Risikoberichte – sollte die Veröffentlichung der Risikoberichte zeitgleich vorgenommen werden. Gemäß *§ 37v WpHG* bzw. *§ 37w WpHG* hat die Offenlegung des handelsrechtlichen Risikoberichts als Bestandteil des Jahresfinanzberichts spätestens vier Monate und als Bestandteil des Halbjahresfinanzberichts spätestens zwei Monate nach dem jeweiligen Abschlussstichtag zu erfolgen. Diese Termine sollten auch für die aufsichtsrechtlichen Risikoberichte beachtet werden.

Offenlegungsturnus der aufsichtsrechtlichen Risikoberichte[374]

[➔ Entscheidungstatbestand 21]

Nach der *Solvabilitätsverordnung* ist die jährliche Offenlegung eines aufsichtsrechtlichen Risikoberichts, der die Anforderungen der *§§ 319 bis 337 SolvV* abdeckt, ausreichend. In Einzelfällen kann die Aufsicht häufigere Offenlegungen anordnen.[375] Kapitalmarktorientierte und börsennotierte Institute, die gemäß *§ 37v WpHG* bzw. *§ 37w WpHG* und *DRS 16* zur Offenlegung von Zwischenberichten verpflichtet sind, sollten aufgrund der inhalt-

---

373 Vgl. auch *Hillen, K. H. / Neisen, M. (2008)*, S. 22f.
374 Vgl. auch *Hillen, K. H. / Neisen, M. (2008)*, S. 21f.
375 Vgl. *§ 321 Absatz 1 SolvV*.

lichen Wechselwirkungen zwischen den Risikoberichten auf freiwilliger Basis auch aufsichtsrechtliche Zwischenrisikoberichte offen legen. Dies zudem entspricht den *Baseler* Empfehlungen an international tätige Banken. Der aufsichtsrechtliche Halbjahresrisikobericht sollte sämtliche quantitativen Angaben des jährlichen Berichts enthalten. Börsennotierte Unternehmen mit Pflicht zur handelsrechtlichen Quartalsberichterstattung sollten die von *Basel* geforderten Angaben zum Quartal vierteljährlich publizieren. Die Offenlegung kann aufgrund des relativ geringen Umfangs der regulatorischen Angaben, die sich auf Angaben zum Eigenkapital (*Tabelle AR-RKM-2be*), zu den Eigenkapitalanforderungen (Tabelle *AR-RKM-3be*) und zu den Kapitalquoten (Tabelle *AR-RKM-3f*) beschränken, im Rahmen des Risikolageberichts erfolgen. Auf qualitative Angaben zum Risikomanagementsystem kann in der Zwischenberichterstattung verzichtet werden. Ein diesbezüglicher Verweis auf die letzten jährlichen Risikoberichte ist – auch im Sinne der Berichtsökonomie – ausreichend. Wesentliche Änderungen des Risikomanagementsystems sind verpflichtend bereits in den handelsrechtlichen Zwischenrisikoberichten offen zu legen.

4.5.4 Zusammenfassung und Offenlegungskalender der Risikopublizität

Zusammenfassende Übersicht

Der zeitliche Bezug der Inhalte der handelsrechtlichen und der aufsichtsrechtlichen Risikoberichte wird in der folgenden Übersicht zusammengefasst.[376] Dabei wird zur Veranschaulichung der 31. Dezember 2008 als Stichtag für die Jahresberichte und der 30. Juni 2009 als Stichtag für die Halbjahresberichte gewählt. Die kapitalmarktrechtlich geforderten Risikoangaben werden über die handelsrechtlichen Risikoberichte abgedeckt.

---

376 Der hier unterstellte zweijährige Prognosezeitraum für qualitative Angaben in den handelsrechtlichen Risikoberichten entspricht den Anforderungen des *DRS 15*, In der Praxis ist jedoch ein Vorhersagezeitraum von lediglich einem Jahr umsetzbar. Vgl. dazu die nachfolgenden Erläuterungen zum *Gestaltungsprinzip 25 (Prognosezeitraum)*. Aufgrund der für die handelsrechtlichen Risikoberichte erforderlichen Vergleichsangaben ist die Risikovorsorge über die Darstellung in der Grafik hinaus auch für die Zeiträume vom 01.01.2007 bis zum 31.12.2007 (Risikobericht des Jahresfinanzberichts) bzw. vom 01.01.2007 bis zum 30.06.2007 (Risikobericht des Halbjahresfinanzberichts) offen zu legen. Aus Darstellungsgründen wird dies in der Grafik nicht visualisiert.

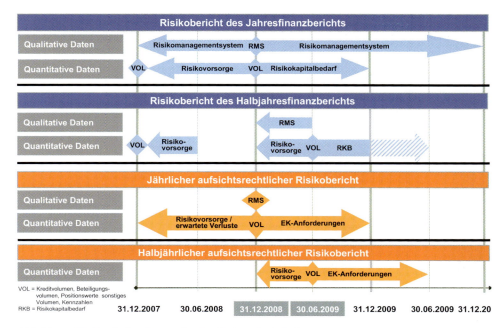

Abbildung 72: Zeitlicher Bezug der Risikoberichtsinhalte

Offenlegungskalender der Risikopublizität

Das nachfolgende Schema zeigt den möglichen zeitlichen Ablauf des Erstellungsprozesses der risikobezogenen Berichterstattung in allen Regelungsbereichen und die jeweiligen Offenlegungszeitpunkte. konkrete Durchführung ist institutsindividuell in Abhängigkeit von den jeweils geltenden, spezifischen Rahmenbedingungen zu gestalten. Die in der Grafik dargestellten Zeitpunkte entsprechen den gesetzlich vorgeschriebenen spätesten Offenlegungsterminen; eine davon abweichende, frühere Offenlegung ist zulässig.

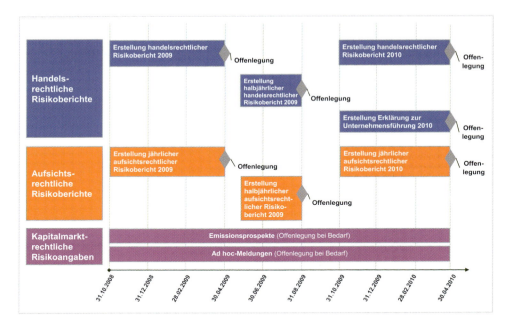

Abbildung 73: Offenlegungskalender der Risikopublizität (Prinzipdarstellung)

4.6   Berichtsmedien

4.6.1   Medium der handelsrechtlichen Risikoberichte

Grundsätzliche Regelungen

Die handelsrechtlichen Risikoberichte sind eigenständige, in sich geschlossene Berichtsteile innerhalb der Lageberichte des Jahresfinanzberichts bzw. des Halbjahresfinanzberichts. Gemäß *§ 325 HGB* sind der Jahresfinanzbericht und der Halbjahresfinanzbericht beim *elektronischen Bundesanzeiger* einzureichen und dort bekannt zu machen. Daneben ist die Offenlegung der Berichte im Internetauftritt des Instituts im Bereich *Investor Relations* gängige Praxis und insbesondere für überregional agierende Häuser unerlässlich. Darüber hinaus ist die gesetzliche Verpflichtung zur Veröffentlichung im *elektronischen Bundesanzeiger* zu beachten. Branchenüblich ist zudem die Erstellung einer Druckfassung der Finanzberichte.

Offenlegung von Risikoberichten im Lagebericht und im Konzernlagebericht

[➜ Entscheidungstatbestand 22]

Die Risikolageberichterstattung kann entweder in Form eines zusammengefassten Risikoberichts im gemeinsamen Lagebericht des Konzerns und des Einzelunternehmens erfolgen, oder in getrennten Risikoberichten innerhalb separater Lageberichte für Konzern und Einzelunternehmen umgesetzt werden. Die Wahl der Umsetzungsalternative ist abhängig von der generellen Entscheidung des Kreditinstituts zur Offenlegung von Lagebericht und Konzernlagebericht.

Grundsätzlich ist eine Zusammenfassung von Konzernlagebericht und Lagebericht des Einzelunternehmens möglich. In diesem Fall sind der Konzernlagebericht und der Lagebericht gemeinsam offen zu legen (vgl. *§ 315 Absatz 3 HGB* in Verbindung mit *§ 298 Absatz 3 Satz 2 HGB*). Aus dem zusammengefassten Lagebericht muss gemäß *IDW PS 350 (Textziffer 7)* hervorgehen, welche Angaben sich auf den Konzern beziehen und welche Angaben nur für das Konzernmutterunternehmen Gültigkeit haben. Eine Zusammenfassung von Konzernlagebericht und Lagebericht ist allerdings kaum praktikabel, da die zur Aufstellung von *IAS-/IFRS*-Konzernabschluss und *HGB*-Einzelabschluss anzuwendenden Rechnungslegungsnormen sich in vielen Fällen unterscheiden. Um seiner Erläuterungsfunktion für den Abschluss gerecht zu werden, müsste der zusammengefasste (Konzern-) Lagebericht auf diese Unterschiede eingehen, was zu einer Erhöhung von Umfang und Komplexität des Berichts zur Geschäftsentwicklung führen und damit dem Offenlegungsgrundsatz der Klarheit zuwider laufen würde. Zudem spricht sich der *DRS 15.21* gegen eine Zusammenfassung aus. Aus Sicht der Risikoberichterstattung sind dagegen die unterschiedlichen Rechnungslegungsnormen auf Konzern- und auf Einzelunternehmensebene aufgrund der Anwendung des *Management Approach* weitgehend unerheblich. Aus Effizienzgründen wäre daher ein zusammengefasster Risikobericht die vorzugswürdige Alternative, ohne dass sich der Berichtsumfang signifikant erhöhen würde. Gleichwohl hat der Risikobericht als Teil des Lageberichts den generellen Gestaltungsgrundsätzen des Lageberichts zu folgen.

Platzierung der risikobezogenen IFRS-Angaben innerhalb des Finanzberichts

[➜ Entscheidungstatbestand 23]

Folgende Anforderungen sind bei der Entscheidung über die Platzierung des IFRS-Risikoberichts zu beachten.

- *DRS 5-10.12: „Aus Gründen der Klarheit und Übersichtlichkeit ist eine geschlossene Darstellung der Risiken im Konzernlagebericht zu empfehlen. (...)"*

- *IFRS 7.B6 mit IDW ERS HFA 24:* Die risikobezogenen Angaben können in einem Dokument außerhalb des Abschlusses erbracht werden, beispielsweise in einem *Management Commentary* oder *Risk Report*, sofern der Abschluss einen Verweis auf dieses Dokument enthält und dieses Dokument unter den gleichen Bedingungen und zum gleichen Zeitpunkt wie der Abschluss für die Abschlussadressaten zugänglich ist.

  Die Kapitalangaben (*IAS 1*) sollten aufgrund der engen inhaltlichen Verknüpfung mit den risikobezogenen Angaben des *IFRS 7* und aufgrund der Anforderungen des *DRS 5-10.12* ebenfalls im zentralen Risikobericht offen gelegt werden.[377]

Folgende Umsetzungsalternativen sind denkbar:

- Offenlegung im Risikolagebericht

- Offenlegung im Anhang des Konzernabschlusses

- Redundante Offenlegung im Risikolagebericht und im Anhang des Konzernabschlusses

Die Offenlegung innerhalb des Risikolageberichts erfüllt die Zielsetzung der konsistenten Kapitalmarktkommunikation durch Bündelung von Risikoangaben und Vermeidung redundanter Offenlegung und ist daher zu empfehlen. In diesem Fall ist zusätzlich ein Verweis im Anhang auf den Risikolagebericht erforderlich, womit die Anforderungen von *IFRS 7.B6* erfüllt werden.

4.6.2   Medium der aufsichtsrechtlichen Risikoberichte[378]

Umsetzungskonzept

Die aufsichtsrechtlichen Risikoberichte sind eigenständige, in sich geschlossene Berichte. Bezüglich des Berichtsmediums existieren keine gesetzlichen Vorgaben. Die *Solvabilitätsverordnung* empfiehlt die Nutzung des Internet zur Offenlegung[379]. Aus praktischen Gründen sollte das gleiche Offenlegungsmedium wie für die handelsrechtliche Risikobe-

---

377 Dies gilt auch für die versicherungstechnischen Risiken gemäß *IFRS 4*, deren Offenlegung für Finanzkonglomerate mit Versicherungstöchtern relevant ist.
378 Vgl. auch *Hillen, K. H. / Neisen, M. (2008)*, S. 19f und S. 23.
379 Vgl. *§ 320 Absatz 1 SolvV.*

richte gewählt werden. Gemäß *§ 320 Absatz 2 SolvV* ist die Tatsache der Veröffentlichung zusammen mit einem Hinweis auf das Offenlegungsmedium im *elektronischen Bundesanzeiger* bekannt zu machen. Die *BaFin* und die *Deutsche Bundesbank* sind über diese Bekanntmachung zu unterrichten. Eine derartige Bekanntmachung ist für den halbjährlichen *Säule 3*-Bericht aufgrund fehlender gesetzlicher Anforderungen zu dessen Aufstellung nicht notwendig.

Publikationsform und Medium der aufsichtsrechtlichen Offenlegung

[➔ Entscheidungstatbestand 24]

Grundsätzlich kann der aufsichtsrechtliche Risikobericht in den fakultativen Teil oder den Risikolagebericht des Geschäftsberichts integriert oder in einem separaten, im Internet veröffentlichten Dokument zusammengefasst werden. Gegen eine Integration der quantitativen Angaben des aufsichtsrechtlichen Risikoberichts in den Geschäftsbericht[380] spricht, dass Umfang und Detaillierungsgrad der aufsichtsrechtlichen Angaben den Rahmen des Geschäftsberichts überdehnen würden. Zudem würde eine Offenlegung innerhalb des Risikolageberichts erhöhte Prüfungspflichten nach sich ziehen und eine Testatspflicht für die aufsichtsrechtlichen Angaben begründen. Daher sollte ein separater aufsichtsrechtlicher Risikobericht erstellt und im Internetauftritt des Kreditinstituts veröffentlicht werden. Über die Platzierung der qualitativen Angaben ist differenziert zu entscheiden. Nähere Angaben dazu sind *Abschnitt 4.2.4.2 (Qualitative Angabekategorien)* zu entnehmen.

4.6.3   Kapitalmarktrechtliche Risikoangaben

Risikobezogene Angaben im Rahmen von Emissionen sind innerhalb der Emissionsprospekte zu erbringen. Gemäß *Artikel 14 der EU-Prospektrichtlinie* können Emissionsprospekte dem Publikum auf verschiedene Weise zur Verfügung gestellt werden:

- Veröffentlichung in mindestens einer der Zeitungen die in den Mitgliedstaaten, in denen das öffentliche Angebot unterbreitet oder die Zulassung zum Handel angestrebt wird, gängig sind oder in großer Auflage verlegt werden

- Kostenlose Hinterlegung in gedruckter Form bei den zuständigen Stellen des Marktes, an dem die Wertpapiere zum Handel zugelassen werden sollen, oder beim Sitz des Emittenten

- Veröffentlichung in elektronischer Form auf der Internetseite des Emittenten

- Veröffentlichung in elektronischer Form auf der Internetseite des geregelten Marktes, für den die Zulassung zum Handel beantragt wurde

---

380 Davon ausgenommen sind Bruttokreditvolumen und Risikovorsorge der Tabellengruppe *AR-KR-4*.

Bei der Veröffentlichung von Prospekten in elektronischer Form sind die in *Artikel 29 der EU-Prospektverordnung* genannten technischen Anforderungen zu beachten. Die Nutzung von Zeitungen als Offenlegungsmedium unterliegt den Vorschriften von *Artikel 30 der EU-Prospektverordnung*. Darüber hinaus können die nationalen Aufsichtsbehörden gemäß Artikel 14 der EU-Prospektrichtlinie in Verbindung mit *Artikel 30 der EU-Prospektverordnung* die Veröffentlichung einer Mitteilung verlangen, aus der hervorgeht, wie der Prospekt dem Publikum zur Verfügung gestellt worden ist und wo er erhältlich ist.

Die Offenlegungspflicht risikobezogener Insiderinformationen im Rahmen von *Ad hoc-*Meldungen ist für Inlandsemittenten von Finanzinstrumenten im *Wertpapierhandelsgesetz (WpHG)* in Verbindung mit der *Wertpapierhandelsanzeige- und Insiderverzeichnisverordnung (WpAIV)* und dem *BaFin-Emittentenleitfaden* geregelt. Derartige Angaben sind gemäß *§ 15 WpHG* unverzüglich zu veröffentlichen. Die Offenlegung erfolgt gemäß *Kapitel IV.6* des *BaFin-Emittentenleitfadens* über das von der Bank genutzte elektronische Informationsverbreitungssystem (zum Beispiel *Reuters*) und im Internetauftritt des Instituts im Bereich Investor Relations. Außerdem sind die *Ad hoc-*Meldungen unverzüglich nach ihrer Offenlegung dem Unternehmensregister im Sinne des *§ 8b HGB* zur Speicherung zu übermitteln.

4.6.4   Technische Aspekte der Berichtsformate

Die im Rahmen des Internetauftritts von Kreditinstituten veröffentlichten Risikoberichte werden in der Praxis überwiegend im PDF-Format bereitgestellt. Um eine ungehinderte Auswertung der Berichte zu gewährleisten, sollten die PDF-Dateien keinen Kopierschutz erhalten, sodass Texte, Tabellen und Diagramme in den üblichen Office-Programmen weiterverarbeitet werden können. Allerdings sollte einer Manipulation der Berichtsdateien durch geeignete technische Maßnahmen vorgebeugt werden. Im Sinne einer möglichst hohen Nutzerfreundlichkeit der Offenlegung ist es gute Praxis, Tabellen mit Zahlenangaben auch in einem gängigen Tabellenkalkulationsformat begleitend zu den eigentlichen Risikoberichten zu publizieren.[381] Diese Dateien können von den Nutzern auf einem separaten Medium gespeichert und für Auswertungen individuell bearbeitet werden.

Neben der Offenlegung als eigenständige Datei können die in den Risikoberichten enthaltenen Angaben auch unmittelbar auf den Internetseiten der Kreditinstitute im *HTML-*Format dargestellt werden. Durch die technische Verknüpfung von Kapiteln und Stichworten ist die Herstellung inhaltlicher Querbeziehungen zwischen den Berichtsinhalten möglich, die den Adressaten das umfassende Erschließen der Risikoberichte erleichtert.

---

381 Vgl. zum Beispiel die Offenlegung des Finanzberichts der *Deutschen Bank* in ihrem Internetauftritt.

4.7   IT-Infrastruktur

4.7.1   Handelsrechtliche Risikoberichte

Grundsätzlich werden für die Datenbelieferung des jährlichen und des halbjährlichen handelsrechtlichen Risikoberichts die etablierten *IT*-Systeme (*Office*-Standardsoftware) des internen Reportings genutzt. Die konzernweite Organisation des Datenhaushalts obliegt den für das interne Berichtswesen verantwortlichen Risikocontrolling-Einheiten. Die Angaben zur Risikovorsorge werden über die *IT*-Systeme des Rechnungswesens bereitgestellt. Da die für den Risikobericht erforderlichen Branchen- und Länderaufrisse zur Erstellung des Konzernabschlusses nicht benötigt werden, sind bei der Erstimplementierung der handelsrechtlichen Risikoberichterstattung regelmäßig Anpassungen der bilanziellen Konsolidierungssysteme (beispielsweise die Software *WinKONS*) vorzunehmen.

4.7.2   Aufsichtsrechtliche Risikoberichte

Technische Integration von Säule 3 und Säule 1[382]

[➔ Entscheidungstatbestand 25]

Zielbild der *IT*-Umsetzung der quantitativen aufsichtsrechtlichen Offenlegungsanforderungen ist eine voll integrierte Lösung: Da etwa 75 Prozent der Offenlegungsdaten unmittelbar oder mittelbar aus dem Meldewesen stammen, sollte die für die Berichterstattung gewählte Software zweckmäßigerweise unmittelbar auf dem *IT*-System der *Säule 1* aufsetzen. Mit der Vollintegration kann der Aufwand für eine ansonsten erforderliche Nachbildung des *Säule 1*-Rechenkerns und das damit verbundene Fehlerpotenzial umgangen werden. Auf diese Weise wird eine redundanzfreie Datenhaltung und mit dem Meldewesen konsistente Offenlegung sichergestellt. Meldewesenfremde Daten sollten unter Abwägung von Kosten und Nutzen entweder manuell erfasst oder über externe Schnittstellen in das *Säule 3-IT*-System integriert werden. Aufgrund der umfangreichen Abhängigkeiten von *Säule 3* und *Säule 1* ist es empfehlenswert, die Entscheidung für die Meldewesensoftware unter Berücksichtigung der Anforderungen an das *IT*-System zur Offenlegung zu treffen.

Granularität der Daten

Zur Erstellung der *Säule 3*-Angaben werden auf Ebene des berichtspflichtigen Kreditinstituts keine Einzelgeschäftsdaten, sondern aggregierte Werte benötigt, die sich aus vorkonsolidierten Einzelgeschäftsdaten zusammensetzen. Die Vorkonsolidierung der originären *Säule 1*-Daten und der aus *Säule 1* abgeleiteten Daten erfolgt bereits im Rahmen

---

382 Vgl. auch *Abschnitt 5.2.3.*

der Zulieferung für die aufsichtsrechtliche Eigenkapitalmeldung der Institutsgruppe. Bei der Datenzulieferung durch die Konzerngesellschaften muss sichergestellt sein, dass die auf Gesellschaftsebene aggregierten Werte in der von der Muttergesellschaft vorgegebenen Ziel-Tabellenstruktur der Offenlegung bereitgestellt werden, um eine reibungslose Zusammenführung auf Institutsgruppenebene in dem vorgegebenen Offenlegungsformat zu ermöglichen.

Insourcing

Um einen möglichst effizienten Berichtsprozess zu gewährleisten sollte das Meldewesen möglichst vieler Tochterunternehmen organisatorisch in das Meldewesen des Mutterhauses integriert und in der zentralen Meldewesensoftware verarbeitet werden (sogenanntes *Insourcing*). Unternehmen mit weiterhin autonomem Meldewesen sind über *IT*-Schnittstellen an die *Säule 3*-Software anzubinden. Die Anlieferung der *Reporting-Packages* kann über *XML*-Schnittstellen erfolgen, die in die *Säule 3*-Software eingespielt werden.

IT-Bebauungsplan und Datenflüsse

Das folgende Schema zeigt den *IT*-Bebauungsplan für die aufsichtsrechtliche Risikopublizität:

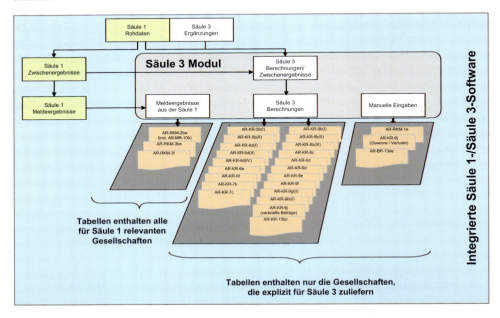

Abbildung 74: IT-Bebauungsplan für die aufsichtsrechtliche Risikopublizität

Die Befüllung der *Säule 3*-Tabellen der Datenkategorie „Meldeergebnisse aus der *Säule 1*" kann relativ einfach umgesetzt werden. Hierzu sind keine weiteren Rechenoperationen im *Säule 3*-Modul der *SolvV*-Software zu implementieren. Allerdings ist eine Zuordnung der *Säule 1*-Daten zu den *Säule 3*-Tabellen auf Feldebene erforderlich.

Bei den regulatorischen Offenlegungsformaten der Datenkategorie „ *Säule 3*-Berechnungen" sind folgende Unterscheidungen erforderlich:

▨ Berechnungen und Zwischenergebnisse der *Säule 1*, die nicht Bestandteil der Meldeformulare sind, typischerweise jedoch in dem zur Umsetzung der *Solvabilitätsverordnung* eingesetzten *IT*-System vorgehalten werden.

▨ Einzelgeschäftsbezogene *Säule 3*-Berechnungen auf Basis von *Säule 1*-Rohdaten und von *Säule 3*-bezogenen Ergänzungen von *Säule 1*-Daten.

In dem *Säule 1*-Modul der *SolvV*-Software sind typischerweise einige Datenfelder nicht vorhanden, die zur Befüllung der Tabellengruppe *AR-KR-9* und *AR-BR-13* erforderlich sind, jedoch für die Erstellung der Meldung nicht benötigt werden. Diese Datenfelder sind in der Software neu anzulegen.

Tochtergesellschaften mit einer eigenständigen *SolvV*-Softwarelösung, die sich von dem *IT*-System der Muttergesellschaft unterscheidet, haben die entsprechenden Zuordnungs- und Rechenfunktionalitäten für die Datenlieferung an die Konzernmutter nachzubilden. Dazu sollte den Gesellschaften eine geeignete fachliche Beschreibung zur Verfügung gestellt werden, die auch Grundlage für die Umsetzung im *IT*-System der Muttergesellschaft ist.

Im Falle der Verwendung einer Standardsoftware ist aufgrund bestehender Gestaltungsspielräume bei der Umsetzung der *Säule 3*-Anforderungen[383] die Parametrisierung einzelner Felder von Bedeutung. Dazu sollte ein Parametrisierungskonzept erstellt werden, das auf dem eigentlichen Fachkonzept aufbaut und die Ausprägung einzelner Felder vorgibt.

4.7.3 Redaktions- und Publikationssysteme

Die Aufbereitung der Risikoberichte für die Publizierung kann in einer spezialisierten *Desktop Publishing*-Software vorgenommen werden. Mit einem solchen Redaktionssystem ist ein anspruchsvolles Text- und Grafiklayout durch die Fachredakteure der Risikoberichte realisierbar. Die Risikoberichtsdokumente werden zur Veröffentlichung üblicherweise als PDF-Dateien erstellt.

---

383 Vgl. insbesondere *Entscheidungstatbestand 13 (Ratingstufen in den Tabellen AR-KR-6d(I) und AR-KR-6-d(II)), Entscheidungstatbestand 14 (EL-Klassen in Tabelle AR-KR-6d(IV)), Entscheidungstatbestand 15 (Risikogewichtsbänder in Tabelle AR-KR-9gi(I)), Entscheidungstatbestand 16 (Verlusthistorie in den Tabellen AR-KR-6e und AR-KR-6f)* und *Entscheidungstatbestand 18 (Klassenbildung von Beteiligungen für die aufsichtsrechtliche Offenlegung)*.

Die gesetzlich geforderte Publikation der Berichte im *elektronischen Bundesanzeiger* wird über eine vom Betreiber dieser Plattform angebotene Internetoberfläche vorgenommen. Die Veröffentlichung im Internetauftritt des Kreditinstituts selbst erfolgt üblicherweise durch die für derartige Aufgaben zuständigen Stabseinheiten.

4.8   Organisation und Berichtsproduktion

4.8.1   Zuständigkeiten

Gremienstruktur für Entscheidungen zur Risikopublizität

[➔ Entscheidungstatbestand 26]

Aufgrund der engen Verknüpfung zwischen internem Management-Reporting und externer Risikoberichterstattung ist die Nutzung bestehender Gremien des Risikomanagements für Entscheidungen zur Risikopublizität zielführend. Eine organisatorische Trennung der Gremienzuständigkeit durch Einrichtung eines sogenannten *Disclosure Committee* würde zu einer Komplexitätserhöhung der Entscheidungsprozesse führen und die Gefahr von Ineffizienzen aufgrund erhöhten Abstimmungsbedarfs bergen.

Zentrale Zuständigkeit des Risikocontrollings

[➔ Entscheidungstatbestand 27]

Es empfiehlt sich, die Zuständigkeit für alle Themen der Risikopublizität des Konzerns im Risikocontrolling des Konzernmutterunternehmens in einem *Team „Risikopublizität"* zu bündeln, da die Umsetzung des *Management Approach* eine enge Verzahnung zwischen internem und externem Reporting voraussetzt.[384] Das Risikocontrolling stellt die erforderliche Konsistenz der beiden Berichtssysteme sicher. Es nutzt bestehende Kommunikationsstränge im Haus sowie im Konzern. Die zu berichtenden Risikopositionen werden im Rahmen der Regelprozesse des Risikocontrollings ermittelt. Die Erläuterung der Risikopositionen, die Bestandteil der Offenlegung ist, kann sinnvoll nur auf Basis des vom Risikocontrolling ermittelten Zahlenwerks und in enger Abstimmung mit den Risikomanagern vorgenommen werden. Das Risikocontrolling ermittelt Informationen zum Risikomanagementsystem des Konzerns turnusmäßig im Rahmen seiner Konzernzuständigkeit. Diese Erhebung bildet zusammen mit den Informationen aus dem Risikohandbuch, das ebenfalls vom Risikocontrolling betreut wird, die Grundlage für die Offenlegung qualitativer Angaben zum Risikomanagementsystem in den handelsrechtlichen und den aufsichtsrechtlichen Risikoberichten.

---

384 Vgl. *Weißenberger, B. E. / Löhr, B. W. (2008).*

Aufgabenteilung innerhalb des Risikocontrollings

Das *Team „Risikopublizität"* erstellt sämtliche externen Risikoberichte und ist für die jährliche Aktualisierung der Offenlegungsrichtlinie sowie die Angemessenheitsprüfung der Offenlegung gemäß *§ 26a Absatz 1 KWG* zuständig. Darüber hinaus betreut das Team die fachliche Wartung und Weiterentwicklung der Risikopublizität des Kreditinstituts. Die Einheiten des Risikoarten-Controlling stellen die quantitativen Angaben aus den internen Risikoberichtssystemen und die qualitativen Angaben zum Risikomanagementsystem des Konzernmutterunternehmens bereit. Diese Einheiten sind auch für die Plausibilisierung der Angaben in den externen Risikoberichten zum Risikomanagementsystem auf Ebene der Konzernunternehmen und des Gesamtkonzerns zuständig.

Die Lieferbeziehungen innerhalb des Risikocontrollings können wie folgt veranschaulicht werden:

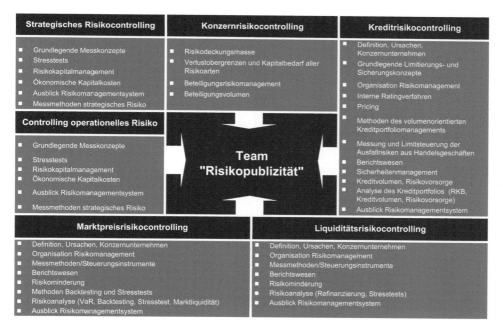

Abbildung 75: Lieferbeziehungen innerhalb des Risikocontrollings

Zuständigkeiten innerhalb der Konzernmuttergesellschaft

Neben dem Risikocontrolling tragen weitere Organisationseinheiten in der Konzernmuttergesellschaft zur Datenlieferung für die externen Risikoberichte bei. Dabei handelt es sich um die Zentraleinheiten *Financial Accounting*, *Meldewesen*, *Stab* und *Revision*, die

Marktfolge Kredit sowie die marktnahen *Handels- und Treasury-Einheiten*. Die inhaltlichen Schwerpunkte der Unternehmensbereiche werden in den folgenden beiden Übersichten (siehe *Abbildungen 76* und *77*) dargestellt:

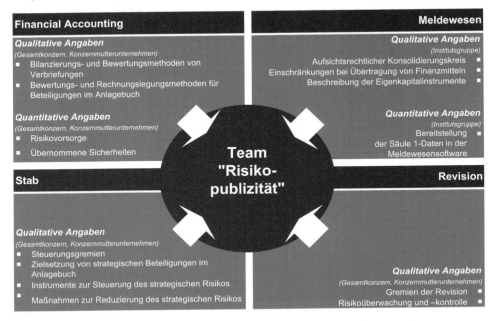

Abbildung 76: Lieferbeziehungen zwischen Zentraleinheiten und Risikocontrolling

Abbildung 77: Lieferbeziehungen zwischen Markt- bzw. Marktfolgeeinheiten und Risikocontrolling

Aufgrund der ausgeprägten inhaltlichen und prozessualen Verflechtung zwischen den handelsrechtlichen Risikoberichten und der allgemeinen Finanzberichterstattung ist eine enge Abstimmung zwischen Risikocontrolling und *Financial Accounting*[385] erforderlich. Dies gilt in gleicher Weise für die Abstimmung zwischen Risikocontrolling und *Meldewesen*[386] hinsichtlich des aufsichtsrechtlichen Risikoberichts und der *Säule 1*-Meldung.

Die Risikoberichterstattung ist zudem in die Geschäftsberichtsproduktion eingebunden. Die Zuständigkeiten lassen sich dabei wie folgt systematisieren:

Geschäftsbericht					
Team "Geschäftsberichtskoordination"					
Aktionärsbrief	Lagebericht			Abschluss	
Team "Strategie"	Team „Geschäfts-entwicklung"	Team „Risiko-publizität"	Team „Ausblick"	Team „Konzern-abschluss"	Team „Einzel-abschluss"

Abbildung 78: Teamstruktur bei der Geschäftsberichtsproduktion

---

385 Das *Financial Accounting* ist zuständig für die Erstellung des Jahres- und Konzernabschlusses.
386 Das *Meldewesen* ist zuständig für die Erstellung der aufsichtsrechtlichen Meldungen, die auch die Meldung gemäß der *Solvabilitätsverordnung* beinhalten.

Das *Team „Geschäftsberichtskoordination"*, das – je nach institutsspezifischer Aufgaben-verteilung – entweder *Investor Relations* oder den Unternehmensbereichen *Kommunika-tion* oder *Financial Accounting* zugeordnet ist, nimmt folgende Funktionen wahr, die der Risikoberichterstellung übergeordnet sind:

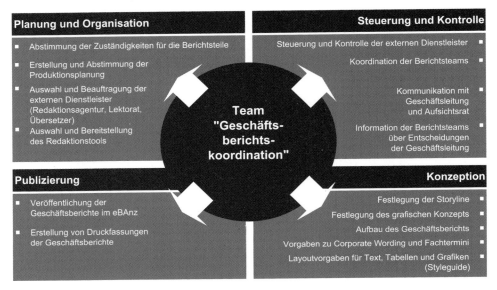

Abbildung 79: Aufgaben des Teams „Geschäftsberichtskoordination"

4.8.2 Geschäftsprozess der Risikopublizität

Überblick

Die wesentlichen Aktivitäten zur Erstellung der Risikoberichte sind in *Abbildung 80* dargestellt:

Abbildung 80: Geschäftsprozess der Risikopublizität

Die Risikoberichte durchlaufen im Produktionsprozess folgende Phasen:

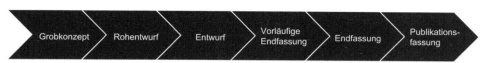

Abbildung 81: Produktionsphasen der Risikoberichte

4.8.3   Produktion der Risikoberichte[387]

Die nachfolgend genannten Termine sind Richtlinien für die jährliche Risikoberichterstattung; sie orientieren sich an der von § 37v WpHG vorgegebenen Publikationsfrist, nach der die Offenlegung des Jahresfinanzberichts spätestens vier Monate nach dem Abschlussstichtag zu erfolgen hat. Für börsennotierte Kreditinstitute kann eine frühere Offenlegung angezeigt sein, was eine Straffung des Berichtsprozesses erforderlich macht. Zur Sicherstellung einer effizienten Abstimmung der Risikoberichte mit der Geschäftsleitung sollte die Erstellung der regulatorischen Risikoberichte eng an das Vorgehen bei den handelsrechtlichen Risikoberichten, die wiederum in die Erstellung der Finanzberichte eingebunden sind, gekoppelt werden. Für die halbjährlich offen zu legenden Risikoberichte gilt grundsätzlich der gleiche Prozess, wobei aufgrund der Anforderung, dass die Offenlegung gemäß § 37w WpHG spätestens zwei Monate nach dem 30.06. des Geschäftsjahres zu erfolgen hat, deutlich verkürzte Fristen zu beachten sind.

Review, Konzeption und Planung

(Jahresberichte: Oktober des Berichtsjahres / Halbjahresberichte: Mai des Berichtsjahres)

Im Rahmen des jährlichen bzw. halbjährlichen *Review* der jeweils jüngsten veröffentlichten Risikoberichte sind veränderte gesetzlicher Anforderungen und die Branchenpraxis zum letzten Berichtsstichtag durch das *Team „Risikopublizität"* zu überprüfen. Dazu werden die Instrumente des Muster-Risikoberichts und der Risikoberichtsdatenbank verwendet, die sämtliche Anforderungen an die externe Risikoberichterstattung einschließlich deren Umsetzung im Konzern enthalten. Darüber hinaus werden die wesentlichen Veränderungen des Risikomanagements im Konzern ermittelt. Dies gilt insbesondere für den Kreis der in das interne Risikomanagement eingebundenen Konzernunternehmen, Veränderungen von Berichtsstrukturen im internen Risiko-Reporting, die Zuständigkeiten für einzelne Themengebiete und die relevanten *IT*-Systeme der Datenlieferung. Der Muster-Risikobericht und die Risikoberichtsdatenbank werden anhand der gewonnen Erkenntnisse aktualisiert.

Die Ergebnisse der detaillierten Analyse der gesetzlichen Anforderungen an die Offenlegung werden in einer Gesamtübersicht zusammengefasst und sind Grundlage der Risikoberichtsdatenbank. Die Anforderungsanalyse ist im Folgenden am Beispiel der Angaben zum Risikokapitalmanagement dargestellt *(siehe Abbildung 82)*. Dem schließt sich die synoptische Darstellung der Anforderungen an *(siehe Abbildung 83)*.

---

387 Zur den Prozessschritten vgl. auch *Hecker, E. (2008c)*, S. 382f.

DRS 5-10

Komponenten des Risikomanagementsystems

RISIKOKAPITALMANAGEMENT

Risikomanagementsystem
- Funktionen des Risikomanagements: Steuerung, Controlling, Überwachung.
- Koordination und Integration der Einzelrisiken
- Verfahren der Zuteilung von Risikobudgets sowie der Limitierung
- Verfahren der Risikokapitalallokation
- Eingeleitete oder geplante Änderungen des Risikomanagements
- Quantifizierung: Gesamtbild der Risikolage im Verhältnis zum

*) Pflicht-Anforderungen (Fettdruck im Standard)

(Spaltenüberschriften: Grundlagen DRS 5-10.4 | Definitionen DRS 5-10.9 | Inhalt und Aufbau DRS 5-10.10, 5-10.11, 5-10.12, 5-10.13, 5-10.15, 5-10.16, 5-10.17 | Gesamtrisikomanagement DRS 5-10.18, 5-10.19, 5-10.20, 5-10.22)

SolvV

Komponenten des Risikomanagementsystems

RISIKOKAPITALMANAGEMENT

Regulatorisches Risikomanagementsystem
- Eigenmittelstruktur - Einschränkungen bei der Übertragung von Finanzmitteln
- Eigenmittelstruktur - Beschreibung der aufsichtsrechtlichen Eigenmittelinstrumente
- Angemessenheit der Eigenmittelausstattung – Steuerung des ökonomischen Kapitals

Quantifizierung
- Eigenkapitalstruktur
- Kapitalanforderungen und Kapitalquoten

(Spaltenüberschriften: § 322 SolvV, § 323 SolvV, § 324 SolvV, § 325 SolvV, § 326 SolvV, § 327 SolvV, § 328 SolvV, § 329 SolvV, § 330 SolvV, § 331 SolvV, § 332 SolvV, § 333 SolvV, § 334 SolvV, § 335 SolvV, § 336 SolvV, § 337 SolvV)

IAS / IFRS

Kapitalmanagement

Komponenten des Risikomanagementsystems

RISIKOKAPITALMANAGEMENT

Ökonomisches Risikokapitalmanagement
- Ziele
- Definition des Kapitals
- Einbezug externer Mindestkapitalanforderungen in das Vorgehensweise zur Erfüllung der Kapitalziele
- Veränderungen von Zielen, Methoden und Prozessen gegenüber der
- Zusammengefasste Kapitalbestandteile zum Abschlussstichtag sowie Veränderungen gegenüber der vorangegangenen Berichtsperiode

Regulatorisches Risikokapitalmanagement
- Angaben zur Erfüllung der externen Mindestkapitalanforderungen in der Berichtsperiode (regulatorische Kapitalquoten)
- Konsequenzen bei Nichterfüllung der externen Mindestkapitalanforderungen

(Spaltenüberschriften: IAS 1.134, IAS 1.135a, IAS 1.135b, IAS 1.135c, IAS 1.135d, IAS 1.135e, IAS 1.136)

MaRisk

Komponenten des Risikomanagementsystems

RISIKOKAPITALMANAGEMENT

Allgemeine Anforderungen an das
- Risikotragfähigkeit
- Berücksichtigung bei den Strategien
- Begründung der den verwendeten
- Methoden zugrunde liegenden Annahmen

(Spaltenüberschriften: AT 1, AT 2.1, AT 2.2, AT 2.3, AT 3, AT 4.1)

Abbildung 82: Analyse der Anforderungen an die externe Risikoberichterstattung am Beispiel des Risikokapitalmanagements

Komponenten des Risikomanagementsystems	Kreditrisiko	Beteiligungsrisiko	Marktpreisrisiko	Liquiditätsrisiko	Operationelles Risiko	Strategisches Risiko	Qualitativ	Quantitativ	Erläuterungen quantitativ	Berichtszeitraum	Berichtsstichtag	Prognosezeitraum (DRS 5-10.22)	Interne Modelle (DRS 5-10.25)	Risikokonzentrationen (IFRS 7.34(c))	Veränderungen im Berichtsjahr (IFRS 7)	Vorjahresvergleich (DRS 5-10.13)	§§ 289, 315 HGB / DRS 5-10 / IDW PS 350 / IDW RH HFA 1.005	IAS 1 / IFRS 7	SolV	Inhaltlich verwandte MaRisk-Anforderungen
RISIKOKAPITALMANAGEMENT																				
Ökonomisches Risikokapitalmanagement																				
Ziele, Prozesse und Berichtswesen																				
Ziele: Sicherstellung der Angemessenheit der Eigenmittelausstattung	x	x	x		x	x	x			x						x	§§ 289, 315 HGB Abs. 2.2a	1.134; 1.135 (a)	325	AT 4.1
Einbezug externer Mindestkapitalanforderungen in das Kapitalmanagement							x									x		1.134; 1.135 (a)		
Vorgehensweise zur Erfüllung der Kapitalziele	x	x	x		x	x	x			x						x		1.134; 1.135 (a)		
Bereich und Art der Risikoberichterstattung	x	x	x		x	x	x			x						x	§§ 289, 315 HGB Abs. 2.2a	7.33b; 7.33c; 7.IG15 (b)		BTR 1
Methoden																				
Definition des Kapitals	x	x	x		x	x	x									x	§§ 289, 315 HGB Abs. 2.2a DRS 5-10.4;5.11;13-17	1.134; 1.135 (a)		
Koordination und Integration der Einzelrisiken	x	x	x		x	x	x			x						x	§§ 289, 315 HGB Abs. 2.2a	1.134; 1.135 (a)		
Verfahren der Zuteilung von Risikobudgets / der Risikokapitalallokation sowie Limitierung	x	x	x		x	x	x			x						x	§§ 289, 315 HGB Abs. 2.2a DRS 5-10.4;5.11;13-17,18	1.134; 1.135 (a)		
Verfahren der Risikokapitalallokation	x	x	x		x	x	x			x						x	§§ 289, 315 HGB Abs. 2.2a DRS 5-10.4;5.11;13;17;18	1.134; 1.135 (a)		
Annahmen bei Stresstests	x	x	x		x	x	x			x						x	§§ 289, 315 HGB Abs. 2.2a DRS 5-10.4;5.11;13;24b;25,26			
Veränderungen																				
Veränderungen von Zielen, Methoden und Prozessen	x	x	x		x	x	x			x					x	x		1.134; 1.135 (c)		
Eingeleitete oder geplante Änderungen des Risikomanagements	x	x	x		x	x	x			x							DRS 5-10.4;5.11;20			
Quantifizierung																				
Zusammengefasste Kapitalbestandteile	x	x	x		x	x		x	x							x	§§ 289, 315 HGB Abs. 1.4 DRS 5-10.4;5.11;13;24b;25 IDW RH HFA 1.005.33	1.134; 1.135 (b); 1.135 (c)		
Gesamtbild der Risikolage im Verhältnis zum Eigenkapital	x	x	x		x	x		x				x	x			x				
Erläuterung quantitativer Daten																				
Angaben zur Erfüllung der externen Mindeskapitalanforderungen in der Berichtsperiode	x	x	x		x	x			x							x		1.134; 1.135 (d)		
Konsequenzen bei Nichterfüllung der externen Mindeskapitalanforderungen	x	x	x		x	x			x							x		1.134; 1.135 (e)		
Stresstestergebnisse	x	x	x		x	x			x		x					x	§§ 289, 315 HGB Abs. 1.4 DRS 5-10.4;5.11;13;26			
Regulatorisches Risikokapitalmanagement																				
Risikomanagementsystem																				
Eigenmittelstruktur - Einschränkungen bei der Übertragung von Finanzmitteln	x	x	x		x	x	x			x									323	
Eigenmittelstruktur - Beschreibung der aufsichtsrechtlichen Eigenmittelinstrumente	x	x	x		x	x	x			x									324	
Quantifizierung																				
Eigenkapitalstruktur	x	x	x		x	x		x			x					x			324	
Kapitalanforderungen und Kapitalquoten	x	x	x		x	x		x			x					x			324	

blau = qualitative Angaben, rot = quantitative Angaben, violett = Erläuterungen quantitativer Angaben

Abbildung 83: Synopse der Anforderungen an die externe Risikoberichterstattung am Beispiel des Risikokapitalmanagements

Risikoberichtsdatenbank

[→ Gestaltungsprinzip 26]

Durch die Ergänzung der gesetzlichen Anforderungen und das Hinzufügen prozessrelevanter Informationen für jedes Berichtselement wird der Muster-Risikobericht zur zentralen und umfassenden Risikoberichtsdatenbank. Die Risikoberichtsdatenbank ist das Instrument zur operativen Steuerung des Risikoberichtsprozesses in inhaltlicher, organisatorischer und zeitlicher Hinsicht. Mit ihr werden die Datenanforderungen an die zuliefernden Einheiten in der Bank und im Konzern adressatenspezifisch aufbereitet. Die Risikoberichtsdatenbank hat folgende Struktur[388] (siehe *Abbildung 84*).

Die Konzepte der Risikoberichterstattung, die Offenlegungsrichtlinie und die Ablaufplanung werden den beteiligten Einheiten in der Muttergesellschaft und in den Tochtergesellschaften als verbindliche Grundlage für die Berichterstellung durch das *Team „Risikopublizität"* zur Verfügung gestellt. Eine Abstimmung der Grobkonzeption der Berichte und der Vorgehensweise der Berichterstellung mit dem Abschlussprüfer in dieser frühen Produktionsphase ist empfehlenswert, um aufwändigen Anpassungen zu einem späteren Zeitpunkt vorzubeugen.

Datenanforderung und Datenlieferung anhand des Muster-Risikoberichts

(Jahresberichte: November des Berichtsjahres bis Januar des Folgejahres / Halbjahresberichte: Juni bis Juli des Berichtsjahres)

Auf der Grundlage der Risikoberichtsdatenbank, die in der *Review-* und Konzeptionsphase aktualisiert wurde, werden die *Reporting-Packages* durch das *Team „Risikopublizität"* vorbereitet und versendet. Dabei handelt es sich in qualitativer Hinsicht um die Textbausteine und in quantitativer Hinsicht um die Offenlegungsformate. Parallel dazu werden die Rohentwürfe der Risikoberichte erstellt.

Die Datenlieferung durch die zuständige Einheiten des Konzernmutterunternehmens und die Lieferung durch die Tochterunternehmen erfolgt anhand der aus dem Muster-Risikobericht abgeleiteten *Reporting-Packages*. Das *Team „Risikopublizität"* überwacht die Lieferung in fachlicher und terminlicher Hinsicht.

---

388 Hierbei handelt es sich um eine verkürzte Prinzipdarstellung am Beispiel der Anforderungen an das Risikokapitalmanagement.

| BERICHTSKOMPONENTEN | IT-SYSTEME | | | | TEXT RISIKOBERICHT 2008 | ZUSTÄNDIGKEITEN UND TERMINE | | | | | | | | | | | | | Termine | |
	OFFICE	SAP	WinKONS	Säule 3		Risikopublizität/ Team	Konzernrisiko-controlling	Strategisches Controlling	Kreditrisiko-controlling	Liquiditäts-risikocontrolling	Marktkreis-risikocontrolling	OpRisk-Controlling	Financial Accounting	Meldewesen	Kredit	Handel	Treasury	Beginn	Ende
Risikokapitalmanagement																			
Strategie Risikokapitalmanagement					Das Risikokapitalmanagement ist ein integraler Bestandteil der Unternehmenssteuerung des Konzerns. Durch die aktive Steuerung der ökonomischen Kapitaladäquanz auf Basis der internen Risikomessmethoden sowie der aufsichtsrechtlichen Kapitaladäquanzanforderungen ist sichergestellt, dass die Risikonahme jederzeit im Einklang mit der Kapitalausstattung des Konzerns steht.		X	X										29.10.07	01.02.08
Organisation und Verantwortung					Der Vorstand der Bank legt die geschäftspolitischen Ziele und die Kapitalausstattung des Konzerns nach Rendite- und Risikogesichtspunkten fest. Er steuert das Risikoprofil in einem angemessenen Verhältnis zur Risikodeckungsmasse. Für das Risiko- und Kapitalmanagement und die Einhaltung der Risikotragfähigkeit auf Konzernebene ist die Bank verantwortlich. Die Konzerngesellschaften steuern und überwachen ihre jeweiligen Risiken im Rahmen des konzernweiten Risiko- und Kapitalmanagements eigenständig. Auf Konzernebene sind für die dezentrale Risikosteuerung Mindestvorgaben definiert.		X	X										29.10.07	01.02.08
Management der ökonomischen Kapitaladäquanz																			
Angemessenheit der Eigenmittelausstattung und Steuerung des ökonomischen Kapitals SolvV / Verweis auf handelsrechtlichen Konzern-Risikobericht					Die Angaben zur Angemessenheit der Eigenmittelausstattung und zur Steuerung des ökonomischen Kapitals werden im Kapitel "Management der ökonomischen Kapitaladäquanz" des Risikoberichts im Konzernlagebericht offen gelegt.	X												29.10.07	01.02.08
Messmethoden																			
Messmethoden des ökonomischen Kapitalmanagements					Das ökonomische Kapitalmanagement des Konzerns basiert auf den internen Risikomessmethoden. Diese berücksichtigen alle wesentlichen Risikoarten. Kreditrisiken, Beteiligungsrisiken, Marktpreisrisiken und versicherungstechnische Risiken werden dabei mit internen Modellen auf Basis von Value-at-Risk-Ansätzen und in geringem Umfang mit Ansätzen gemessen, die ein vergleichbares Verlustpotenzial ausdrücken. Die Abschätzung des Verlustpotenzials aus operationellen Risiken erfolgt auf Konzernebene mit dem aufsichtsrechtlichen Standardansatz. Die Quantifizierung der strategischen Risiken basiert grundsätzlich auf einer empirischen Benchmark-Analyse. Der Risikokapitalbedarf des Konzerns resultiert aus einer Aggregation über die Risikoarten aller Gesellschaften. Dabei werden Diversifikationseffekte zwischen verschiedenen Risikoarten innerhalb der Konzerngesellschaften berücksichtigt.		X	X										29.10.07	01.02.08
Risikodeckungsmasse und Konzern-Verlustobergrenze																			
Ableitung der Risikodeckungsmasse: Risikotragfähigkeit					Im Rahmen der Risikotragfähigkeitsanalyse wird dem Risikokapitalbedarf die Risikodeckungsmasse gegenübergestellt. Die Risikodeckungsmasse setzt sich aus dem bilanziellen Eigenkapital sowie offenen und stillen Reserven des Konzerns zusammen.		X	X										29.10.07	01.02.08
Risikodeckungsmasse 2008	X				sie beläuft sich zum Beschlusszeitpunkt für das Geschäftsjahr auf X Mrd. € (Vorjahr: X Mrd. €).		X	X										29.10.07	28.02.08
Verlustobergrenze 2008					Davon ausgehend hat der Vorstand die Verlustobergrenzen für das Jahr 2008 bestimmt.		X	X										29.10.07	28.02.08

blau = qualitative Angaben, rot = quantitative Angaben

Abbildung 84: Risikoberichtsdatenbank am Beispiel des Risikokapitalmanagements

Prüfung auf Vollständigkeit und Plausibilität

(Jahresberichte: Januar des Folgejahres / Halbjahresberichte: Juli des Berichtsjahres)

Nach Vorliegen der quantitativen Daten sind die Angaben auf rechnerische Korrektheit durch das *Team „Risikopublizität"* zu prüfen. Darüber hinaus sind Plausibilitätsprüfungen innerhalb und zwischen den Risikoberichten vorzunehmen. Dies gilt auch für die Erläuterungen zu den quantitativen Angaben. Zur Plausibilisierung kann auf die Ergebnisse der Synergieanalyse, die in *Abschnitt 5.2.2.2 (Synergien zwischen der aufsichtsrechtlichen und der handelsrechtlichen Risikoberichterstattung)* dargestellt wird, zurückgegriffen werden.

Konsolidierung, Berichterstellung und fachlicher Review

(Jahresberichte: Januar bis Februar des Folgejahres / Halbjahresberichte: Juli bis August des Berichtsjahres)

Im nächsten Schritt werden die quantitativen Angaben der Liefereinheiten durch das *Team „Risikopublizität"* auf Konzernebene aggregiert. Die vorliegenden Textangaben werden zu einem Konzernbild zusammengeführt und redaktionell überarbeitet. Schließlich werden Texte, Tabellen, Diagramme und Charts in das Ziellayout der Berichte überführt. Im Rahmen des fachlichen *Review* der qualitativen Angaben werden die konzernbezogenen Texte durch die zuständigen Facheinheiten des Konzernmutterunternehmens und durch jedes Tochterunternehmen auf Korrektheit überprüft. In gleicher Weise werden die konzernbezogenen quantitativen Angaben verifiziert. Die Risikoberichte gehen nach Abschluss dieser Prozessschritte vom Rohentwurfsstatus in den Entwurfsstatus über.

Vorlage und Freigabe

(Jahresberichte: Februar bis März des Folgejahres / Halbjahresberichte: August des Berichtsjahres)

Die Berichtsentwürfe sind in dieser Phase erneut mit dem Abschlussprüfer abzustimmen. Während die handelsrechtlichen Risikoberichte von dem Prüfer auf inhaltlicher Ebene daraufhin überprüft werden, ob sie im Einklang mit dem Konzernabschluss bzw. mit dem Jahresabschluss stehen, erstreckt sich die Prüfung der aufsichtsrechtlichen Risikoberichte auf eine inhaltliche Konsistenzprüfung mit den Risikolageberichten.[389] Die geprüften Berichtsentwürfe werden daraufhin den Liefereinheiten zur Freigabe bereitgestellt. Die

---

389 Zu den Aufgaben des Abschlussprüfers vgl. auch *Abschnitt 3.3.*

Dokumente erhalten nach Freigabe den Status „vorläufige Endfassung". Die vorläufigen Berichtsendfassungen werden anschließend der Geschäftsleitung zur finalen Freigabe vorgelegt. Nach erfolgter Zustimmung liegen die Endfassungen der Risikoberichte vor.

Publizierung

(Jahresberichte: April des Folgejahres / Halbjahresberichte: August des Berichtsjahres)

Im Anschluss an die Erteilung des Testats für den Konzernabschluss und den Konzernlagebericht bzw. für den Jahresabschluss und den Lagebericht werden die Publikationsfassungen der Risikobericht in deutscher und in englischer Sprache erstellt. In dieser Phase der finalen Layoutgestaltung ist sicherzustellen, dass die Publikationsfassungen der handelsrechtlichen Risikoberichte inhaltlich und redaktionell identisch mit den testierten Exemplaren sind. Die Veröffentlichung der Finanzberichte erfolgt einschließlich der handelsrechtlichen Risikoberichte im Internetauftritt des Instituts. Die Finanzberichte sind von der Bank im *elektronischen Bundesanzeiger* zu veröffentlichen. In der Regel werden qualitativ hochwertige Druckfassungen der Finanzberichte angefertigt.

Die aufsichtsrechtlichen Risikoberichte werden zeitgleich mit den Finanzberichten im Internetauftritt des Instituts offen gelegt. Die Tatsache der Veröffentlichung ist gemeinsam mit dem Hinweis auf das Offenlegungsmedium im *elektronischen Bundesanzeiger* bekanntzumachen. Die Bankenaufsicht ist über die Bekanntmachung im *elektronischen Bundesanzeiger* zu informieren. In der Regel werden auch von den aufsichtsrechtlichen Risikoberichten Druckfassungen, allerdings in einfacher Qualität und geringer Auflage, erstellt. Die entsprechenden Zuständigkeiten liegen wiederum beim *Team „Risikopublizität"*.

Dokumentation

(Jahresberichte: April des Folgejahres / Halbjahresberichte: September des Berichtsjahres)

Die Risikoberichte werden den Mitarbeitern des Konzerns über den Intranetauftritt bereitgestellt. Es empfiehlt sich, die Inhalte des Konzernrisikohandbuchs an den jährlichen Risikoberichte anzupassen, um die Konsistenz der extern und intern verfügbaren Angaben zum Risikomanagementsystem sicherzustellen.

5.   Synergiepotenziale

5.1   Einleitung

Im Rahmen der in *Abschnitt 4.4 (Offenlegungsinhalte)* vorgestellten Gestaltungsempfehlungen zur Umsetzung der risikobezogenen Offenlegungsanforderungen wurden die Synergiefelder zwischen den *Säule 3*-Berichten und den Risikolageberichten bereits abgesteckt. Ziel dieses Hauptkapitels ist die ausführliche Erläuterung der Synergiepotenziale
der externen Risikoberichterstattung, die in inhaltlicher, organisatorischer und technischer
Hinsicht bestehen. Das Konzept des *Management Approach* und die Verweistechnik sind
die Schlüssel für das Heben von Synergien in der externen Risikoberichterstattung. Der
Muster-Risikobericht ist das Instrument zur Identifikation von Synergiepotenzialen, die
sich aus gleichartigen Anforderungen ergeben.

Die Synergiepotenziale der aufsichtsrechtlichen und handelsrechtlichen Offenlegung können unter Verwendung eines Ampelkonzepts visualisiert werden:

- Die Farbe *Grün* symbolisiert umfangreiche Synergiepotenziale. Bezüglich der quantitativen Offenlegung signalisiert Grün die Identität der zu publizierenden Daten aus
  verschiedenen Regelungsbereichen.

- Die Farbe *Gelb* markiert inhaltlich verwandte Anforderungen, die jedoch nicht deckungsgleich sind und daher auch nicht durch eine zentrale Offenlegung umgesetzt
  werden können. Allerdings ist eine Plausibilisierung der quantitativen Angaben in den
  Risikoberichten möglich. In Teilen sind die Zahlenwerke auch ineinander überleitbar.

- Im Falle der *roten* Ampel handelt es sich um zwar grundsätzlich korrespondierende
  Themenbereiche, denen jedoch unterschiedliche Offenlegungskonzepte zugrunde liegen und die daher keine Synergiepotenziale bergen. Ein solcher Fall ist aufgrund der
  nachfolgenden Analyse allerdings nicht zu erkennen.

- Eine farblose Ampel schließlich wird dann verwendet, wenn eine Angabekategorie
  eines Regelungsbereichs keine Entsprechung im anderen Regelungsbereich findet.

5.2   Inhaltliche Synergien

5.2.1   Synergien innerhalb der handelsrechtlichen Risikoberichterstattung

Trotz bestehender Unterschiede bei Anwendungsbereich und Berichtstiefe sind die qualitativen und quantitativen risikoorientierten Offenlegungsanforderungen des *Handelsgesetzbuchs* und der *deutschen Rechnungslegungsstandards* einerseits und der *International Financial Reporting Standards* andererseits grundsätzlich konsistent. Durch die Ausübung von Gestaltungswahlrechten kann eine hinreichende Angleichung der Offenlegungsinhalte erreicht werden, sodass deren zentrale Umsetzung im handelsrechtlichen Risikolagebericht möglich ist. Auf diese Weise können umfangreiche Synergien realisiert werden.

5.2.2   Synergien zwischen der aufsichtsrechtlichen und der handelsrechtlichen Risikoberichterstattung[390]

5.2.2.1   Synergien der qualitativen Offenlegungsinhalte

Führendes Medium für die Offenlegung des Risikomanagementsystems auf Konzernebene ist der Risikolagebericht. Durch die Anwendung der Verweistechnik wird das Ziel einer möglichst umfassenden Offenlegung auch der regulatorischen Angaben im Risikolagebericht verfolgt. Daher ist in einem ersten Schritt zu prüfen, in welchem Umfang die qualitativen aufsichtsrechtlichen Offenlegungsanforderungen durch die Umsetzung der einschlägigen *IAS-/IFRS-* und *DRS*-Transparenzregeln abgedeckt werden.

Die Offenlegung des Risikomanagementsystems gemäß *Säule 3* kann in den Bereichen des Risikokapitalmanagements, des Kreditrisikos und des Beteiligungsrisikos in bedeutendem Umfang im Rahmen der handelsrechtlichen Risikoberichterstattung umgesetzt werden. Einige spezifische, an den Verfahren der *Säule 1* orientierte Angaben finden keine Entsprechung im Konzernrisikolagebericht. Sie sind daher separat für den *Säule 3*-Bericht zu erheben und sollten zweckmäßigerweise auch in diesem Bericht offen gelegt werden, um die Lageberichterstattung nicht zu überfrachten. Die Darstellung des Managementsystems für Marktpreisrisiken und für operationelle Risiken kann vollständig über den handelsrechtlichen Konzernrisikobericht abgedeckt werden. Qualitative Angaben zum generellen Risikomanagementsystem sowie für das Liquiditätsrisiko und das strategische Risiko sind in regulatorischer Hinsicht nicht erforderlich.

---

390 Zur Analyse von Synergiepotenzialen zwischen der Offenlegung nach *IFRS 7* und *Solvabilitätsverordnung* vgl. auch *Grünberger, D.; Klein, H. (2008) und Loewenich, B (2008)..* Allerdings wird in diesen Publikationen davon ausgegangen, dass das interne Kreditrisikomanagement im Wesentlichen auf dem bilanziellen Zahlenwerk beruht. Daher kommen die Autoren zu einer insgesamt kritischen Einschätzung der Synergiemöglichkeiten.

Bezüglich der handelsrechtlichen Risikoberichterstattung bezieht sich die Analyse der Synergiepotenziale auf gleich geartete Anforderungen der *Mindestanforderungen an das Risikomanagement* und des *KonTraG*. Hier ist zu konstatieren, dass die qualitativen Offenlegungsanforderungen für alle Risikoarten[391] grundsätzlich durch den Rückgriff auf etablierte Dokumentationen wie das Risikohandbuch und bestehende Fachkonzepte umfänglich erfüllt werden können.

Abbildung 85 veranschaulicht diese Zusammenhänge.

Berichtsteil	SolvV → DRS / IFRS	DRS / IFRS → MaRisk / KonTraG / RHB	
Generelles Risikomanagementsystem	Keine dem Handelsrecht entsprechenden SolvV-Anforderungen vorhanden	Die handelsrechtlichen Anforderungen werden umfassend durch MaRisk / KonTraG / Risikohandbuch abgedeckt	Konzernweites Risikomanagementsystem gemäß KonTraG und MaRisk - Dokumentation in Risikohandbuch
Risikokapitalmanagement	Die SolvV-Anforderungen werden überwiegend durch handelsrechtliche Anforderungen abgedeckt	Die handelsrechtlichen Anforderungen werden umfassend durch MaRisk / KonTraG / Risikohandbuch abgedeckt	
Kreditrisiko	Die SolvV-Anforderungen werden überwiegend durch handelsrechtliche Anforderungen abgedeckt	Die handelsrechtlichen Anforderungen werden umfassend durch MaRisk / KonTraG / Risikohandbuch abgedeckt	
Beteiligungsrisiko	Die SolvV-Anforderungen werden überwiegend durch handelsrechtliche Anforderungen abgedeckt	Die handelsrechtlichen Anforderungen werden umfassend durch MaRisk / KonTraG / Risikohandbuch abgedeckt	
Marktpreisrisiko	Die SolvV-Anforderungen werden umfassend durch handelsrechtliche Anforderungen abgedeckt	Die handelsrechtlichen Anforderungen werden überwiegend durch MaRisk / KonTraG / Risikohandbuch abgedeckt	
Liquiditätsrisiko	SolvV-Anforderungen, die dem Handelsrecht entsprechen, sind nicht vorhanden	Die handelsrechtlichen Anforderungen werden umfassend durch MaRisk / KonTraG / Risikohandbuch abgedeckt	
Operationelles Risiko	Die SolvV-Anforderungen werden umfassend durch handelsrechtliche Anforderungen abgedeckt	Die handelsrechtlichen Anforderungen werden umfassend durch MaRisk / KonTraG / Risikohandbuch abgedeckt	
Strategisches Risiko	SolvV-Anforderungen, die dem Handelsrecht entsprechen, sind nicht vorhanden	Die handelsrechtlichen Anforderungen werden überwiegend durch MaRisk / KonTraG / Risikohandbuch abgedeckt	

Abbildung 85: Synergien der qualitativen Offenlegungsinhalte

5.2.2.2 Synergien der quantitativen Offenlegungsinhalte

5.2.2.2.1 Einleitung

Auch bei der Analyse von quantitativen Synergiepotenzialen ist zunächst das Verhältnis zwischen den aufsichtsrechtlichen und handelsrechtlichen Angabepflichten zu überprüfen. Wie bei der qualitativen Offenlegung ist das Ziel eine möglichst redundanzfreie und konzise Offenlegung. Daher gibt die Analyse der Synergiepotenziale auch hier Aufschluss,

---

391 Beteiligungen sind gemäß *AT 2.3 (Textziffer 2)* der *MaRisk* Bestandteil des Kreditgeschäfts. Daher gelten die *MaRisk*-Anforderungen an das Kreditgeschäft analog für Beteiligungen. Strategische Risiken sind in der hier verwendeten Auslegung der *MaRisk* (vgl. *Abschnitt 3.1.4*) Teil des Gesamtrisikoprofils und unterliegen daher auf aggregierter Ebene dem Anwendungsbereich der *Mindestanforderungen*.

in welchem Umfang das regulatorische Zahlenwerk durch Verknüpfung mit gleichartigen handelsrechtlichen Offenlegungsanforderungen im Risikolagebericht umgesetzt werden kann.

In einem nächsten Schritt steht der Abdeckungsgrad der handelsrechtlichen Offenlegungsanforderungen durch die interne Risikoberichterstattung im Fokus der Synergiebetrach-
tung. Denn ein möglichst hoher Deckungsgrad zwischen Risikopublizität und interner
Risikoberichterstattung ist für die Effizienz des Berichterstellungsprozess von zentraler
Bedeutung. Hier kann ohne tiefer gehende Analyse festgestellt werden, dass die Synergien
mit dem an die Geschäftsleitung adressierten *MaRisk*-Berichtswesen aufgrund der Möglichkeit der weitgehenden Anwendung des *Management Approach* in der handelsrechtlichen Risikoberichterstattung erheblich sind. So werden mit Ausnahme der übernommenen Sicherheiten (*HR-KR-4*) und des nachverhandelten Kreditvolumens (*HR-KR-5*)
sämtliche Angabepflichten in den Risikolageberichten durch die interne Risikoberichterstattung abgedeckt.

Im Folgenden werden die einzelnen Synergiefelder zwischen der aufsichtsrechtlichen und
der handelsrechtlichen Risikoberichterstattung analysiert.

5.2.2.2.2 Synergien der quantitativen Angaben zum Risikokapitalmanagement

Aufgrund der grundlegenden konzeptionellen Unterschiede zwischen dem aufsichtsrechtlichen und dem ökonomischen Risikokapitalkonzept sind die jeweils spezifischen quantitativen Anforderungen unabhängig voneinander offen zu legen. Synergien ergeben sich
hier nur bezüglich der Eigenkapitalquoten auf Institutsgruppenebene, die Bestandteil sowohl des *Säule 3*-Berichts als auch des handelsrechtlichen Konzernrisikoberichts und des
Reportings an die Geschäftsleitung sind.

5.2.2.2.3 Synergien der quantitativen Angaben zum Kreditrisiko[392]

Einführung

Die Möglichkeiten zur Gewinnung von Synergien bei der quantitativen Darstellung des
Kreditrisikos müssen differenziert beurteilt werden. Ein grundsätzliches Hindernis für
den Abgleich der *IAS-/IFRS*-Darstellung des Kreditportfolios mit *Säule 3*-Angaben ist bereits durch Divergenzen innerhalb der regulatorischen Offenlegung bei der Behandlung
von Wertminderungen begründet: Während im *Kreditrisiko-Standardansatz* die Bemessungsgrundlage für die Berechnung der Eigenkapitalanforderungen durch den Abzug von
Einzelwertberichtigungen von den Inanspruchnahmen reduziert wird und Pauschalwert-

---

392 Vgl. auch *Loewenich, B. (2008)*, S. 415.

berichtigungen unberücksichtigt bleiben[393], weicht die Vorgehensweise bei den *IRB-Ansätzen* davon ab. Hier erfolgt die Anrechnung der Wertminderungen erst auf Ebene der ermittelten Eigenkapitalunterlegungsbeträge und nicht bereits bei der Ermittlung der Bemessungsgrundlage. Dabei werden sowohl die Einzelwertberichtigungen als auch Teile der Pauschalwertberichtigungen berücksichtigt. Aus diesem Grund sind die Kreditvolumina der beiden regulatorischen Ansätze nur eingeschränkt vergleichbar.

Konzentrationen im Kreditportfolio

Bei der Darstellung von Konzentrationen des Bruttokreditvolumens finden die handelsrechtlichen Angaben zum Gesamtportfolio bei den aufsichtsrechtlichen Offenlegungsanforderungen eine Entsprechung in den Angaben zum Bruttokreditvolumen (Tabellengruppe *AR-KR-4*). Aufgrund der Identität beider Angabebereiche kann in den *Säule 3*-Berichten auf die Risikolageberichte verwiesen werden. Die Offenlegung auf Gesamtportfolioebene erstreckt sich durch den Einbezug des Derivategeschäfts neben dem Anlagebuch auch auf das Handelsbuch. In diesem Bereich sind also maximale Synergien realisierbar.

Die Teilportfolios „Übernommene Sicherheiten" (Tabelle *HR-KR-4*) und „Nachverhandeltes Kreditvolumen" (Tabelle *HR-KR-5*) sind Bestandteil des Gesamtportfolios, das in den Offenlegungsformaten zu Branchenkonzentrationen (Tabelle *HR-KR-2a*), geografischen Konzentrationen (Tabelle *HR-KR-2b*) und Restlaufzeitkonzentrationen (Tabelle *HR-KR-3*) abgebildet wird. Für diese Teilportfolios liegen keine vergleichbaren Angabepflichten der *Solvabilitätsverordnung* vor.

Die regulatorisch geforderte Darstellung der derivativen Ausfallrisikopositionen im Anlagebuch und Handelsbuch (*AR-KR-8b(II)* und *AR-KR-8d*) findet sich grundsätzlich in der handelsrechtlichen Kategorie des Derivate- und Geldhandelsgeschäfts wieder, ist allerdings aufgrund der oben erläuterten unterschiedlichen Methoden und Bemessungsgrundlagen nur eingeschränkt mit den Angaben im Risikolagebericht vergleichbar. Dies gilt analog für das aufsichtsrechtliche Teilportfolio der Verbriefungen des Anlagebuchs (*AR-KR-9d*, *AR-KR-9j*, *AR-KR-9f* und *AR-KR-9gi(II)*), die in den handelsrechtlichen Risikoberichten in der spezifischen regulatorischen Abgrenzung ohne Bedeutung sind. Insofern können hier keine unmittelbaren Synergien gewonnen werden.

Gesichertes Kreditvolumen

Die handelsrechtliche Offenlegung des gesicherten Exposures erfolgt in Tabelle *HR-KR-6* und bezieht sich einerseits auf das klassische Kreditgeschäft im Anlagebuch und andererseits auf das Handelsgeschäft. Damit sind die Angaben zum klassischen Kreditgeschäft

---

393 Allerdings werden Teile der Pauschalwertberichtigungen den Eigenmitteln zugeführt, was *ceteris paribus* zu einer Erhöhung der Kapitalquoten führt.

vergleichbar mit der regulatorisch geforderten Offenlegung des gesicherten Exposures, die in Tabellengruppe *AR-KR-7* umgesetzt wird und ebenfalls das Anlagebuch umfasst. Die Angaben zum Handelsgeschäft in dieser Tabelle des Risikolageberichts entsprechen hinsichtlich des Anwendungsbereichs wiederum de aufsichtsrechtlichen Tabelle *AR-KR-8b(I)*. Aufgrund der unterschiedlichen Konzepte der Sicherheitenbewertung und -anrechnung, und wegen der bereits erläuterten Problematik unterschiedlicher Bemessungsgrundlagen im *Kreditrisiko-Standardansatz* und im *IRB-Ansatz*, sind die aufsichtsrechtlichen Angabepflichten zum gesicherten Exposure im Anlagebuch nur bedingt vergleichbar mit der entsprechenden handelsrechtlichen Offenlegung. Synergien sind daher nur im Sinne einer Plausibilisierung der handelsrechtlichen mit den regulatorischen Angaben möglich.

Die aufsichtsrechtliche Offenlegung der derivativen Adressenausfallrisikopositionen vor und nach Risikominderung sowie die Darstellung der zur Absicherung der derivativen Ausfallrisikopositionen genutzten Kreditderivate, die sich auf das Anlagebuch und das Handelsbuch beziehen, findet keine Entsprechung in den handelsrechtlichen Risikoberichten. Synergiepotenziale sind demnach nicht vorhanden.

Qualität des Kreditportfolios

Die in den Risikolageberichten offen gelegte Bonitätsstruktur des Gesamtportfolios, die sich auf das klassische Kreditgeschäft, das Wertpapiergeschäft und das Derivate- und Geldhandelsgeschäft bezieht und damit Anlagebuch- und Handelsbuchpositionen umfasst, ist bezüglich des Anwendungsbereichs mit den kumulierten *Säule 3*-Angaben zu den *KSA*- und *IRBA*-Positionswerten (Tabellengruppen *AR-KR-5* und *AR-KR-6*) sowie den zurückbehaltenen und gekauften Verbriefungspositionen (Tabelle *AR-KR-9gi(I)*) vergleichbar. Allerdings sind die aufsichtsrechtlichen Risikogewichte nicht unmittelbar in die internen und externen Ratingklassen überführbar, sodass ein Abgleich der Besetzung der Bonitätsklassen nicht ohne Weiteres möglich ist. Auch weicht das handelsrechtliche Zahlenwerk von den regulatorischen Werten in inhaltlicher Hinsicht aufgrund der Unterschiede der verwendeten Kreditbegriffe und der Anrechnung von Risikominderungstechniken und Wertminderungen ab. Synergien können mithin nur in eingeschränktem Umfang erzielt werden; sie beziehen sich auf die Plausibilisierung von handelsrechtlichen und regulatorischen Angaben.

Die Angaben zum Kreditvolumen im weder wertgeminderten noch überfälligen Portfolio nach Ratingklassen und Branchen bzw. Ländern (Tabellen *HR-KR-8a / 8b*) stellen den hinsichtlich der Bonität einwandfreien Ausschnitt des Gesamtportfolios dar. Da keine vergleichbare *Säule 3*-Anforderung besteht, sind Synergiebetrachtungen hier nicht relevant.

Leistungsgestörtes Kreditvolumen sowie Wertminderungen und Verluste im Kreditgeschäft

Die Angaben im Risikolagebericht zum überfälligen, nicht wertgeminderten Kreditvolumen und den korrespondierenden Sicherheiten (Tabellen *HR-KR-9a / 9b*) sowie die Werte für das Kreditvolumen und die Sicherheiten im einzelwertgeminderten Portfolio (Tabellen *HR-KR-10a / 10b*) bilden zwei sich ergänzende Teilbereiche zur Offenlegung des leistungsgestörten Kreditvolumens ab. Die ebenfalls in den handelsrechtlichen Risikoberichten zu publizierenden Angaben zu Wertberichtigungen und Rückstellungen im Kreditgeschäft zeigen das Ausmaß der Leistungsstörung auf. Die aufsichtsrechtliche Anforderung der Offenlegung notleidender und in Verzug geratener Kredite ist konsistent mit dem Zahlenwerk der handelsrechtlichen Risikoberichterstattung. Aufgrund der Verweismöglichkeit aus dem *Säule 3*-Bericht auf den Risikolagebericht sind maximale Synergien realisierbar.

Die regulatorischen Anforderungen zur Offenlegung von Verlusten, die bezüglich des *IRB*-Portfolios mit den Tabellen *AR-KR-6e* und *AR-KR-6f* und für Verbriefungen mit Tabelle *AR-KR-9e* umgesetzt werden, haben kein Pendant bei den *DRS*- bzw. *IAS-/IFRS*-Transparenzregeln. Dies ist darauf zurückzuführen, dass im *Säule 3*-Bericht eine Eingrenzung auf das *IRBA-Portfolio* erfolgt, während die Kategorisierung des Kreditgeschäfts nach einem regulatorischen Kalkulationsansatz in der handelsrechtlichen Offenlegung unbekannt ist. Zudem ist die aufsichtsrechtliche Verlustdefinition, die lediglich Ausschnitte der Einzelwertberichtigungen umfasst, aus der Darstellung der Risikovorsorge im Risikolagebericht nicht unmittelbar ersichtlich ist, da diesbezüglich keine *DRS*- bzw. *IAS-/IFRS*-Angabepflichten bestehen. Allerdings werden Verlustangaben aufgrund der Vorschriften von *§ 151 Absatz 4 SolvV* durch das interne Management-Reporting abgedeckt, sodass hier direkte Synergien zur internen Risikoberichterstattung realisierbar sind.

5.2.2.2.4 Synergien der weiteren quantitativen Angaben

Beteiligungsrisiko

Im Bereich der Beteiligungsrisiken (*AR-BR-13* bzw. *HR-BR-1a* und *HR-BR-1b*) sind – trotz der inhaltlichen Nähe zwischen der aufsichtsrechtlichen und der handelsrechtlichen Offenlegung – wiederum unterschiedliche Bemessungsgrundlagen die Ursache für fehlende Synergien in der Berichterstattung. Dies ist insbesondere auf den Beteiligungsbegriff der *Solvabilitätsverordnung* zurückzuführen, der von dem der externen Rechnungslegung und der internen Steuerung abweicht.[394]

---

394 Vgl. auch *Hosemann, D. / Neisen, M. / Tijok, C. (2008)*, S. 160ff.

Marktpreisrisiko

Dagegen wird das gemäß *Säule 3* offen zu legende Zinsänderungsrisiko im Anlagebuch (*AR-MR-14b*) unmittelbar durch die Angaben zum *Value-at-Risk* (*HR-MR-1*) in den handelsrechtlichen Risikoberichten abgedeckt, sofern das Zinsänderungsrisiko in die interne *Value-at-Risk*-Steuerung einbezogen ist. Für den *Value-at-Risk* der Handelsbereiche, dessen Entwicklung in der Berichtsperiode im Risikolagebericht häufig in Diagrammform (*HR-MR-2*) dargestellt wird sowie die Ergebnisse des *Backtesting* der Handelsbereiche (*HR-MR-3*) besteht gemäß *Solvabilitätsverordnung* keine Offenlegungspflicht.

Liquiditätsrisiko, operationelles Risiko und strategisches Risiko

Da Liquiditätsrisiken und strategische Risiken nicht im Anwendungsbereich der *Solvabilitätsverordnung* liegen, entfällt eine Synergieanalyse für diese Risikoarten. Die quantitative aufsichtsrechtliche Offenlegung von operationellen Risiken beschränkt sich auf die Eigenkapitalanforderungen, die bereits im Rahmen der Synergien im Risikokapitalmanagement abgehandelt wurden.

5.2.3   Synergien zwischen der SolvV-Meldung und der aufsichtsrechtlichen Risikoberichterstattung

Aufgrund der engen Verknüpfung von *Säule 3* und Meldewesen können nahezu alle regulatorischen Tabellenformate, die gemäß der Offenlegungskonzeption durch das Meldewesen abgedeckt werden[395], mit *Säule 1*-Daten befüllt werden – entweder durch unveränderte Übernahme oder nach Durchlaufen weiterer Verarbeitungsschritte. Einige wenige *Säule 3*-Tabellen – obwohl sie konzeptionell auf der *Säule 1* aufbauen – finden keine Entsprechung im Meldewesen. Hierbei handelt es sich um die Formate *AR-RKM-1e (Gesamtbetrag der Kapitalunterdeckung aller Tochterunternehmen, die der Abzugsmethode unterliegen), AR-KR-8c (Nominalwert der Kreditderivate nach Nutzungsartweitere), AR-KR-6e (Tatsächliche Verluste im Kreditgeschäft)* und *AR-KR-9e (Wertberichtigte und in Verzug befindliche verbriefte Forderungen sowie in der laufenden Periode realisierte Verluste).*

---

395 Damit sind die Tabellen *AR-KR-4d, AR-KR-4bc, AR-KR-4e, AR-KR-4fd* und *AR-MR-14b* von dieser Betrachtung ausgeschlossen.

5.2.4 Zusammenfassung der quantitativen Synergien

Die *Abbildungen 86* bis *88* zeigen die Synergiepotenziale der quantitativen Offenlegung im Überblick. Die grün markierten Synergiepotenziale bedeuten für das Verhältnis von Aufsichtsrecht und Handelsrecht die Möglichkeit einer umfassenden, zentralisierten Umsetzung von *Säule 3*-Anforderungen mit handelsrechtlichen Offenlegungsformaten. Gelb gekennzeichnete Synergiefelder führen zwar nicht zu einer redundanzfreien Umsetzung, können jedoch für die Plausibilisierung regulatorischer und handelsrechtlicher Angaben verwendet werden. Themenbereiche, die sich zwar grundsätzlich entsprechen, denen jedoch unterschiedliche Offenlegungskonzepte zugrunde liegen, sind nicht erkennbar; daher erscheint in den Übersichten auch keine rote Ampelfarbe.

INTERNES RISIKOBERICHTSWESEN

Berichtsteil	Meldebögen	Säule 3	DRS / IFRS	MaRisk
Risikokapitalmanagement	Keine den Säule 3-Anforderungen entsprechenden Meldeanforderungen vorhanden	AR-RKM-1e: Gesamtbetrag der Kapitalunterdeckung aller Tochterunternehmen, die der Abzugsmethode unterliegen	Keine der Säule 3 entsprechenden DRS-/IFRS-Anforderungen vorhanden	•••
	Q-ÜB	AR-RKM-2be: Eigenkapitalstruktur	HR-RKM-1: Komponenten der Risikodeckungsmasse → AT 4.3.2: Risikoberichtswesen	•••
	▪ Q-ÜB ▪ KSA Q1 bis Q14, KSA QV ▪ IRBA Q1a bis Q4a; Q1 bis Q4 ▪ IRBA QB, QN, QS, QSA: QV	AR-RKM-3be: Eigenkapitalanforderungen	HR-RKM-2: Verlustobergrenzen und Risikokapitalbedarf → AT 4.3.2: Risikoberichtswesen	•••
	▪ Q-ÜB ▪ E-ÜB	AR-RKM-3f: Eigenkapitalquoten	HR-RKM-4: Eigenkapitalquoten auf Institutsgruppenebene (gemäß AR-RKM-3f)	•••
Konzentrationen im gesamten Kreditportfolio	Keine dem Handelsrecht entsprechenden Meldeanforderungen vorhanden	AR-KR-4d: Bruttokreditvolumen nach Hauptbranchen und Forderungsarten → HR-KR-2a: Kreditrisikokonzentration nach Branchen	HR-KR-2a → AT 4.3.2: Risikoberichtswesen / BTR 1: Adressenausfallrisiken	•••
	Keine dem Handelsrecht entsprechenden Meldeanforderungen vorhanden	AR-KR-4bc: Bruttokreditvolumen nach geografischen Hauptgebieten und Forderungsarten → HR-KR-2b: Kreditrisikokonzentration nach Ländergruppen	HR-KR-2b → AT 4.3.2: Risikoberichtswesen / BTR 1: Adressenausfallrisiken	•••
	Keine dem Handelsrecht entsprechenden Meldeanforderungen vorhanden	AR-KR-4e: Vertragliche Restlaufzeiten → HR-KR-3: Kreditvolumen nach Restlaufzeiten	HR-KR-3 → AT 4.3.2: Risikoberichtswesen / BTR 1: Adressenausfallrisiken	•••
Konzentrationen bei derivativen Adressenausfallrisikopositionen	▪ KSA QS ▪ IRBA QS	AR-KR-8b(II): Anzurechnendes Kontrahentenausfallrisiko, bezogen auf derivative Ausfallrisikopositio-nen und differenziert nach	Keine der Säule 3 entsprechenden DRS-/IFRS-Anforderungen vorhanden	•••
	Keine den Säule 3-Anforderungen entsprechenden Meldeanforderungen vorhanden	AR-KR-8d: Geschätzter Alpha-Faktor		
Verbriefung eigener Forderungen	▪ KSA QV ▪ IRBA QV	AR-KR-9d: Gesamtbetrag der verbrieften Forderungen	Keine der Säule 3 entsprechenden DRS-/IFRS-Anforderungen vorhanden	•••
	▪ KSA QV ▪ IRBA QV	AR-KR-9j: Verbriefungsaktivitäten der Berichtsperiode		
Konzentrationen bei Verbriefungen	▪ KSA QV ▪ IRBA QV	AR-KR-9f: Gesamtbetrag der zurückbehaltenen oder gekauften Verbriefungspositionen	Keine der Säule 3 entsprechenden DRS-/IFRS-Anforderungen vorhanden	•••
	▪ KSA QV ▪ IRBA QV	AR-KR-9g(II): Verbriefungen im Early Amortisation-Ansatz		

Abbildung 86: Synergien der quantitativen Offenlegungsinhalte – Risikokapitalmanagement und Kreditrisiko (Teil 1)

INTERNES RISIKOBERICHTSWESEN

Berichtsteil	Meldebögen	Säule 3	DRS / IFRS	MaRisk
Konzentrationen in Sonderportfolien	Keine dem Handelsrecht entsprechenden SolvV-Anforderungen vorhanden	Keine dem Handelsrecht entsprechenden SolvV-Anforderungen vorhanden	HR-KR-4: Übernommene Sicherheiten	
	Keine dem Handelsrecht entsprechenden SolvV-Anforderungen vorhanden	Keine dem Handelsrecht entsprechenden SolvV-Anforderungen vorhanden	HR-KR-5: Nachverhandeltes Kreditvolumen nach Branchen und Ländergruppen	
Gesichertes Kreditvolumen	▪ KSA QS ▪ IRB QS, QSA	AR-KR-7b: Gesichertes Exposures im Kreditrisiko-Standardansatz (ohne Verbriefungen) AR-KR-7c: Gesicherten Exposures im IRB-Ansatz (ohne Verbriefungen)	HR-KR-6: Gesichertes Kreditvolumen nach Sicherheitenarten → AT 4.3.2: Risikoberichtswesen → BTR 1: Adressenausfallrisiken	
	▪ KSA QS ▪ IRB QS, QSA	AR-KR-8b(I): Derivative Adressenausfallrisikopositionen vor und nach Anrechnung von Aufrechnungsvereinbarungen und von Sicherheiten		
	▪ KSA QS ▪ IRB QS, QSA	AR-KR-8b(II): Nominalwert der aufsichtsrechtlich anrechenbaren Kreditderivate, die zur Besicherung von derivativen Adressenausfallrisikopositionen genutzt werden	Keine der Säule 3 entsprechenden DRS-/IFRS-Anforderungen vorhanden	
	Keine den Säule 3-Anforderungen entsprechenden Meldeanforderungen vorhanden	AR-KR-8c: Nominalwert der Kreditderivate nach Nutzungsart		
Qualität des Kreditportfolios	▪ KSA QS, QV ▪ IRB QB, QS, QSA	AR-KR-5b(I): Positionswerte des KSA sowie der Positionswerte für Beteiligungen und grundpfandrechtlich besicherte Positionen, die der einfachen Risikogewichtsmethode unterliegen	HR-KR-7: Bonitätsstruktur des Kreditportfolios	
	IRB QS, QSA	AR-KR-5b(II): Positionswerte für Spezialfinanzierungen, die der einfachen Risikogewichtungsmethode unterliegen	HR-KR-8a/8b: Kreditvolumen im weder wertgeminderten noch überfälligen Portfolio nach Ratingklassen und Branchen / Ländern	
	IRB QB QN, QS QSA	AR-KR-6d(I): Kreditvolumen nach PD-Klassen (ohne Retail) im IRB-Ansatz	→ AT 4.3.2: Risikoberichtswesen	
	IRB QB, QN, QS, QSA	AR-KR-6d(II): Kreditvolumen nach PD-Klassen (ohne Retail) im fortgeschrittenen-IRB-Ansatz		
	IRB QB, QN, QS, QSA	AR-KR-6d(IV): Inanspruchnahmen und Kreditzusagen für Retailportfolios – EL-bezogener Retail-IRB-Ansatz	→ BTR 1: Adressenausfallrisiken	
	IRBA QV	AR-KR-9g(I): Gesamtbetrag und Eigenkapitalanforderungen bei zurückbehaltenen oder gekauften Verbriefungspositionen nach Risikogewichtsbändern		

Abbildung 87: Synergien der quantitativen Offenlegungsinhalte – Kreditrisiko (Teil 2)

INTERNES RISIKOBERICHTSWESEN

Berichtsteil	Meldebögen	Säule 3	DRS / IFRS	DRS / IFRS	MaRisk
Leistungsgestörtes Kreditportfolio sowie Risikovorsorge und Verluste im Kreditgeschäft	Keine dem Handelsrecht entsprechenden Meldeanforderungen vorhanden	AR-KR-4f / 4g: Notleidende und in Verzug geratene Kredite nach Hauptbranche / nach geografischem Hauptgebiet	HR-KR-9a / 9b: Überfälliges nicht wertgemindertes Kreditvolumen und Sicherheiten nach Ratingklassen und Sicherheiten in einzelwertgemindertem Portfolio nach Branchen / nach	HR-KR-9a / 9b	●●●
			HR-KR-10a / 10b: Kreditvolumen und Sicherheiten in einzelwertgemindertem Portfolio nach Branchen / nach Ländergruppen	HR-KR-10a / 10b	●●●
			HR-KR-11a / 11b: Risikovorsorge nach Branchen / nach Ländergruppen	HR-KR-11a / 11b → AT 4.3.2: Risikoberichtswesen; → BTR 1: Adressenausfallrisiken	●●●
			HR-KR-12a / 12b: Rückstellungen für Kreditzusagen sowie Verbindlichkeiten aus Finanzgarantien und Kreditzusagen nach Branchen / nach Ländergruppen	HR-KR-12a / 12b → AT 4.3.2: Risikoberichtswesen; → BTR 1: Adressenausfallrisiken; → § 151 Abs. 4 SolvV	●●●
	Keine den Säule 3-Anforderungen entsprechenden Meldeanforderungen vorhanden	AR-KR-6a: Tatsächliche Verluste im Kreditgeschäft			
	IRB QB QN, QS QSA	AR-KR-6f: Verlustschätzungen und tatsächliche Verluste im Kreditgeschäft		Keine der Säule 3 entsprechenden DRS-/IFRS-Anforderungen vorhanden	●●●
	Keine den Säule 3-Anforderungen entsprechenden Meldeanforderungen vorhanden	AR-KR-9e: Wertberichtigte und in Verzug befindliche verbriefte Forderungen sowie in der laufenden Periode realisierte Verluste			
Beteiligungsrisiko	■ KSA Q ■ IRBA QV Teilweise Q-ÜB	AR-BR-13bc: Wertansätze für Beteiligungsinstrumente	HR-BR-1a: Volumen nicht konsolidierter Beteiligungen nach Branchen	→ AT 4.3.2: Risikoberichtswesen; → BTR 1: Adressenausfallrisiken	●●●
		AR-BR-13de: Realisierte und unrealisierte Gewinne bzw. Verluste aus Beteiligungsinstrumenten gemäß Rechnungslegung	HR-BR-1b: Volumen nicht konsolidierter Beteiligungen nach Ländergruppen		●●●
Marktpreisrisiko	Keine dem Handelsrecht entsprechenden Meldeanforderungen vorhanden	AR-MR-14b: Zinsänderungsrisiken im Anlagebuch	HR-MR-1: Value-at-Risk des Gesamtportfolios	→ AT 4.3.2: Risikoberichtswesen; → BTR 2.1: Marktpreisrisiken	●●●
		Keine dem Handelsrecht entsprechenden Säule 3-Anforderungen vorhanden	HR-MR-2: Value-at-Risk der Handelsbereiche	→ AT 4.3.2: Risikoberichtswesen; → BTR 2.1: Marktpreisrisiken	●●●
		Keine dem Handelsrecht entsprechenden Säule 3-Anforderungen vorhanden	HR-MR-3: Ergebnisse des Backtestings der Handelsbereiche	→ AT 4.3.2: Risikoberichtswesen; → BTR 2.1: Marktpreisrisiken	●●●
Liquiditätsrisiko	Keine dem Handelsrecht entsprechenden Meldeanforderungen vorhanden	Keine dem Handelsrecht entsprechenden Säule 3-Anforderungen vorhanden	HR-LR-1: Liquiditätsüberschuss bis 1 Jahr; HR-LR-2: Long-term Ratio; HR-LR-3: Unbesicherte kurz- und mittelfristige Refinanzierung	→ AT 4.3.2: Risikoberichtswesen; → BTR 3: Liquiditätsrisiko	●●●

Abbildung 88: Synergien der quantitativen Offenlegungsinhalte – Kreditrisiko (Teil 3), Beteiligungsrisiko, Marktpreisrisiko und Liquiditätsrisiko

5.3   Synergien bei Organisation und IT-Infrastruktur

Sofern dem Risikocontrolling die zentrale Verantwortung für alle Fragen zur Risikopublizität übertragen worden sind, können in organisatorischer Hinsicht umfangreiche Synergien zwischen der Erstellung der handelsrechtlichen und der aufsichtsrechtlichen Risikoberichte gewonnen werden.

Insbesondere ist bei der handelsrechtlichen Risikoberichterstattung gemäß *DRS* und *IAS/IFRS* aufgrund der inhaltlichen Übereinstimmung der beiden Regelungsbereiche in organisatorischer Hinsicht die Nutzung derselben Geschäftsprozesse möglich. Darüber hinaus bestehen umfangreiche Synergien bei der Verwendung einer zentralen *IT*-Infrastruktur.

Entscheidende Faktoren für eine kostenoptimale *IT*-Infrastruktur der aufsichtsrechtlichen Risikoberichte sind einerseits der Integrationsgrad zwischen der *Säule 1*- und der *Säule 3*-Software und andererseits das Ausmaß der Integration von Tochterunternehmen in das Meldewesen des Mutterunternehmens (*Insourcing*). Bei vollständiger Softwareintegration und umfassendem *Insourcing* können umfangreiche Synergien freigesetzt und erhebliche Kosteneinsparungen erzielt werden.

Die Nutzung eines gemeinsamen Publizierungssystems für alle externen Risikoberichte (*Desktop Publishing*) stellt einen weiteren Synergiefaktor dar.

5.4   Zusammenfassung der Synergiepotenziale

Aufgrund der Konsistenz der *DRS*- und *IAS-/IFRS*-Anforderungen an die Risikopublizität sind Synergien innerhalb der handelsrechtlichen Risikoberichterstattung in inhaltlicher, organisatorischer und *IT*-Hinsicht realisierbar. Mit den handelsrechtlichen Risikoberichten werden die kapitalmarktrechtlich geforderten Risikoangaben vollständig erfüllt.

Fast sämtliche aufsichtsrechtlichen Anforderungen an die qualitative Offenlegung entsprechen gleich gearteten handelsrechtlichen Regelungen, die wiederum fast durchgängig aufgrund der Vorgaben von *Säule 2* bzw. *MaRisk* und *KonTraG* an die Einrichtung eines Risikomanagementsystems erfüllt werden können. Dabei stellt der Rückgriff auf die Dokumentationen im Risikohandbuch und in Fachkonzepten eine sachgerechte Umsetzung sicher. Die aufsichtsrechtlichen Anforderungen an die quantitative Offenlegung werden teilweise durch vergleichbare handelsrechtliche Anforderungen abgedeckt, bei deren Implementierung das vorhandene interne *MaRisk*-Berichtswesen genutzt werden kann. In anderen Teilen sind keine Synergien realisierbar.

Sowohl die qualitative als auch die quantitative aufsichtsrechtliche und handelsrechtliche Offenlegung können sich überwiegend auf vorhandene organisatorische Grundlagen im *Risikocontrolling*, *Financial Accounting* und *Meldewesen* stützen. Insbesondere eine *IT*-

Infrastruktur für *Säule 3*, die auf den Systemen und Schnittstellen des Meldewesens aufbaut, kann umfassend zur Realisierung von Synergien beitragen.

Trotz dieser Befunde ist die These des *IASB*, dass bei Anwendung der Umsetzungsempfehlungen zu *IFRS 7* ein zentraler, widerspruchsfreier Risikobericht erstellt werden kann, kritisch zu beurteilen.[396] Auch die im *Baseler* Dokument geäußerte Absichtserklärung des *Baseler Ausschusses für Bankenaufsicht*, ein komplementäres Verhältnis zwischen den regulatorischen Offenlegungsanforderungen und den Transparenzregeln des externen Rechnungswesens sicherzustellen[397], konnte in der Gesetzespraxis nur teilweise umgesetzt werden.

Abbildung 89 fasst die Synergiepotenziale zusammen:

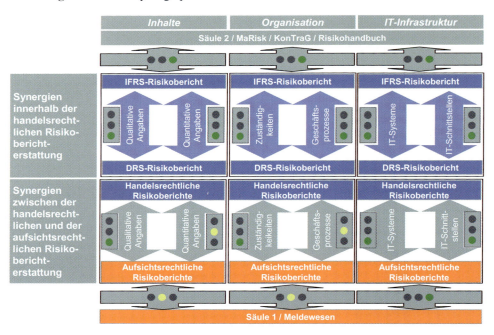

Abbildung 89: Synergiepotenziale der externen Risikoberichterstattung im Überblick

396 Vgl. *IFRS 7.BC41.*
397 Vgl. *Basel II (2004), Textziffer 813.*

6. Projektumsetzung

6.1 Grundlagen des Offenlegungsprojekts

Projektdefinition

Bei der Umsetzung der risikobezogenen Offenlegungsanforderungen handelt es sich um ein komplexes Vorhaben mit erheblichen fachlichen, technischen und prozessualen Schnittstellen zu diversen Funktionsbereichen eines Kreditinstituts. Die Umsetzungsdauer wird in der Regel mehr als drei Monate betragen. Zudem erstreckt sich die Projektarbeit sowohl auf das berichtspflichtige Kreditinstitut selbst als auch auf die zu berücksichtigenden Tochtergesellschaften. Damit sind die üblichen Kriterien für die Einstufung eines Vorhabens als Projekt erfüllt.

Projektziele

Das Offenlegungsprojekt verfolgt im Wesentlichen die in *Abschnitt 3.4.2 (Zielsetzungen der berichterstattenden Kreditinstitute)* dargelegten generellen inhaltlichen Ziele, die mit der Risikopublizität eines Kreditinstituts verbunden sind. Zudem stellen die spezifischen Ziele der Standardsetzer und der Bankenaufsicht sowie der Ratingagenturen von dem Kreditinstitute zu beachtende Nebenbedingungen dar. Darüber hinaus sind die gegebenen Budget- und Terminrestriktionen einzuhalten.

Projektauftrag

Das Projekt sollte sämtliche risikobezogenen Offenlegungsanforderungen im Fokus haben. Je nach Umsetzungsstand sind die Offenlegungsanforderungen entweder Bestandteil des Projektauftrags oder aber zu beachtende Randbedingungen. In vielen Häusern werden die Anforderungen des *DRS 5-10* bereits seit geraumer Zeit vollständig oder teilweise erfüllt. Auch existieren häufig bewährte Prozesse zur Erfüllung der kapitalmarktrechtlichen Anforderungen an die risikobezogenen Angaben in Emissionsprospekten.

In der Praxis werden aufgrund der gesetzlich vorgeschriebenen Termine zur Erstumsetzung zum 31. Dezember 2007 (*IFRS 7*) bzw. zum 31. Dezember 2008 (*Teil 5 der Solvabilitätsverordnung*) in den meisten Fällen bereits Insellösungen für die *Säule 3*-Offenlegung und die handelsrechtliche Risikoberichterstattung vorhanden sein. Je nach Aufstellung des Kreditinstituts handelt es sich bei der handelsrechtlichen Offenlegung möglicherweise wiederum um voneinander unabhängige Umsetzungen des *DRS 5-10* und der risikobezogenen *IAS-/IFRS*-Anforderungen. Die Aufgabe eines gesamthaften Umsetzungsprojekts zur Risikopublizität besteht in diesen Fällen darin, bestehende Realisierungen auf Erfüllung der gesetzlichen Anforderungen zu überprüfen, gegebenenfalls Änderungen oder Erweiterungen zu konzipieren und schließlich eine optimale Umsetzung unter Berücksichtigung der Interdependenzen zwischen den Regelungsbereichen zu erzielen.

Zur kostenoptimalen Erfüllung der Offenlegungsanforderungen sollte besonderes Augenmerk auf die maschinelle Unterstützung des gesamten Prozesses der regulatorischen Risikoberichterstattung gelegt werden, soweit dies wirtschaftlich darstellbar ist. Nicht zuletzt empfiehlt es sich, bei dem Projektdesign Abhängigkeiten zu anderen laufenden Offenlegungsvorhaben des Kreditinstituts zu berücksichtigen, damit eine konsistente Kapitalmarktkommunikation über alle Fachthemen hinweg erreicht werden kann.

Projektstruktur

Die Projektstruktur ist ein Spiegelbild der hier vorgestellten Konzeption der externen Risikoberichterstattung. Dies gilt sowohl für die inhaltliche Ausrichtung als auch für technische und prozessuale Fragestellungen. Insbesondere aber sollte die Federführung für die Projektumsetzung, wie auch in der späteren Linienbetreuung der Risikoberichterstattung, im Fachbereich Risikocontrolling liegen.

6.2   Projektteam, Aufgabenverteilung und Vorgehensmodell

Projektteam und Aufgabenverteilung

Die Zusammensetzung des Projektteams und die Kernaufgaben der Teilteams gehen aus der folgenden Abbildung hervor:

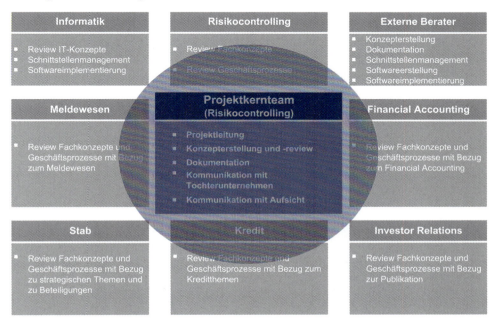

Abbildung 90: Projektteam und Aufgabenverteilung

Ein wesentlicher Erfolgsfaktor ist die Besetzung aller wesentlichen Themen durch Schlüsselpersonen aus den jeweiligen Fach- und *IT*-Bereichen. Dies gilt aufgrund der engen Verknüpfung von *Säule 3* und *Säule 1* in besonderem Maße für Fragestellungen des Meldewesens. Sofern entsprechendes Know-how im Hause nicht verfügbar ist, sollten externe Berater eingebunden werden.

Während das Projektkernteam für die Erstellung der Fach- und *IT*-Konzepte verantwortlich ist, wird den Mitarbeiter aus den weiteren beteiligten Fach – und *IT*-Einheiten im Wesentlichen der *Review* der Konzepte übertragen. Des Weiteren obliegen dem Projektkernteam die eigentliche Projektleitung, die Kommunikation mit den Konzerngesellschaften und mit den Aufsichtsbehörden sowie die Dokumentation der Projektergebnisse. Die Größe des Projektkernteams wird durch den Umfang des Projektauftrags, die Anzahl der einzubindenden Tochtergesellschaften, das verfügbare Budget für externe Beratung und die zeitlichen Restriktionen bestimmt.

In Abhängigkeit davon, ob das *IT*-System zur Umsetzung der *Säule 3* in Eigenfertigung erstellt oder als Standardsoftware eingekauft werden soll, ist der Umfang der internen und externen *IT*-Ressourcen zu bemessen. Das hier vorgestellte Vorgehensmodell basiert auf der Alternative „Standardsoftware".

Zur Sicherstellung der erfolgreichen Einbindung der Konzerngesellschaften in die Berichtssysteme sollte die Projektsteuerung über das zentrale Risikokomitee erfolgen. Für die operative Projektarbeit mit den Gesellschaften ist die Benennung zentraler Ansprechpartner für die handelsrechtlichen und regulatorischen Themen sowie die *IT*-Infrastruktur erforderlich.

Für alle Personalfragen gilt der Grundsatz, dass die haus- bzw. konzerninternen Projektmitarbeiter auch die Personen sein sollten, denen die spätere Betreuung der externen Risikoberichterstattung für ihren jeweiligen Teilbereich übertragen wird.

Vorgehensmodell

Das Projekt zur Risikopublizität folgt dem üblichen Vorgehensmodell für Projekte und sollte die unternehmensspezifischen Projektstandards erfüllen. Die nachfolgende Übersicht zeigt die Meilensteine mit ihren wesentlichen Aktivitäten:

Abbildung 91: Vorgehensmodell für das Offenlegungsprojekt

6.3 Ergebnisdokumente

Anforderungen an die Ergebnisdokumente des Projekts

Aufgrund der konzernweiten Relevanz der Risikopublizität in fachlicher, prozessualer und technischer Hinsicht ist eine umfassende Dokumentation der wesentlichen Projektergebnisse von besonderer Bedeutung. Eine gut strukturierte und vollständige Dokumentation ist zudem Voraussetzung für die effiziente Wartung der implementierten Berichtssysteme. Im Rahmen der Wartung sind beispielsweise im Zeitablauf auftretende Neuerungen oder Veränderungen gesetzlicher Anforderungen umzusetzen, deren Implikationen für das Kreditinstitute sollten – analog dem Vorgehensmodell des Projekts – zunächst in fachlicher, prozessualer und technischer Hinsicht in die bestehenden Konzepte einzuarbeiten sind, bevor die eigentliche Umsetzung erfolgt. Nicht zuletzt wird mit geeigneten Fachkonzepten die Kommunikation über die oft komplexen Sachverhalten im Haus und mit den Tochtergesellschaften erleichtert.

Struktur und Inhalte der Ergebnisdokumente

Im Projekt sind folgende Dokumente zu erarbeiten:

Abbildung 92: Ergebnisdokumente des Offenlegungsprojekts

Inhalte der übergreifenden Konzepte

Bis auf die Konzeptstudie sollten die in *Abbildung 92* aufgeführten übergreifenden Konzepte zweckmäßigerweise nach Fertigstellung der Detail-Fachkonzepte erstellt werden, da erst zu diesem Zeitpunkt alle relevanten Sachverhalte feststehen.

Ziel der **Konzeptstudie** ist die Evaluierung der *IT*-Realisierungsmöglichkeiten der Offenlegungsanforderungen. Sie basiert auf einer groben fachlichen Beschreibung der Vorgehensweise bei der Umsetzung der Offenlegungsanforderungen. Dazu ist primär die Untersuchung der quantitativen Anforderungen der *dritten Säule von Basel II* erforderlich. Da bei der Umsetzung der handels- und kapitalmarktrechtlichen Offenlegungsanforderungen technische Implikationen nur in geringem Maße zu erwarten sind, ist für diesen Regelungsbereich die Erstellung eines fachlichen Grobkonzepts für die Umsetzung ausreichend; die detaillierte Beschreibung der technischen Umsetzungsalternativen ist entbehrlich.

Inhalte und Organisation der **Offenlegungsrichtlinie** werden in *Abschnitt 2* beschrieben. Die Richtlinie ist durch die Geschäftsleitung zu verabschieden und vor der ersten produktiven Berichterstattung allen betroffenen Mitarbeitern im berichtspflichtigen Kreditinstitut und in den betroffenen Tochtergesellschaften zur Kenntnis zu geben.

Ziel und Konzeption des **Muster-Risikoberichts** und der darauf aufbauende **Risikoberichtsdatenbank** werden in den *Abschnitten 4.3* bzw. *4.8.3* dargestellt. Diese Dokumente sollten erst nach Vorliegen der Fachkonzepte fertig gestellt werden, da sie unmittelbar auf den fachlichen Detailergebnissen aufbauen. Beide Dokumente enthalten Textbausteine für die Risikoberichte, die auf Basis der qualitativen Fachkonzepte erstellt wurden. Die Textbausteine bilden das Gerüst für die produktive Berichterstellung und sind in Abhängigkeit von der jeweils spezifischen Situation des Konzerns bezüglich des Ausbaustandes des Risikomanagementsystems und der Risikolage anzupassen.

Das **Fachkonzept zu den Geschäftsprozessen** enthält die detaillierte Ablaufplanung für die Erstellung der jährlichen und halbjährlichen Risikoberichte. Dabei werden in tabellarischer Form pro Aktivität der Start- und Endtermin, die Input- und Ergebnisdokumente, die relevanten Arbeitsanweisungen, die technischen Hilfsmittel (Software) und die Zuständigkeiten – in der Muttergesellschaft nach Organisationseinheiten, im Konzern nach Gesellschaften – festgelegt.

Inhalte der quantitativen und qualitativen Fachkonzepte

Die Fachkonzepte der quantitativen handelsrechtlichen und aufsichtsrechtlichen Risikoberichterstattung nehmen eine besondere Stellung ein, da auf ihrer Basis das Zahlenwerk ermittelt wird. Eine umfassende, detaillierte, korrekte und gut nachvollziehbare fachliche Beschreibung bildet die Voraussetzung für fehlerfreie Datenzulieferungen im späteren Produktionsprozess. Die genannten Anforderungen gelten aber auch für die qualitativen

Fachkonzepte, da gerade bei der Darstellung des Risikomanagementsystems Gestaltungs-spielräume bestehen, die durch die entsprechenden Fachkonzepte auszufüllen sind. Die Fachkonzepte zur qualitativen Risikoberichterstattung stellen die Basis für den Muster-Risikobericht dar.

Struktur der Fachkonzepte

Die Fachkonzepte der verschiedenen Regelungsbereichen der Risikopublizität sollten grundsätzlich ähnlich aufgebaut sein, um die zur Hebung von Synergien erforderliche Vergleichbarkeit zu gewährleisten. Die Struktur kann wie folgt gestaltet werden:

I. Allgemeiner Teil

- Zielsetzung des Konzepts und Abgrenzung gegenüber anderen Fachkonzepten

- Kreis der grundsätzlich einbezogenen Gesellschaften

- Allgemeiner gesetzlicher Hintergrund

- Zeitpunkt der Erstanwendung

- Grundlegende Definitionen

- Übergreifende Konzeptionen: Allgemeine zeitbezogene Regelungen zur Offenlegung (Offenlegungstermine und Vergleichsangaben) und Berichtsmedien.

II. Spezifischer Teil

Für jedes Berichtselement, das aus einer gesetzlichen Anforderung oder aus der Bündelung gleichartiger gesetzlicher Anforderungen resultiert, werden dargestellt:

- die spezifischen gesetzlichen Anforderungen (genaue Fundstelle und Anforderungstext, bei fremdsprachiger Quelle auch den Originaltext) sowie die Umsetzungshilfen (zum Beispiel Gesetzesbegründungen, Umsetzungsbeispiele des *Fachgremiums* oder *IDW*-Verlautbarungen)

- die inhaltlich verwandten Anforderungen aus anderen Regelungsbereichen

- die ökonomische Interpretation der gesetzlichen Anforderungen

- die betroffenen Konzernunternehmen

- der aktuelle Umsetzungsstand im Konzern

- das inhaltliche Umsetzungskonzept für die spezifischen gesetzlichen Anforderungen unter Berücksichtigung des aktuellen Umsetzungsstands (*Gap-Analyse*)

- die Publizierungslayouts (bei quantitativen Angaben)

- die Textbausteine für qualitative Angaben und für Erläuterungen quantitativer Angaben

- spezifische zeitbezogene Regelungen: Offenlegungsfrequenz und -stichtag, erstmalige Offenlegung (sofern in der Zukunft liegend), Zeitbezug der Daten (stichtagsbezogen oder periodenbezogen)

- die Datengranularität (bei quantitativen Angaben)

- das Datenmanagement (Aktivitäten mit Zuständigkeiten): Datenerhebung, Datenkonsolidierung zur Konzernsicht, Datenplausibilisierung, Endredaktion

- die verbliebenen offenen Punkte

Am Ende des spezifischen Teils der Fachkonzepte empfiehlt sich eine tabellarische Zusammenstellung der einbezogenen Konzernunternehmen je Berichtselement unter Nennung der Fundstelle der gesetzlichen Anforderungen, der zeitbezogenen Festlegungen und den Zuständigkeiten für das Datenmanagement. Eine derartige Matrix bildet die Grundlage für den Muster-Risikobericht und die Risikoberichtsdatenbank.

Parametrisierungskonzept

Bei Verwendung einer Standardsoftware zur Umsetzung der *Säule 3*-Anforderungen ist die Parametrisierung einzelner Felder in der *Säule 3*-Software erforderlich, um bestehende Gestaltungsspielräume ausnutzen zu können.[398] Dazu sollte ein Parametrisierungskonzept erstellt werden, das auf dem Fachkonzept der quantitativen aufsichtsrechtlichen Risikoberichterstattung aufbaut und als *IT*-Konzept die Ausprägung einzelner Felder aus technischer Sicht detailliert beschreibt. Damit wird das Kreditinstitut in die Lage versetzt, die relevanten Tabellen in der *IT*-Lösung zur *Säule 3* sowohl bei Einführung der Software als auch bei notwendigen Änderungen, die zum Beispiel aus gesetzlichen Änderungen resultieren, zu befüllen. Die Struktur des Parametrisierungskonzepts sollte der des quantitativen *Säule 3*-Fachkonzepts entsprechen.

---

398 Vgl. auch *Abschnitt 4.7.2.*

7.   Entwicklungstendenzen und Optimierungsbedarf

7.1   Entwicklungstendenzen

7.1.1   Neue Anforderungen des BilMoG[399]

Internes Kontrollsystem und Risikomanagementsystem hinsichtlich des Rechnungslegungsprozesses

Mit dem bevorstehenden Inkrafttreten des am 3. April 2009 vom *Bundesrat* verabschiedeten *BilMoG* wird die bisherige, im *Handelsgesetzbuch* geregelte Risikoberichterstattung ergänzt. So werden Kapitalgesellschaften im Sinne des *§ 264d HGB* durch *§ 289 Absatz 5 HGB* bzw. *§ 315 Absatz 2 Nummer 5 HGB* verpflichtet, die wesentlichen Merkmale des internen Kontrollsystems und des Risikomanagementsystems[400] *„im Hinblick auf den Rechnungslegungsprozess"* innerhalb des Lageberichts zu beschreiben. Auf Konzernebene ist die Vorschrift anzuwenden, sofern das Mutterunternehmen *oder* eines in den Konzernabschluss einbezogenen Tochterunternehmens das Kapitalmarktkriterium erfüllt.

Aus der Formulierung im *Handelsgesetzbuch* wird nicht hinreichend deutlich, welche Zielsetzung mit den Vorschriften verfolgt werden soll und welche Berichtinhalte der Gesetzgeber erwartet. Auch in der Gesetzesbegründung zum *Bilanzrechtsmodernisierungsgesetz* finden sich dazu keine ausreichenden Erläuterungen. Unklar bleibt insbesondere der in der Gesetzesbegründung behauptete Zusammenhang zwischen dem Rechnungslegungsprozess und dem Risikomanagementsystem. In der Bankpraxis kommen dem externen Rechnungswesen keine konstitutiven Aufgaben innerhalb des Risikomanagementsystems zu, die eine dezidierte Gesetzesanforderung rechtfertigen würden.[401] Insofern läuft die in der Gesetzesbegründung geforderte Beschreibung von Strukturen und Prozessen bei der gebotenen Anwendung des Materialitätsgrundsatzes ins Leere. Sollten tatsächlich derartige Angaben erwartet werden, so würde dies eine Ausweitung der bereits bestehenden Generalnormen zur Risikoberichterstattung (*§ 289 HGB* bzw. *§ 315 HGB*) in Verbindung mit *DRS 5-10.17-20* bedeuten. In diesem Fall sollten die Angaben zweckmäßigerweise auf der Umsetzung der gleichartigen Anforderungen des *§ 107 Absatz 3 Satz 2 AktG* aufbauen, die ebenfalls mit dem *BilMoG* eingeführt wurden. Gegenstand dieser Neuregelung des

---

399 Zu den Auswirkungen des *BilMoG* auf die Lageberichterstattung vgl. *Strieder, Th. (2009).*

400 In der Gesetzesbegründung zum *BilMoG* wird das interne Kontrollsystem als Bestandteil des Risikomanagementsystems interpretiert (vgl. *BilMoG-RefE (2007)*, S. 156ff.). Diese Auffassung steht im Widerspruch zu *IDW PS 261, Textziffer 24.* Dort wird das Risikomanagementsystem als ein Teilbereich des internen Kontrollsystems verstanden. In der Unternehmenspraxis sind beide Sichtweisen vorzufinden. In der vorliegenden Untersuchung wird dem Konzept des *BilMoG-RefE* gefolgt, denn die Kontrolle des Risikomanagementsystems ist lediglich Zweck zur Aufrechterhaltung seiner Funktionsfähigkeit, nicht jedoch kein eigenständiges unternehmerisches Ziel. Dagegen stellt das Risikomanagement einen elementaren Bestandteil der chancen– und risikoorientierten Geschäftssteuerung dar.

401 Der Beitrag des externen Rechnungswesens zum Risikomanagementprozess erstreckt sich im Wesentlichen auf selektive Zulieferfunktionen für das zur Risikoanalyse erforderliche Mengen- und Wertgerüst sowie die Bereitstellung der Risikovorsorge für das Management-Reporting.

Aktiengesetzes sind die Aufgaben des vom Aufsichtsrat eingesetzten Prüfungsausschusses, der sich mit der Überwachung des Rechnungslegungsprozesses, der Wirksamkeit des internen Kontrollsystems, des Risikomanagementsystems und des internen Revisionssystems befasst.

Ist es dagegen die Absicht des Gesetzgebers, die Bedeutung des Rechnungswesenprozesses als Bestandteil des operationellen Risikos in den Vordergrund zu stellen, so wird diese Anforderung im Kern bereits durch die genannten Generalnormen abgedeckt. In diesem Fall sollten die neuen qualitativen Anforderungen an die externe Risikoberichterstattung durch die Integration der Angaben in das Kapitel „Operationelle Risiken" des handelsrechtlichen Risikoberichts erfüllt werden. Im Einzelnen können die erweiterten Angabepflichten durch die Darstellung der Grundsätze, Verfahren und Maßnahmen zur Sicherung der Wirksamkeit und Wirtschaftlichkeit der Rechnungslegung (z. B. aufgrund maschineller Datenanlieferungen der Konzerngesellschaften an die Muttergesellschaft), der Ordnungsmäßigkeit der Rechnungslegung (z. B. mittels Konzernrichtlinien) und der Einhaltung der maßgeblichen rechtlichen Vorschriften (z. B. durch Revisionsprüfungen) umgesetzt werden.

Im Ergebnis erscheint eine Klarstellung der Berichtsinhalte, beispielsweise durch den *Deutschen Standardisierungsrat* oder das *Institut der Wirtschaftsprüfer*, rechtzeitig vor dem Zeitpunkt der ersten Anwendung der Vorschriften geboten.

Erklärung zur Unternehmensführung[402]

Kapitalmarktorientierte Unternehmen in der Rechtsform der Aktiengesellschaft oder der Kommanditgesellschaft auf Aktien, die entweder börsennotiert sind, oder deren ausgegebene Aktien auf eigene Veranlassung über ein multilaterales Handelssystem im Sinn des *§ 2 Absatz 3 Satz 1 Nummer 8 WpHG* gehandelt werden und die zusätzlich Fremdkapitaltitel emittiert haben[403,] müssen aufgrund der Änderungen des *BilMoG* künftig gemäß *§ 289a Absatz 1 HGB* im Lagebericht oder auf der eigenen Internetseite eine Erklärung zur Unternehmensführung abgeben, die sich auf die Aufgaben der Organe einer Aktiengesellschaft und die Organisationsstrukturen der Gesellschaft beziehen.

Die handelsrechtliche Vorschrift nimmt dabei in *Absatz 2 Satz 1* Bezug auf *§ 161 AktG* und damit den *Deutschen Corporate Governance Kodex*. Die Regelungen betreffen in formaler Hinsicht nur den Lagebericht des Einzelunternehmens. Die Anwendung auf den Risikolagebericht des Konzerns ist empfehlenswert, um einen Gleichlauf zwischen Ein-

---

402 Mit der Umsetzung der *EU-Corporate Governance-Richtlinie* über das *BilMoG* in deutsches Recht werden die originär dem gesellschaftsrechtlichen Regelungsbereich zuzuordnenden risikobezogenen Offenlegungspflichten Bestandteil der handelsrechtlichen Risikopublizität.

403 Vor dem Hintergrund der aktuellen Finanzmarktkrise und den damit verbundenen Transparenzanforderungen des Kapitalmarkts an Kreditinstitute ist eine freiwillige Anwendung der Vorschrift von Instituten ohne Aktiennotierung zu empfehlen.

zelunternehmen und Konzern in der Risikopublizität sicherzustellen. In inhaltlicher Hinsicht sind die Anforderungen auf Konzernebene jedenfalls gleichermaßen relevant wie für das Einzelunternehmen.

Die Angaben über die Nichtanwendung des Kodex können sich auf folgende risikobezogenen Tatbestände erstrecken:

- Empfehlungen zum Zusammenwirken von Vorstand und Aufsichtsrat, insbesondere bezüglich der Berichtspflichten des Vorstands an den Aufsichtsrat zu Risikolage und Risikomanagementsystem (*Abschnitt 3.4 des DCGK*)

- Empfehlungen zu den Aufgaben und Zuständigkeiten des Vorstands, insbesondere bezüglich der Einrichtung eines angemessenes Risikomanagement und Risikocontrolling (*Abschnitt 4.1.4 des DCGK*)

- Empfehlungen zu den Aufgaben und Zuständigkeiten des Aufsichtsrats, insbesondere bezüglich der Abstimmung über das Risikomanagementsystem zwischen Aufsichtsratsvorsitzendem und Vorstand (*Abschnitt 5.2 des DCGK*) und der Einrichtung eines Prüfungsausschusses, der sich mit Fragen der Rechnungslegung und des Risikomanagements befasst (*Abschnitt 5.3.2 des DCGK*)

Für Unternehmen, die im Geschäftsjahr sämtliche Empfehlungen des Kodex angewendet haben, bestehen über die Entsprechenserklärung hinaus keine gesonderten risikobezogenen Offenlegungspflichten.[404] Wurden dagegen einzelne Empfehlungen nicht angewendet, sind diese zu nennen. Darüber hinaus ist die Nichtanwendung zu begründen.

Die Erklärung zur Unternehmensführung kann entweder als gesonderter Abschnitt im Lagebericht oder auf der Internetseite der Gesellschaft offen gelegt werden. In letztgenanntem Fall ist im Lagebericht auf die Internetseite zu verweisen. Die Entsprechenserklärungen sollen gemäß *Kapitel 3.10 des Deutschen Corporate Governance Kodex* mindestens fünf Jahre lang auf der Internetseite zugänglich gehalten werden. Die Offenlegung der Nichtanwendung einzelner risikobezogener Empfehlungen des Kodex erfolgt im Rahmen der allgemeinen Finanzpublizität. In diesem Zusammenhang ist auch die Entscheidung über das Offenlegungsmedium zu treffen.

---

404 Allerdings sind – jenseits der Risikobetrachtung – hinaus auch Angaben zu Unternehmensführungspraktiken zu machen und es ist eine Beschreibung der Arbeitsweise von Vorstand und Aufsichtsrat sowie der Zusammensetzung und Arbeitsweise ihrer Ausschüsse zu geben.

Erstanwendung der Neuerungen des Bilanzrechtsmodernisierungsgesetzes

Grundsätzlich sind die aus dem *BilMoG* resultierenden Vorschriften erstmals für Geschäftsjahre anzuwenden, die nach dem 31. Dezember 2009 beginnen. Für Geschäftsjahre, die nach dem 31. Dezember 2008 und vor dem 1. Januar 2010 beginnen, besteht ein Wahlrecht zur vorzeitigen Anwendung der Regelungen. Die Offenlegung hat jährlich zu erfolgen. Die für die Risikoberichterstattung bedeutsamen Regelungen des *BilMoG* – internes Kontrollsystem und Risikomanagementsystem hinsichtlich des Rechnungslegungsprozesses und Erklärung zur Unternehmensführung (*§ 289a HGB*) – sind dagegen verpflichtend bereits zum Stichtag 31. Dezember 2009 umzusetzen. Diese Vorschriften gehen auf zwei *EU-Richtlinien*[405] zurück, deren Umsetzung in deutsches Recht mit dem *BilMoG* aus *EU-*Sicht bereits verspätet ist.

7.1.2 Risikopublizität im Rahmen des Management Commentary

Zielsetzung und Inhalte[406]

Das *International Accounting Standards Board* arbeitet seit dem Jahr 2005 im Rahmen seines Projekts *Management Commentary* an einem dem deutschen *DRS 15* vergleichbaren Lageberichtstandard. Dazu liegt ein Diskussionspapier des *IASB* vor.[407] Neben der Berichterstattung über Risiken soll ein derartiger Management-Report – auch als *Management Discussion and Analysis (MD&A)* bezeichnet – den Gegenstand des Unternehmens sowie die Unternehmensziele und -strategien darlegen, Angaben zu Unternehmensressourcen, zu Beziehungen zu nahestehenden Personen, zur Ertragslage sowie zu Maßnahmen und Indikatoren hinsichtlich der Performance enthalten. Darüber hinaus sind Prognoseinformationen zu geben. Hervorgehoben wird dabei, dass sich die Offenlegung auf wesentliche Sachverhalte zu beschränken hat.[408]

Formale Aspekte

Vor dem Hintergrund der bereits umfangreich regulierten deutschen Lageberichterstattung sollte bei der Entwicklung eines *Management Commentary* sichergestellt werden, dass die Konsistenz mit bestehenden nationalen Regelungen gewahrt und eine redundante Offenlegung identischer Sachverhalte an verschiedenen Stellen des Finanzberichts oder

---

405 *Richtlinie 2006/43/EG* vom 17. Mai 2006 (*„EU-Abschlussprüferrichtlinie"*) und *Richtlinie 2006/46/EG* vom 14. Juni 2006 (*„EU-Abänderungsrichtlinie"*).
406 Eine umfassende Analyse der Anforderungen des *Management Commentary* bieten *Fink, Ch. (2006)* und *Beiersdorf, K. / Buchheim, R. (2006)*. Hinweise enthält auch *Buchheim, R. / Knorr, L. (2006)*, S. 424.
407 Vgl. *Management Commentary Discussion Paper (2005)*. Zur Risikoberichterstattung vgl. insbesondere *Section 4, Textziffern 100 und 122*.
408 Vgl. *Management Commentary Discussion Paper (2005), Section 4, Textziffern 106 und 126*.

in verschiedenen Berichtsmedien vermieden wird. Dies gilt in besonderem Maße für den Fall, dass das *Management Commentary* in den Konzernabschluss integriert werden soll, da notwendige Bedingung für die befreiende Offenlegung nach *IAS/IFRS* die Äquivalenz der internationalen Vorschriften mit dem nationalen Handelsrecht ist. Wenn aber der internationale Lageberichtstandard hinter das Regelungsniveau der deutschen Vorschriften zurückfallen würde, dann wäre die notwendige Gleichwertigkeit nicht mehr gewahrt und aus formalen Gründen eine mehrfache Offenlegung erforderlich. Sofern dagegen die Äquivalenz des *Management Commentary* mit den nationalen Regelungen sichergestellt ist, würde bei Inkrafttreten des *Management Commentary* die Pflicht von Konzernmutterunternehmen zur Anwendung des *DRS 15* sowie der *DRS 5* und *DRS 5-10* entfallen.[409]

Das *IASB* hat im Juni 2008 die mit dem *Management Commentary* verfolgte Zielsetzung konkretisiert:

"To bridge the gap between what financial statements are able to achieve and the needs of users of those financial statements, the Board intends to develop guidance for a type of narrative report referred to as management commentary."[410]

Damit wird deutlich, dass der Managementbericht nach Auffassung des *Board* kein Bestandteil des Konzernabschlusses (*Financial Statement*) sein soll. Das *IASB* lässt allerdings offen, an welcher Stelle des Finanzberichts das *Management Commentary* zu platzieren ist. Jedenfalls stellen die internationalen Standardsetzer klar, dass dem Managementbericht kein verpflichtender Charakter zukommt. Auf dieser Grundlage eröffnet sich den nach deutschem Recht bilanzierenden Unternehmen grundsätzlich die Möglichkeit, die Anforderungen an das *Management Commentary* in den jeweiligen, bereits heute genutzten Bestandteilen des Konzernlageberichts umzusetzen.

Risikoberichterstattung

In inhaltlicher Sicht bietet sich bei der Konzeption eines *Management Commentary* die Gelegenheit, die Beschränkung des *IFRS 7* auf Risiken, die aus Finanzinstrumenten resultieren, zu überwinden und die Berichterstattung auf sämtliche für den Bankbetrieb relevanten Risikoarten – also insbesondere auch operationelle und strategische Risiken – zu erweitern. Damit wäre ein Gleichlauf des *IFRS 7* mit den deutschen Risikoberichtsstandards, dem *DRS 5* und dem *DRS 5-10*, gewährleistet, was zu einem höheren Grad an Klarheit und Verbindlichkeit der Anforderungen und letztlich zu mehr Rechtssicherheit für die Berichtersteller führen würde.

---

409 Vgl. dazu auch *Schoppe, S. (2008)*, S. 23f.
410 Pressemitteilung des *IASB* zum *Management Commentary* vom Juni 2008.

Ausblick

Auf Basis des vorliegenden *Discussion Paper* beabsichtigt das *IASB* im zweiten Quartal 2009 einen *Exposure Draft* zum *Management Commentary* zur Konsultation zu stellen. Für das erste Halbjahr 2010 ist die Veröffentlichung einer praxisorientierten Anleitung (*Completed Guidance*) zur Erstellung des *Management Commentary* vorgesehen. Die Konzeption eines internationalen Lageberichtstandards bietet auch für den deutschen Standardsetzer die Gelegenheit, bestehende Inkonsistenzen der nationalen Regelungen im Sinne einer widerspruchs- und redundanzfreien Lage- und Risikoberichterstattung zu beseitigen.[411]

7.1.3   Erweiterte Offenlegung von Verbriefungen und Leveraged Finance

7.1.3.1   Überblick der Initiativen zur erweiterten Offenlegung

Empfehlungen der Senior Supervisors Group und des Financial Stability Forum

Als Teil eines Maßnahmenpakets zur Eindämmung der durch die *Subprime*-Krise des Jahres 2007 hervorgerufenen kritischen Entwicklung auf den Finanzmärkten haben die Finanzminister und Notenbankgouverneure der *G7*-Staaten über das *Financial Stability Forum (FSF)*[412] und die S*enior Supervisors Group (SSG)* Anforderungen an die Publizierung von Verbriefungen und *Leveraged Finance*-Transaktionen formuliert, die bisher nur eingeschränkt Bestandteil bestehender Offenlegungsregimes waren.[413] Diese im Frühjahr 2008 im Rahmen der sogenannten *FSF*-Empfehlungen[414] verfassten Anforderungen wurden im Juni 2008 durch die *BaFin*[415] konkretisiert und haben Eingang in die Halbjahresrisikoberichterstattung 2008 deutscher Kreditinstitute gefunden.

Im seinem Sachstandsbericht vom Oktober 2008[416] hat das *FSF* nochmals die wesentlichen Maßnahmen, die zur Verbesserung der Offenlegung von Verbriefungen zu treffen sind, an Kreditinstitute, Regulatoren und Standardsetzer adressiert. Dabei handelt es sich um folgende Themenkomplexe: Erweiterung der regulatorischen Offenlegungsanforde-

---

411 Hiebei handelt es sich beispielsweise um die in *Abschnitt 7.2.1* dargelegte Problematik der Risikopublizität im Spannungsfeld der Prognose- und Chancenberichterstattung.

412 Gemäß dem Beschluß des Londoner *G20*-Gipfels vom 2. April 2009 wurde das *FSF* in ein *Financial Stability Board* umgewandelt; das *Board* soll mit erweiterten Kompetenzen und Mitteln ausgetattet werden.

413 Vgl. *Financial Stability Forum (2008a)* und *Senior Supervisors Group (2008)*. Aufgrund der Sonderstellung der *FSF*-Regelungen als formal unverbindliche Empfehlungen mit zunächst temporärem Charakter werden die Anforderungen und Umsetzungsvorschläge hier außerhalb der regulären Darstellung der risikoorientierten Offenlegung dargestellt.

414 Der *FSF*-Report (vgl. *Financial Stability Forum (2008a)*) berücksichtigt die Ergebnisse der *SSG*-Analyse führender Berichtspraktiken (vgl. *Senior Supervisors Group (2008)*).

415 Vgl. *Bundesanstalt für Finanzdienstleistungsaufsicht (2008)*.

416 Vgl. *Financial Stability Forum (2008b)*.

rungen (*Säule 3*), Verbesserung der Rechnungslegung und Offenlegung von nicht konsolidierten Zweckgesellschaften, Erweiterung der Offenlegungsanforderungen zu Bewertungsfragen und Ausdehnung der Offenlegung von Verbriefungen unter Berücksichtigung der zugrunde liegende Forderungen.

Weitere Initiativen

Neben den Empfehlungen der *SSG* und des *FSF* wurden im Jahr 2008 weitere Initiativen gestartet, die Vorschläge zur Verbesserung der Offenlegungspraxis für Verbriefungen und *Leveraged Finance*-Transaktionen unterbreiten. So wurden die *FSF*-Empfehlungen durch das *Committee of European Banking Supervisors* konkretisiert und erweitert und mündeten in Umsetzungsempfehlungen des *CEBS*[417]. Auch von Seiten der Kreditwirtschaft wurden Empfehlungen für eine verbesserte Offenlegung aufgestellt. Dabei handelt es sich insbesondere um die Initiativen des *Institute of International Finance (IIF)*[418] und einer von den europäischen Bankenverbänden eingesetzten Arbeitsgruppe[419]. Die wesentlichen Inhalte dieser Initiativen werden in *Abbildungen 93* und *94* zusammengefasst. Da den *FSF*-Empfehlungen aufgrund ihrer Relevanz für die Weiterentwicklung der *Baseler Säule 3* eine besondere Bedeutung zukommt, werden im Folgenden die Inhalte des *FSF*-Papiers näher untersucht und Umsetzungsvorschläge abgeleitet.

---

417 Vgl. *Committee of European Banking Supervision (2008)*.
418 Vgl. *Institute of International Finance (2008)*.
419 Vgl. *Europäische Bankenverbände (2008)*.

Senior Supervisors Group (SSG)	**"Leading-Practice Disclosures for Selected Exposures"** (11.04.2008) ■ Beispielhafte Darstellung führender Offenlegungspraxis von 20 großen, internationalen Banken und Wertpapierhandelsfirmen ■ Darstellung der Offenlegungsanforderungen für Special Purpose Entities gemäß IAS/IFRS
Financial Stability Forum (FSF) / BaFin	**„Report of the Financial Stability Forum on Enhancing Market and Institutional Resilience"** (07.04.2008) / **BaFin-Workshop zu den FSF-Anforderungen** (16.06.2008) ■ Empfehlungen zur verbesserten Offenlegung von strukturierten Produkten und Verbriefungen sowie deren zugrunde liegenden Assets gemäß der Best Practice-Offenlegung in folgenden Bereichen (identisch mit SSG-Report): Special Purpose Entities, Collateralized Debt Obligations, Other Subprime and Alt-A Exposures, Commercial Mortgage-Backed Securities, Leveraged Finance ■ Aufforderung zur erstmaligen Umsetzung in den Halbjahresberichten 2008 ■ Ankündigung weiterer Maßnahmen zur Verbesserung der Baseler Offenlegungsanforderungen (Säule 3) im Jahr 2009 ■ Empfehlung an Standardsetzer zur Weiterentwicklung von Berichtstandards für außerbilanzielle Instrumente und die Offenlegung der Bewertung strukturierter Produkte in illiquiden Märkten
Committee of European Banking Supervisors (CEBS)	**"Report on banks' transparency on activities and products affected by the recent market turmoil"** (18.06.2008) ■ Umfangreiche Vorschläge zur Offenlegung von Kreditrisiken aus Verbriefungen und von Liquiditätsrisiken ■ Dabei insbesondere Ausweitung der bisher als Marktpreisrisiko über interne Risikomodelle quantifizierten und offen gelegten Verbriefungen des Handelsbuchs bezüglich einer exposureorientierten Darstellung als Kreditrisiko, wie sie in Säule 3 bereits für im Anlagebuch Verbriefungen praktiziert wird ■ Abstimmung mit der Kreditwirtschaft im Rahmen der *„Industry Expert Group on Transparency and Pillar 3"*

Abbildung 93: Initiativen der Aufsichtsbehörden zur erweiterten Offenlegung von Verbriefungen und Leveraged Finance

Arbeitsgruppe europäischer Banken-verbände	**"Industry Good Practice Guidelines on Pillar 3 Disclosure Requirements for Securitisation"** (18.12.2008) ■ Umsetzungsempfehlungen für die gemäß CRD bestehenden quantitativen und qualitativen Offenlegungsanforderungen für Verbriefungen und deren zugrunde liegenden Assets ■ Darüber hinaus erweiterte Offenlegungsempfehlungen unter Bezugnahme auf die FSF-Empfehlungen ■ Vorschläge für Tabellenformate nach dem Muster der deutschen Anwendungsbeispiele ■ Isolierte Umsetzungsempfehlungen für die Offenlegung von Verbriefungen ohne Berücksichtigung der regulatorischen Offenlegungsanforderungen für andere Risikobereiche
IIF Committee on Market Best Practices	**"Final Report: Principles of Conduct and Best Practice Recommendations - Financial Services Industry Response to the Market Turmoil of 2007-2008"** (17.07.2008), S. 121-131, B45-B47 und D1-D3 ■ Prinzipienorientierte Empfehlungen zur verbesserten quantitativen und qualitativen Offenlegung von strukturierten Produkten und Verbriefungen und deren zugrunde liegenden Assets sowie von Liquiditätsrisiken unter Bezugnahme auf die FSF-Empfehlungen ■ Unterscheidung in produktorientierte Offenlegungsempfehlungen und in Vorschläge für Institutionen, die der Offenlegung unterliegen ■ Empfehlungen für Offenlegung in Emissionsprospekten und im Säule 3-Risikobericht sowie zur Ausgestaltung von Rechnungslegungsstandards

Abbildung 94: Initiativen von Bankenverbänden zur erweiterten Offenlegung von Verbriefungen und Leveraged Finance

7.1.3.2 Inhalt der FSF-Empfehlungen

Konzeptioneller Hintergrund

Die aufsichtsrechtlichen Anforderungen der *Säule 3* fordern eine Offenlegung von Verbriefungsexposures nur des Anlagebuchs. Dagegen sind die dem Handelsbuch zugeordneten Verbriefungen im *Value-at-Risk* des Marktpreisrisikos enthalten; dezidierte, exposureorientierte Offenlegungsanforderungen für diese Geschäfte existieren zurzeit nicht. Die Finanzmarktkrise hat jedoch gezeigt, dass die Differenzierung zwischen Anlagebuch und Handelsbuch in der Darstellung von risikobehafteten Verbriefungspositionen nicht den Informationsbedürfnissen des Kapitalmarkts entspricht. Daher zielen die *FSF*-Empfehlungen auf die Darstellung des Kreditexposures aus sämtlichen Verbriefungspositionen einer Institutsgruppe ab. Darüber hinaus wird die Offenlegung die *Leveraged Finance*-Portfolios verlangt, das nach dem aktuellen Stands der *Säule 3*-Anforderungen nicht separat darzustellen ist. Diese Geschäfte unterliegen allerdings als Bestandteil des herkömmlichen Kreditportfolios bereits den allgemeinen *Säule 3*-Offenlegungsanforderungen an das Kreditrisiko.

Status der handelsrechtlichen Anforderungen an die Offenlegung von Verbriefungen und Leveraged Finance-Transaktionen

Die einschlägigen handelsrechtlichen Vorschriften zur Risikopublizität enthalten keine spezifischen Anforderungen an die Offenlegung von Verbriefungen. Das *FSF* hat das *IASB* aufgefordert, die Rechnungslegungs- und Offenlegungsstandards für strukturierte Produkte und außerbilanzielle Finanzierungsinstrumente zu verbessern sowie Empfehlungen zu Bewertungsverfahren derartiger Produkte auszusprechen. Da umsetzungsrelevante Ergebnisse hierzu noch nicht vorliegen, haben die bestehenden allgemeinen handelsrechtlichen Regelungen für die Offenlegung von Kreditrisiken – *§§ 289, 315 und 315a HGB* in Verbindung mit *DRS 15.27-29* sowie *IFRS 7.33-36* – weiterhin Gültigkeit.

7.1.3.3 Umsetzung der FSF-Empfehlungen

7.1.3.3.1 Umsetzungskonzept

Die *BaFin* hat ihre Erwartung zum Ausdruck gebracht, dass die systemrelevanten deutschen Banken die *FSF*-Empfehlungen erfüllen. Eine gesetzliche Verpflichtung dazu besteht allerdings nicht. Gleichwohl sollten die *FSF*-Empfehlungen von den Kreditinstituten unter Beachtung ihrer jeweils spezifischen Situation und des Materialitätsgrundsatzes umgesetzt werden.

Qualitative Offenlegungsinhalte

Die erweiterten Offenlegungsanforderungen können in qualitativer Hinsicht unter Berücksichtigung der bereits bestehenden *Säule 3*-Angaben mit folgenden Angaben umgesetzt werden[420]:

■ Ziele der Verbriefungsaktivitäten

■ Risikomanagement im Verbriefungsgeschäft

■ Umfang der Aktivitäten als Originator und Sponsor

■ Bilanzierungs- und Bewertungsmethoden von Verbriefungspositionen

■ Verfahren zur Bestimmung der risikogewichteten Positionswerte für Verbriefungen des Anlagebuchs

■ Bei Verbriefungen eingesetzte Ratingagenturen

Da zur Charakterisierung der Kreditqualität von Verbriefungstransaktionen spezifische Begriffe verwendet werden, empfiehlt sich eine Erläuterung dieser Nomenklatur im Risikobericht. So hat sich für Forderungen mit Sitzland USA, die durch Wohnimmobilien abgesichert sind, die bonitäts- und besicherungsabhängige Subportfolioeinteilung *„Prime"*, *„Subprime"* und *„Alt-A"* etabliert. Als *Subprime* werden Schuldner mit einer Einstufung auf Basis des standardisierten US-amerikanischen *Scoring*-Systems für Hypothekenkredite *„Fico"* von grundsätzlich unter 640 Punkten klassifiziert. Positionen mit einem *Fico-Score* von 640 bis 700 Punkten werden als *Alt-A* eingestuft, solche mit einem *Fico-Score* von mehr als 700 Punkten werden als *Prime*-Positionen betrachtet.

Quantitative Offenlegungsinhalte

Die *FSF*-Empfehlungen zur quantitativen Offenlegung von Verbriefungen können durch folgende Angaben erfüllt werden, die im Wesentlichen bereits Bestandteil des internen Berichtswesens sind:

---

420 Vgl. *Abschnitt 4.4.4.2.7.*

Komponenten	Handelsrechtlicher Konzernrisikobericht		Aufsichtsrechtlicher Risikobericht		Zum Vergleich: MaRisk
	Jährlich	Halbjährlich	Jährlich	Halbjährlich	
	Verbriefungen und Leveraged Finance (FSF-Empfehlungen)				
Darstellung und Analyse des Verbriefungs- und des Leveraged Finance-Volumens	• FSF-HR-ABS-1: Zusammenfassung der Struktur des Verbriefungsportfolios • Erläuterungen zu FSF-HR-ABS-1	Keine Angaben	• FSF-AR-ABS-1a: Branchenstruktur des Verbriefungsportfolios nach Branche der Ursprungsforderung • FSF-AR-ABS-1b: Geografische Struktur des Verbriefungsportfolios nach dem Land der Ursprungsforderung		• Risikoberichterstattung (AT 4.3.2, BTR 1)
	• FSF-HR-ABS-2: Zusammenfassung der Kreditqualität des Verbriefungsportfolios • Erläuterungen zu FSF-HR-ABS-2		• FSF-AR-ABS-2: Kreditqualität des Verbriefungsportfolios		
			• FSF-AR-ABS-3: Aufteilung der Produktklasse CDO nach Instrumenten im Portfolio • FSF-AR-ABS-4: Verteilung des Subprime-Portfolios nach Ursprungsjahr der Emission • FSF-AR-ABS-5: Durch Monoliner abgesichertes Forderungsvolumen		
	• FSF-HR-LF-1: Zusammenfassung der Struktur des Leveraged Finance-Portfolios • Erläuterungen zu FSF-HR-LF-1		• FSF-AR-LF-1a: Branchenstruktur des Leveraged Finance-Portfolios nach der Branche der Ursprungsforderung • FSF-AR-LF-1b: Geografische Struktur des Leveraged Finance-Portfolios nach dem Land der Ursprungsforderung		
	• FSF-HR-LF-2: Zusammenfassung der Kreditqualität des Leveraged Finance-Portfolios • Erläuterungen zu FSF-HR-LF-2		• FSF-AR-LF-2: Kreditqualität des Leveraged Finance-Portfolios		
Darstellung und Analyse der Risikovorsorge für Verbriefungen und Leveraged Finance	• FSF-HR-ABS-3: Zusammenfassung der Bestands- und Wertveränderungen des Verbriefungsportfolios • Erläuterungen zu FSF-HR-ABS-3		• FSF-AR-ABS-6: Bestands- und Wertveränderungen des Verbriefungsportfolios		
	• FSF-HR-LF-3: Zusammenfassung der Bestands- und Wertveränderungen des Leveraged Finance-Portfolios • Erläuterungen zu FSF-HR-LF-3		• FSF-AR-LF-3: Bestands- und Wertveränderungen des Leveraged Finance-Portfolios		

Abbildung 95: Muster-Risikobericht für erweiterte Angaben zu Verbriefungen und Leveraged Finance-Transaktionen (FSF-Empfehlungen)

Die Exposures von Verbriefungen und *Leveraged Finance*-Transaktionen sind in den Gesamtportfoliodarstellungen der Tabellengruppe *AR-KR-4* und in den Teilportfoliodarstellungen der Tabellengruppen *AR-KR-5*, *AR-KR-6* und *AR-KR-9* des *Säule 3*-Berichts enthalten.

Bewertungsverfahren für Forderungsverbriefungen[421]

Die Bewertung der Verbriefungspositionen sollte grundsätzlich auf beobachteten Marktwerten *("Marked-to-market")* basieren. Sofern aufgrund illiquider Märkte sachgerechte Marktpreise für identische Finanzinstrumente nicht verfügbar sind, können ersatzweise Preise für ähnliche Vermögenswerte oder Verbindlichkeiten herangezogen werden, oder aber Bewertungsmethoden verwendet werden, bei denen alle wesentlichen Eingangsparameter auf beobachtbaren Marktdaten beruhen *("Marked-to-model")*.[422] In einer letzten Stufe – wenn adäquate Marktdaten in keiner Hinsicht nicht vorliegen – ist auf Bewertungsverfahren zurückzugreifen, die sich auf eigene Schätzungen der Eingangsparameter stützen.

---

421 Die dargestellte Vorgehensweise entspricht der dreistufigen *Fair Value*-Hierarchie die vom *IASB* mit den im März 2009 veröffentlichten Ergänzungen des *IFRS 7* eingeführt worden ist (vgl. *IFRS 7 Amendments (2009), Textziffer 27A).*

422 Beispielsweise das *Discounted Cashflow*-Verfahren.

7.1.3.3.2 Berichtsmedium

Die Offenlegung der erweiterten Angaben sollte im handelsrechtlichen Risikobericht auf aggregierter Ebene des Zwischenlageberichts einerseits und – mit einem größeren Detaillierungsgrad – im aufsichtsrechtlichen Risikobericht andererseits erfolgen.[423] Zusätzlich ist es empfehlenswert, die Auswirkungen der Finanzmarktkrise auf die Liquidität des Kreditinstituts im handelsrechtlichen Risikobericht zu erläutern.

Die detaillierte Offenlegung des Verbriefungsportfolios und des *Leveraged Finance*-Portfolios im aufsichtsrechtlichen Risikobericht und nicht im Risikolagebericht erscheint geboten, da die *FSF*-Empfehlungen konzeptionell den regulatorischen Transparenzregeln zuzuordnen sind: Das *Financial Stability Forum* ist ein Gremium der europäischen Bankenaufsicht, und die Offenlegung von Verbriefungen bildet einen Bestandteil der etablierten *Säule 3*-Anforderungen. Gegen eine vollständige Umsetzung der *FSF*-Vorschläge im Risikolagebericht spricht auch deren rechtlich nicht bindender Charakter. Zudem existieren keine dezidierten Anforderungen an die Offenlegung von Verbriefungen im Risikolagebericht.

Die in den *Abschnitten 7.1.3.3.3* und *7.1.3.3.4* dargestellten *FSF*-Offenlegungsformate beziehen sich auf Detailangaben, die im aufsichtsrechtlichen Risikobericht erbracht werden. Da die *FSF*-Angaben im Konzernrisikolagebericht, die in Form von Fliesstext offen gelegt werden, unmittelbar aus den umfassenden Detailangaben des *Säule 3*-Berichts resultieren, wird diese Offenlegung im Folgenden nur kurz erläutert.

---

423 Die aggregierte Darstellung im Risikolagebericht kann durch Angabe der Summen der im *Säule 3*-Bericht offen gelegten *FSF*-Tabellen umgesetzt werden. Dabei ist zu beachten, dass im Gegensatz zum aufsichtsrechtlichen Risikobericht auch Vergleichsangaben des vorangegangenen Berichtsstichtags bzw. der Berichtsperiode erforderlich sind.

7.1.3.3.3 Offenlegungsformate für das Verbriefungsportfolio

Gesamtportfolio der Verbriefungen

Die folgenden Offenlegungsformate zeigen die gekauften Verbriefungspositionen und die zurückbehaltenen Risiken aus verkauften Forderungen. Die Darstellung erfolgt nach den in der *Solvabilitätsverordnung* festgelegten Forderungsarten, wobei die im Zuge der Finanzmarktkrise als prekär eingestuften *Subprime*-Engagements besonders hervorgehoben werden. Durch die Aufgliederung nach Branchen, Ländern und Bonitäten können Risikokonzentrationen identifiziert werden.

In der Tabelle *FSF-AR-ABS-1a* richtet sich die Kategorisierung des Verbriefungsvolumens nach der Branche des Schuldners der verbrieften Grundgeschäfte. Bei Transaktionen mit branchenübergreifenden Schuldnern erfolgt eine Zuordnung zu der Branche mit dem höchsten volumengewichteten Anteil.

in Mio. € Forderungsarten	Branche 1	Branche 2	Branche 3	Branche 4	Sonstige Branchen	Summe
Bilanzwirksame Positionen						
Forderungen aus Retailkrediten						
davon: Residential Mortgage-backed Securities						
davon: als Subprime klassifizierte Forderungen						
als Alt-A klassifizierte Forderungen						
Forderungen aus Unternehmenskrediten						
Forderungen aus Commercial Mortgage-Backed Securities						
Summe						
Positionen gegenüber Zweckgesellschaften						
Bilanzielle Forderungen gegenüber Zweck-gesellschaften, insbesondere ABCP-Conduits						
Liquiditätsfazilitäten gegenüber ABCP-Conduits						
Derivate (zum Beispiel Zins-Währungs-Swaps zur Absicherung der Transaktion)						
Summe						
Gesamtsumme						

Offenlegungsformat 48: Branchenstruktur des Verbriefungsportfolios nach der Branche der Ursprungsforderung [FSF-AR-ABS-1a]

Die Zuordnung des verbrieften Volumens zu Ländern in der Tabelle *FSF-AR-ABS-1b* richtet sich nach dem Sitzland des Schuldners der verbrieften Grundgeschäfte. Bei Transaktionen mit grenzüberschreitenden Sitzländern erfolgt eine Zuordnung zu der Region mit dem höchsten volumengewichteten Anteil.

in Mio. € Forderungsarten	Land 1	Land 2	Land 3	Land 4	Sonstige Länder	Summe
Bilanzwirksame Positionen						
Forderungen aus Retailkrediten						
davon: Residential Mortgage-backed Securities						
davon: als Subprime klassifizierte Forderungen						
als Alt-A klassifizierte Forderungen						
Forderungen aus Unternehmenskrediten						
Forderungen aus Commercial Mortgage-Backed Securities						
Summe						
Positionen gegenüber Zweckgesellschaften						
Bilanzielle Forderungen gegenüber Zweck-gesellschaften, insbesondere ABCP-Conduits						
Liquiditätsfazilitäten gegenüber ABCP-Conduits						
Derivate (zum Beispiel Zins-Währungs-Swaps zur Absicherung der Transaktion)						
Summe						
Gesamtsumme						

Offenlegungsformat 49: Geografische Struktur des Verbriefungsportfolios nach dem Land der Ursprungsforderung [FSF-AR-ABS-1b]

Im Risikolagebericht des Konzerns werden zusammengefasste Angaben zur Struktur des Verbriefungsportfolios *(FSF-HR-ABS-1)* erbracht. Dabei erfolgt keine Differenzierung nach Branchen oder nach geografischen Gebieten.

In Tabelle *FSF-AR-ABS-2* werden die gekauften Verbriefungspositionen und die zurückbehaltenen Risiken aus verkauften Forderungen nach externen Bonitätsklassen dargestellt.

in Mio. € Forderungsarten	Interne Ratingklassen						Summe
	A	B	C	D	E	G	
Bilanzwirksame Positionen							
Forderungen aus Retailkrediten							
davon: Residential Mortgage-backed Securities							
davon: als Subprime klassifizierte Forderungen							
als Alt-A klassifizierte Forderungen							
Forderungen aus Unternehmenskrediten							
Forderungen aus Commercial Mortgage-Backed Securities							
Summe							
Positionen gegenüber Zweckgesellschaften							
Bilanzielle Forderungen gegenüber Zweck-gesellschaften, insbesondere ABCP-Conduits							
Liquiditätsfazilitäten gegenüber ABCP-Conduits							
Derivate (zum Beispiel Zins-Währungs-Swaps zur Absicherung der Transaktion)							
Summe							
Gesamtsumme							

Offenlegungsformat 50: Kreditqualität des Verbriefungsportfolios [FSF-AR-ABS-2]

Für eine zusammengefasste Darstellung der Bonitätsverteilung des gesamten Verbriefungsexposures im Konzernrisikolagebericht wird das Offenlegungsformat *FSF-HR-ABS-2* verwendet. Eine Unterscheidung nach Forderungsarten wird dabei nicht vorgenommen.

Verbriefungsteilportfolios

Tabelle *FSF-AR-ABS*-3 stellt das Forderungsvolumen des Teilportfolios der Produktklasse „*Collateralized Debt Obligations*"[424] nach enthaltenen *Asset*-Klassen dar.

in Mio. €	
Assetklassen	**Marktwert**
Re-Securitisation	
Commercial Real Estate CDO	
Corporates	
Bank Bonds and Loans	
Summe	

Offenlegungsformat 51: Aufteilung der Produktklasse CDO nach Instrumenten im Portfolio [FSF-AR-ABS-3]

Tabelle *FSF-AR-ABS-4* zeigt ausschließlich als „*Subprime*" eingestufte Forderungen, die nach dem Jahr der ursprünglichen Emission der Verbriefungspositionen gegliedert sind. Hier sind Abweichungen der Jahreszuordnung gegenüber dem Jahr der Kreditvergabe möglich.

---

424 *Collateralized Debt Obligations (CDO)* sind Wertpapiere, die durch einen *Pool* verschiedener allgemeiner Vermögensgegenstände besichert sind. Die Vermögensgegenstände, die als *Collateral* dienen, sind meist Forderungen aus Darlehen oder Anleihen. *CDO* schließen auch *Collateralized Bond Obligations (CBO)* und *Collateralized Loan Obligations (CLO)* ein. Als *CLO* werden *ABS* bezeichnet, die durch einen *Pool* von Krediten gedeckt sind.

in Mio. € Ursprungsjahre	Marktwert
2002	
2003	
2004	
2005	
2006	
2007	
2008	
Summe	

Offenlegungsformat 52: Verteilung des Subprime-Portfolios nach Ursprungsjahr der Emission [FSF-AR-ABS-4]

In Tabelle *FSF-AR-ABS-5* werden die durch Kreditversicherungen[425] abgesicherten Verbriefungspositionen dargestellt. Hierbei handelt es sich häufig um *RMBS-Bonds*. Die Offenlegung erfolgt für die größten *Monoliner*, alle weiteren Kreditversicherungen werden unter der Position „Sonstige *Monoliner*" zusammengefasst. Außerdem wird die zum Berichtsstichtag geltende externe Ratingeinstufung der *Monoliner* gezeigt. Die Ratingklassen entsprechen der konservativsten Bewertung der öffentlich zugänglichen Ratingeinschätzungen. Ziel der Darstellung ist das Aufzeigen von Risikokonzentrationen, die bei Ausfall der zur Absicherung genutzten Kreditversicherer schlagend werden würden.

---

425 Bei Kreditversicherungsunternehmen handelt es sich um spezialisierte Versicherungsgesellschaften, die Wertpapiere gegen Ausfall versichern. Diese Anleiheversicherer werden auch als „*Monoline Insurer*" bzw. „*Monoliner*" bezeichnet.

in Mio. € Monoliner	Forderungs- volumen	externes Rating
Monoliner 1		
Monoliner 2		
Monoliner 3		
Monoliner 4		
Sonstige Monoliner		
Summe		

Offenlegungsformat 53: Durch Monoliner abgesichertes Forderungsvolumen [FSF-AR-ABS-5]

In Tabelle *FSF-AR-ABS-6* werden die Bestands- und Wertänderungen der gekauften Ver-briefungspositionen und der zurückbehaltenen Risiken aus verkauften Forderungen in Spiegelform offen gelegt. Die Wertveränderungen werden nach Neubewertungsrückla-gen[426] und GuV-wirksamen Posten differenziert.

---

426 Als Neubewertungsrücklage wird ein gesonderter Posten im Eigenkapital bezeichnet, in dem Änderungen des beizulegenden Zeitwerts von Wertpapieren der Kategorie *„Zur Veräußerung verfügbare finanzielle Ver-mögenswerte"* sowie die daraus resultierenden latenten Steuereffekte erfolgsneutral erfasst werden.

In Mio. €		Bestands- und Wertveränderungen				
Forderungsarten	**Marktwert am 01.01.2008** vor Bestandsveränderungen und Bewertungsabschlägen	**Bestandsveränderungen** durch Käufe, Verkäufe, Tilgungen und wechselkursbedingte Schwankungen	**Ergebniswirksame Veränderungen**	**Veränderungen in der Neubewertungsrücklage**	**Marktwert am 31.12.2008** nach Bestandsveränderungen und Bewertungsabschläge
Bilanzwirksame Positionen					
Forderungen aus Retailkrediten					
davon: RMBS					
davon: als Subprime klassifizierte Forderungen					
als Alt-A klassifizierte Forderungen					
Forderungen aus Unternehmenskrediten					
Forderungen aus Commercial Mortgage-Backed Securities (CMBS)					
Summe					
Positionen gegenüber Zweckgesellschaften					
Bilanzielle Forderungen gegenüber Zweckgesellschaften, insbesondere ABCP-Conduits					
Liquiditätsfazilitäten gegenüber ABCP-Conduits					
Derivate (zum Beispiel Zins-Währungs-Swaps zur Absicherung der Transaktion)					
Summe					
Gesamtsumme					

Offenlegungsformat 54: Bestands- und Wertveränderungen des Verbriefungsportfolios in der Berichtsperiode [FSF-AR-ABS-6]

Die in der Berichtsperiode festgestellten Bestands- und Wertänderungen des Verbriefungsportfolios werden im Risikolagebericht des Konzerns in zusammengefasster Form *(FSF-HR-ABS-2)* offen gelegt.

7.1.3.3.4 Offenlegungsformate für das Leveraged Finance-Portfolio

Durch Kreditinstitute finanzierte Unternehmensübernahmen, die aufgrund ihrer Finanzierungsstruktur einen überdurchschnittlichen Fremdkapitalhebel aufweisen, werden als *Leveraged Finance*-Transaktionen bezeichnet. Der Investor zielt bei solchen Transaktionen darauf ab, durch den geringen Einsatz von Eigenmitteln eine attraktive Eigenkapitalrentabilität zu erzielen. *Leveraged Finance*-Transaktionen werden häufig in die Kategorien *Leveraged Buy-out* durch *Financial Sponsors*, Rekapitalisierungen und Refinanzierungen von Akquisitionen sowie *Management Buy-out* und *Management Buy-in* unterschieden. Für Kreditinstitute haben *Leveraged Finance*-Transaktionen den Charakter temporärer Positionen, die bis zur Weitergabe an die eigentlichen Investoren in den Büchern gehalten werden. Banken gehen dabei ein zeitlich begrenztes Risiko ein, dass bis zur Weitergabe der Risikoposition ein Wertverlust eintritt.[427] Kreditinstitute koppeln die Ratingeinstufung derartiger Akquisitionsfinanzierungen im Wesentlichen an die erwarteten Cash-

---

427 Dabei handelt es sich um das sogenannte *Warehouse*-Risiko, das eine Ausprägung des Kreditrisikos darstellt.

flows der übernommenen Unternehmen. Über die eigentliche Akquisitionsfinanzierung hinaus treten Kreditinstitute auch als Arrangeur und Konsortialbank für diese Art von Unternehmensübernahmen auf.[428]

Die *Leveraged Finance*-Transaktionen werden auf Gesamtportfolioebene offen gelegt. Dabei wird, wie im herkömmlichen Kreditgeschäft auch, das auf Buchwerten basierende Bruttokreditvolumen ohne Anrechnung von Kreditrisikominderungstechniken und vor dem Ansatz von Wertberichtigungen bzw. Abschreibungen verwendet. Die Struktur der Offenlegung entspricht im Wesentlichen der für die *FSF*-Verbriefungsangaben.

in Mio. € Forderungsarten	Branche 1	Branche 2	Branche 3	Branche 4	Sonstige Branchen	Summe
Bilanzwirksame Positionen						
Bilanzunwirksame Positionen						
Summe						

Offenlegungsformat 55: Branchenstruktur des Leveraged Finance-Portfolios nach der Branche der Ursprungsforderung [FSF-AR-LF-1a]

in Mio. € Forderungsarten	Land 1	Land 2	Land 3	Land 4	Sonstige Länder	Summe
Bilanzwirksame Positionen						
Bilanzunwirksame Positionen						
Summe						

Offenlegungsformat 56: Geografische Struktur des Leveraged Finance-Portfolios nach dem Land der Ursprungsforderung [FSF-AR-LF-1b]

Bei der Offenlegung von zusammengefassten Angaben zur Struktur des *Leveraged Finance*-Portfolios im Risikolagebericht des Konzerns (Offenlegungsformat *FSF-HR-LF-1*) wird keine Differenzierung nach Branchen oder nach geografischen Gebieten vorgenommen.

| in Mio. €
Forderungsarten | Interne Ratingklassen | | | | | | | Summe |
	A	B	C	D	E	F	G	
Bilanzwirksame Positionen								
Bilanzunwirksame Positionen								
Summe								

Offenlegungsformat 57: Kreditqualität des Leveraged Finance-Portfolios [FSF-AR-LF-2]

---

428 Zur Rolle von Finanzintermediären und den Aspekten der Finanzstabilität bei *Leveraged Finance*-Transaktionen vgl. *Deutsche Bundesbank (2007)*, S. 15ff.

Die Bonitätsverteilung im *Leveraged Finance*-Portfolio wird im Konzernrisikolagebericht in zusammengefasster Form (Offenlegungsformat *FSF-HR-LF-2*) dargestellt.

in Mio. €	Marktwert am 01.01.2008 vor Bestandsveränderungen und Bewertungsabschlägen	Bestands- und Wertveränderungen				Marktwert am 31.12.2008 nach Bestandsveränderungen und Bewertungsabschläge
		Bestandsveränderungen durch Käufe, Verkäufe, Tilgungen und wechselkursbedingte Schwankungen	Ergebniswirksame Veränderungen	Veränderung en der Neubewertungsrücklage		
Forderungsarten						
Bilanzwirksame Positionen						
Bilanzunwirksame Positionen						
Summe						

Offenlegungsformat 58: Bestands- und Wertveränderungen des Leveraged Finance-Portfolios in der Berichtsperiode [FSF-AR-LF-3]

Im Risikolagebericht des Konzerns werden die für das *Leveraged Finance*-Portfolio im Berichtszeitraum ermittelten Bestands- und Wertänderungen in zusammengefasster Form (*FSF-HR-LF-3*) dargestellt.

7.1.4 Überarbeitung von Basel II und der CRD hinsichtlich der Offenlegung von Verbriefungen

Inhaltlicher Überblick

Im Januar 2009 hat der *Baseler Ausschuss für Bankenaufsicht* Vorschläge zur Erweiterung des *Baseler Eigenkapitalakkords* aus dem Jahr 2004 zur Konsultation gestellt.[429] Dem folgte im März 2009 ein Konsultationspapier der EU-Kommission gleichen Inhalts zur Anpassung der EU-Bankenrichtlinie.[430] Die bezüglich geplanten Ergänzungen der *Säule 3* bauen auf den seit April 2008 bekannten *FSF*-Empfehlungen zur erweiterten Offenlegung von Verbriefungen auf. Die Ergänzungen betreffen sowohl qualitative als auch quantitative Angaben und sind nicht zwingend mit dem Regelwerk der *Säule 1* verknüpft.

Die neuen Anforderungen betreffen folgende Themengebiete:

- Die Offenlegung von **Verbriefungen im Handelsbuch** soll analog der Behandlung derartige Exposures für Verbriefungen des Anlagebuchs erfolgen. Dazu ist eine Erweiterung der Tabellengruppe *AR-KR-9* vorgesehen. Auf diese Weise wird die Offenlegung der Bemessungsgrundlage für die Eigenkapitalanforderungen auch für Verbriefungen des Handelsbuchs verpflichtend.

---

429 Vgl. *Basel II Enhancements (2009)*.
430 Vgl. *Commission Services Staff Working Document (2009)*.

▓ Die Eigenkapitalanforderungen für derartige Positionen wurden bisher im Rahmen des Marktpreisrisikos ermittelt. Hinsichtlich der **Sponsoraktivitäten** sind qualitative Angaben zur Art der Risiken und der im Verbriefungsprozess eingenommenen Rollen vorgesehen. Zudem hat eine Trennung der quantitativen Angaben in bilanzielle und außerbilanzielle Kategorien zu erfolgen.

▓ Für die nach dem *Internal Assessment Approach (IAA)* eingestuften und im Rahmen von *ABCP*-**Programmen** eingegangenen Verbriefungspositionen ist der verwendete regulatorischen Ansatz anzugeben. Darüber hinaus sind umfassende Informationen zum internen Einstufungsprozess nach dem *IAA* zu erbringen. Zudem ist eine stärkere Differenzierung der quantitativen Angaben erforderlich.

▓ Hinsichtlich der *Re-Securitisation Exposures*[431] sind umfangreiche qualitative Angaben – unter anderem zu den Schlüsselannahmen bei der Bewertung derartiger Exposures – und summarische quantitative Angaben offen zu legen.

▓ In Bezug auf sogenannte *Pipeline-* und *Warehouse*-**Risiken**[432] sind die Bilanzierungsgrundsätze und verwendeten Bewertungsmethoden darzulegen. Zudem werden summarische quantitative Angaben über solche *Assets*, die zur Verbriefung vorgesehen sind, gefordert.

▓ Mit der Anforderung, **wesentliche Änderungen des Verbriefungszahlenwerks** seit der letzten Offenlegung zu erläutern, leitet der *Baseler Ausschuss* einen Paradigmenwechsel in der aufsichtsrechtlichen Risikoberichterstattung ein, der eine unterschiedliche Behandlung von Verbriefungen einerseits und den weiteren Risikoangaben andererseits im *Säule 3*-Bericht nach sich ziehen würde. Eine derartige Differenzierung ist aus Gründen der Berichtskonsistenz daher kritisch zu beurteilen.

---

431 Bei der *Re-Securitisation* oder Wiederverbriefung handelt es sich um die Verbriefung bereits bestehender *ABS*-Transaktionen.

432 Hierbei handelt es sich um Verbriefungen, die im Rahmen von *Leveraged Finance*-Transaktionen temporär auf die Bücher des Kreditinstituts genommen werden. Zur Offenlegung von *Leveraged Finance*-Exposures vgl. *Abschnitt 7.1.3.3.4.*

■ Schließlich stellen die neue *Baseler* Anforderungen klar, dass **Kreditderivate**, die innerhalb von Verbriefungsstrukturen zur Absicherung herangezogen werden, nicht Bestandteil der qualitativen und quantitativen Offenlegung von Sicherheiten (Tabellengruppe *AR-KR-7*) sein sollen, sondern in die Offenlegung von Verbriefungen zu integrieren sind.

Zeitplan der Umsetzung

Die Umsetzung der erweiterten *Baseler* Transparenzregeln soll in zwei Stufen erfolgen. So ist geplant, die Anforderungen ohne Bezug zum Handelsbuch bereits zum 31. Dezember 2009 umzusetzen, während die erstmalige Offenlegung der Angaben mit Bezug zum Handelsbuch zum Stichtag 31. Dezember 2010 gefordert wird. Da die erweiterten Offenlegungspflichten in weiten Teilen auf der Umsetzung der neuen *Säule 1*-Anforderungen aufbauen, erscheint eine Einhaltung dieses ambitionierten Zeitplans schon allein aus sachlogischen Gründen nicht möglich. Es bleibt zudem abzuwarten, ob der formale Rechtsetzungsprozess über die *EU*-Ebene (*Banken- und Eigenkapitalrichtlinie*) in nationales deutsches Recht zu einer Verschiebung der Umsetzungsfristen führen wird.

7.1.5   Bewertung der erweiterten Offenlegungsanforderungen

Grundsätzliche Überlegungen

Seit dem Jahr 2008 werden auf politischer Ebene sowie durch Regulatoren und Standardsetzer erhebliche Anstrengungen unternommen, um die Folgen der aktuellen Finanzmarktkrise zu begrenzen. Dabei ist, neben anderen Instrumenten, die Offenlegung in das Zentrum der Betrachtungen gerückt. Ausreichende Publizität soll dazu beitragen, das Vertrauen der Kapitalmarktteilnehmer und sonstigen Interessengruppen in das Bankensystem wieder herzustellen. Die Folge sind umfangreiche, zusätzliche Anforderungen an die Berichterstattung über Verbriefungsaktivitäten und die hieraus resultierenden Risiken. Diese Anforderungen spiegeln sich in den *FSF*-Empfehlungen und in den neuen *Baseler* bzw. *Brüsseler* Offenlegungsanforderungen wider.

Zweifellos ist es in der aktuellen Situation erforderlich, hinreichende Informationen zu jenen Risiken bereitzustellen, die mit bilanziellen und außerbilanzielle Verbriefungsstrukturen und von Kreditinstituten bereitgestellten Liquiditätsfazilitäten sowie mit *Leveraged Finance*-Transaktionen verbunden sind. Die Offenlegung hat dabei unter Beachtung des generellen Materialitätsgrundsatzes als wesentlichem Faktor zur Sicherstellung der Entscheidungsnützlichkeit publizierter Informationen zu erfolgen. Gleichwohl wird die Offenlegung aufgrund des erhöhten Informationsbedarfs der Berichtsadressaten häufig über das bisherige Transparenzniveau in diesem Bereich hinausgehen.

Diskussionswürdig erscheint allerdings, ob die Fülle der jetzt auf den Weg gebrachten Maßnahmen dazu beitragen kann, die Qualität der Risikoberichterstattung tatsächlich zu verbessern. Weitet man den Blickwinkel von den aufsichtsrechtlichen Offenlegungspflichten auf die Gesamtheit der Berichtsinstrumente, so ist zu konstatieren, dass die bestehenden handelsrechtlichen Anforderungen grundsätzlich geeignet sind, die Berichtserfordernisse zu den Auswirkungen der Finanzmarktkrise abzudecken. Kreditinstitute haben bereits gemäß *§ 289 HGB* bzw. *§ 315 HGB* in Verbindung mit dem *DRS 5-10* über alle wesentlichen Risiken und insbesondere über bestandsgefährdende Entwicklungen zu informieren.[433] Das Kriterium der Wesentlichkeit – in manchen Fällen auch das der Bestandsgefährdung – ist hinsichtlich der durch die Finanzmarktkrise induzierten Risiken für viele Banken erfüllt.[434]

Es ist richtig, dass in den einschlägigen Rechnungslegungsstandards keine dezidierten Anforderungen an die Offenlegung von verbrieften Strukturen und bereitgestellten Liquiditätsfazilitäten verbundenen Kredit-, Marktpreis- und Liquiditätsrisiken gestellt werden. Allerdings erscheint es aber auch nicht zielführend, die überwiegend prinzipienorientierte Ausrichtung der geltenden Anforderungen an die Risikolageberichterstattung aufgrund situationsbezogener, zusätzlicher Informationserfordernisse des Kapitalmarkts zugunsten präskriptiver Offenlegungsvorschriften in Frage zu stellen. Denn gerade die Flexibilität, die das Instrument der Lageberichterstattung bietet, ist die Voraussetzung für eine angemessene Reaktion auf die nächste Krise.

Auch kann die Offenlegung immer nur jene Erkenntnisse aufgreifen, die ein Kreditinstitut im Rahmen des internen Managementprozesses oder aufgrund regulatorischer Anforderungen gewinnt. Daher ist es zwingend erforderlich, die Bestrebungen zur Eindämmung der Finanzmarktkrise zunächst auf die Versäumnisse im Risikomanagement und auf die Regelungslücken im Handels- und Aufsichtsrecht hinsichtlich der Konsolidierungs- und Bewertungsverfahren zu fokussieren, bevor die so erzielten Resultate – und unter Beachtung des Konsistenzgebots – zu Offenlegungsanforderungen geformt werden können.

Fraglich erscheint zudem, ob der schiere Umfang neuer Offenlegungsanforderungen die Informationsbedürfnisse der Berichtsadressaten im Sinne des Kriteriums der Entscheidungsnützlichkeit tatsächlich trifft. Vielmehr besteht die Gefahr, dass die eingeleiteten Maßnahmen in manchen Fällen zu einer kontraproduktiven Überregulierung führen, die eine von den Adressaten nicht mehr zu verarbeitende Informationsflut nach sich zieht.

Die zur Bewältigung der Finanzmarktkrise diskutierten Maßnahmen von Gesetzgeber und Standardsetzer greifen zudem in einer Situation, in der die prekären Positionen der Kreditinstitute und die Folgen für die Ertragslage weitgehend öffentlich bekannt gemacht wurden. Gleichzeitig ist das Engagement vieler Kreditinstitute in diesem Geschäftssegment

---

433 Zu den gesetzlichen Anforderungen der handelsrechtlichen Risikopublizität vgl. *Abschnitt 3.1.2.*
434 Auch *Gerdes, A.-K. /Wolz, M. (2009)*, S. 270, argumentieren, dass *„die Gründung von Conduits, welche hauptsächlich in den Subprime-Markt investierten, sowie die gleichzeitige Stellung von umfangreichen Liquiditätslinien, welche Kredit-, Markt- und Ausfallrisiken beinhalteten, (...) zumindest für Anleger und externe Aufsichtsorgane eine hohe Relevanz haben".*

inzwischen stark rückläufig. Im Ergebnis läuft die zusätzliche Regulierung daher teilweise ins Leere und bindet zu ihrer Umsetzung knappe Ressourcen in den Kreditinstituten, während sich an anderer Stelle möglicherweise die nächste Krise aufbaut.

Kritik an der Ausgestaltung der erweiterten Anforderungen

Bei Betrachtung der inhaltlichen Details der erweiterten Offenlegungsanforderungen ist festzustellen, dass sowohl die *FSF*-Empfehlungen als auch die Initiativen der Kreditwirtschaft allein auf die Offenlegung von Verbriefungen fokussieren – Offenlegungsanforderungen für andere Risikobereiche bleiben unberücksichtigt. Derartige Umsetzungsempfehlungen sollten jedoch nicht losgelöst von den regulatorischen Offenlegungsanforderungen für andere Risikobereiche entwickelt werden, da ansonsten die Gefahr besteht, dass die Konsistenz der gesamten regulatorischen Risikoberichterstattung und damit die Qualität der Kapitalmarktkommunikation leidet. Zudem ist zu konstatieren, dass bei konsequenter Umsetzung der bestehenden *Säule 3*-Regularien viele der erweiterten Anforderungen im Kern bereits erfüllt werden.

Der Fokus bei der Weiterentwicklung von Offenlegungsanforderungen zu der Thematik sollte daher auf jenen Aspekten liegen, die tatsächlich von den aktuellen *Säule 3*-Anforderungen nicht erfasst werden. Dies betrifft insbesondere auf die Integration des Handelsbuchs in die exposureorientierte Darstellung von Verbriefungen, mit der eine ganzheitliche und konsistente Offenlegung aller Risikoaspekte von Verbriefungstransaktionen erzielt werden kann.

Die Grundkonzeption der *Säule 3*-Offenlegungsanforderungen sieht vor, dass die Berichte solche Tatbestände zum Gegenstand haben, die bereits in *Säule 1* und *Säule 2* geregelt sind. Dies gilt insbesondere für die quantitativen Meldeerfordernisse der *Säule 1*. Diese Verknüpfung wird mit Teilen der jetzt vorgelegten, erweiterten Anforderungen aufgegeben, die zusätzlich zu dem aus *Säule 1* resultierenden Zahlenwerk auch die Offenlegung von Angaben vorsehen, die allein auf der externen Rechnungslegung beruhen. Darüber hinaus werden in dem neuen *Baseler* Konsultationspapier Definitionen eingeführt und verwendet, die von denen der *Säule 1* abweichen. Mit dieser Vorgehensweise wird das relativ ausgewogene System der regulatorischen Offenlegung durchbrochen. Als Folge drohen ein erhöhter Aufwand der Kreditinstitute bei der Erstellung der Angaben und ein verminderter Entscheidungsnutzen für die Berichtsadressaten, der aus zusätzlichen und inkonsistenten Angaben resultiert. Eine Adjustierung der erweiterten *Baseler* Offenlegungsanforderungen erscheint vor diesem Hintergrund geboten.

7.1.6 Aufsichtsrechtliche Offenlegung von Liquiditätsrisiken

Da Liquiditätsrisiken nicht mit regulatorischem Eigenkapital zu unterlegen sind, existieren bis dato keine verbindlichen Vorgaben der Bankenaufsicht zur Regulierung – und damit auch Offenlegung – des Liquiditätsrisikos. Nicht zuletzt die Auswirkungen der aktuellen Finanzmarktkrise haben jedoch gezeigt, dass unzureichende Liquidität unmittelbar zu einer Bestandsgefährdung für Kreditinstitute führen kann.[435]

Vor diesem Hintergrund verfolgt der *Baseler Ausschuss für Bankenaufsicht* verschiedene Initiativen zur Intensivierung der Beaufsichtigung von Kreditinstituten im Bereich des Liquiditätsrisikos. Das zentrale Konzept stellen hierbei die *„Principles for Sound Liquidity Risk Management and Supervision"*[436] dar. *Principle 13* dieses Papiers enthält umfangreiche Anforderungen, die über die in *DRS 5-10.30-31* formulierten Regelungen zur Offenlegung von Liquiditätsrisiken hinausgehen. Der *Baseler Ausschuss* greift die in den *Principles* unterbreiteten Vorschläge in seinem aktuellen Konsultationspapier *„Proposed enhancements to the Basel II framework"* erneut auf.[437] Vor diesem Hintergrund ist zu erwarten, dass Kreditinstitute ab dem Zeitpunkt der Umsetzung des revidierten *Baseler* Eigenkapitalakkords in nationales Recht auch in regulatorischer Hinsicht umfangreiche qualitative und quantitative Angaben zum Liquiditätsrisiko offen legen müssen.

7.2 Optimierungsbedarf

7.2.1 Risikopublizität im Spannungsfeld der Prognose- und Chancenberichterstattung

Materielle Problemstellung: Entwicklungsbedarf in den Kreditinstituten

In der Bankpraxis treten Chancen und Risiken immer gemeinsam auf und erfordern daher eine integrierte Steuerung.[438] Vor diesem Hintergrund kommt einem aktiven Chancenmanagement, das gleichwertig neben dem – meist bereits hinreichend etablierten – Risikomanagement steht, eine Schlüsselrolle bei der Erschließung strategischer Handlungsfelder zu. Die Steuerung von Chancen setzt eine Operationalisierung des Chancenmanagements voraus. Dazu sind die Verantwortlichkeiten für die Steuerung, das Controlling und die Überwachung von Chancen festzulegen sowie Messverfahren zur Quantifizierung und Berichtsinstrumente zu implementieren. Dabei ist die Aufgabe zu lösen, die bestehende betriebswirtschaftliche Performance-Steuerung, die neben der Analyse von realisierten

---

435 Zur Bedeutung von Liquiditätsrisiken für die Finanzlage von Kreditinstituten vgl. *Abschnitt 4.1.4.*
436 Vgl. *Basel Liquidity Risk (2008).*
437 Vgl. *Basel II Enhancements (2009), Textziffern 67 bis 84.*
438 Vgl. *Trcka, M. (2008)*, S. 5.

Ergebnissen auch das Management von erwarteten Ergebnisgrößen zum Gegenstand hat, um die unerwartete Ergebnisentwicklung – den Chancenaspekt – zu erweitern und in die Risikosteuerung zu integrieren.

Bevor ein derartiges gesamthaftes Chancen- und Risikomanagement implementiert werden kann, sind zunächst verschiedene konzeptionelle Fragen zu lösen. In einem ersten Schritt ist der Chancenbegriff vom Prognosebegriff einerseits und vom Risikobegriff andererseits abzugrenzen. Eine besondere Herausforderung stellt die Entwicklung geeigneter Messverfahren für Chancen dar – beispielsweise *„Earnings-at-Risk"*-Ansätze –, die zu Ergebnissen führen, die mit denen der internen Risikomodelle vergleichbar sind. Insgesamt befindet sich das integrierte Chancen- und Risikomanagement von Kreditinstituten noch in einer frühen Ausbauphase und bedarf daher der Weiterentwicklung.[439]

Formale Problemstellung: Unklarheiten im Standard

Im Zuge der Reform des Bilanzrechts wurden die Anforderungen des in *§ 289 Absatz 1 HGB* und des *§ 315 Absatz 1 HGB* um die Chancenberichterstattung erweitert[440]. *DRS 15.84-91* regelt die Gestaltung des sogenannten Prognoseberichts. Unklar ist in diesem Zusammenhang die Abgrenzung der Begriffe „Prognose" und „Chance".[441] Zudem stellt sich die Frage des Verhältnisses zwischen Prognosebericht und Risikobericht: Da die Risikobetrachtung immer einen zukunftsgerichteten Charakter hat[442], erscheint die Trennung von Prognose- und Risikobericht nicht zielführend. Des Weiteren stellen sich Fragen zum Zusammenhang von Chancen und Risiken: Im Zwischenlageberichtsstandard *DRS 16* werden Chance und Risiko als gleichberechtigte Dimensionen der Geschäftstätigkeit dargestellt; dies entspricht der Intention des *Bilanzrechtsreformgesetzes*. Dagegen haben die Risikoberichtsstandards den Risikoaspekt im Blickpunkt.[443] Diese einseitige Ausrichtung spiegelt sich auch in der aktuellen Berichtspraxis wider. Hier ist ein relativ hoher Ausbau-

---

439 Weiterführende Diskussionen zur integrierten Betrachtung von Chancen und Risiken sind beispielsweise folgenden Quellen zu entnehmen: *Herrmann, M. / Gabriel, J. (2006)* entwickeln ein Konzept für ein integriertes internes und externes Ergebnis- und Risikoreporting. *Kaiser, K. (2005)* unterbreitet Vorschläge zur Konzeption eines ganzheitlichen Chancen- und Risikomanagementsystems. *Quadt, R. / Tiskens, Ch. / Vits, J. (2005)* plädieren für ein *IFRS*-nahes Controlling. *Trcka, M. (2008)* schlägt ein Risiko- und Chancenmanagement als integriertes Steuerungsinstrument vor. *Weißenberger, B. E. (2005)* zeigt Möglichkeiten einer integrierten Erfolgsrechnung nach IFRS und für Controllingzwecke auf. *Zepp, M. (2007)*, S. 255f., stellt die Aussagekraft des Risikoberichts ohne Berücksichtigung des Chancenaspekts in Frage.

440 So heißt es in *§ 315 Absatz 1 HGB*: *„Ferner ist im Konzernlagebericht die voraussichtliche Entwicklung mit ihren wesentlichen Chancen und Risiken zu beurteilen und zu erläutern; zugrunde liegende Annahmen sind anzugeben."*

441 Vgl. dazu *Zepp, M. (2007)*, S. 219ff.

442 Vgl. *Jonen, A. (2006)*, S. 13f.

443 Die Nichtberücksichtigung des Chancenaspektes und die verlustorientierte Sichtweise des Risikobegriffs in den im Zuge des *KonTraG* etablierten risikobezogenen Normen zur Lageberichterstattung ist auf die Grundausrichtung des deutschen Handelsrechts nach dem Vorsichtsprinzip, die ihren Ausdruck im Prinzip des Gläubigerschutzes findet, zurückzuführen (vgl. *Jonen, A. (2006)*, S. 12ff.).

grad der Risikoberichterstattung festzustellen, jedoch finden sich nur vereinzelt Praxisbeispiele für eine aussagekräftige Chancenberichterstattung[444]. Ein ganzheitlicher Chancen- und Risikobericht ist in den Lageberichten von Kreditinstituten nicht zu finden.

Aufgrund der offenen definitorischen Fragen bestehen bei den berichtspflichtigen Kreditinstituten Unsicherheiten hinsichtlich der regelkonformen Umsetzung der *DRS*-Anforderungen. Dies birgt die Gefahr einer nicht angemessenen Berichterstattung über Chancen und Risiken. Die genannten Problemfelder erschweren zudem den Aufbau einer aussagekräftigen wertorientierten Finanzberichterstattung. Der handelsrechtliche Chancen- und Risikobericht mit seiner Darstellung von potenziellen – positiven oder negativen – Entwicklungen der Vermögens-, Finanz- und Ertragslage ist elementarer Bestandteil eines solchen *Value-Reporting*[445].

Vorschlag zur Problemlösung

Für eine sachgerechte Umsetzung einer Prognose- und Chancenberichterstattung sind auf Konzernebene folgende Themen komplexe zu beordnen:

- Definition des Chancenbegriffs (unerwartetes Ergebnis) und Prognose (erwartetes Ergebnis) und Abgrenzung vom Risikobegriff

- Nutzung der betriebswirtschaftlichen Performance-Rechnung für die Offenlegung des (*ex-post-*)Ergebnisses im Bericht zur Geschäftsentwicklung und Umfang der Überleitung des betriebswirtschaftlichen Zahlenwerks zum Konzernabschluss

- Nutzung existierenden Ansätze eines internen Chancenmanagements[446] als Basis für ein integriertes externes Chancen- und Risiko-Reporting

- Breite und Tiefe der Chancenberichterstattung und Umfang der Quantifizierung unter Beachtung der Vertraulichkeit wettbewerbssensitiver Informationen

Die folgende Übersicht illustriert die Problemstellung:

---

444 Die *Commerzbank* legt in ihrem Finanzbericht des Geschäftsjahres 2007 (vgl. S. 95 ebenda) einen Prognose- und Chancenbericht offen. Der Prognoseteil beinhaltet die Erwartungen für das kommende Geschäftsjahr hinsichtlich der Ertrags-, Finanz- und Liquiditätslage.

445 Für einen umfassenden Überblick zum *Value-Reporting* vgl. *Heumann, R. (2005)*.

446 Ein praktisches Umsetzungsbeispiel für das Chancenmanagement zeigt wiederum die *Commerzbank* (vgl. *Commerzbank Risikolagebericht (2007)*, S. 95). Dort werden die Grundzüge des Chancenmanagementsystems mit seinen Steuerungsebenen dargestellt, Eine integrative Betrachtung von Chancen und Risiken im Sinne des Rendite-Risiko-Kalküls erfolgt jedoch auch hier nicht.

	ex-post-Betrachtung	ex-ante-Betrachtung	
		Erwartete Berichtsgrößen	Unerwartete Berichtsgrößen
Berichtsinhalte	▪ Realisierte Erträge und Kosten auf Basis der betriebswirtschaftlichen Performancerechnung	▪ Erwartete Erträge und Kosten auf Basis der betriebswirtschaftlichen Planungsrechnung	▪ **Offen:** Unerwarteter Gewinn (*"Earnings-at-Rsik"*)
Relevanter Lageberichtsteil	▪ Bericht zur Geschäftsentwicklung	▪ Prognosebericht	Chancenbericht ▪ **Offen:** Chancenbericht als eigenständiger Lageberichtsteil
Handlungsbedarf	▪ Bericht zur Geschäftsentwicklung auf interne Steuerungskennzahlen* (*KPI*) umstellen (z.B. *EVA / RORAC*) ▪ Überleitungsrechnung der betriebswirtschaftlichen Performance zur Gewinn- und Verlustrechnung offen legen	▪ Prognosebericht auf interne Steuerungskennzahlen* (*KPI*) umstellen (z.B. *EVA / RORAC*)	▪ Konzeptionelles Problem der Chancendefinition lösen ▪ Interne Chancensteuerung und Chancenberichterstattung aufbauen

Abbildung 96: Konzeptionelle Herausforderungen der Prognose- und Chancenberichterstattung

Sobald eine Klärung der konzeptionellen Fragen erreicht worden ist, erscheint die Überarbeitung und Harmonisierung der relevanten Rechnungslegungsstandards – das sind *DRS 15, DRS 16, DRS 5, DRS 5-10* und *DRS 5-20* – geboten[447]. Dabei sollten die aktuellen Entwicklungen des *IASB*-Projekts *Management Commentary* berücksichtigt werden[448]. Auf diese Weise können die formalen Voraussetzungen für die Umsetzung eines aussagekräftiges *Value-Reporting* der Kreditinstitute geschaffen werden. Gleichzeitig ist die Kreditwirtschaft aufgefordert, die Konzeption und Umsetzung eines ganzheitlichen Chancen- und Risikomanagements im Sinne einer konzernweit integrierten Rendite-Risiko-Steuerung voranzutreiben, die als Grundlage für die Offenlegung dienen kann.

7.2.2   Grundsätzliche Anmerkungen zu den aktuellen Anforderungen an die Risikopublizität

Umfang und Komplexität

Die Analyse der risikobezogenen Offenlegungsanforderungen zeigt, dass die externe Risikoberichterstattung trotz der Möglichkeiten zur Gewinnung von Synergien bei geeigneter Nutzung von Gestaltungsspielräumen einen außerordentlichen Umfang und eine hohe Komplexität aufweist. Damit hat die Risikopublizität ein Niveau erreicht, auf dem die Fülle der bereitgestellten Informationen häufig nur noch durch Experten bewertet werden kann, die jedoch nicht zwangsläufig die (primären) Adressaten der Risikoberichte sind. Zu einem ähnlichen Ergebnis kommt die *Deutsche Prüfstelle für Rechnungslegung* in einer Analyse der Befunde des *DPR-Enforcements* des Jahres 2008: *„Etliche dieser komplexen Standards führen nicht zu einer Verbesserung der Transparenz für die Kapitalmarktteil-*

---

447 Der Deutsche Standardisierungsrat plant die Zusammenführung unter anderem von *DRS 15, DRS 5, DRS 5-10* und *DRS 5-20* zu einem zentralen Lageberichtsstandard unter Einbeziehung der Änderungen von § 289 HGB und § 315 HGB (vgl. *Deutsches Rechnungslegungs Standards Committee e.V. (2009)*).
448 Vgl. *Abschnitt 7.1.2.*

nehmer (wichtigste Nutzer der IFRS)."[449] Auch sind die Detailangaben zur Ausgestaltung des Risikomanagementsystems für das Verständnis und die Beurteilung der Risikozahlen nicht zwingend erforderlich und verstellen eher den Blick auf die Darstellung der Risikolage als dem eigentlich relevanten Berichtsinhalt.[450] Damit verfehlt die Offenlegung ihr ursprüngliches Ziel, entscheidungsnützliche Informationen für ein breites Publikum zur Verfügung zu stellen.[451]

Angesichts der unter der Federführung verschiedener Institutionen parallel verlaufenen Projekte zur Formulierung von risikobezogenen Offenlegungsvorschriften *„Basel II, Säule 3"* und *„IFRS 7"* ist dieser Befund nicht wirklich überraschend.[452] Trotz der erklärten Absicht des *IASB* und des *Baseler Ausschusses für Bankenaufsicht*, die Konsistenz der Offenlegungsregime sicherzustellen, liegen im Ergebnis zwei Regelwerke vor, die eine Fülle von Detailangaben zum Risikomanagementsystem fordern und damit ursächlich für Umfang und Komplexität der Risikoberichte sind. Zudem reicht der Grad an Übereinstimmung zwischen den handelsrechtlichen und den regulatorischen Anforderungen an die quantitative Offenlegung nicht aus, um bei der Umsetzung Synergien umfassend heben zu können. Im Ergebnis bleiben in einer nicht geringen Zahl von Fällen divergierende Angaben zu prinzipiell gleichen Sachverhalten nebeneinander stehen, die nicht oder nur unzureichend miteinander verknüpft werden können. Die Abweichungen werden häufig mit Hinweis auf die unterschiedlichen Zielsetzungen von Standardsetzern und Bankenaufsicht begründet. Im Verlauf der Untersuchung konnte jedoch gezeigt werden, dass die relevanten Zielsysteme im Wesentlichen übereinstimmen, sodass in dieser Hinsicht einer Offenlegung „aus einer Hand" nichts im Wege stehen würde.[453]

Systemkonforme Weiterentwicklung der Offenlegungsanforderungen

Zur Entschärfung der Finanzmarktkrise greifen Politik, Gesetzgeber, Standardsetzer und Regulatoren unter anderem auf das Instrument der Transparenz zurück. Jedoch zeigt die Analyse der diversen Initiativen zur erweiterten Offenlegung von Verbriefungen und *Leveraged Finance*, dass – ungeachtet der grundsätzlichen Eignung vieler der vorgeschlagenen Ansätze wie beispielsweise die Offenlegung der Risiken von nicht konsolidierten Zweckgesellschaften oder die exposureorientierte Darstellung von Verbriefungen im Handelsbuch – durch nicht forme Eingriffe in das bereits außerordentlich komplexe System der Risikopublizität und das einfache Hinzufügen neuer Anforderungen, die Qua-

---

449 Vgl. *Meyer, H. (2009)*, S. 450.
450 Nach einer von der *European Financial Reporting Advisory Group (EFRAG)* durchgeführten Studie, erwartet die Mehrzahl der Adressaten von Finanzberichten – das sind Finanzanalysten sowie Schuldner und Eigentümer von Unternehmen – unter anderem eine verbesserte Darstellung des Risikomanagements im Sinne einer höheren Entscheidungsnützlichkeit der Informationen. Um dieses Ziel zu erreichen, erachten die Berichtsadressaten eine höhere Stabilität der gesetzlichen Anforderungen, eine verbesserte Vergleichbarkeit der Informationen und die Vereinfachung der Darstellungsweise als notwendige Faktoren (vgl. *EFRAG (2009)*).
451 Zu einem ähnlichen Ergebnis kommen *Gerdes, A.-K. / Wolz, M. (2009)*, S. 271.
452 In Deutschland erhöht sich die Regelungsdichte durch den seit Jahren bestehenden *DRS 5-10* um eine weitere Dimension.
453 Vgl. *Abschnitt 3.4.3.*

lität der offen gelegten Risikoinformationen nicht zwangsläufig steigt. Diese Erkenntnis sollte bei der Weiterentwicklung von Anforderungen an die externe Risikoberichterstattung berücksichtigt werden.[454]

7.2.3   Qualitative Offenlegung: Problematik und Lösungsansätze

7.2.3.1   Befunde der aktuellen qualitativen Offenlegung

„Doing the supervisors' job"[455]

Die qualitative *Säule 3*-Offenlegung ist geprägt von einer Vielzahl spezifischer Angaben, die über Details des aufsichtsrechtlichen Risikoermittlungsprozesses Auskunft geben. Dies gilt insbesondere für die Beschreibung der Ratingverfahren und der Kreditrisikominderungstechniken. Die Existenz derartiger Verfahren und Methoden ist zweifellos ein zentraler Faktor für die Funktionsfähigkeit des regulatorischen Kapitalregimes in einem Kreditinstitut. Auch ist die Notwendigkeit der Überprüfung der erfolgreichen Implementierung eines derartigen, aufsichtsrechtlich motivierten Risikomanagementsystems durch die Bankenaufsicht unbestritten.

Ob und inwieweit jedoch diese Angaben für die Adressaten des *Säule 3*-Berichts von Interesse und notwendig für die Entfaltung der Wirkungsmechanismen der Marktdisziplin sind, ist zu hinterfragen: Nicht der Regulator ist Adressat des *Säule 3*-Berichts, sondern der Kapitalmarkt und die Geschäftspartner der Institutsgruppe. Für diese Zielgruppen erscheint aber doch eher die Gewissheit von Bedeutung zu sein, dass die Bank über ein funktionierendes internes Risikomanagementsystem verfügt, als die Frage, durch welche infrastrukturellen Maßnahmen sichergestellt wird, dass die aufsichtsrechtlichen Offenlegungsanforderungen eingehalten werden.

Die Kritik am Detaillierungsgrad der *Säule 3*- Offenlegungsanforderungen kann im Prinzip auf die handelsrechtlichen Anforderungen übertragen werden. Zwar sind die Vorgaben des *IAS 1* und des *IFRS 7* sowie des *DRS 5-10* weniger präskriptiv, sodass die Kreditinstitute über größere Spielräume bei der Gestaltung der Offenlegung verfügen. Da aber zur Erreichung einer hochwertigen Berichtsqualität die gemeinsame Umsetzung gleichartiger regulatorischer und der handelsrechtlicher Anforderungen erforderlich ist, beinhalten die nur für den Risikolagebericht zu erbringenden Angaben in gewissem Umfang faktisch auch die spezifischen *Säule 3*-Informationen. Bei der handelsrechtlichen Risikoberichterstattung führt zudem die Notwendigkeit der Offenlegung von Veränderungen des Risikomanagementsystems zu einer weiteren Erhöhung von Umfang und Komplexität der Darstellung.

---

454 Vgl. *Abschnitt 7.1.5*.
455 Vgl. *Soifer, R. (2004)*, S. 4.

Dilemma der qualitativen Offenlegung

Die umfassende Offenlegung des Risikomanagementsystem zieht einen Konflikt nach sich: Die informierten Kreise, also insbesondere die Bankenaufsicht, Ratingagenturen und Analysten benötigen die in den Risikoberichten gegebenen Informationen nicht, da sie als Brancheninsider mit den für Kreditinstitute erforderlichen Standards der Steuerungsinstrumente vertraut sind. Dagegen sind die geforderten qualitativen Angaben für das breite Publikum häufig zu spezifisch und erfordern eine intensive Auseinandersetzung mit den der Offenlegung zugrunde liegenden Mess- und Steuerungsverfahren. Eine derartige Fachkenntnis kann jedoch von der allgemeinen Öffentlichkeit nicht erwartet werden.

Veränderte Rahmenbedingungen aufgrund erhöhter Regulierungsdichte

Die im Aufsichtsrecht sowie durch *IAS 1*, *IFRS 4* und *IFRS 7* kodifizierten Anforderungen an die Offenlegung des Risikomanagementsystems entsprechen im Kern den Anforderungen des *DRS 5-10*. Das Inkrafttreten des *DRS 5-10* im Jahr 2000[456] (und zuvor des *KonTraG* im Jahr 1998) folgte auf eine Epoche, die von Bilanzskandalen und dem Versagen des Risikomanagements von Unternehmen geprägt war. Regulatorische Mindeststandards an ein umfassendes Risikomanagementsystem existierten weder branchenübergreifend noch für die Finanzindustrie im Besonderen. Die öffentlich verbreitete Information über die Leistungsfähigkeit des Risikomanagementsystems eines Unternehmens stellte damit in der Tat einen bedeutendes Element zu Beurteilung der Solidität der Unternehmensführung dar. Marktdisziplin konnte also funktionieren und war ein relevanter Wettbewerbsfaktor.

Seither hat sich die Regelungsdichte im Bankensektor drastisch erhöht. Mit dem Inkrafttreten der *Mindestanforderungen an das Risikomanagement* im Jahr 2005 und des neu gefassten *Kreditwesengesetzes* im Jahr 2007 wurde ein vorläufiger Regulierungshöhepunkt erreicht. Dies spiegelt sich auch in der externen Risikoberichterstattung wider, denn die weit überwiegende Zahl der qualitativen Offenlegungsanforderungen findet eine Entsprechung in den *MaRisk* und in den Anforderungen zur Ermittlung der Eigenkapitalunterlegung in der *Solvabilitätsverordnung*. Die Kontrolle des Risikomanagementsystems ist nunmehr auf drei Ebenen – Bankenaufsicht, Abschlussprüfer[457] und unternehmensinterne Revision[458] – institutionalisiert und wird durch die Instrumente des *Enforcements* und der Geschäftsleiterhaftung flankiert.[459]

---

456 Der Rechnungslegungsstandard geht auf die erweiterten, durch das *KonTraG* induzierten, risikobezogenen *HGB*-Anforderungen an die Lageberichterstattung zurück.
457 Vgl. *Abschnitt 3.1.2.6.*
458 Die Revisionsberichte sind wiederum eine Grundlage für die Prüfungshandlungen der Bankenaufsicht und der Abschlussprüfer.
459 Vgl. *Abschnitt 3.3.*

Informationsfunktion der Kontrollsysteme für den Kapitalmarkt

In einem solchen – funktionierenden – Aufsichtssystem erscheint die Erwartung der Öffentlichkeit gerechtfertigt, dass die Gewährung der Zulassung für das Betreiben von Bankgeschäften durch die Bankenaufsicht und die Erteilung des Testats für Konzern- und Jahresabschluss einschließlich der Lageberichte durch den Abschlussprüfer bereits als hinreichende Indikatoren für die Funktionsfähigkeit des Risikomanagementsystems eines Kreditinstituts betrachtet werden können. Sofern durch dieses Aufsichtssystem Mängel festgestellt und über die Prüfungsberichte zum Jahresabschluss dem Aufsichtsgremium des Unternehmens und der Bankenaufsicht angezeigt werden, leiten die Aufsichtsbehörden, Maßnahmen ein, die das Kreditinstitut veranlassen, die festgestellten Unzulänglichkeiten zu beseitigen. Aufbauend auf den Ergebnissen interner Revisionsprüfungen wird die Umsetzung der Maßnahmen vom Abschlussprüfer verfolgt und durch weitere Prüfungshandlungen der Aufsichtsbehörden kontrolliert. Bankenaufsicht und Abschlussprüfer stellen im Ergebnis also sicher, dass einzelne Kreditinstitute den Bestand des gesamten Bankensystems nicht gefährden. Sie nehmen darüber hinaus eine Informationsfunktion gegenüber der Öffentlichkeit wahr, indem sie das Ergebnis ihrer Prüfung in Bewertungsurteile verdichten und über die Erteilung bzw. Aufrechterhaltung der Banklizenz[460] und die Erteilung des Testats bekannt machen.

Eingeschränkte Marktdisziplin

Die Argumentation, dass Kreditinstitute mit einem hochwertigen Risikomanagementsystem im Vergleich zu solchen mit einem weniger gut ausgebauten Risikomanagementsystem über die Mechanismen der Marktdisziplin belohnt würden, lässt außer Acht, das aufgrund der Bankenregulierung in einem funktionierenden Aufsichtssystem faktisch jedes am Markt aktive Institut über ein Risikomanagementsystem verfügt, das den Mindeststandards entspricht. Eine Differenzierung durch den Markt könnte nur noch dadurch erreicht werden, dass ein Institut die Mindeststandards (deutlich) übertrifft. Aufgrund der Regulierungstiefe und –dichte ist eine derartige Konstellation jedoch wenig praxisnah.

Fazit

Es lässt sich festhalten, dass der Kapitalmarkt und die weiteren Interessengruppen von Kreditinstituten aufgrund des engmaschigen Überwachungs- und Kontrollsystems davon ausgehen können, dass die Funktionsfähigkeit des Risikomanagementsystems gewährleistet ist, sofern anhand öffentlich verfügbarer Informationen keine gegenteiligen Indikationen erkennbar sind. Die qualitativen Angaben in den externen Risikoberichten können daher auf eine Darstellung der wesentlichen Elemente und der grundsätzlichen Funktions-

---

460 Vgl. *§§ 32 bis 38 KWG, insbesondere § 32 Absatz 1 Nummer 5 KWG und § 33 Absatz 1 Nummer 7 KWG.*

weise des Risikomanagementsystems, die für das Verständnis des offen gelegten Zahlenwerks erforderlich sind, beschränkt werden. Angaben zum Risikomanagementsystem in dem aktuell geforderten hohen Detaillierungsgrad erscheinen – gemessen an den originären Zielsetzungen der Risikopublizität – dagegen von nur eingeschränkter Tauglichkeit.

7.2.3.2 Lösungsansätze zur Redimensionierung der qualitativen Risikoberichterstattung

Kerninformationen zum Risikomanagementsystem im Risikolagebericht

Hinsichtlich der regulatorischen Offenlegung setzen die in *§ 322 SolvV* kodifizierten Anforderungen den richtigen Impuls, da sie aufgrund ihrer prinzipienorientierten Ausrichtung und Konsistenz mit vergleichbaren handelsrechtlichen Anforderungen für die Institute effizient umsetzbar sind und zu entscheidungsnützlichen Informationen für die Berichtsadressaten führen. Anknüpfend an die im vorangegangenen Abschnitt dargestellten Befunde der aktuellen qualitativen Offenlegung ist daher anzuregen, die spezifischen *Säule 1*-bezogenen Angaben zum regulatorisch geforderten Risikomanagementsystem künftig auf ein notwendiges Mindestmaß abzusenken, wodurch die Offenlegung der qualitativen *Säule 3*-Angaben im Risikolagebericht für die Kreditinstitute zu einer praktikablen Alternative wird. In diesem Zusammenhang sind ebenfalls Anforderungen an die Darstellung des Risikomanagementsystems in den Risikolageberichten zu überdenken: Auch hier erscheint eine Reduzierung auf den tatsächlich notwendigen Mindestumfang angebracht. Der Schwerpunkt sollte auf solche Angaben zu Organisation und Methoden gelegt werden, die unmittelbar zum Verständnis des Zahlenwerks erforderlich sind. Der gewonnene Freiraum kann dazu genutzt werden, die Erläuterung der Zahlenangaben hinsichtlich ihrer Bedeutung für die Ziele und Strategien der Risikosteuerung stärker in den Mittelpunkt der Berichterstattung zu rücken.

Im Folgenden wird eine Berichtsstruktur vorgestellt, mit der eine reduzierte qualitative Risikoberichterstattung umgesetzt werden kann. Dazu werden jene Komponenten aus dem Muster-Risikobericht verwendet, die einen hinreichenden Bezug zu den offen gelegten quantitativen Angaben aufweisen. Die Vorschläge betreffen die jährliche qualitative Risikopublizität auf Konzernebene[461] und gehen von einer zentralen Offenlegung der regulatorisch und handelsrechtlich geforderten Angaben im Risikolagebericht aus.

Für das generelle Risikomanagementsystem und das ökonomische Risikokapitalmanagement entspricht der Umfang der qualitativen Angaben im reduzierten Muster-Risikobericht weitgehend den heutigen Standards. Auf diese Weise können gemeinsame Merkmale des Managements aller Risikoarten sowie übergreifende Risikostrategien gebündelt dargestellt werden. Zudem sollte das ökonomische Risikokapitalmanagement relativ ausführ-

---

461 Die Gestaltungsempfehlungen können analog für die halbjährliche Berichterstattung und den jährlichen *HGB*-Risikobericht unter Berücksichtigung der Hinweise in den *Abschnitten 4.2.2* und *4.2.3* angewendet werden.

lich dargestellt werden, da Informationen über die zugrunde liegenden Strategien, organisatorischen Regelungen, Messmethoden und Verfahren der Schlüssel zum Verständnis der Risikosteuerung eines Kreditinstituts sind.

Dagegen können die Angaben zum regulatorischen Risikokapitalmanagement auf wenige wesentliche Sachverhalte begrenzt werden, da die aufsichtsrechtlichen Kennzahlen nicht die primären Zielgrößen der Unternehmenssteuerung sind. Die Angaben zu den einzelnen Risikoarten sollten im Vergleich zu den aktuell geltenden Anforderungen durch Begrenzung auf die wesentlichen Komponenten der Infrastruktur des Risikomanagements reduziert werden. Dabei ist es ausreichend, die Angaben zu den Methoden und Verfahren auf die ökonomisch relevanten Sachverhalte zu beschränken; die Offenlegung spezifischer aufsichtsrechtlicher und handelsrechtlicher Anforderungen, die nicht für die interne Steuerung genutzt werden, kann unterbleiben.

Die Angaben zum Kreditrisikomanagement nehmen aufgrund der Vielschichtigkeit der internen Steuerungsverfahren den vergleichsweise größten Umfang an. Für das Beteiligungsrisiko, das Marktpreisrisiko und das Liquiditätsrisiko können sich die Angaben dagegen auf die verfolgten Risikostrategien beschränken. Um das im Bereich der operationellen und strategischen Risiken nur eingeschränkt aussagekräftige Zahlenwerk zu unterstützen, sollten hier auch Angaben zur Organisation bzw. zu den eingesetzten Steuerungsinstrumente offen gelegt werden.

Die Offenlegungsinhalte werden im reduzierten Muster-Risikobericht für das Risikomanagementsystem dargestellt (siehe *Abbildung 97*).

Komponenten	Qualitative Angaben
Generelles Risikomanagementsystem	
Anwendungsbereich	▪ Gesetzliche Grundlagen der Risikoberichterstattung ▪ Offenlegungsrichtlinie ▪ Einbezogene Unternehmen ▪ Konsolidierungskreise ▪ Risikoarten und -ursachen
Risikopolitik	▪ Risikopolitische Grundausrichtung
Organisation des Risikomanagements	▪ Funktionstrennung: Risikosteuerung, Risikocontrolling, Überwachung ▪ Gremienstruktur und Aufgaben der Gremien ▪ Internes Risikoberichtswesen ▪ Risikohandbuch
Grundlegende Mess-, Limitierungs- und Sicherungskonzepte	▪ Ökonomisches Kapital, Value-at-Risk ▪ Prognosezeitraum ▪ Stresstests ▪ Limitierungskonzepte ▪ Sicherungsziele ▪ Grenzen der Messkonzepte
Ausblick	▪ Geplante Veränderungen des RMS je Risikoart im folgenden Berichtszeitraum
Risikokapitalmanagement	
Strategie und Organisation	▪ Ziele und Strategie des Risikokapitalmanagements ▪ Organisation des Risikokapitalmanagements
Ökonomisches Risikokapitalmanagement	▪ Messmethoden des Risikokapitalbedarfs für alle Risikoarten ▪ Verfahren der Risikokapitalallokation und -limitierung ▪ Risikoarten übergreifende Stresstestverfahren ▪ Stresstestverfahren je Risikoart
Aufsichtsrechtliches Risikokapitalmanagement	▪ Bereiche des regulatorischen Kapitalmanagements: Finanzkonglomerat, Institutsgruppe, Versicherungsgruppe ▪ Planungsprozess
Kreditrisiko	
Strategie und Organisation	▪ Kreditrisikostrategie ▪ Überwachung von Engagements und von Risikokonzentrationen
Ratingverfahren	▪ Rating-Masterskala
Management von Problemengagements	▪ Definition von „Überfälligkeit" und „Ausfall" ▪ Verfahren der Risikovorsorgebildung
Management von Forderungsverbriefungen	▪ Ziele der Verbriefungsaktivitäten ▪ Funktionen im Verbriefungsprozess ▪ Umfang der Verbriefungsaktivitäten
Kreditrisikominderung	▪ Risikominderungsstrategie ▪ Hauptarten der Risikominderungsinstrumente
Beteiligungsrisiko	
Strategie	▪ Beteiligungsrisikostrategie
Marktpreisrisiko	
Strategie	▪ Marktpreisrisikostrategie
Liquiditätsrisiko	
Strategie	▪ Liquiditätsrisikostrategie
Operationelles Risiko	
Strategie	▪ Strategie für das operationelle Risiko
Management	▪ Steuerungsinstrumente
Strategisches Risiko	
Organisation und Verantwortung	▪ Zuständigkeiten und Entscheidungsprozesse
Management	▪ Steuerungsinstrumente

Abbildung 97: Mindestangaben zum Risikomanagementsystem im jährlichen handelsrechtlichen Konzernrisikobericht

Zusammengefasstes Zielbild der qualitativen Risikoberichterstattung

Die Zusammenführung inhaltlich verwandter Angaben, die aus Anforderungen verschiedener Regelungsbereiche resultieren, und die Beschränkung auf die Kerninformationen über das Risikomanagementsystem, die zum Verständnis der Risikolage eines Kreditinstituts erforderlich sind, führt zu einer reduzierten Komplexität des Risikolageberichts und des *Säule 3*-Berichts. Die damit einhergehende Begrenzung des Offenlegungsumfangs ermöglicht die zentrale Publizierung der qualitativen Angaben beider Regelungsbereiche im Risikolagebericht. Die Erläuterung des Zahlenwerks hinsichtlich seiner Bedeutung für die Ziele und Strategien der Risikosteuerung wird zum Schwerpunkt der Berichterstattung. Darüber hinaus sollte der Chancenaspekt der Unternehmenssteuerung stärker in die Risikobetrachtung integriert werden. Aus diesem Maßnahmenbündel resultiert eine qualitative Risikoberichterstattung, die dem originären Ziel der Offenlegung, nämlich der Vermittlung prägnanter, entscheidungsnützlicher Informationen, in stärkerem Maße gerecht werden kann, als dies aufgrund der heute geltenden Regularien möglich ist.

7.2.4   Quantitative Offenlegung: Problematik und Lösungsansätze

7.2.4.1   Befunde der aktuellen quantitativen Offenlegung

Spezifische Anforderungen des IFRS 7

IFRS 7.38a und *IFRS 7.36d* fordern mit der Offenlegung von übernommenen Sicherheiten (*HR-KR-4*) und des nachverhandelten Kreditvolumens (*HR-KR-5*) Angaben zu zwei Teilportfolios, die bereits in der Offenlegung des gesamten Kreditportfolios enthalten sind. Die Entscheidungsnützlichkeit beider Angabepflichten ist nicht ersichtlich: Die Entwicklung möglicher Risikokonzentrationen, die aus der Übernahme nicht monetär verwertbarer Sicherheiten in die Bilanz des Kreditinstituts resultieren kann, ist bereits über die handelsrechtlichen Tabellen *HR-KR-2a* und *HR-KR-2b (Kreditrisikokonzentration nach Branchen bzw. nach Ländergruppen)* abgedeckt. Dagegen stellt die Tatsache, dass ein Kreditinstitut Engagements, die drohen notleidend zu werden, durch Neuverhandlung der Konditionen weiter im performanten Kreditportfolio behält, keinen Tatbestand dar, der für einen Investor oder anderen externen Interessenten von materieller Bedeutung wäre. Da diese Portfolioausschnitte auch für die interne Steuerung ohne Bedeutung sind und angesichts des erheblichen Aufwands der Datenermittlung in der Praxis, sollte auf diese Angabepflichten verzichtet werden.[462]

---

462 Diese Auffassung wird mittlerweile auch im Umfeld des *IASB* diskutiert (vgl. *Minor Amendments IFRS 7 (2008), Textziffern 20-28)*.

Abweichende Messkonzepte führen zu inkonsistenten Risikoberichten

Trotz der umfangreichen Synergiepotenziale, die in der Tat zwischen den Regelungsbereichen der Risikopublizität bestehen, wird deutlich, dass – unter den gegebenen Rahmenbedingungen – Abweichungen zwischen den Wertansätzen der handelsrechtlichen Risikoberichterstattung, die sich auf die Verfahren des Risikomanagements stützt, und der *Säule 3*-Offenlegung an vielen Stellen unvermeidbar sind. Die Gründe dafür sind, neben dem zweifellos vorhandenen Optimierungsbedarf bei den Offenlegungsanforderungen selbst, vor allem im Status quo des internen Risikomanagements und in der Regelungsdichte der *Solvabilitätsverordnung* bezüglich der Ermittlung der Eigenkapitalunterlegung zu suchen.

Aufgrund der integrativen Betrachtung von handelsrechtlicher und aufsichtrechtlicher Risikopublizität wird die unterschiedliche Behandlung von dem Grunde nach gleichen Tatbeständen in der Offenlegung besonders deutlich. Angesichts der weitgehenden Konsistenz der Zielsysteme, die der handelsrechtlichen und der aufsichtsrechtlichen externen Risikoberichterstattung einerseits und der internen Risikosteuerung andererseits zugrunde liegen, erscheinen diese Differenzen nicht gerechtfertigt. Führen sie doch einerseits zu einem erhöhten Aufwand für die Erstellung der externen Risikoberichte bei den Kreditinstituten und andererseits – ungeachtet der bestehenden Synergiepotenziale – zu erhöhter Komplexität der externen Risikoberichte und zu Inkonsistenzen bei der Kapitalmarktkommunikation. Ursächlich für diesen nicht optimalen Zustand ist in erster Linie die in Teilbereichen unterschiedliche Ausrichtung des internen Risikomanagements einerseits und der regulatorischen Anforderungen an die Ermittlung der Eigenkapitalanforderungen andererseits. So weichen trotz identischer Eingangsparameter[463] die zur Risikosteuerung verwendeten Methoden und Bemessungsgrundlagen in der aktuellen Unternehmenspraxis partiell von den regulatorischen Vorgaben der *Säule 1* ab. Dieser Befund ist darauf zurückzuführen, dass die Kreditinstitute den regulatorischen Bewertungsanforderungen, die nur eine standardisierte Approximation des unerwarteten Verlusts ermöglichen, eine eingeschränkte Eignung für die Zwecke der internen Steuerung zubilligen. In dem Maße, wie sich die zur Steuerung verwendeten internen Modelle und die zur *SolvV*-Meldung vorgegebenen Verfahren annähern, wird sich auch die Diskrepanz des Zahlenwerks zwischen den Offenlegungsregimes und damit die erhebliche Komplexität der externen Risikoberichte verringern.

Das regulatorische Kapitalkonzept unterscheidet sich insbesondere im Bereich des Kreditrisikos von der ökonomischen Methodik, obwohl die Zielsetzung beider Kapitalregime – die Sicherstellung der Kapitaladäquanz durch Vorhalten von Reserven für die Deckung unerwartet auftretender Verluste – identisch ist. Aufgrund abweichender Konsolidierungskreise der *Säule 1*-Meldung und des Risikomanagements werden diese Differenzen weiter

---

463 Die auf Basis der Ratingverfahren ermittelten *PD* sowie der *EAD* und die *LGD* werden sowohl für die interne Risikosteuerung als auch für die regulatorische Eigenkapitalunterlegung eingesetzt.

verstärkt. Dies hat zur Folge, dass die quantitativen Angaben zur Kapitaladäquanz in den handelsrechtlichen und den aufsichtsrechtlichen Risikoberichten für die Berichtsadressaten nicht unmittelbar vergleichbar und ineinander überleitbar sind.

Die Unterschiede zwischen der ökonomischen und der regulatorischen Definition des Eigenkapitals, das als Risikodeckungsmasse zur Verfügung steht, können aufgrund abweichender Zielsetzungen der Kreditinstitute und der Bankenaufsicht auch bei einer Angleichung der für die regulatorische Offenlegung und die ökonomische Steuerung verwendeten Konzepte nicht beseitigt werden.[464] Da aber die parallele Ermittlung der beiden Eigenkapitalgrößen bei den Kreditinstituten keinen wesentlichen Zusatzaufwand verursacht und im Rahmen der Offenlegung der Kapitaladäquanz nur überschaubare Redundanzen generiert, ist das Problem der Dualität der Kapitalkonzepte in der Praxis vernachlässigbar.

Im Bereich der quantitativen regulatorischen Offenlegung sind zweifelsohne die Angaben zur Kapitaladäquanz (Tabellen *AR-RKM-2be*, *AR-RKM-3be* und *AR-RKM-3f*) die zentralen Träger prägnanter und entscheidungsrelevanter Informationen. Dagegen sind die exposureorientierten *Säule 3*-Angaben zum Risikoprofil der Institutsgruppe sowohl aufgrund ihrer Fülle, aber auch wegen der nicht immer vorhandenen Konsistenz und Vergleichbarkeit mit den internen Risikoinformationen, die in den handelsrechtlichen Risikoberichten publiziert werden, nur von eingeschränktem Nutzen. Darüber hinaus sind die Angaben zur Tabellengruppe *AR-KR-4* redundant bezüglich der gleich gearteten Offenlegungsanforderungen des *IFRS 7*. Schließlich erfordert die Interpretation des im aufsichtsrechtlichen Risikobericht offen gelegten *Säule 1*-Zahlenwerks häufig Spezialkenntnisse des regulatorischen Meldewesens, die beim Publikum vielfach nicht vorhanden sind. Interesse an einem derart umfangreichen und weit aufgefächerten Zahlenwerk besteht dagegen selbstverständlich bei den Ratingagenturen. Allerdings verfügt eben diese Zielgruppe über einen direkten Zugang zu den Kreditinstituten, sodass eine Publizierung dieser Risikoangaben im aufsichtsrechtlichen Risikobericht allein zur Bedienung dieser Klientel nicht erforderlich ist.

Eine weitere Problematik ergibt sich aus einer Inkonsistenz innerhalb des regulatorischen Regelwerks: Während die *Säule 3*-Risikozahlen überwiegend auf den *Säule 1*-Werten aufsetzen und damit dem *Regulatory Approach* folgen, bezieht sich die *Solvabilitätsverordnung* bei den allgemeinen Angaben zum Risikomanagementsystem (*§ 322 SolvV*) explizit auf den *Management Approach*. Aus Sicht der Berichtsadressaten ist dies unbefriedigend, da auf diese Weise ein Risikomanagementsystem dargestellt wird, mit dem die offen gelegten Risikowerte gar nicht ermittelt werden.

---

464 Zu den unterschiedlichen ökonomischen und regulatorischen Kapitaldefinitionen vgl. auch *Abschnitt 3.4.3*.

7.2.4.2 Lösungsansätze zur Neuausrichtung der quantitativen Risikoberichterstattung

Konvergenz zwischen internem und externem Kapitalregime[465]

Bevor die Handlungsfelder für eine Weiterentwicklung der Offenlegungsanforderungen abgesteckt werden können, ist zunächst die Beordnung zunächst der zugrunde liegenden regulatorischen und internen Risikosteuerung erforderlich. Im Kern ist dabei die Frage nach Kosten und Nutzen des Betriebs zweier Steuerungssysteme zu beantworten.[466] Die Problemlösung sollte gemeinsam von der Bankenaufsicht, den Standardsetzern und der Kreditwirtschaft erarbeitet werden. Zielbild ist dabei ein zentrales Steuerungssystem als Voraussetzung für eine redundanzfreie und konsistente Offenlegung in einem Berichtsmedium. Der Nutzen für alle Beteiligten liegt auf der Hand: erhöhte Qualität der Kapitalmarktkommunikation, vereinfachte Aufsicht und erhebliche Effizienzpotenziale bei den Kreditinstituten.

Ein Beispiel für eine gelungene Annäherung zwischen interner Sichtweise und Regulatorik gibt die Steuerung der Marktpreisrisiken. Das Zahlenwerk der internen Reporting-Systeme kann in diesem Bereich ohne weitere Modifikationen für die Offenlegung verwendet werden und entspricht weitgehend den für das aufsichtsrechtliche Meldewesen ermittelten Werten. Da der *Value-at-Risk* das eigentliche Marktpreisrisiko abbildet, ist zudem eine Publizierung der Inputfaktoren, die zur Risikoberechnung herangezogen werden, entbehrlich. Das Ergebnis ist ein relativ prägnanter und konziser Berichtsteil, der trotz seiner Überschaubarkeit alle relevanten Informationen bereitstellt.

In diesem Sinne sollte auch die Abbildung der Kreditrisiken weiterentwickelt werden. In *Abschnitt 4.1.4 (Risikobegriff und Verlustbegriff)* wurde dargelegt, dass sich die Offenlegungsanforderungen für das Kreditrisiko zurzeit nicht auf den unerwarteten Verlust als eigentliche Steuerungsgröße beschränken, sondern umfangreiche Informationen über die Einflussgrößen des unerwarteten Verlusts – also die Risikofaktoren und die Bemessungsgrundlagen – verlangen. Unter der Annahme, dass eine leistungsfähige Risikokapitalsteuerung diese Größen bereits adäquat verarbeitet und zu einem Risikowert verdichtet, ist nicht einsichtig, warum die Berichtsadressaten mit sämtlichen Details aus den „technischen" Vorstufen dieses Risikowerts konfrontiert werden sollen. Vielmehr erscheint neben der Offenlegung des *Credit Value-at-Risk* die Darstellung der wesentlichen Bemessungsgrundlagen zur Ermittlung des Risikokapitalbedarfs für Kreditrisiken grundsätzlich ausreichend. Hierbei handelt es sich um Informationen über das Bruttokreditvolumen (vor und nach Sicherheiten) und die Kreditqualität. Angaben zur Risikovorsorge runden die quantitative Darstellung ab.

---

465 Vgl. dazu auch *Soifer, R. (2004)*.

466 Sofern ein Kreditinstitut dazu noch eine eigenständige handelsrechtliche Steuerung betreibt, gilt die Fragestellung sogar für drei Steuerungssysteme.

Zielsetzung des Baseler Ausschusses

Der *Baseler Ausschuss für Bankenaufsicht* hat die Divergenz zwischen ökonomischem Kapital für Kreditrisiken und den aufsichtsrechtlich vorgegebenen Verfahren bereits im Eigenkapitalakkord des Jahres 2004 formuliert[467] und bestätigt damit die oben dargelegten Resultate. Demnach ist sich der *Baseler Ausschuss* darüber im Klaren, *„dass der IRB-Ansatz einen Punkt im Spannungsfeld zwischen der rein aufsichtlichen Bemessung des Kreditrisikos und einem Ansatz, der weitgehend auf interne Kreditrisikomodelle aufbaut, darstellt.“* Das wesentliche Hindernis bei der Verwendung interner Kreditrisikomodelle für die Ermittlung der regulatorischen Eigenkapitalunterlegung sah das Gremium seinerzeit in der *„Zuverlässigkeit, Vergleichbarkeit, Validierung und Wettbewerbsgerechtigkeit“* dieser Verfahren. Der *Ausschuss* hat jedoch bereits im Jahr 2004 seine Absicht geäußert, *„die Bankenindustrie in eine Diskussion über vorbeugende Risikomanagementpraktiken, einschließlich solcher Praktiken, die eine quantitative Messung des Risikos und des ökonomischen Kapital bezwecken, einzubinden.“* Er sieht den weiteren Weg darin, *„den Ergebnissen der internen Kreditrisikomodelle besondere Aufmerksamkeit im Rahmen des aufsichtlichen Überprüfungsverfahrens und bei der Marktdisziplin der Banken (zu schenken)“.*

Bemerkenswert ist die Deckungsgleichheit der Analyse des *Baseler Ausschusses* aus dem Jahr 2004 mit den Problemfeldern der aktuellen Praxis der Risikoberichterstattung gemäß *Solvabilitätsverordnung* und *IAS/IFRS*. Des Weiteren ist der Hinweis auf die Erkenntnisse aus der Marktdisziplin, also der Umsetzung der *Säule 3*, aufschlussreich. Denn damit erkennt der *Baseler Ausschuss* richtigerweise an, dass die Offenlegung den Kulminationspunkt der ökonomischen, regulatorischen und handelsrechtlichen Steuerung darstellt. Mit dem Vergleich der Ergebnisse dieser drei Steuerungskreise wird der Handlungsbedarf bei der Weiterentwicklung der verwendeten Methoden offenbar.

Roadmap für eine verbesserte Risikoberichterstattung

Vor diesem Hintergrund wäre es wünschenswert, dass Kreditwirtschaft und Bankenaufsicht den vom *Baseler Ausschuss* vorgezeichneten Weg beschreiten und nunmehr, da die Umsetzungarbeiten zu *Basel II* im Wesentlichen abgeschlossen sind, in den Dialog über Möglichkeiten der stärkeren Einbindung der ökonomischen Kreditportfoliosteuerung in die Ermittlung der regulatorischen Eigenkapitalanforderungen und der daraus resultierenden Möglichkeiten zur Optimierung des Designs der externen Risikoberichte eintreten. Dabei können folgende Basisstrategien mögliche Ansätze zur Überwindung der Inkonsistenzen in der Offenlegung darstellen:

---

467 Für die folgenden Zitate vgl. *Basel II (2004)* in der durch die *Deutsche Bundesbank* vom Englischen ins Deutsche übersetzten Fassung, *Textziffer 18*, S. 5f.

- Übernahme der zur Berechnung der Eigenkapitalunterlegung herangezogenen Bemessungsgrundlagen (zum Beispiel Ermittlung des relevanten Kreditvolumens) und Darstellungsformen (zum Beispiel Forderungsklassen) für das interne Risikomanagement.

- Angleichung der *SolvV*-Regeln zur Ermittlung der regulatorischen Eigenkapitalanforderungen an die Praxis des betrieblichen Risikomanagements, das selbst einer bankaufsichtlichen Regulierung (*Säule 2* bzw. *MaRisk*) unterliegt. Dabei Verringerung der Regelungsdichte der *Säule 1* und Übergang zu einer verstärkt prinzipienbasierten Regulierung nach dem Beispiel der *Säule 2*.

Ein praktikabler Lösungsweg könnte in der Synthese aus Elementen beider Basisstrategien liegen. Auf diese Weise erscheint das Zielbild einer konsistenten Kapitalmarktkommunikation aller Bereiche der Risikopublizität erreichbar, ohne dass die aufsichtsrechtliche Zielsetzung der Marktdisziplin aufgegeben werden muss. Im Folgenden werden einige exemplarische Lösungsvorschlägen unterbreitet, die *prima facie* zielführend erscheinen, deren Überprüfung auf Umsetzungstauglichkeit und Vervollständigung aber weiterführenden Untersuchungen überlassen bleiben soll:

- Festlegung des aufsichtsrechtlichen Konsolidierungskreises auf Basis ökonomischer Prinzipien. Dadurch kann die Identität der in das regulatorische Eigenkapitalregime einbezogenen Unternehmen mit denen des ökonomischen Risikomanagements erreicht werden. Das geeignete Instrument hierfür ist das unternehmensbezogene Materialitätskonzept.

- Harmonisierung der regulatorischen Eigenmitteldefinition[468] und des für die interne Steuerung verwendeten Konzepts der Risikodeckungsmasse, um eine bessere Vergleichbarkeit der Kapitalkonzepte zu erreichen.

- Verwendung des aufsichtsrechtlichen Kreditbegriffs und des darauf aufbauenden Kreditvolumens für die interne Steuerung.

- Anpassung des regulatorischen Beteiligungsbegriffs an die handelsrechtliche Definition, die auch für die interne Steuerung verwendet wird.

- Beseitigung der Divergenzen innerhalb der regulatorischen Offenlegung bei der auf den Kreditrisikoansatz bezogenen Behandlung von Wertminderungen.

- Annäherung der Bemessungsgrundlagen für die regulatorische Risikoermittlung an die Praxis des Risikomanagements. Dies gilt insbesondere für die Ausweitung der aufsichtsrechtlich anerkannten Aufrechnungsvereinbarungen und Kreditrisikominderungstechniken.

- Angleichung der Risikomesskonzepte durch eine weitere Annäherung der aufsichtsrechtlichen Methode zur Ermittlung unerwarteter Verluste im Kreditgeschäft an die im Rahmen von *Säule 2* bzw. *MaRisk* verwendeten Verfahren.

- Übernahme der regulatorisch vorgegebenen Darstellungsformen in die internen Risikoberichte. Die gilt insbesondere bezüglich der Klassenbildung.

---

468 Vgl. dazu auch *Hecker, E (2008b)*.

▨ Einschränkung der quantitativen Offenlegungsanforderungen der *Säule 3* auf jene Angaben, die nicht in den Anwendungsbereich von *IFRS 7* fallen, um zwei komplementäre und überschneidungsfreie Regelwerke zur Risikopublizität aufzubauen. Beispielsweise kann die Tabellengruppe *AR-KR-4* der *Säule 3* entfallen, da die Angabepflichten bereits heute durch die handelsrechtlichen Offenlegungsanforderungen abgedeckt werden.

In dem Maße, wie die regelbasierten Vorgaben zur Solvabilitätssteuerung zu Gunsten der Verwendung von internen Verfahren zurückgeführt werden, sollten Intensität und Qualität der prinzipienorientierten *Säule 2*-Regulierung durch die Bankenaufsicht verstärkt werden, um dem Entstehen einer Regelungslücke vorzubeugen. Durch einen derartigen Paradigmenwechsel der Bankenaufsicht würde sich den Kreditinstituten ein deutlich größerer Gestaltungsspielraum eröffnen, der im Sinne der Zielsetzungen der Risikopublizität aktiv genutzt werden kann.

8. Zusammenfassung

Zur zielgerichteten Umsetzung der risikoorientierten Offenlegungsanforderungen, die in den letzten Jahren eine erhebliche Ausweitung durch Gesetzgeber und Standardsetzer erfahren haben, sind umfangreiche Auslegungen erfordert. Die berichtspflichtigen Unternehmen sind daher gefordert, zunächst ein umfassendes Verständnis der gesetzlichen Anforderungen zu entwickeln. Dabei sollten auch Fragen des *Enforcement* und der Geschäftsleiterhaftung als wesentliche Rahmenbedingungen für die Gestaltung der externen Risikoberichterstattung berücksichtigt werden. In einem nächsten Schritt ist Transparenz über externe und interne Zielsetzungen der Risikopublizität herzustellen. Die Ziele, die Kreditinstitute selbst mit der Offenlegung verfolgen, stehen weitgehend im Einklang mit den Zielen von Gesetzgeber, Standardsetzer und Ratingagenturen. Für Kreditinstitute ist die Risikoberichterstattung ein Mittel zur Sicherstellung eines effizienten Kapitalmarktzugangs. Eine fundierte Offenlegung, mit der Risikotragfähigkeit signalisiert und Kompetenz im Risikomanagement unter Beweis gestellt wird, schlägt sich in der Ratingeinstufung nieder und trägt so zur Senkung der Refinanzierungskosten bei.

Auf dieser Basis sind Grundsätze der Risikopublizität zu formulieren, Gestaltungsprinzipien anzuwenden sowie grundsätzliche Entscheidungen zur Implementierung der Berichtssysteme zu treffen. Rahmenbedingungen und Umsetzungskonzeption der externen Risikoberichterstattung sind in einer von der Geschäftsleitung verabschiedeten Offenlegungsrichtlinie mit konzernweiter Gültigkeit niederzulegen. In dem Regelwerk sollte darüber hinaus die Offenlegungsstrategie des Kreditinstituts festgeschrieben werden.

Die Nutzung von Gestaltungsspielräumen – insbesondere die Ausrichtung an bestehenden Methoden und Verfahren des Risikomanagements – stellt eine Chance dar, Synergien bei der Erstellung der externen Risikoberichte zu heben und die formale und inhaltliche Qualität der Kapitalmarktkommunikation zu optimieren. Muster-Risikobericht und Risikoberichtsdatenbank sind leistungsfähige Instrumente zur Identifikation und Hebung von Synergien sowie zur Steuerung des Prozesses der Risikoberichterstattung.

Eine stärkere Konvergenz zwischen dem internen und dem externen Kapitalregime sowie die Rückführung der qualitativen Offenlegungsanforderungen auf die für das Verständnis des Zahlenwerks essenziellen Angaben zum Risikomanagementsystem können zu einer erhöhten Informationsqualität der Risikoberichte führen – nicht zuletzt, da auf diese Weise den Kreditinstituten die Möglichkeit eröffnet wird, die regulatorischen Angaben in die handelsrechtlichen Risikoberichte zu integrieren und den Risikolagebericht in noch stärkerem Maße als zentralens Medium der Risikopublizität zu etablieren.

Gerade in Zeiten eines turbulenten Marktumfelds – aktuell hervorgerufen durch die Finanzmarktkrise – stellt die angemessene Transparenz über eingegangene Risiken einer Bank einen bedeutenden Faktor in der externen Unternehmenskommunikation dar. Informationen über die Risikolage und die Maßnahmen, Verfahren und Methoden des Risikomanagements tragen zur Stärkung des Vertrauens von Anteilseignern, Kapitalmarkt und Kunden eines Kreditinstituts bei.

Anhang

Vollständiger Muster-Risikobericht des Einzelinstituts als Muttergesellschaft eines Konzerns (HGB-Risikolagebericht)

Komponenten	Jährlicher HGB-Risikolagebericht	Zum Vergleich: MaRisk
Generelles Risikomanagementsystem		
Risikopolitik	▪ Risikopolitische Grundausrichtung	▪ Risikostrategie unter Berücksichtigung geschäftspolitischer Ziele (AT 4.2)
Organisation des Risikomanagements	▪ Funktionstrennung: Risikosteuerung, Risikocontrolling, Gremienstruktur und Aufgaben der Gremien	▪ Aufbau- und Ablauforganisation (AT 4.3.1) ▪ Risikosteuerungs- und -controllingprozesse (AT 4.3.2) ▪ Interne Revision (AT 4.4, BT 2)
	▪ Internes Risikoberichtswesen	▪ Risikoberichterstattung (AT 4.3.2, BTR 1, BTR 2.1, BTR 3, BTR 4)
Grundlegende Mess-, Limitierungs- und Sicherungskonzepte	▪ Ökonomisches Kapital, Value-at-Risk ▪ Prognosezeitraum ▪ Stresstests ▪ Limitierungskonzepte ▪ Sicherungsziele und Überwachung der Sicherungsmaßnahmen ▪ Gesicherte Grundgeschäfte und Sicherungsgeschäfte ▪ Behandlung von Risikokonzentrationen	Nicht relevant, da keine MaRisk-Anforderung
Entwicklungen des Risiko- managementsystems	▪ Veränderungen des RMS im Berichtszeitraum ▪ Eingeleitete oder geplante Änderungen des RMS	
Risikokapitalmanagement		
Grundlagen	▪ Ziele und Strategie des Risikokapitalmanagements ▪ Organisation des Risikokapitalmanagements	▪ Risikodeckungsmasse (AT 4.1) ▪ Risikotragfähigkeit als Element der Strategie (AT 4.1) ▪ Risikosteuerungs- und -controllingprozesse (AT 4.3.2)
Ökonomisches Risikokapitalmanagement	▪ Überblick der Messmethoden des Risikokapitalbedarfs für alle Risikoarten ▪ Verfahren der Risikokapitalallokation und –limitierung	▪ Szenariobetrachtungen aller kapitalunterlegten Risiken und Berichterstattung an Geschäftsleitung (AT 4.3.2) ▪ Szenariobetrachtungen zur Liquidität (BTR 3)
	▪ HR-RKM-1: Komponenten der Risikodeckungsmasse ▪ HR-RKM-2: Verlustobergrenzen und Risikokapital ▪ HR-RKM-3: Ergebnisse der Stresstests ▪ Analyse der quantitativen Angaben	▪ Risikoberichterstattung der Geschäftsleitung an das Aufsichtsorgan (AT 4.3.2)
Aufsichtsrechtliches Risikokapitalmanagement	▪ Regulatorischen Kapitalmanagements des Einzelinstituts ▪ Planungsprozess ▪ HR-RKM-4: Eigenkapitalquoten	Nicht relevant, da keine MaRisk-Anforderung
Kreditrisiko: Risikostrategie und organisatorische Grundlagen		
Risikostrategie	▪ Kreditrisikostrategie	▪ Risikostrategie für die wesentlichen Geschäftsaktivitäten (AT 4.2)
Organisatorische Grundlagen	▪ Organisation und Verantwortung ▪ Kreditrisikoberichtswesen ▪ Überwachung von Engagements und von Risikokonzentrationen	▪ Aufbau- und Ablauforganisation (AT 4.3.1) ▪ Organisationsrichtlinien (AT 5) ▪ Dokumentation (AT 6) ▪ Funktionstrennung und Votierung (BTO 1.1) ▪ Kreditgewährung (BTO 1.2.1) ▪ Kreditweiterbearbeitung (BTO 1.2.2) ▪ Kreditbearbeitungskontrolle (BTO 1.2.3) ▪ Verfahren zur Früherkennung von Risiken (BTO 1.3) ▪ Risikoberichterstattung (AT 4.3.2, BTR 1)
Kreditrisiko: Ratingverfahren		
Ratingverfahren	▪ Beschreibung der wichtigsten IRBA-Ratingsysteme ▪ Rating-Masterskala	▪ Risikoklassifizierungsverfahren (BTO 1.4)
Pricing im Kreditgeschäft	▪ Standardrisikokosten: Zielsetzung, Methode und Prozess ▪ Ökonomische Kapitalkosten: Zielsetzung, Methode und Prozess	Nicht relevant, da keine MaRisk-Anforderung
Kreditrisiko: Management		
Management des klass- ischen Kreditgeschäft	▪ Messung des Exposures aus klassischem Kreditgeschäft ▪ Limitsystem	▪ Risikosteuerungs- und -controllingprozesse (AT 4.3.2) ▪ Limitüberschreitungen (BTO 1.2)
Management des Handelsgeschäfts	▪ Messung des Exposures aus Handelsgeschäften ▪ Limitsystem	▪ Risikosteuerungs- und -controllingprozesse (AT 4.3.2) ▪ Limitierung von Ausfallrisiken aus Handelsgeschäften (BTR 1)
Ökonomisches Kredit- portfoliomanagement	▪ Messung des Kreditrisikos	▪ Risikosteuerungs- und -controllingprozesse (AT 4.3.2)
Management von Forderungsverbriefungen	▪ Ziele der Verbriefungsaktivitäten ▪ Funktionen im Verbriefungsprozess ▪ Umfang der Verbriefungsaktivitäten	Nicht relevant, da keine MaRisk-Anforderung
Management von Problemengagements	▪ Steuerung und Überwachung problembehafteter Kredite: Work-out-Einheiten ▪ Definition von „Überfälligkeit" und „Ausfall" ▪ Verfahren der Risikovorsorgebildung: EWB, PoWB, Rückstellungen ▪ Planung der Einzelrisikovorsorge	▪ Intensivbetreuung (BTO 1.2.4) ▪ Behandlung von Problemkrediten (BTO 1.2.5) ▪ Risikovorsorge (BTO 1.2.6)

Komponenten	Jährlicher HGB-Risikolagebericht	Zum Vergleich: MaRisk
Kreditrisiko: Risikominderung		
Kreditrisikominderung	▪ Risikominderungsstrategie ▪ Hauptarten klassischer Kreditsicherheiten ▪ Hauptarten der Sicherheiten für Handelsgeschäfte ▪ Hauptarten von Garantiegebern und Gegenparteien bei Kreditderivaten ▪ Abläufe und Zuständigkeiten und Bewertungsmethoden beim Einsatz von Risikominderungstechniken	▪ Kreditgewährung (BTO 1.2.1) ▪ Kreditweiterbearbeitung (BTO 1.2.2)
Kreditrisiko: Analyse des Kreditportfolios		
Darstellung und Analyse von Konzentrationen im Kreditportfolio	▪ HR-KR-2a: Kreditrisikokonzentration nach Branchen ▪ Erläuterungen zu HR-KR-2a ▪ HR-KR-2b: Kreditrisikokonzentration nach Ländergruppen ▪ Erläuterungen zu HR-KR-2b ▪ HR-KR-3: Kreditvolumen nach Restlaufzeit ▪ Erläuterungen zu HR-KR-3	▪ Risikoberichterstattung (AT 4.3.2, BTR 1)
Darstellung und Analyse des gesicherten Kreditvolumens	▪ HR-KR-6: Gesichertes Kreditvolumen nach Sicherheitenarten ▪ Erläuterungen zu HR-KR-6	
Darstellung und Analyse der Qualität des Kreditportfolios	▪ HR-KR-7: Bonitätsstruktur des Kreditportfolios ▪ Erläuterungen zu HR-KR-7	
Kreditrisiko: Analyse der Risikovorsorge		
Darstellung und Analyse der Risikovorsorge im Kreditgeschäft	▪ HR-KR-11a / 11b: Wertberichtigungen nach Branchen / nach Ländergruppen ▪ Erläuterungen zu HR-KR-11a / 11b ▪ HR-KR-12a / 12b: Rückstellungen für Kreditzusagen sowie Verbindlichkeiten aus Finanzgarantien und Kreditzusagen nach Branchen / nach Ländergruppen ▪ Erläuterungen zu HR-KR-12a / 12b	▪ Risikoberichterstattung (AT 4.3.2, BTR 1)
Beteiligungsrisiko		
Grundlagen	▪ Beteiligungsrisikostrategie ▪ Organisation und Verantwortung ▪ Internes Risikoberichtswesen	▪ Risikostrategie für die wesentlichen Geschäftsaktivitäten (AT 4.2) ▪ Aufbau- und Ablauforganisation (AT 4.3.1) ▪ Organisationsrichtlinien (AT 5) ▪ Dokumentation (AT 6) ▪ Risikoberichterstattung (AT 4.3.2, BTR 1)

Managementsystem für Beteiligungsrisiken	▪ Messmethode
	
	▪ Limitierung
		▪ Verfahren im Kreditgeschäft, sofern für Beteiligungen anwendbar:
		  - Verfahren zur Früherkennung von Risiken (BTO 1.3)
		  - Risikoklassifizierungsverfahren (BTO 1.4)

Analyse der Beteiligungsrisiken	▪ HR-BR-1: Volumen nicht konsolidierter Beteiligungen nach Branchen und Ländergruppen ▪ Erläuterungen zu HR-BR-1	▪ Risikoberichterstattung (AT 4.3.2, BTR 1)
Marktpreisrisiko		
Grundlagen	▪ Marktpreisrisikostrategie ▪ Organisation und Verantwortung ▪ Internes Risikoberichtswesen	▪ Risikostrategie für die wesentlichen Geschäftsaktivitäten (AT 4.2) ▪ Risikotragfähigkeit als Element der Risikostrategie (AT 4.1) ▪ Aufbau- und Ablauforganisation (AT 4.3.1) ▪ Organisationsrichtlinien (AT 5) ▪ Dokumentation (AT 6) ▪ Risikoberichterstattung (AT 4.3.2, BTR 12)
Managementsystem für Marktpreisrisiken	▪ Interne Value-at-Risk-Modelle ▪ Limitierung von Marktpreisrisiken ▪ Absicherung / Wirksamkeit der Sicherungsbeziehungen ▪ Backtesting / Annahmen bei Stresstests	▪ Verfahren zur Beurteilung der Marktpreisrisiken (BTR 2.1) ▪ Marktpreisrisiken des Handelsbuches (BTR 2.2) ▪ Marktpreisrisiken des Anlagebuches (einschließlich Zinsänderungsrisiken) (BTR 2.3) ▪ Marktpreisrisikolimit (BTR 2.1)
Analyse der Marktpreisrisiken	▪ HR-MR-1: Value-at-Risk des Gesamtportfolios ▪ Erläuterungen zu HR-MR-1	▪ Risikotragfähigkeit als Element der Risikostrategie (AT 4.1) ▪ Risikoberichterstattung (AT 4.3.2, BTR 2.1)
	▪ HR-MR-2: Value-at-Risk des Handelsportfolios ▪ Erläuterungen zu HR-MR-2	▪ Risikotragfähigkeit als Element der Risikostrategie (AT 4.1)
	▪ HR-MR-3: Ergebnisse des Backtesting der Handelsbereiche ▪ Erläuterungen zu HR-MR-3	▪ Risikotragfähigkeit als Element der Risikostrategie (AT 4.1)
	▪ Erläuterungen zum Marktliquiditätsrisiko	▪ Risikoberichterstattung (AT 4.3.2, BTR 2.1)
	▪ Erläuterung der Ergebnisse des Backtesting und der Stresstests	

Komponenten	Jährlicher HGB-Risikolagebericht	Zum Vergleich: MaRisk
Liquiditätsrisiko		
Grundlagen	▪ Liquiditätsrisikostrategie ▪ Organisation und Verantwortung ▪ Internes Risikoberichtswesen	▪ Risikostrategie für die wesentlichen Geschäftsaktivitäten (AT 4.2) ▪ Aufbau- und Ablauforganisation (AT 4.3.1) ▪ Organisationsrichtlinien (AT 5) ▪ Dokumentation (AT 6) ▪ Risikoberichterstattung (AT 4.3.2, BTR 3)
Managementsystem für Liquiditätsrisiken	▪ Messung der Liquidität bis 1 Jahr ▪ Messung der strukturellen Liquidität ▪ Stressszenarien ▪ Limitierung von Liquiditätsrisiken	▪ Liquiditätsübersicht: erwartete Mittelzuflüsse und -abflüsse (BTR 3) ▪ Szenariobetrachtungen (BTR 3) ▪ Deckungsfähigkeit des Liquiditätsbedarfs (BTR 3)
Analyse der Liquiditätsrisiken	▪ HR-LR-1: Liquiditätsüberschüsse bis 1 Jahr ▪ Erläuterungen zu HR-LR-1 ▪ HR-LR-2: Long-term Ratio ▪ Erläuterungen zu HR-LR-2 ▪ HR-LR-3: Kurz- und mittelfristige Refinanzierung ▪ Erläuterungen zu HR-LR-3 ▪ Erläuterungen zur langfristigen Refinanzierung	▪ Risikoberichterstattung (AT 4.3.2, BTR 3) ▪ Bericht an Geschäftsleitung über die Liquiditätssituation (BTR 3) ▪ Maßnahmen bei Liquiditätsengpass (BTR 3)
Operationelles Risiko		
Grundlagen	▪ Strategie für das operationelle Risiko ▪ Organisation und Verantwortung ▪ Internes Risikoberichtswesen	▪ Risikostrategie für die wesentlichen Geschäftsaktivitäten (AT 4.2) ▪ Aufbau- und Ablauforganisation (AT 4.3.1) ▪ Organisationsrichtlinien (AT 5) ▪ Dokumentation (AT 6) ▪ Risikoberichterstattung (AT 4.3.2, BTR 4)
Managementsystem für operationelle Risiken	▪ Interne Messmethode ▪ Steuerungsinstrumente ▪ Minderung operationeller rRisiken	▪ Jährliche identifizierung und Beurteilung operationeller Risiken (BTR 4) ▪ Analyse bedeutender Schadensfälle (BTR 4) ▪ Risikosteuerungsmaßnahmen (BTR 4)
Strategisches Risiko		
Grundlagen	▪ Organisation und Verantwortung ▪ Internes Risikoberichtswesen	▪ Risikostrategie für die wesentlichen Geschäftsaktivitäten (AT 4.2) ▪ Aufbau- und Ablauforganisation (AT 4.3.1) ▪ Organisationsrichtlinien (AT 5) ▪ Dokumentation (AT 6) ▪ Risikoberichterstattung (AT 4.3.2)
Managementsystem für strategische Risiken	▪ Messmethode ▪ Steuerungsinstrumente	Nicht relevant, da keine MaRisk-Anforderung
Analyse der strategischen Risiken	▪ Risiken für die strategische Position und die geplante strategische Entwicklung	Nicht relevant, da keine MaRisk-Anforderung

Verzeichnis der Gestaltungsprinzipien

Verzeichnis der Entscheidungstatbestände

Verzeichnis der Offenlegungsformate

Abbildungsverzeichnis

Abkürzungsverzeichnis

ABCP	Asset-backed Commercial Paper
ABS	Asset-backed Securities
Abs.	Absatz
AktG	Aktiengesetz
AMA	Advanced Measurement Approach (fortgeschrittener Messansatz für das operationelle Risiko)
AR	Aufsichtsrecht
BaFin	Bundesanstalt für Finanzdienstleistungsaufsicht
BC	Basis for Conclusions
BCBS	Basel Committee for Banking Supervision
BIA	Basis Indicator Approach (Basisindikator-Ansatz zur Messung des operationellen Risikos)
BMF	Bundesministerium der Finanzen
BMJ	Bundesministerium der Justiz
BP	Basispunkt
BR	Beteiligungsrisiko
bzw.	beziehungsweise
CCF	Credit Conversion Factor (Konversionsfaktor)
CDO	Collateralized Debt Obligation
CDS	Credit Default Swap
CEBS	Committee of European Banking Supervisors
CLN	Credit-linked Note
COREP	Common Reporting
CRD	Capital Requirement Directive
DCGK	Deutscher Corporate Governance Kodex
DGRV	Deutscher Genossenschafts- und Raiffeisenverband e. V.

DRS	Deutscher Rechnungslegungs Standard
DRSC	Deutsches Rechnungslegungs Standardisierungs Committee
DSR	Deutscher Standardisierungsrat
DV	Datenverarbeitung
EAD	Exposure at Default
eBAnz	Elektronischer Bundesanzeiger
EFRAG	European Financial Reporting Advisory Group
EL	Expected Loss (Erwarteter Verlust)
et al.	Und andere
EU	Europäische Union
EVA	Economic Value Added
f. / ff.	folgende / fortfolgende
FSF	Financial Stability Forum
ggf.	gegebenenfalls
GoB	Grundsätze ordnungsgemäßer Buchführung
GuV	Gewinn- und Verlustrechnung
HGB	Handelsgesetzbuch
HR	Handelsrecht
Hrsg.	Herausgeber
HTML	Hypertext Markup Language
i.e.S.	im engeren Sinne
i.V.m.	in Verbindung mit
IAA	Internal Assessment Approach
IAS	International Accounting Standards
ICAAP	Internal Capital Adequacy Assessment Process
IDW	Institut der Wirtschaftsprüfer in Deutschland e.V.
IFRS	International Financial Reporting Standards
IG	Implementation Guidance
IIF	Institute of International Finance
IN	Introduction

IRBA	Internal Ratings-based Approach
IT	Informationstechnologie
KMU	Kleine und mittlere Unternehmen
KonTraG	Gesetz zur Kontrolle und Transparenz im Unternehmensbereich
KR	Kreditrisko
KSA	Kreditrisiko-Standardansatz
KWG	Gesetz über das Kreditwesen (Kreditwesengesetz)
LGD	Loss-given Default
LiqV	Verordnung über die Liquidität der Institute (Liquiditätsverordnung)
LR	Liquiditätsrisiko
MaRisk	Mindestanforderungen an das Risikomanagement
MR	Marktpreisrisiko
Nr. / Nrn.	Nummer / Nummern
OR	Operationelles Risiko
OTC	Over the Counter (außerbörsliches Geschäft)
p.a.	per annum
PD	Probability of Default (Ausfallwahrscheinlichkeit)
PDF	Portable Data Format
PrüfbV	Prüfungsberichtsverordnung
RDM	Risikodeckungsmasse
Repo	Repurchase Agreement
RHB	Risikohandbuch
RKB	Risikokapitalbedarf
RKM	Risikokapitalmanagement
RMBS	Residential Mortgage-backed Securities
RMS	Risikomanagementsystem
RORAC	Return on Risk-adjusted Capital
S.	Seite

SEC	United States Securities and Exchange Commission
SIC	Standing Interpretations Committee
SolvV	Solvabilitätsverordnung
SR	Strategisches Risiko
SSG	Senior Supervisors Group
TRS	Total Return Swap
TU	Tochterunternehmen
Tz. / Tzn.	Textziffer / Textziffern
VaR	Value-at-Risk
vgl.	vergleiche
VÖB	Bundesverband Öffentlicher Banken Deutschlands e.V.
VOG	Verlustobergrenze
VOL	Volumen
WpAIV	Wertpapierhandelsanzeige- und Insiderverzeichnisverordnung
WpHG	Wertpapierhandelsgesetz
XML	Extensible Markup Language
z. B.	zum Beispiel

Stichwortverzeichnis

S

Literaturverzeichnis

1. Monographien und Beiträge in Sammelbänden

Filipiuk, B. (2008): Transparenz der Risikoberichterstattung – Anforderungen und Umsetzung in der Unternehmenspraxis; Gabler-Verlag (Wiesbaden); 2008

Euler, S. / Fink, T. (2009): Überblick über Integrationsansätze in der Finanzfunktion von Kreditinstituten; in: Jelinek, B. / Hannich, M. (Hrsg.): Wege zur effizienten Finanzfunktion in Kreditinstituten – Compliance & Performance; Gabler-Verlag (Wiesbaden); 2009; S. 147ff.

Grünberger, D.; Klein, H. (2008): Offenlegung im Bankabschluss – Basel II Säule 3 und IFRS: Synergien und Praxishinweise; Verlag Neue Wirtschafts-Briefe (Herne); 2008

Hahn, R. (2007): Kreditrisikominderungstechniken; in: Cramme, T.; Gendrisch, Th., Gruber, W.; Hahn, R. (Hrsg.): Handbuch Solvabilitätsverordnung – Eigenkapitalunterlegung von Markt-, Kredit- und Opertionellem Risiko; Schäffer-Poeschel Verlag (Stuttgart); 2007; S. 137ff.

Hartmann, U. (2008a): Prüfung der Offenlegungsanforderungen durch externe Prüfer und die Interne Revision; in: *Hillen, K. H. / Hartmann, U. / Hosemann, D. (Hrsg.) (2008)*; S. 417ff.

Hartmann, U. (2008b): Zinsänderungsrisiken im Anlagebuch; in: *Hillen, K. H. / Hartmann, U. / Hosemann, D. (Hrsg.) (2008)*; S. 351ff.

Hecker, E. (2008a): Anwendungsbereich der Offenlegung und Angaben zum Konsolidierungskreis gemäß Aufsichtsrecht bzw. Rechnungslegungsstandard; in: *Hillen, K. H. / Hartmann, U. / Hosemann, D. (Hrsg.) (2008)*; S. 55ff.

Hecker, E. (2008b): Angaben zur Eigenmittelstruktur und Eigenmittelausstattung; in: *Hillen, K. H. / Hartmann, U. / Hosemann, D. (Hrsg.) (2008)*; S. 75ff.

Hecker, E. (2008c): Prozesse/Planung der Offenlegung; in: *Hillen, K. H. / Hartmann, U. / Hosemann, D. (Hrsg.) (2008)*; S. 375ff.

Heumann, R. (2005): Value Reporting in IFRS-Abschlüssen und Lageberichten; IDW Verlag (Düsseldorf); 2005

Heuter, H. (2007): Zinsänderungsrisiko im Bankbuch und Liquiditätsrisiko; in: Cramme, T.; Gendrisch, Th., Gruber, W.; Hahn, R. (Hrsg.): Handbuch Solvabilitätsverordnung – Eigenkapitalunterlegung von Markt-, Kredit- und Opertionellem Risiko; Schäffer-Poeschel Verlag (Stuttgart); 2007; S. 391ff.

Hillen, K. H. (2008): Kommentar zu Teil 5 der Solvabilitätsverordnung; in: Boos, K.-H., Fischer; R. / Schulte-Mattler, H. (Hrsg.): Kreditwesengesetz – Kommentar; 3. Auflage; Verlag C. H. Beck (München); 2008; S. 2456ff.

Hillen, K. H. / Hartmann, U. / Hosemann, D. (Hrsg.) (2008): Neue regulatorische Offenlegungspflichten für Kreditinstitute: Qualitative und quantitative SolvV-Vorgaben. Umsetzungshinweise – Interne/externe Prüfungen; Verlag Finanz Colloquium (Heidelberg); 2008

Hillen, K. H. / Neisen, M. (2008): Einleitung; in: *Hillen, K. H. / Hartmann, U. / Hosemann, D. (Hrsg.) (2008)*; S. 1ff.

Hosemann, D. / Neisen, M. / Tijok, C. (2008): Detailangaben zum Adressenausfallrisiko; in: *Hillen, K. H. / Hartmann, U. / Hosemann, D. (Hrsg.) (2008)*; S. 115ff.

Hromadka, J. / Döhring, J. (2007): Entwicklung und Einsatz interner Ratingverfahren in einer genossenschaftlichen Zentralbank; in: *Büschgen, H. E.; Everling, O.* (Hrsg.): Handbuch Rating; 2. Auflage; Gabler-Verlag (Wiesbaden); 2007; S. 256ff.

Jerzembek, L. / Rosteck, M. (2007): Offenlegungsanforderungen nach bankaufsichtlichem Verständnis; in: Cramme, T.; Gendrisch, Th., Gruber, W.; Hahn, R. (Hrsg.): Handbuch Solvabilitätsverordnung – Eigenkapitalunterlegung von Markt-, Kredit- und Opertionellem Risiko; Schäffer-Poeschel Verlag (Stuttgart); 2007; S. 333ff.

KPMG (Hrsg.) (2007) KPMG Deutsche Treuhand-Gesellschaft AG (Hrsg.): Offenlegung von Finanzinstrumenten und Risikoberichterstattung nach IFRS 7; Schäffer-Poeschel Verlag (Stuttgart); 2007

Loch, F. (2008): Qualitative Angaben über das Risikomanagementsystem; in: *Hillen, K. H. / Hartmann, U. / Hosemann, D. (Hrsg.) (2008)*; S. 27ff.

Löw, E. (Hrsg.) (2005): Rechnungslegung für Banken nach IFRS – Praxisorientierte Einzeldarstellungen; Gabler-Verlag (Wiesbaden); 2005

Loewenich, B. (2008): Risikoberichterstattung gemäß IFRS 7 – Ansatzmöglichkeiten zur Nutzung von Synergieeffekten bei der Offenlegung gemäß SolvV; in: *Hillen, K. H. / Hartmann, U. / Hosemann, D. (Hrsg.) (2008)*; S. 385ff.

Neisen, M. (2008a): Detailangaben zum Marktpreisrisiko; in: *Hillen, K. H. / Hartmann, U. / Hosemann, D. (Hrsg.) (2008)*; S. 359ff.

Neisen, M. (2008b): Detailangaben zum Operationellen Risiko; in: *Hillen, K. H. / Hartmann, U. / Hosemann, D. (Hrsg.) (2008)*; S. 339ff.

Pellens, B. / Fülbier, R. U. / Gassen, J. / Sellhorn, Th. (2008): Internationale Rechnungslegung: IFRS 1 bis 8, IAS 1 bis 41, IFRIC-Interpretationen, Standardentwürfe. Mit Beispielen, Aufgaben und Fallstudie; 7. Auflage; Schäffer-Poeschel Verlag (Stuttgart); 2008

Schoppe, S. (2008): Externe Risikoberichterstattung – Stand in Theorie und Praxis; Verlag Dr. Müller (Saarbrücken); 2008

Zepp, M. (2007): Der Risikobericht von Kreditinstituten: Anforderungen, Normen, Gestaltungsempfehlungen; Erich Schmidt Verlag (Berlin); 2007

2. Aufsätze und Broschüren

Accenture (Hrsg.) (2001): Reporting Excellence – Auf dem Weg zu einem integrierten Konzernberichtswesen: Ergebnisse einer Accenture-Studie zur Reporting Performance von Finanzdienstleistern; 2001

Bundesanstalt für Finanzdienstleistungsaufsicht (2008): BaFinJournal Ausgabe Juli 2008

Basel Committee on Banking Supervision (1998): Enhancing Bank Transparency; September 1998

Basel Committee on Banking Supervision (2004a): Financial Disclosure in the Banking, Insurance and Securities Sectors: Issues and Analysis; Mai 2004

Beiersdorf, K. / Billinger, S. / Schmidt, M. (2006): Umsetzung von IFRS 7 in Banken: Klassenbildung für Kreditrisiken im Risikobericht; in: Zeitschrift für das gesamte Kreditwesen, Heft 24/2006, S. 1331ff.

Beiersdorf, K. / Buchheim, R. (2006): IASB-Diskussionspapier „Management Commentary" – Export des deutschen Lageberichts als Managementbericht?; in: Betriebs-Berater, Heft 2 vom 9. Januar 2006, S. 96ff.

Buchheim, R. / Beiersdorf, K / Billinger, S. (2005): Die Risikoberichterstattung von Banken zwischen HGB/DRS, IFRS und Basel II; in: Zeitschrift für kapitalmarktorientierte Rechnungslegung, Heft 6/2005, S. 234ff.

Buchheim, R. / Knorr, L. (2006): Der Lagebericht nach DRS 15 und internationale Entwicklungen; in: Die Wirtschaftsprüfung, Heft 7/2006, S. 413ff.

Deutsche Bundesbank (2007): Monatsbericht April 2007

Deutsche Prüfstelle für Rechnungslegung (2005a): Verfahrensordnung der Prüfstelle; 24. August 2005

Deutsche Prüfstelle für Rechnungslegung (2005b): Grundsätze für die stichprobenartige Prüfung gemäß § 342b Absatz 2 Satz 3 Ziffer 3 HGB; 5. September 2005

Deutsches Rechnungslegungs Standards Committee e.V. (2000): Funktion, Aufgaben und Projekte; Berlin; November 2000

Deutsches Rechnungslegungs Standards Committee e.V. (2009): Statusreport zum Arbeitsprogramm vom Mai 2009

Diamond, D. W. / Verrecchia, R. E. (1991): Disclosure, Liquidity, and the Cost of Capital; in: The Journal of Finance, Vol. XLVI, No. 4, September 1991

EFRAG (2009): Pro-active Accounting Activities in Europe (PAAinE): Elements of the Framework Debate – The Needs of Users of Financial Information, A User Survey; Mai 2009

Ernst & Young (2008): IFRS 7 in the banking industry; 2008

Europäische Bankenverbände (2008): European Banking Federation (EBF); London Investment Banking Association (LIBA); European Savings Bank Group (ESBG); European Association of Public Banks and Funding Agencies (EAPB): Industry Good Practice Guidelines on Pillar 3 Disclosure Requirements for Securitisation; 18. Dezember 2008

Europäische Zentralbank (2005): Monatsbericht Februar 2005

Fink, Ch. (2006): Management Commentary: Eine Diskussionsgrundlage zur internationalen Lageberichterstattung; in: Zeitschrift für internationale und kapitalmarktorientierte Rechnungslegung, Heft 3 vom 1. März 2006, S. 141ff.

Froidevaux, E.A. (2004): Investor Relation Internet Disclosure and the Cost of Equity Capital; Fribourg; 2004

Gerdes, A.-K. /Wolz, M. (2009): Mangelnde Risikotransparenz als Ursache vor der Finanzmarktkrise – Hat das externe Rechnungswesen versagt?; in: FINANZ BETRIEB, Heft 5/2009, S. 264ff.

Henkel, K. / Schmidt, K., Ott, D. (2008): Änderungen in der Zwischenberichterstattung kapitalmarktorientierter Unternehmen: Die TUG-Umsetzung in der Praxis (Teil 1); in: Zeitschrift für kapitalmarktorientierte Rechnungslegung, Heft 1/2006, S. 36ff.

Herrmann, M. / Gabriel, J. (2006): Harmonisierung des Reportings – Durchblick dank Integration; in: Die Bank, Heft 9/2006, S. 50ff.

Huth, M.-A. (2007): Grundsätze ordnungsgemäßer Risikoüberwachung; in: Betriebs-Berater, Heft 40 vom 1. Oktober 2007, S. 2167ff.

Institute of International Finance (2008): Final Report of the IIF Committee on Market Best Practices: Principles of Conduct and Best Practice Recommendations – Financial Services Industry Response to the Market Turmoil of 2007-2008; 17. Juli 2008; S. 121ff., B45-B47 und D1-D3.

Jonen, A. (2006): Semantische Analyse des Risikobegriffs – Strukturierung der betriebswirtschaftlichen Risikodefinitionen und literaturempirische Auswertung, in: Beiträge zur Controlling-Forschung des Lehrstuhls für Unternehmensrechnung & Controlling der Technischen Universität Kaiserslautern; 2006

Kaiser, K. (2005): Erweiterung der zukunftsorientierten Lageberichterstattung: Folgen des Bilanzrechtsreformgesetzes für Unternehmen; in: DER BETRIEB, Heft 7 vom 18. Februar 2005, S. 345ff.

Kajüter, P. / Barth, D. / Meyer, J. (2009): Zwischenlageberichterstattung nach § 37w WpHG und DRS 16 – Eine empirische Analyse der HDAX-Unternehmen; in: Die Wirtschaftsprüfung, Heft 8/2009, S. 462ff.

Kajüter, P. / Winkler, C. (2004): Praxis der Risikoberichterstattung deutscher Konzerne; in: Die Wirtschaftsprüfung, Heft 6/2004, S. 249ff.

Knippschild, M. (2005): Bankinterne Risikokapitalsteuerung vor dem Hintergrund von Basel II: Anforderungen der Säule 2; Arbeitskreis „Strategieentwicklung und Controlling in Banken" der Schmalenbach-Gesellschaft; 15. April 2005

Kochems, M. / Müller, J. (2007a): Risikoberichterstattung nach IFRS 7 und IAS 1 in Banken – Neue Risikoangaben zu Finanzinstrumenten – Teil I: Kreditrisiken; in: RISIKO MANAGER, Heft 24/2007, S. 10ff.

Kochems, M. / Müller, J. (2007b): Risikoberichterstattung nach IFRS 7 und IAS 1 in Banken – Neue Risikoangaben zu Finanzinstrumenten – Teil II: Liquiditätsrisiko, Marktrisiko und Kapitalmanagement; in: RISIKO MANAGER Heft 25-26/2007, S. 24ff.

KPMG International (2008): Focus on transparency – Trends in the presentation of financial statements and disclosure of information by European banks; 2008

Kuhn, St. / Paa; Ch. (2005): Neue Offenlegungsvorschriften nach IFRS 7 Financial Instruments: Disclosures sowie geänderte Angabepflichten zum Kapital nach IAS 1; in: DER BETRIEB, Heft 37 vom 16. September 2005, S. 1977ff.

Leuz, Ch. / Verrecchia, R. E. (2000): The Economic Consequences of Increased Disclosure; Johann Wolfgang Goethe-Universität Frankfurt am Main, Fachbereich Wirtschaftswissenschaften, Working Paper Series: Finance & Accounting, No. 41, Juni 2000

Löw, E. (2005): Neue Offenlegungsanforderungen zu Finanzinstrumenten und Risikoberichterstattung nach IFRS 7; in: Betriebs-Berater, Heft 40 vom 4. Oktober 2005, S. 2175ff.

Lück, W. / Bungartz, O. (2004): Risikoberichterstattung deutscher Unternehmen. Ein Beitrag zur Verbesserung der Wettbewerbsfähigkeit von Unternehmen am internationalen Kapitalmarkt; in: DER BETRIEB, 57. Jahrgang (2004), S. 1789ff.

Meister, E. (2005): Risiken im Finanzsystem: Herausforderungen für Bankenaufsicht und Notenbank; Vortrag beim CFScolloquium 2005 in Frankfurt am Main; 11. Mai 2005

Meyer, H. (2009): Aktuelle Fragen des Enforcement in Deutschland; in: Die Wirtschaftsprüfung, Heft 8/2009, S. 447ff.

PricewaterhouseCoopers (2007): Reporting im Umbruch; Frühjahr 2007

PricewaterhouseCoopers (2008): Mindestanforderungen an das Risikomanagement, in: Financial Services-Newsletter Nummer 20 vom 26. Juni 2008

PricewaterhouseCoopers / connectedthinking (2006): IFRS und Basel II – Eine Schnittstellenanalyse; 2. aktualisierte und erweiterte Auflage; Mai 2006

PricewaterhouseCoopers / connectedthinking (2008): Accounting for change: transparency in the midst of turmoil – A survey of banks' 2007 annual reports; August 2008

Quadt, R. / Tiskens, Ch. / Vits, J. (2005): Zur Konzeption eines IFRS-nahen Controllings; in: Zeitschrift für das gesamte Kreditwesen, Ausgabe 20/2005, S. 16ff.

Rempel-Oberem, Th. / Zeranski, St. (2008): Liquidity at Risk zur Liquiditätssteuerung von Finanz-Instituten; in RISIKO-MANAGER, Heft 2/2008; 23. Januar 2008

Rikanovic, M. (2005): Corporate Disclosure Strategy and the Cost of Capital – An empirical study of large listed German corporations; St. Gallen; 2005

Shipley, W. V. (2001): Working Group On Public Disclosure; 11. Januar 2001

Soifer, R. (2004): Problems remain over information disclosure; in: Global Risk Regulator, July/August 2004

Standard & Poor's (2007): Greater Basel II Pillar 3 Disclosure Would Enhance Transparency And Comparability In The Global Banking Sector; 10. Juli 2007

Standard & Poor's (2008): Standard & Poor's Addresses Frequently Asked Questions About Its Risk-Adjusted Capital Ratio; 15. April 2008

Steria Mummert Consulting AG (2006): MaRisk – Ausgangspunkt für eine erfolgreiche Gesamtbanksteuerung, in: Bluepoint. Fachinformationen aus dem Bereich Banking, Heft 10/2006

Strieder, Th. (2009): Erweiterung der Lageberichterstattung nach dem BilMoG, in: Betriebs-Berater, Heft 19 vom 4. Mai 2009, S. 1002ff.

Thelen-Pischke, H. (2005): Internationale Rechnungslegung und aufsichtsrechtiche Kapitalanforderungen; in: Zeitschrift für das gesamte Kreditwesen, Heft 3/2005, S. 140ff.

Trcka, M. (2008): Roundtable Risikomanagement – Risiko- und Chancenmanagement als integriertes Steuerungsinstrument; 16. Oktober 2008

Weißenberger, B. E. (2005): Controlling unter IFRS: Möglichkeiten und Grenzen einer integrierten Erfolgsrechnung; Working Paper 1/2005

Weißenberger, B. E. (2007): Auswirkungen der IFRS auf das Controlling; Working Paper 1/2007

Weißenberger, B. E. / Löhr, B. W. (2008): Verzahnung des Risikocontrollings mit den traditionellen Controllingaktivitäten: Konzeptionelle Gestaltungsvorschläge und Status quo im deutschsprachigen Raum; Working Paper 4/2008

Weißenberger, B. E. / Maier, M. (2006): Der Management Approach in der IFRS-Rechnungslegung: Fundierung der Finanzberichterstattung durch Informationen aus dem Controlling; Working Paper 3/2006

Weller, H. / Hoffmann, J.-A. (2008): Marktdisziplin durch neue Offenlegungsvorschriften; in: BankPraktiker, Heft 10/2008, S. 434ff.

3. Gesetze, Verordnungen, Rechnungslegungsstandards und amtliche Empfehlungen

a) Handelsrecht

Internationale Ebene

- *IAS 1*: Presentation of Financial Statements; September 2007

- *IAS 8*: Accounting Policies, Changes in Accounting Estimates and Errors, Dezember 2003

- *IAS 32*: Financial Instruments: Presentation; August 2005

- *IAS 39*: Financial Instruments: Recognition and Measurement; Dezember 2003

- *IFRS 4*: Insurance Contracts; März 2004

- *IFRS 7*: Financial Instruments: Disclosures; August 2005

- *IFRS 7 Amendments (2009)*: Improving Disclosures about Financial Instruments – Amendments to IFRS 7 Financial Instruments: Disclosures; März 2009

- *IFRS 8*: Operating Segments; November 2006

- *Management Commentary Discussion Paper (2005)*: Discussion Paper: Management Commentary – A paper prepared for the IASB by staff of its partner standard-setters and others; Oktober 2005

- *Minor Amendments IFRS 7 (2008)*: IFRS 7 Financial Instruments: Disclosures – Minor Amendments (Agenda paper 14), Information for Observers; London; Dezember 2008

Europäische Ebene

▨ *IAS-Verordnung (2006)*:Verordnung (EG) Nummer 108/2006 der Kommission vom 11. Januar 2006 zur Änderung der Verordnung (EG) Nummer 1725/2003 der Kommission betreffend die Übernahme bestimmter internationaler Rechnungslegungsstandards in Übereinstimmung mit der Verordnung (EG) Nummer 1606/2002 des Europäischen Parlaments und des Rates im Hinblick auf IFRS 1, 4, 6 und 7, IAS 1, 14, 17, 32, 33 und 39 sowie IFRIC 6

Nationale Ebene (Deutschland)

▨ *BilMoG:* Gesetz zur Modernisierung des Bilanzrechts (Bilanzrechtsmodernisierungsgesetz – BilMoG) vom 25. Mai 2009

▨ *BilMoG-RefE*: Referentenentwurf eines Gesetzes zur Modernisierung des Bilanzrechts (Bilanzrechtsmodernisierungsgesetz – BilMoG); 8. November 2007

▨ *BilReG*: Gesetz zur Einführung internationaler Rechnungslegungsstandards und zur Sicherung der Qualität der Abschlussprüfung (Bilanzrechtsreformgesetz – BilReG) vom 4. Dezember 2004

▨ *DRS 5*: Deutscher Rechnungslegungs Standard Nummer 5 (DRS 5): Risikoberichterstattung vom 29. Mai 2001

▨ *DRS 5-10*: Deutscher Rechnungslegungs Standard Nummer 5-10 (DRS 5-10): Risikoberichterstattung von Kredit- und Finanzdienstleistungsinstituten vom 29. August 2000

▨ *DRS 5-20*: Deutscher Rechnungslegungs Standard Nummer 5-20 (DRS 5-20): Risikoberichterstattung von Versicherungsunternehmen vom 25. April 2001

▨ *DRS 15*: Deutscher Rechnungslegungs Standard Nummer 15 (DRS 15): Lageberichterstattung vom 24. Februar 2005

▨ *DRS 16*: Deutscher Rechnungslegungs Standard Nummer 16 (DRS 16): Zwischenberichterstattung vom 8. Juli 2005

▨ *DRS 17*: Deutscher Rechnungslegungs Standard Nummer 17 (DRS 17): Berichterstattung über die Vergütung der Organmitglieder vom 7. Dezember 2007

▨ *HGB*: Handelsgesetzbuch, zuletzt geändert am 25. Mai 2009

b) Aufsichtsrecht

Internationale Ebene

▨ *Basel II (2004)*: Basel Committee on Banking Supervision: International Convergence of Capital Measurement and Capital Standards – A Revised Framework; Juni 2004

▨ *Basel II Enhancements (2009)*: Basel Committee on Banking Supervision: Proposed enhancements to the Basel II framework – Consultative Document; Januar 2009

■ *Basel Interest Rate Risk (2004)*: Basel Committee on Banking Supervision: Principles for the Management and Supervision of Interest Rate Risk; Juli 2004

■ *Basel Liquidity Risk (2008)*: Basel Committee on Banking Supervision: Principles for Sound Liquidity Risk Management and Supervision; September 2008

■ *Financial Stability Forum (2008a)*: Report of the Financial Stability Forum on Enhancing Market and Institutional Resilience vom 7. April 2008

■ *Financial Stability Forum (2008b)*: Report of the Financial Stability Forum on Enhancing Market and Institutional Resilience – Follow-up on Implementation; 10. Oktober 2008

■ *Fisher II-Report (2001)*: Multidisciplinary Working Group on Enhanced Disclosure: Final Report; 26. April 2001

■ *SEC-FORM 20-F (2008)*: United States Securities and Exchange Commission: FORM 20-F; Dezember 2008

■ *Senior Supervisors Group (2008)*: Leading-Practice Disclosures for Selected Exposures; 11. April 2008

■ *Turner Review (2009)*: Financial Service Authority: The Turner Review – A regulatory response to the global banking crisis; März 2009

Europäische Ebene

■ *Commission Services Staff Working Document (2009)*: Possible Changes to the CRD (Directive 2006/48/EC) vom 26. März 2009

■ *Committee of European Banking Supervisors (2008)*: CEBS report on banks' transparency on activities and products affected by the recent market turmoil; 18. Juni 2008

■ *EU-Bankenrichtlinie*: Richtlinie 2006/48/EG des Europäischen Parlaments und des Rates vom 14. Juni 2006 über die Aufnahme und Ausübung der Tätigkeit der Kreditinstitute (Bankenrichtlinie)

■ *EU-Kapitaladäquanzrichtlinie*: Richtlinie 2006/49/EG des Europäischen Parlaments und des Rates vom 14. Juni 2006 vom 14. Juni 2006 über die angemessene Eigenkapitalausstattung von Wertpapierfirmen und Kreditinstituten (Kapitaladäquanzrichtlinie)

Nationale Ebene (Deutschland)

■ *CAD-Umsetzungsgesetz*: Gesetz zur Umsetzung der neu gefassten Bankenrichtlinie und der neu gefassten Kapitaladäquanzrichtlinie; in: Bundesgesetzblatt Jahrgang 2006 Teil I Nummer 53

■ *Fachgremium-Anwendungsbeispiele*: Anwendungsbeispiele des Fachgremiums „Offenlegungsanforderungen" zur Umsetzung der quantitativen Anforderungen nach Teil 5 der Solvabilitätsverordnung (SolvV) in Verbindung mit Basel II Säule 3 vom November 2006; Homepage der Deutschen Bundesbank: http://www.bundesbank.de/download/bankenaufsicht/pdf/anwendungsbeispiel_saeule_3.pdf

■ *Fachgremium-Empfehlungen*: Empfehlungen des Fachgremiums „Offenlegungsanforderungen" vom 25. November 2004, Homepage der Bundesanstalt für Finanzdienstleistungsaufsicht: http://www.bundesbank.de/download/bankenaufsicht/pdf/empfehlung_fachgremium.pdf

■ *KWG*: Kreditwesengesetz – Gesetz über das Kreditwesen (KWG) vom 9. September 2008, zuletzt geändert am 23. Oktober 2008

■ *MaRisk*: Bundesanstalt für Finanzdienstleistungsaufsicht: Mindestanforderungen an das Risikomanagement – MaRisk (Rundschreiben 5/2007 vom 30. Oktober 2007)

■ *MaRisk-Entwurf*: Bundesanstalt für Finanzdienstleistungsaufsicht: Konsultation 3/2009: Entwurf der MaRisk in der Fassung vom 16. Februar 2009

■ *PrüfbV- Entwurf:* Verordnung über die Prüfung der Jahresabschlüsse der Kreditinstitute und Finanzdienstleistungsinstitute sowie die darüber zu erstellenden Berichte (Prüfungsberichtsverordnung – PrüfbV) vom 9. Februar 2009

■ *SolvV*: Verordnung über die angemessene Eigenmittelausstattung von Instituten, Institutsgruppen und Finanzholding-Gruppen (Solvabilitätsverordnung – SolvV) vom 14. Dezember 2006; in: Bundesgesetzblatt Jahrgang 2006 Teil I Nummer 61

■ *SolvV-Begründung*: Begründung zur Verordnung über die angemessene Eigenmittelausstattung (Solvabilität) von Instituten – Solvabilitätsverordnung (SolvV); 18. Januar 2007

c) Kapitalmarktrecht und Gesellschaftsrecht

■ *BaFin-Emittentenleitfaden*: Emittentenleitfaden der Bundesanstalt für Finanzdienstleistungsaufsicht; 28. April 2009

■ *DCGK*: Deutscher Corporate Governance Kodex in der Fassung vom 6. Juni 2008

■ *EU-Corporate Governance-Richtlinie*: Richtlinie 2006/46/EG vom 14. Juni 2006

■ *EU-Prospektrichtlinie*: Richtlinie 2003/71/EG des Europäischen Parlaments und des Rates vom 4. November 2003 betreffend den Prospekt, der beim öffentlichen Angebot von Wertpapieren oder bei deren Zulassung zum Handel zu veröffentlichen ist, und zur Änderung der Richtlinie 2001/34/EG

■ *EU-Prospektverordnung:* Verordnung (EG) Nr. 809/2004 der Kommission vom 29. April 2004 zur Umsetzung der Richtlinie 2003/71/EG des Europäischen Parlaments und des Rates betreffend die in Prospekten enthaltenen Angaben sowie die Aufmachung, die Aufnahme von Angaben in Form eines Verweises und die Veröffentlichung solcher Prospekte sowie die Verbreitung von Werbung

▨ *WpAIV*: Verordnung zur Konkretisierung von Anzeige-, Mitteilungs- und Veröffent-
lichungspflichten sowie der Pflicht zur Führung von Insiderverzeichnissen nach dem
Wertpapierhandelsgesetz (Wertpapierhandelsanzeige- und Insiderverzeichnisverordnung) vom 13. Dezember 2004, zuletzt geändert am 12. August 2008

▨ *WpHG*: Gesetz über den Wertpapierhandel (Wertpapierhandelsgesetz – WpHG) vom
26. Juli 1994, zuletzt geändert am 12. August 2008

4. Verlautbarungen der Wirtschaftsprüfer

IDW EPS 525 (2006): Entwurf IDW Prüfungsstandard: Die Beurteilung des Risikomanagements von Kreditinstituten im Rahmen der Abschlussprüfung (IDW EPS 525);
6. März 2009

IDW ERS HFA 24 (2007): Entwurf IDW Stellungnahme zur Rechnungslegung: Einzelfragen zu den Angabepflichten des IFRS 7 zu Finanzinstrumenten (IDW ERS HFA 24);
5. Dezember 2007

IDW PS 261 (2006): IDW Prüfungsstandard: Feststellung und Beurteilung von Fehlerrisiken und Reaktionen des Abschlussprüfers auf die beurteilten Fehlerrisiken (IDW PS
261); 6. September 2006

IDW PS 340 (2000): IDW Prüfungsstandard: Die Prüfung des Risikofrüherkennungssystems nach § 17 Absatz 4 HGB (IDW PS 340); Stand: 11. November 2000

IDW PS 350 (2006): IDW Prüfungsstandard: Prüfung des Lageberichts (IDW PS 350);
6. September 2006

IDW RH HFA 1.005 (2005): IDW Rechnungslegungshinweis: Anhangangaben nach § 85
Satz 1 Ziffer 18 und 19 HGB sowie Lageberichterstattung nach § 89 Absatz 2 Ziffer 2
HGB in der Fassung des Bilanzrechtsreformgesetzes (IDW RH HFA 1.005); 18. März 2005

IDW RH HFA 1.007 (2005): IDW Rechnungslegungshinweis: Lageberichterstattung nach
§ 89 Absatz 1 und 3 HGB bzw. § 15 Absatz 1 HGB in der Fassung des Bilanzrechtsreformgesetzes (IDW RH HFA 1.007); 18. Oktober 2005

5. Risikoberichte

Bayerische Landesbank Risikolagebericht (2007): Risikobericht im Lagebericht des im Rahmen des Geschäftsberichts 2007 offen gelegten Jahresfinanzberichts des Konzerns BayernLB

Commerzbank Risikolagebericht (2007): Risikobericht im Lagebericht des Geschäftsberichts 2007 des Commerzbank Konzerns

Deutsche Bank Risikolagebericht (2007): Risikobericht im Lagebericht des im Rahmen des Geschäftsberichts 2007 offen gelegten Jahresfinanzberichts des Deutsche Bank Konzerns

Dresdner Bank Risikolagebericht (2007): Risikobericht im Lagebericht des Jahresfinanzberichts 2007 des Dresdner Bank Konzerns

DZ BANK Risikolagebericht (2007): Risikobericht im Lagebericht des im Rahmen des Geschäftsberichts 2007 offen gelegten Jahresfinanzberichts des DZ BANK Konzerns

DZ BANK Säule 3-Bericht (2007): Aufsichtsrechtlicher Risikobericht der DZ BANK Institutsgruppe 31. Dezember 2007

DZ BANK Säule 3-Halbjahresbericht (2008): Aufsichtsrechtlicher Risikobericht der DZ BANK Institutsgruppe 30. Juni 2008

HVB Risikolagebericht (2007): Risikobericht im Lagebericht des im Rahmen des Geschäftsberichts 2007 offen gelegten Jahresfinanzberichts des HVB Konzerns

Autor

Diplom-Kaufmann **Dieter Weber** ist Prokurist und Projektleiter im *Risikocontrolling* der *DZ BANK*. Nach der Ausbildung zum Bankkaufmann und dem Studium der Betriebswirtschaftslehre an der *Justus-Liebig-Universität Gießen* bildeten die Konzeption und Umsetzung von Steuerungssystemen für Ausfallrisiken im Kreditgeschäft und im Handelsgeschäft einen Schwerpunkt seiner Tätigkeit. Seit dem Inkrafttreten des *KonTraG im* Jahr 1998 betreut Herr Weber die externe Risikoberichterstattung der Bank; er war als Projektleiter für die Umsetzung des *Säule 3*-Berichts sowie des *IAS-/IFRS*-Risikoberichts zuständig. Herr Weber vertritt die *DZ BANK* im *BaFin*-Fachgremium „*Of-*  *fenlegungsanforderungen*" und war maßgeblich an der Erarbeitung der *Säule 3*-Anwendungsbeispiele beteiligt. Er ist Mitglied der „*Industry Expert Group on Transparency and Pillar 3*" des *CEBS*, des *VÖB*-Arbeitskreises „*Publizität*" und des *DGRV*-Arbeitskreises „*Offenlegung nach § 26a KWG*".

Mehr wissen – weiter kommen

State-of-the-Art des Bankcontrolling I

Schierenbecks Standardwerk zum Bank-Controlling gibt den State-of-the-Art des Controllingwissens für Kreditinstitute wieder. Sein integriertes Konzept ertragsorientierter Banksteuerung deckt alle wesentlichen Bereiche des Controllings ab.

Henner Schierenbeck
Ertragsorientiertes Bankmanagement
Band 1: Grundlagen, Marktzinsmethode und Rentabilitäts-Controlling
8., überarb. u. erw. Aufl. 2003.
XXXIV, 732 S. Mit 378 Abb.
Geb. EUR 49,90
ISBN 978-3-409-85000-1

State-of-the-Art des Bankcontrolling II

Dieses Buch bildet zusammen mit dem Band 1 zur Marktzinsmethode und zum Rentabilitäts-Controlling sowie dem Fallstudienbuch (Band 3) ein dreibändiges Gesamtwerk. Die 9. Auflage, für die Prof. Dr. Michael Lister und Prof. Dr. Stefan Kirmße verantwortlich zeichnen, wurde überarbeitet und aktualisiert.

Henner Schierenbeck |
Michael Lister | Stefan Kirmße
Ertragsorientiertes Bankmanagement
Band 2: Risiko-Controlling und integrierte Rendite-/Risikosteuerung
9., akt. u. überarb. Aufl. 2008.
XXVI, 753 S. Mit 449 Abb.
Geb. EUR 54,90
ISBN 978-3-8349-0447-8

Fallstudien zum Bank-Controlling

Diese Fallstudiensammlung, die als Band 3 des „Ertragsorientiertes Bankmanagements" in der nunmehr 6., überarbeiteten und erweiterten Auflage erscheint, ist inhaltlich auf die Bände 1 und 2 abgestimmt. Ausführliche und gut erläuterte Lösungsvorschläge zu jeder Fallstudie sichern einen optimalen Lerneffekt. Die Bearbeitung der Aufgaben ist auch ohne Lektüre des Standardwerks möglich.

Henner Schierenbeck
Ertragsorientiertes Bankmanagement
Band 3: Fallstudien mit Lösungen
6., überarb. und erw. Aufl. 2005.
XII, 738 S. Mit 456 Abb. u. 88 Tab.
Geb. EUR 49,90
ISBN 978-3-409-64207-1

Änderungen vorbehalten. Stand: Februar 2009.
Erhältlich im Buchhandel oder beim Verlag
Gabler Verlag . Abraham-Lincoln-Str. 46 . 65189 Wiesbaden . www.gabler.de

GABLER